조선의 왕실 14

선조대왕과 친인척 1

조선의 왕실 14

· 선조대왕과 친인척 1

· 찍은날 / 2002년 10월 14일
· 펴낸날 / 2002년 10월 17일
· 지은이 / 지두환
· 펴낸이 / 안승배
· 펴낸곳 / 도서출판 역사문화
· ① ③ ⑥ - ⑧ ④ ⑦
· 서울시 성북구 정릉 4동 800 - 64 4층
· 등록번호 / 제 6 - 297호
· 전　화 / 02) 916 - 4686
· 팩　스 / 02) 919 - 0267
· 홈페이지 / http://www.ihc21.com

ISBN 89 - 88096 - 16 - 9 04910
ISBN 89 - 88096 - 02 - 9 (세트)

값　11,000 원

조선의 왕실 14

선조대왕과 친인척 1

지 두 환 지음

도서출판 역사문화

일러두기

▶ 다음과 같은 부호를 사용하였다
　(　) : 음과 뜻이 같은 한자를 묶는다
　〔 　〕 : 음은 다르나 뜻이 같은 한자를 묶는다
　" 　" : 대화 등의 인용문을 묶는다
　' 　' : 재인용이나 강조 부분을 묶는다
　「 　」 : 작품명이나 논문을 묶는다
　『 　』 : 책명을 묶는다

▶ 왕자나 공주·옹주의 봉호는 『선원계보』를 기준으로 하였다
　예) 함양군주(咸陽郡主: 선원록), 함양옹주(咸陽翁主: 선원계보)
　부마나 국왕 인척들의 봉호는 마지막으로 봉작된 것을 기준으로
　하였다

▶ 조선 국왕 연대는 왕명과 연대를 병기하는 것을 원칙으로 하였다
　예) 선조 8년(1575)
　국왕들의(중국 황제 포함) 재위년도는 즉위년부터 산정하였다

▶ '선원계보에 없는 후궁'은 『선원계보』나 『조선왕조 선원록』에는
　나오지 않지만 『실록』등 정사(正史)에 나오는 후궁을 말한다
　여러 왕대에 걸쳐지는 인물에 대한 평전·세계도·연보는 각 낱권
　마다 포함하고, 동일한 책에서 나오는 중복인물은 편집상 앞의 인
　물의 자료를 참조하게 하였다

▶ 출전을 밝히지 않은 인용문은 『실록』을 기본으로 하였다

▶ 『전주이씨대관』은 '대관'으로 표기하였다

▶ 부록의 세계도는 성씨별 가나다 순으로 정리하였으며, 연보는 연
　대순으로 정리하였다

서 문

　그동안 한국사를 연구하고 강의하면서, 역사를 하면 정치사를 배우는 것이 흥미도 있고 중요하기도 하다는 생각을 하였다. 그리고 이를 위해서는 왕실과 그 친인척에 대해 아는 것이 중요하다고 계속 생각해 왔다. 그 중에서도 친가뿐만 아니라 외가·처가를 아는 것이 매우 중요하다는 것을 알았다. 그래서 조선시대 종법과 관련하여 왕위계승문제를 연구하면서, 태조대 태조 처가인 신덕왕후 강씨 집안을 아는 것이나, 태종대 양녕대군·세종대 안평대군 친인척을 아는 것이나, 예종·성종과 관련하여 처가인 한명회 집안을 아는 것이나, 인조반정과 관련하여 선조 후궁인 인빈 김씨 사돈 집안들을 아는 것이 중요하다는 것을 새삼 알게 되었다.

　그동안 유교망국론 때문에, 한편으로는 지배·피지배로 나누는 계급사관 때문에, 70년대까지는 왕실과 중앙에 대한 연구나 정치사에 대한 연구가 소홀하였다. 그러나 80년대에 와서 유교긍정론이 대두하면서 왕실과 궁궐 등 중앙의 주도적인 문화에 대하여 관심이 많아졌고, 한편으로는 정치사에 대한 관심이 많아졌다. 그리고 조선 왕조에 대한 부정적인 생각을 탈피하여 조선 왕조에 대한 긍정적인 생각을 가지게 되고, 더 나아가서는 조선 왕조에서 자랑스러운 것을 찾으려는 분위기가 형성되었다.

　이에 따라 조선의 왕실을 다룬 사극(史劇)이나 영조(英祖)·정조(正祖)의 정치나, 왕실의 여러 가지 행사를 다룬 의궤(儀軌)나, 경복궁·창덕궁·종묘·수원성 같은 궁중 유물 유적에 대한 관심이 높아졌다. 이를 반영하듯 조선왕조실록 CD를 비롯하여 조선왕조를 다룬 책들이 봇물 터지듯 쏟아졌다.

그러면서 이러한 관심들을 체계적으로 뒷받침할 기초적인 정리가 잘되어 있지 않다는 것이 심각한 문제로 부각되었다. 그래서 이러한 기초적인 정리를 하려고 하니 어디서부터 시작해야 할지 깜깜하기만 하였다.

2000년대를 맞이하여 마냥 미룰 수는 없고 하여, 우선 이전에 「조선후기 예송연구」라든지 「조선전기 왕위계승 연구」라든지 한국정치사 강의를 하는 과정에서, 가장 필요하다고 생각되어 틈틈이 정리해 왔던 왕실과 친인척들을 체계적으로 정리하기로 하였다. 1차로 태조부터 선조까지 왕실과 친인척들을 정리하여 조선전기 정치를 비롯한 역사 흐름과 연결하다 보니, 작업이 굉장히 방대하다는 것을 느끼면서 한편으로는 지금까지 이것을 하지 않았다는 것이 후회스럽기도 하였다. 역사를 정리하려면 가장 주도적인 것부터 해야 한다는 것을 새삼 느끼게 되었다. 그래서 다른 것을 좀 미루고라도 올해에는 조선시대 왕실과 친인척을 모두 조사하여 정리하기로 하였다.

이러한 작업을 하는 동안 자료 정리 교정 윤문을 하느라고 밤낮으로 휴일과 방학도 없이 수고를 해준 이순구 이성호 김혁수 안승배 양웅렬 신채용 등 여러 제자들에게 이 자리를 빌어 고마움을 표한다.

임오년 가을에

북악산장에서

차 례

서문
차례
선조대왕 선원록
개관

〔1권〕

제1편 선조와 왕비

제1장 선조대왕

▧ 선조(宣祖) 세가 ··· 33
　선조대왕의 부인들과 자녀 ·· 35
　탄생과 즉위 ··· 39
　공빈 김씨가 첫 아들을 낳다 ··································· 54
　명종비 인순왕후의 승하 ·· 62
　인종비 인성왕후의 승하 ·· 82
　인빈 김씨가 총애를 받다 ·· 88
　임진왜란과 정유재란 ··· 102
　의인왕후의 승하 ··· 123
　왕비 간택과 영창대군의 탄생 ······························ 129
　선조대왕의 승하 ··· 143
　선조릉을 옮기다 ··· 157

▦ 덕흥대원군(德興大院君) ·· 167
　처부: 정세호(鄭世虎) ·· 186
　처외조부: 이세걸(李世傑) ·· 199

제2장 의인왕후

▦ 의인왕후(懿仁王后) ·· 209
　부: 박응순(朴應順) ·· 246
　외조부: 이수갑(李壽甲) ·· 255

제3장 인목왕후

▦ 인목왕후(仁穆王后) ·· 263
　부: 김제남(金悌男) ·· 300
　외조부: 노기(盧垍) ·· 314
1. 1남 영창대군(永昌大君) ·· 319
2. 1녀 정명공주(貞明公主) ·· 331
　부마: 홍주원(洪柱元) ·· 348

부록

선조대왕과 친인척 세계도 ·· 369
선조대왕과 친인척 연　보 ·· 401
용어해설과 품계표 ·· 429
찾아보기 ·· 443

〔2권〕

제2편 선조의 후궁

제1장 공빈 김씨

▒ 공빈 김씨(恭嬪金氏)
　부: 김희철(金希哲)
　외조부: 권장(權璋)
1. 서1남 임해군(臨海君)
　처부: 허명(許銘)
　처외조부: 한경복(韓景福)
2. 서2남 광해군(光海君)

제2장 인빈 김씨

▒ 인빈 김씨(仁嬪金氏)
　부: 김한우(金漢佑)
　외조부: 전각(田珏)
　외조부: 이효성(李孝誠)
1. 서3남 의안군(義安君)
2. 서4남 신성군(信城君)
　처부: 신립(申砬)
　처외조부: 이담명(李聃命)
　처외조부: 최필신(崔弼臣)
3. 서5남 정원군(定遠君, 元宗)
　처부: 구사맹(具思孟)
　처외조부: 한극공(韓克恭)
　　　　　　신화국(申華國)

4. 서8남 의창군(義昌君)
　처부: 허성(許筬)
　처외조부: 이헌국(李憲國)
　처외조부: 남언순(南彦純)
5. 서1녀 정신옹주(貞愼翁主)
　부마: 서경주(徐景霌)
6. 서2녀 정혜옹주(貞惠翁主)
　부마: 윤신지(尹新之)
7. 서3녀 정숙옹주(貞淑翁主)
　부마: 신익성(申翊聖)
8. 서5녀 정안옹주(貞安翁主)
　부마: 박미(朴瀰)
9. 서6녀 정휘옹주(貞徽翁主)
　부마: 유정량(柳廷亮)

〔3권〕

제2편 선조의 후궁

제3장 순빈 김씨

▒ 순빈 김씨(順嬪金氏)
　부: 미상(未詳)
　외조부: 미상(未詳)
1. 서6남 순화군(順和君)
　처부: 황혁(黃赫)
　처외조부: 윤엄(尹儼)
　처외조부: 조정기(趙廷機)

제4장 정빈 민씨

▨ 정빈 민씨(靜嬪閔氏)
　부: 민사준(閔士俊)
　외조부: 맹익선(孟益善)
1. 서7남 인성군(仁城君)
　처부: 윤승길(尹承吉)
　처외조부: 박간(朴諫)
2. 서12남 인흥군(仁興君)
　처부: 송희업(宋熙業)
　처외조부: 여우길(呂祐吉)
　처외조부: 이경항(李景恒)
3. 서4녀 정인옹주(貞仁翁主)
　부마: 홍우경(洪友敬)
4. 서7녀 정선옹주(貞善翁主)
　부마: 권대임(權大任)
5. 서9녀 정근옹주(貞謹翁主)
　부마: 김극빈(金克鑌)

제5장 정빈 홍씨

▨ 정빈 홍씨(貞嬪洪氏)
　부: 홍여겸(洪汝謙)
　외조부: 조명원(曺明遠)
1. 서9남 경창군(慶昌君)
　처부: 조명욱(曺明勗)
　처외조부: 원연(元埏)
2. 서8녀 정정옹주(貞正翁主)
　부마: 유적(柳頔)

제6장 온빈 한씨

▨ 온빈 한씨(溫嬪韓氏)
　부: 한사형(韓士亨)
　외조부: 박유년(朴有年)
1. 서10남 흥안군(興安君)
　처부: 한인급(韓仁及)
　처외조부: 노병준(盧並俊)
2. 서11남 경평군(慶平君)
　처부: 최윤조(崔胤祖)
　처외조부: 심극명(沈克明)
3. 서13남 영성군(寧城君)
　처부: 황이중(黃履中)
　처외조부: 박종서(朴宗緖)
4. 서10녀 정화옹주(貞和翁主)
　부마: 권대항(權大恒)

제7장 선원계보에 없는 후궁들

▨ 귀인 정씨(貴人鄭氏)
　부: 정황(鄭滉)
　외조부: 한기(韓誋)
　　　　　신승가(愼承嘉)

▨ 숙의 정씨(淑儀鄭氏)
　부: 정순희(鄭純禧)
　외조부: 윤변(尹忭)

선조대왕 선원록

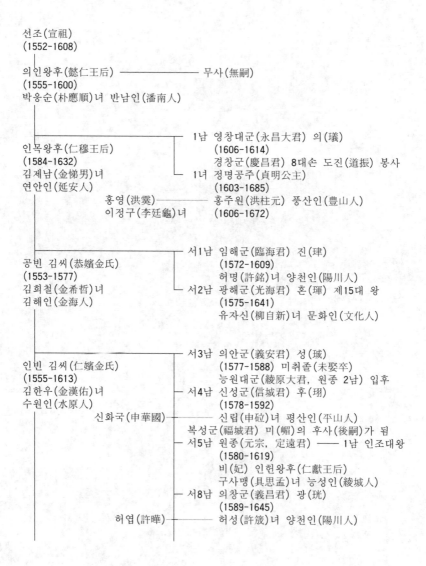

선조(宣祖)
(1552-1608)

의인왕후(懿仁王后) ─────── 무사(無嗣)
(1555-1600)
박응순(朴應順)녀 반남인(潘南人)

인목왕후(仁穆王后)　　　　1남 영창대군(永昌大君) 의(璿)
(1584-1632)　　　　　　　　(1606-1614)
김제남(金悌男)녀　　　　　 경창군(慶昌君) 8대손 도진(道振) 봉사
연안인(延安人)　└ 1녀 정명공주(貞明公主)
　　　　　　　　　　　　　(1603-1685)
　　　홍영(洪霙)·········· 홍주원(洪柱元) 풍산인(豊山人)
　　　이정구(李廷龜)녀　　(1606-1672)

공빈 김씨(恭嬪金氏)　　서1남 임해군(臨海君) 진(珒)
(1553-1577)　　　　　　　(1572-1609)
김희철(金希哲)녀　　　　 허명(許銘)녀 양천인(陽川人)
김해인(金海人)　　　└ 서2남 광해군(光海君) 혼(琿) 제15대 왕
　　　　　　　　　　　　　(1575-1641)
　　　　　　　　　　　　　유자신(柳自新)녀 문화인(文化人)

인빈 김씨(仁嬪金氏)　　서3남 의안군(義安君) 성(珹)
(1555-1613)　　　　　　　(1577-1588) 미취졸(未娶卒)
김한우(金漢佑)녀　　　　 능원대군(綾原大君, 원종 2남) 입후
수원인(水原人)　　└ 서4남 신성군(信城君) 후(珝)
　　　신화국(申華國)········ (1578-1592)
　　　　　　　　　　　　　신립(申砬)녀 평산인(平山人)
　　　　　　　　　복성군(福城君) 미(嵋)의 후사(後嗣)가 됨
　　　　　　　└ 서5남 원종(元宗, 定遠君) ───── 1남 인조대왕
　　　　　　　　　　　　　(1580-1619)
　　　　　　　　　　　　　비(妃) 인헌왕후(仁獻王后)
　　　　　　　　　　　　　구사맹(具思孟)녀 능성인(綾城人)
　　　　　　　└ 서8남 의창군(義昌君) 광(珖)
　　　　　　　　　　　　　(1589-1645)
　　　허엽(許曄)········· 허성(許筬)녀 양천인(陽川人)

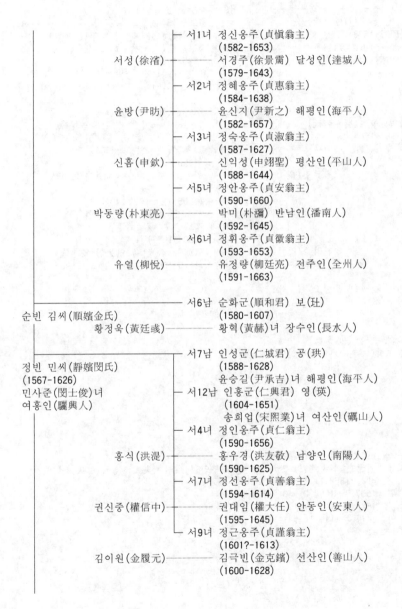

서성(徐渻) ── 서1녀 정신옹주(貞愼翁主)
　　　　　　　　(1582-1653)
　　　　　　── 서경주(徐景霌) 달성인(達城人)
　　　　　　　　(1579-1643)

윤방(尹昉) ──── 서2녀 정혜옹주(貞惠翁主)
　　　　　　　　(1584-1638)
　　　　　　── 윤신지(尹新之) 해평인(海平人)
　　　　　　　　(1582-1657)

신흠(申欽) ──── 서3녀 정숙옹주(貞淑翁主)
　　　　　　　　(1587-1627)
　　　　　　── 신익성(申翊聖) 평산인(平山人)
　　　　　　　　(1588-1644)

박동량(朴東亮) ── 서5녀 정안옹주(貞安翁主)
　　　　　　　　(1590-1660)
　　　　　　── 박미(朴瀰) 반남인(潘南人)
　　　　　　　　(1592-1645)

유열(柳悅) ──── 서6녀 정휘옹주(貞徽翁主)
　　　　　　　　(1593-1653)
　　　　　　── 유정량(柳廷亮) 전주인(全州人)
　　　　　　　　(1591-1663)

순빈 김씨(順嬪金氏) ── 서6남 순화군(順和君) 보(珤)
　　　　　　　　(1580-1607)
황정욱(黃廷彧) ── 황혁(黃赫)녀 장수인(長水人)

정빈 민씨(靜嬪閔氏) ── 서7남 인성군(仁城君) 공(珙)
(1567-1626)　　　　 (1588-1628)
민사준(閔士俊)녀　　 윤승길(尹承吉)녀 해평인(海平人)
여흥인(驪興人) ──── 서12남 인흥군(仁興君) 영(瑛)
　　　　　　　　　(1604-1651)
　　　　　　　　 송희업(宋熙業)녀 여산인(礪山人)

홍식(洪湜) ──── 서4녀 정인옹주(貞仁翁主)
　　　　　　　　(1590-1656)
　　　　　　── 홍우경(洪友敬) 남양인(南陽人)
　　　　　　　　(1590-1625)

권신중(權信中) ── 서7녀 정선옹주(貞善翁主)
　　　　　　　　(1594-1614)
　　　　　　── 권대임(權大任) 안동인(安東人)
　　　　　　　　(1595-1645)

김이원(金履元) ── 서9녀 정근옹주(貞謹翁主)
　　　　　　　　(1601?-1613)
　　　　　　── 김극빈(金克鑌) 선산인(善山人)
　　　　　　　　(1600-1628)

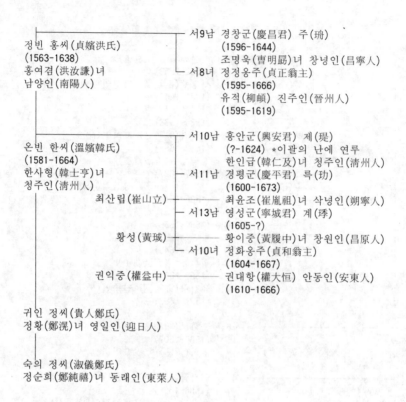

정빈 홍씨(貞嬪洪氏)
(1563-1638)
홍여겸(洪汝謙)녀
남양인(南陽人)

서9남 경창군(慶昌君) 주(珘)
(1596-1644)
조명욱(曺明勗)녀 창녕인(昌寧人)

서8녀 정정옹주(貞正翁主)
(1595-1666)
유적(柳頔) 진주인(晉州人)
(1595-1619)

온빈 한씨(溫嬪韓氏)
(1581-1664)
한사형(韓士亨)녀
청주인(淸州人)

서10남 흥안군(興安君) 제(瑅)
(?-1624) *이괄의 난에 연루
한인급(韓仁及)녀 청주인(淸州人)

서11남 경평군(慶平君) 륵(玏)
(1600-1673)

최산립(崔山立)
최윤조(崔胤祖)녀 삭녕인(朔寧人)

서13남 영성군(寧城君) 계(瑝)
(1605-?)

황성(黃珹)
황이중(黃履中)녀 창원인(昌原人)

서10녀 정화옹주(貞和翁主)
(1604-1667)

권익중(權益中)
권대항(權大恒) 안동인(安東人)
(1610-1666)

귀인 정씨(貴人鄭氏)
정황(鄭滉)녀 영일인(迎日人)

숙의 정씨(淑儀鄭氏)
정순희(鄭純禧)녀 동래인(東萊人)

선조(宣祖: 조선 제 14대 왕)
덕흥대원군(德興大院君) 3남, 하동부대부인(河東府大夫人) 정씨(鄭氏) 소생
이연(李昖, 1552.11.11~1608.2.1)
재위: 1567.7~1608.2. 40년 7개월
등극: 16세(1567), 향년: 57세
부인: 10명, 자녀: 14남 11녀

자녀 생년순

순서	자녀	구분	생년(년월일)	소생모	소생모의 몇번째자녀
1	서1남	임해군	선조 5년(1572)	공빈김씨	2남중 1남
2	서2남	광해군	선조 8년(1575)	공빈김씨	2남중 2남
3	서3남	의안군	선조 10년(1577)	인빈김씨	4남 5녀중 1남
4	서4남	신성군	선조 11년(1578)	인빈김씨	4남 5녀중 2남
5	서5남	정원군	선조 13년(1580)	인빈김씨	4남 5녀중 3남
6	서6남	순화군	선조 13년(1580)	순빈김씨	1남중 1남
7	서1녀	정신옹주	선조 15년(1582)	인빈김씨	4남 5녀중 1녀
8	서2녀	정혜옹주	선조 17년(1584)	인빈김씨	4남 5녀중 2녀
9	서3녀	정숙옹주	선조 20년(1587)	인빈김씨	4남 5녀중 3녀
10	서7남	인성군	선조 21년(1588)	정빈민씨	2남 3녀중 1남
11	서8남	의창군	선조 22년(1589)	인빈김씨	4남 5녀중 4남
12	서4녀	정인옹주	선조 23년(1590)	정빈민씨	2남 3녀중 1녀
13	서5녀	정안옹주	선조 23년(1590)	인빈김씨	4남 5녀중 4녀
14	서6녀	정휘옹주	선조 26년(1593)	인빈김씨	4남 5녀중 5녀
15	서7녀	정선옹주	선조 27년(1594)	정빈민씨	2남 3녀중 2녀
16	서8녀	정정옹주	선조 28년(1595)	정빈홍씨	1남 1녀중 1녀
17	서9남	경창군	선조 29년(1596)	정빈홍씨	1남 1녀중 1남
18	서10남	홍안군		온빈한씨	3남 1녀중 1남
19	서11남	경평군	선조 33년(1600)	온빈한씨	3남 1녀중 2남
20	서9녀	정근옹주	선조 34년(1601) 추정	정민민씨	2남 3녀중 3녀
21	1녀	정명공주	선조 36년(1603)	인목대비	1남 1녀중 1녀
22	서12남	인흥군	선조 37년(1604)	정빈민씨	2남 3녀중 2남
23	서10녀	정화옹주	선조 37년(1604)	온빈한씨	3남 1녀중 1녀
24	서13남	영성군	선조 38년(1605)	온빈한씨	3남 1녀중 3남
25	1남	영창대군	선조 39년(1606)	인목대비	1남 1녀중 1남

자녀\구분		생년(년월일)	가례 (당시나이)
1남	영창대군	선조 39년(1606)	
서1남	임해군	선조 5년(1572)	선조 18년(1585) 14세
서2남	광해군	선조 8년(1575)	
서3남	의안군	선조 10년(1577)	
서4남	신성군	선조 11년(1578)	선조 24년(1591) 14세 추정
서5남	정원군	선조 13년(1580)	
서6남	순화군	선조 13년(1580)	
서7남	인성군	선조 21년(1588)	선조 36년(1603) 16세
서8남	의창군	선조 22년(1589)	선조 36년(1603) 15세
서9남	경창군	선조 29년(1596)	광해군 2년(1610) 14세
서10남	흥안군		
서11남	경평군	선조 33년(1600)	광해군 6년(1614) 15세
서12남	인흥군	선조 37년(1604)	
서13남	영성군	선조 38년(1605)	
1녀	정명공주	선조 36년(1603)	인조 1년(1623) 21세
서1녀	정신옹주	선조 15년(1582)	선조 26년(1593) 12세
서2녀	정혜옹주	선조 17년(1584)	선조 29년(1596) 13세
서3녀	정숙옹주	선조 20년(1587)	선조 32년(1599) 13세
서4녀	정인옹주	선조 23년(1590)	선조 36년(1603) 14세
서5녀	정안옹주	선조 23년(1590)	선조 36년(1603) 14세
서6녀	정휘옹주	선조 26년(1593)	선조 37년(1604) 12세
서7녀	정선옹주	선조 27년(1594)	선조 37년(1604) 11세
서8녀	정정옹주	선조 28년(1595)	광해군 2년(1610) 16세
서9녀	정근옹주	선조 34년(1601) 추정	광해군 3년(1611) 나이는 11세경
서10녀	정화옹주	선조 37년(1604)	인조 8년(1630) 27세

몰년(향년)	소생모	배우자(생몰년, 본관)
광해군 6년(1614) 9세졸	인목왕후	경창군 주 8대손 도진 봉사
광해군 1년(1609) 36세졸	공빈김씨	허명녀(양천인)
인조 19년(1641) 67세졸	공빈김씨	유자신녀(문화인)
선조 21년(1588) 12세졸	인빈김씨	미취졸 능원대군입후
선조 25년(1592) 15세졸	인빈김씨	신립녀(평산인)
광해군 11년(1619) 40세졸	인빈김씨	구사맹녀(능성인)
선조 40년(1607) 28세졸	순빈김씨	황혁녀(장수인)
인조 6년(1628) 41세졸	정빈민씨	윤승길녀(해평인)
인조 23년(1645) 57세졸	인빈김씨	허성녀(양천인)
인조 22년(1644) 49세졸	정빈홍씨	조명욱녀(창녕인)
인조 2년(1624)	온빈한씨	한인급녀(청주인)
현종 14년(1673) 74세졸	온빈한씨	최윤조녀(삭녕인)
효종 2년(1651) 48세졸	정빈민씨	송희업녀(여산인)
	온빈한씨	황이중녀(창원인)
숙종 11년(1685) 83세졸	인목왕후	홍주원(1606~1672, 풍산인)
효종 4년(1653) 72세졸	인빈김씨	서경주(1579~1643, 달성인)
인조 16년(1638) 55세졸	인빈김씨	윤신지(1582~1657, 해평인)
인조 5년(1627) 41세졸	인빈김씨	신익성(1588~1644, 평산인)
효종 7년(1656) 67세졸	정빈민씨	홍우경(1590~1625, 남양인)
현종 1년(1660) 71세졸	인빈김씨	박미(1592~1645, 반남인)
효종 4년(1653) 61세졸	인빈김씨	유정량(1591~1663, 전주인)
광해군 6년(1614) 21세졸	정빈민씨	권대임(1595~1645, 안동인)
현종 7년(1666) 72세졸	정빈홍씨	유적(1595~1619, 진주인)
광해군 5년(1613)	정빈민씨	김극빈(1600~1628, 선산인)
현종 8년(1667) 64세졸	온빈한씨	권대항(1610~1666, 안동인)

개 관

붕당의 발단

명종이 승하하고 외척과 연관이 없는 할머니가 궁비인 선조가 즉위하면서 정권은 비로소 사림의 손으로 넘어가고 역사상 처음으로 사림정치가 구현되었다. 이에 사림들은 선조 초년에 우선 조광조(趙光祖, 1482~1519)를 영의정에 증직하고 문정이란 시호를 내리고, 남곤(南袞, 1471~1527)의 죄를 열거하여 관작을 추탈한다. 이어서 을사사화(乙巳士禍)를 일으킨 사람들을 공신으로 책봉한 것은 잘못되었다 하여 정난공신을 비롯하여 천여명의 원종공신의 훈적을 삭제할 것을 요구하고, 이기(李芑, 1476~1552)·정언각(鄭彦慤, 1498~1556)·정순붕(鄭順朋, 1484~1548)·임백령(林百齡, ?~1546) 등의 죄상을 폭로하여 관작을 추탈하였다. 이와 함께 을사·정미사화(丁未士禍)를 당한 사림들을 신원하고 유관(柳灌, 1484~1545)·유인숙(柳仁淑, 1485~1545) 등을 신원 복관시켰다. 그러나 위훈삭제(僞勳削除)와 윤임(尹任, 1487~1545)·계림군(桂林君) 이유(李瑠, 1502~1545)의 복관은 이준경(李浚慶, 1499~1572) 등의 구신의 반대로 이루어지지 않았다가 선조 10년(1577) 인종비 공의대비(恭懿大妃)의 요청으로 윤임·계림군 이유의 복관이 이루어지고 위훈삭제도 이루어졌다.

이처럼 이상사회 건설을 추구하다가 이를 반대하던 훈구들에게 기묘 을사사화를 당한 사림들을 신원 복관하는데 적극적이던 사림들과 소극적이던 사림들이 다시 대립하기 시작하였다. 이는 사회구성원리인 철학에서도 차이를 나타내었고 이상사회 건설을 위한 사회정책에서도 차이를 보이게 되어, 동인(東人)·서인(西人)의 붕당(朋黨)으로 발전하게 되었다.

동·서분당

동·서분당은 선조 8년(1575)에 이조전랑(吏曹銓郎) 자리를 둘러싼 심의겸(沈義謙, 1535~1587)과 김효원(金孝元, 1542~1590)의 대립에서 비롯되었다. 이조의 전랑은 정5품의 벼슬에 불과하였으나 관리의 인사권을 장악하는 청요직(淸要職)이었다. 더구나 이 전랑직을 거치면 대개는 재상으로 쉽게 올라갈 수 있다는 요직이었다. 이러한 중요성때문에 그 직에의 임명은 이조판서라도 간여하지 못하고 이임자가 추천하도록 되어 있었다. 처음 김효원이 문명이 높아 전랑에 천거를 받았는데 이조참의로 있던 심의겸은 그를 을사오적(乙巳五賊)의 한 사람인 윤원형(尹元衡, ?~1565)에 아부했던 자라 하여 반대하였다. 김효원은 마침내 전랑이 되었지만 그가 이임할 때는 심의겸의 동생이 천망에 오르게 되었다. 이번에는 김효원이 이를 거절하였다. 심의겸은 명종비 인순왕후(仁順王后)의 동생으로 윤원형 집권 당시에 사류를 많이 옹호하여 선배(先輩)들 사이에 명망이 있던 사람이고, 김효원은 신진의 한 사람으로 후배(後輩)들 사이에 명망이 있었다.

처음에는 율곡의 조정이 효과를 거두어 김효원·심의겸 양인을 각각 삼척과 전주, 외관으로 좌천도 시켰으나 근본적인 해결은 보지 못하였다.

결국 인사권을 쟁취하려는 이 두 사람의 싸움은 당시 관료와 유생을 두파로 갈라지게 하였으며, 김효원의 지지세력을 동인이라 부르고 심의겸의 지지세력을 서인이라 불러 동·서분당이 시작되었다.

동인의 영수 허엽(許曄, 1517~1580)과 서인의 영수 박순(朴淳, 1523~1589)은 똑같이 서경덕(徐敬德, 1489~1546)의 문하에서 나왔는데, 이를 계승한 동인에는 이황(李滉, 1501~1570)과 조식(曺植, 1501~1572)의 문인이 많고 서인에는 이이(李珥, 1536~1584)와 성혼(成渾, 1535~1598)의 계통이 많아서 붕당은 학파의 대립과 밀접한 관계가 있었다.

따라서 동·서의 붕당은 심·김 두 사람의 문제를 떠나서 정권 쟁탈로 변질하여 율곡의 조정에도 불구하고 싸움은 갈수록 심해졌다. 이러한 가운데 율곡 자신도 서인 가운데 친구가 많고 그 제자는 서인이 주류를 이루게 되니, 동인들에 의해 서인이라 지목을 받았으며 동인인 계미삼찬(癸未三竄)의 모함을 받기에 이르렀다. 그러나 이 당시 명망이 있는 토정(土亭) 이지함(李之菡, 1517~1578)·우계 성혼 등이 율곡을 적극 지지하고 있었으므로 율곡이 관계에 있을 때는 서인이 우세한 편이었다.

계미삼찬

선조 16년(1583) 여진족이 침입하자 율곡이 병조판서로 이들을 막아내기 위하여 십만양병설을 주장하여 선조의 내락을 받아냈으나, 유성룡(柳成龍, 1542~1607) 등이 반대하여 십만양병은 일단 저지된다. 이처럼 율곡이 국난에 처하여 개혁을 하려는 것을 유성룡 등의 보수세력이 저지하는 가운데, 율곡은 여진족 침입을 막아내느라 온갖 노력을 하다가 과로하여, 임금의 부름을 받고 오다가 어지럼증으로 쓰러져 임금을 알현하지 못하고 병조에서 조리하게 되었다.

이를 기회로 동인인 허봉(許篈, 1551~1588)·송응개(宋應漑, 1536~1588)·박근원(朴謹元, 1525~1585) 등 계미삼찬이 왕명무시라는 죄명으로 모함하고, 허봉의 사주를 받은 삼사(三司)가 율곡을 탄핵하였다. 이에 율곡은 해주(海州)로 물러가고 성혼 등이 율곡의 억울함을 호소하고 율곡을 모함한 허봉·송응개·박근원 등을 탄핵하니 선조는 이들을 유배보내고 삼사를 교체하고 율곡을 다시 등용하였다.

그러나 율곡은 이때 모함당한 억울함 때문인지 아니면 정권욕에 눈이 어두운 보수세력때문에 국난에 제대로 대처하지 못한 심려때문인지 선조 17년(1584) 한창 일할 나이인 49세 장년의 나이로 임진왜란을 앞에 두고 숨을 거두게 된다.

이후 선조가 서인(西人)을 싫어하여 동인인 이산해(李山海, 1539~1609)를 이조판서에 10년이나 두니 서인은 실세하고 동인이 정권을 장악하였다.

정여립 모반사건

선조 22년(1589) 10월에 황해감사 한준(韓準, 1542~1601)이, 정여립(鄭汝立, 1546~1589)이 지함두(池涵斗)·길삼봉(吉三峯) 등과 황해 전라도의 군사를 모아 역모를 꾀한다고 고변하였다. 정여립은 원래 율곡과 우계 문하에 드나들면서 율곡을 성인(聖人)으로 받들다가 율곡이 졸하고 서인이 실세하자 동인에 붙어 이이를 비난하니 동인의 영수인 이발(李潑, 1544~1589)이 받아들인 자이다. 이를 잘 알고 있는 선조는 정여립을 등용하지 않았다.

이러한 연유로 이산해·정언신 등은 한준의 고변에도 불구하고 정여립이 모반을 할리가 없다고 옹호하면서 이는 서인의 모함이라고 하였다. 정여립은 진안군 죽도 별장에 도망하였다가 자살하고 그 도당인 변숭복도 그 옆에서 자결하여 정여립 모반 사건은 의문을 남기게 되었지만 정여립의 아들 정옥남(鄭玉男)이 잡혀와 자복하여 길삼봉·박연령(朴延齡) 등 소위 정여립 도당이 처벌을 받게 되었다.

그러나 정여립 모반 사건은 11월에 생원 양천회(梁千會) 예조정랑 백유함(白惟咸, 1546~1618) 등이 상소를 하여 정여립과 관련된 조정 대신을 처벌할 것을 주장하여, 우의정 정언신(鄭彦信), 이발(李潑) 형제를 비롯하여 김우옹(金宇顒, 1540~1603)·정경세(鄭經世)·정인홍(鄭仁弘, 1535~1623)·정개청(鄭介淸, 1529~1590)·유몽정(柳夢井)·최영경(崔永慶, 1529~1590) 등 동인 중 북인세력으로 확대되어 정여립을 옹호하던 동인은 큰 수난을 당하였고, 정철·조헌(趙憲, 1544~1592) 등으로 이루어지는 서인이 집권하였다.

건저문제

선조 24년(1591) 유성룡이 정승이 되자 정철(鄭澈, 1536~1593)에게, 선조에게 적자가 없자 서자 중에서 세자를 세울 것을 건의하기로 하고 이산해와 함께 모여 건의하기로 하였다. 그러나 이산해는 선조가 총애하는 인빈 김씨(仁嬪金氏)의 오라비 김공량(金公諒)과 모의하여 정철이 세자를 세우고 인빈 김씨와 그 아들 신성군(信城君)을 죽이려 한다고 인빈 김씨를 통하여 선조에게 은밀히 모함하였다. 이러한 모함을 모르고 정철은 유성룡·이산해가 함께 모인 경연 자리에서 세자세우는 의논을 선조에게 아뢰었다. 이에 선조가 노하자 이산해 유성룡은 아무 말도 안하고 부제학 이성중(李誠中, 1539~1593) 대사간 이해수(李海壽, 1536~1598)만이 같이 의논한 일이라 하였다. 이에 정철은 선조에게 크게 미움을 사게 되었는데 이를 틈타 유생 안덕인·이원장·윤홍·이진·이성경 등이 정철이 국정을 그르친다고 탄핵하여 물러나고, 뒤이어 이산해와 홍여순(洪汝諄, 1547~1609)의 공격을 받아 정철은 진주로, 백유함(白惟咸)은 경흥(慶興), 유공진(柳拱辰, 1547~1604)은 경원, 이춘영(李春英, 1563~1606)은 삼수(三水)로 유배되었다. 이어 우찬성 윤근수(尹根壽, 1537~1616), 판중추 홍성민(洪聖民, 1536~1594), 목사 이해수, 부사 장운익 등을 탄핵하여 삭탈 관직시키고 병조판서 황정욱(黃廷彧, 1532~1607), 승지 황혁(黃赫, 1551~1612), 호조판서 윤두수(尹斗壽, 1533~1601), 좌승지 유근(柳根, 1549~1627), 황해감사 이산보(李山甫, 1539~1594), 사성 이흡(李洽, 1549~1608) 등을 탄핵하여 서인을 몰아내기 시작한다. 이때 동인 중에는 서인에 대한 강경파와 온건파로 갈리어 남인(南人)과 북인(北人)의 대립이 생기었다. 이 남인과 북인의 분열도 학파로 보면 이황의 문인과 조식의 문인 간의 대립이었다.

이처럼 서인이 세자책봉 문제로 쫓겨나는 가운데 선조 25년(1592) 4월 14일 임진왜란이 발발하니 선조는 의주로 피난가고, 조헌·김천일(金千鎰, 1537~1593)·고경명(高敬命, 1533~1592)·곽재우(郭再祐, 1552~1617) 등의 의병이 일어나 왜군과 맞서게 되었다. 25년 7월 이순신(李舜臣, 1545~1598) 장군의 한산도 대첩, 25년 10월 김시민(金時敏, 1554~1592)의 진주대첩으로 전라도 곡창이 보호되고, 25년 6월 명나라 원군 1진이 내려와 평양에서 대치하고 25년 12월에 명나라 대군이 내려 오면서 일본군이 퇴각하게 된다. 이런 과정에서 26년 2월 권율(權慄, 1537~1599) 장군의 행주대첩이 이루어지고, 26년 6월 김천일 장군의 제2차 진주성 전투가 벌어진다. 이후 일본과 화의가 이루어져 일본이 철수하게 된다.

그러나 다시 선조 30년(1597) 정유재란이 일어나 명군이 다시 원군으로 와서 싸우던 중 선조 31년(1598) 8월 도요토미가 죽어 철수하는 일본군을 31년 11월 노량대첩에서 섬멸하는 과정에서 이순신 장군이 전사하는 것으로 전쟁은 끝난다.

이렇게 임진왜란을 거치는 동안, 노비와 토지를 가진 훈척 등 기득권세력은 피난의 와중에서 몰락하게 되고, 의병투쟁을 전개하며 성장한 신진 사림세력은 전쟁 복구를 하며 주도권을 잡아간다.

그러나 정철·조헌·성혼 등 서인의 원로 대신들이 의병투쟁 중에서 또는 전쟁 전후로 죽게 된 서인들은 의병투쟁을 주도하였으면서도 정계의 주도권을 잡아가지 못하였다.

대신에 의주로 선조를 모시고 갔던 이항복(李恒福, 1556~1618), 이산해(李山海, 1539~1609)의 사위인 이덕형(李德馨, 1561~1613), 남인 유성룡(柳成龍, 1542~1607) 등의 원로 대신들이 선조 25년(1592) 4월 28일 전쟁의 와중에서 북인들에 의해 세자로 추대된 광해군(1608~1623)을 둘러싸고 정계를 주도하게 된다.

선조 32년(1599) 남이공(南以恭, 1565~1640)·김신국(金藎國, 1572~1657)이 홍여순을 탄핵하면서 대북 소북으로 갈리자, 남이공·김신국 등의 소북이 이이첨(李爾瞻, 1560~1623)·기자헌(奇自獻, 1562~1624)·정인홍(鄭仁弘) 등의 대북에게 밀려나게 된다.

그러나 선조 35년(1602) 유영경이 이조판서로 등용되어 선조 37년 호성공신에 책봉되고 영의정에 오르면서 정계를 주도하게 된다.

이런 와중에서 선조 33년 6월 의인왕후(懿仁王后, 1555~1600) 박씨가 승하하고 선조 35년 7월 인목왕후(仁穆王后, 1584~1632) 김씨가 왕비가 되어 뒤늦게 선조 39년(1606) 영창대군 이의(李㼁, 1606~1614)가 태어나니 왕위계승 문제가 다시 대두된다.

선조 41년(1608) 선조 사위 유정량(柳廷亮, 1591~1663)의 조부인 유영경(柳永慶, 1550~1608)은 영창대군을 지지하고 이산해는 광해군을 지지하였다.

그러나 선조 41년(1608) 2월 선조가 승하하고 광해군이 즉위하니 그동안 전개되었던 대북과 소북의 싸움은 대북의 승리로 일단락되고 소북의 유영경은 사사된다.

제1편 선조와 왕비

제1장 선조대왕

▦ 선조대왕(宣祖大王)
▦ 덕흥대원군(德興大院君)
　처부: 정세호(鄭世虎)
　처외조부: 이세걸(李世傑)

▦ 선조(宣祖) 세가

선조(宣祖) 조선 제14대 왕
덕흥대원군(德興大院君) 3남, 하동부대부인(河東府大夫人) 정씨(鄭氏: 鄭世虎 女) 소생
이연(李昖, 1552.11.11~1608.2.1, 재위: 1567.7~1608.2. 40년 7개월)
등극: 16세(1567), 향년: 57세
부인: 10명, 자녀: 14남 11녀

　선종 정륜 입극 성덕 홍렬 지성 대의 격천 희운 경명 신력
홍공 융업 현문 의무 성예 달효 대왕(宣宗正倫立極盛德洪烈至誠
大義格天熙運景命神曆弘功隆業顯文毅武聖睿達孝大王)의　휘는　연
(㳕)이다. 초명은 균(鈞)이다.

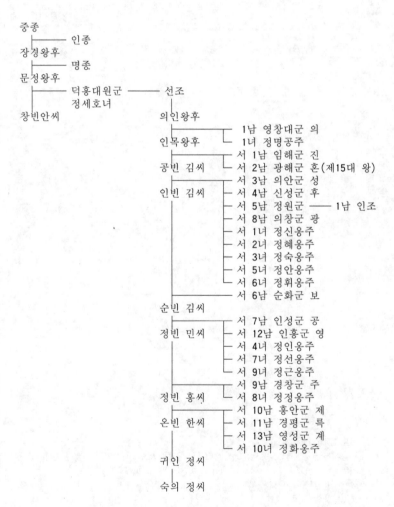

▒ 선조대왕의 부인들과 자녀

선조대왕은 중종대왕의 손자로, 덕흥대원군(德興大院君) 이초 (李岧, 1530~1559)의 셋째 아들이며, 어머니는 증 영의정(贈領 議政) 정세호(鄭世虎, 1486~1563)의 딸인 하동부대부인(河東府大 夫人) 하동 정씨(河東鄭氏, 1522~1567)이다.

명종 7년(1552) 11월 11일 태어나 16세인 선조 즉위년(1567) 7월 3일 조선 제14대 왕으로 등극하였다. 재위 40년 7개월 만 인 선조 41년(1608) 2월 1일 57세로 승하하셨다.

대왕은 두분의 왕비와 여섯 분의 후궁, 자녀가 없어 『선원 록』에 기록되지 못한 후궁 두분을 합쳐 모두 열분의 부인을 두었으며, 그들에게서 영창대군 광해군을 비롯하여 14남 11녀 를 낳아 모두 스물 다섯 명의 자녀를 두었다.

첫번째 비(妃)는 박응순(朴應順, 1526~1580)의 딸인 의인왕후 (懿仁王后) 반남 박씨(潘南朴氏, 1555~1600)이다. 선조보다 세 살이 적으며 슬하에 자녀가 없다.

두번째 비는 김제남(金悌男, 1562~1613)의 딸인 인목왕후(仁 穆王后) 연안 김씨(延安金氏, 1584~1632)이다. 선조보다 서른 두 살이 적으며 슬하에 1남 1녀를 두었다. 1남은 영창대군(永昌大 君, 1606~1614)이고, 1녀는 정명공주(貞明公主, 1603~1685)이고 풍산 홍씨(豊山洪氏) 홍주원(洪柱元, 1606~1672)에게 출가했다.

후궁 공빈 김씨(恭嬪金氏, 1553~1577)는 사포(司圃) 김희철(金 希哲, ?~1592)의 딸로 선조보다 한 살이 적으며, 슬하에 2남을 두었다. 1남 임해군(臨海君, 1572~1609)은 허명(許銘, 1539~?)의 딸인 양천 허씨(陽川許氏, 1571~1644)와 혼인하였다. 2남 광해군(光海君, 1575~1641)은 조선 제15대왕으로 18세인 선조 25년(1592) 4월 29일 세자로 책봉되고 34세인 선조 41년(1608) 2월 2일 정릉동 행궁의 서청(西廳)에서 즉위하였다. 49세인 광해 15년(1623) 3월 14일 인조반정이 일어나 폐위되었다가 67세인 인조 19년(1641) 7월 1일 제주도에서 졸하였다.

후궁 인빈 김씨(仁嬪金氏, 1555~1613)는 사헌부 감찰 김한우(金漢佑, 1501~1574)의 딸로 선조보다 세 살이 적으며, 슬하에 4남 5녀를 두었다.

1남 의안군(義安君, 1577~1588)은 혼인하지 못하고 12세로 졸하였다.

2남 신성군(信城君, 1578~1592)은 신립(申砬, 1546~1592)의 딸인 평산 신씨(平山申氏)와 혼인하였다.

3남 정원군(定遠君: 元宗, 1580~1619)은 구사맹(具思孟, 1531~1604)의 딸 인헌왕후(仁獻王后, 1578~1626) 능성 구씨(綾城具氏)와 혼인하였다.

4남 의창군(義昌君, 1589~1645)은 허성(許筬, 1548~1612)의 딸인 양천 허씨(陽川許氏)와 혼인하였다.

1녀 정신옹주(貞愼翁主, 1582~1653)는 서성(徐渻)의 아들 달성위(達城尉) 서경주(徐景霌, 1579~1643)에게 출가하였다.

2녀 정혜옹주(貞惠翁主, 1584~1638)는 윤방(尹昉)의 아들 해숭위(海嵩尉) 윤신지(尹新之, 1582~1657)에게, 3녀 정숙옹주(貞淑翁

主, 1587~1627)는 신흠(申欽)의 아들 동양위(東陽尉) 신익성(申翊聖, 1588~1644)에게 출가하였다.

4녀 정안옹주(貞安翁主, 1590~1660)는 박동량(朴東亮)의 아들 금양군(錦陽君) 박미(朴瀰, 1592~1645)에게, 5녀 정휘옹주(貞徽翁主, 1593~1653)는 유영경(柳永慶)의 손자 전창군(全昌君) 유정량(柳廷亮, 1591~1663)에게 출가하였다.

후궁 순빈 김씨(順嬪金氏)는 슬하에 1남 두었는데 순화군은 승지 황혁(黃赫, 1551~1612)의 딸 장수 황씨(長水黃氏)와 혼인하였다.

후궁 정빈 민씨(靜嬪閔氏, 1567~1626)는 민사준(閔士俊, 1537~?)의 딸로 14세인 선조 13년 5월 26일 전 주부 정순희(鄭純禧)의 딸 숙의 정씨(淑儀鄭氏), 승훈랑(承訓郎) 홍여겸(洪汝謙)의 딸 정빈 홍씨(貞嬪洪氏, 1563~1638)와 함께 숙의로 뽑혀 들어왔다. 선조보다 열 다섯 살이 적으며 슬하에 2남 3녀를 두었다.

1남 인성군(仁城君) 이공(李珙, 1588~1628)은 윤승길(尹承吉, 1540~1616)의 딸 해평 윤씨(海平尹氏)와 혼인하였다. 2남 인흥군(仁興君) 이영(李瑛, 1604~1651)은 송희업(宋熙業)의 딸 여산 송씨(礪山宋氏, 1608~1681)와 혼인하였다.

1녀 정인옹주(貞仁翁主, 1590~1656)는 홍식(洪湜, 1559~1610)의 아들 홍우경(洪友敬, 1590~1625)에게 출가하였고, 2녀 정선옹주(貞善翁主, 1594~1614)는 권신중(權信中)의 아들 권대임(權大任, 1595~1645)에게 출가하였고, 3녀 정근옹주(貞謹翁主, 1601?~1613)는 김이원(金履元, 1553~1614)의 아들 김극빈(金克鑌,

1600~1628)에게 출가하였다.

후궁 정빈 홍씨(貞嬪洪氏, 1563~1638)는 승훈랑(承訓郞) 홍여
겸(洪汝謙)의 딸로 18세인 선조 13년 5월 26일 숙의로 뽑혀 들
어왔다. 선조보다 열 한 살이 적으며 슬하에 1남 1녀를 두었다.

1남 경창군(慶昌君) 이주(李珘, 1596~1644)는 조명욱(曺明勗,
1572~1637)의 딸인 창녕 조씨(昌寧曺氏, ?~1648)와 혼인하였다.
1녀 정정옹주(貞正翁主, 1595~1666)는 유적(柳頔, 1595~1619)에
게 출가하였다.

후궁 온빈 한씨(溫嬪韓氏, 1581~1664)는 한사형(韓士亨, 1546
~1609)의 딸로 12세인 선조 25년(1592) 입궐하였다. 선조보다
스물 아홉 살이 적으며 슬하에 3남 1녀를 두었다.

1남 흥안군(興安君) 이제(李瑅, ?~1624)는 한인급(韓仁及, 1583
~1644)의 딸 청주 한씨(淸州韓氏)와, 2남 경평군(慶平君) 이륵
(李玏, 1600~1673)은 최윤조(崔胤祖)의 딸 삭녕 최씨(朔寧崔氏)
와, 3남 영성군(寧城君) 이계(李㻑, 1605~?)는 황이중(黃履中)의
딸 창원 황씨(昌原黃氏)와 혼인하였다.

1녀 정화옹주(貞和翁主, 1604~1667)는 안동 권씨(安東權氏) 권
대항(權大恒, 1610~1666)에게 출가하였다.

『선원록』에 나오지 않는 후궁으로는 귀인 정씨(貴人鄭氏, 15
57~1579)와 숙의 정씨(淑儀鄭氏)가 있다.

귀인 정씨는 정황(鄭滉, 1528~?)의 딸로 슬하에 자식이 없다.

숙의 정씨는 정순희(鄭純禧)의 딸로 숙의로 뽑혀 들어왔다.
슬하에 자식이 없다.

▓ 탄생과 즉위

명종 7년(1552) 11월 11일 인달방(仁達坊) 사제(私第: 德興大院君第)에서 탄생하였다.

왕은 아름다운 자질을 타고 났으므로 항상 예법을 따르기를 좋아하였다. 어릴 적에 공헌왕(恭憲王: 명종)이 일찍이 두 형과 아울러 함께 불러들여서 자신이 쓰고 있던 관(冠)을 벗어 차례로 쓰게 하여 하는 행동을 살펴보았었다. 차례가 왕에게 이르자 왕이 꿇어앉아 사양하기를 '군왕께서 쓰시던 것을 신자(臣子)가 어떻게 감히 머리에 얹어 쓸 수 있겠습니까' 하니, 공헌왕이 경탄(驚歎)하기를 '그렇다. 마땅히 이 관을 너에게 주겠다' 하였다. 인하여 임금과 아버지가 누가 더 중하냐고 묻고 글자로 써서 대답하게 하니, '임금과 아버지는 똑같은 것이 아니지만 충(忠)과 효(孝)는 본래 하나인 것입니다' 라고 대답하자, 공헌왕이 매우 기특하게 여겼다. 장성하자 하성군(河城君)에 봉하였다. 『광해군일기』 권1 광해군 즉위년 2월 21일(戊寅) 「소경 대왕의 행장」

8세인 명종 14년(1559) 5월 9일 아버지 덕흥대원군이 30세로 돌아가셨다.

14세인 명종 20년(1565) 9월 17일 명종의 환후가 깊어지자 이준경(李浚慶, 1499~1572) 등이 후사 선택을 건의하여 후사로 선택되어 궁에 들어와 약수발을 들었다.

영평 부원군 윤개(尹漑), 영의정 이준경(李浚慶), 좌의정 심통원(沈通源), 우의정 이명(李蓂), 좌찬성 홍섬(洪暹), 좌참찬 송기수(宋麒壽), 우참찬 조언수(趙彦秀), 병조판서 권철(權轍), 이조판서

오겸(吳謙), 공조판서 채세영(蔡世英), 예조판서 박영준(朴英俊), 형조판서 박충원(朴忠元), 대사헌 이탁(李鐸), 부제학 김귀영(金貴榮), 대사간 박순(朴淳)이 언서로 중전에게 아뢰기를, "국본(國本)에 대한 일은 지난번 신들이 입대하였을 적에 계청하였는데 상께서 아직 확답이 없으시니 신들이 답답할 뿐만 아니라 대중들도 몹시 불안해 하고 있으니, 지금 인심을 안정시키지 않을 수 없습니다. 모르겠습니다만 내전께서 마음을 두신 데가 있습니까? 참으로 답답할 뿐입니다" — 이준경 등이, 후사를 정하는 일은 누설시킬 수 없다 하여 박계현(朴啓賢)을 시켜 이 계사를 쓰게 하고 봉하여 들여갔으므로 사관(史官)이 처음에는 알지 못하였다가 계청한 뒤에 비로소 그 초안을 보았다 — 하니, 중전이 뒤에 결정하겠다고 답하였다.

조금 있다가 중전이 전교하기를, "일이 몹시 망극하니 후일에 결정하겠다" 하였다. 이준경 등이 아뢰기를, "이 일은 속히 단안을 내리셔야 하고 의심을 갖고 망설여서는 안되니 오늘 중으로 결정하소서" 하니, 중전이 친필(親筆)로 써서 내리기를, "국가의 일이 망극하니 덕흥군(德興君) — 중종대왕의 서자이다. 이름은 이초(李岹)인데 죽었다 — 의 셋째 아들 이균(李鈞)을 입시시켜 시약(侍藥)하도록 하라" 하였다. 이준경 등이 함께 의논하여 중전에게 아뢰기를, "하서(下書)에 '이균을 입시시켜 시약하게 하라' 하시니, 인심이 약간 안정되었습니다. 그러나 이는 대사인데 주상께 품하고 결정하신 것인지 알지 못하겠습니다. 만약 아직 품하지 않으셨다면 비록 한 자라도 반드시 어필(御筆)로 써서 내리신 후에 대사를 결정하소서. 상의 환후가 조금 나아지시면 신들이 입대를 청하여 직접 전교를 받들겠습니다" 하니, 중전이 언서로 답하기를, "상께서는 본래 심열이 있으신 데다 상사를 만나 거상하시느라 오랫동안 심열이 낮지 않고 더하여 이처럼 미령하게 된 것이다. 만약 이 일을 계품한다면 틀림없이 마음이

동하여 증후가 더욱 중하여질 것이다. 그러므로 감히 아뢸 수가
없으니 우선 이렇게 결정하였다가 회복되시면 다시 계품하는
것이 좋겠다. 만약 지금 대신이 입대를 청한다면 심열이 더하여
질 것이니 입대를 청하지 말라. 간절히 바란다" 하였다.

　이준경 등이 회계하기를, "신들이 삼가 의지를 보니 심열이
아직도 남아 있다 하므로 몹시 걱정이 됩니다. 이 일은 중대한
것이라 주상에게 품달하지 아니하고는 할 수가 없는 것이니 내
전께서 잠시도 잊지 말고 유념하시었다가 조금 덜하신 틈을 타
서 힘을 다하여 도와주시는 것이 어떻겠습니까? 모든 신하들은
반드시 상의 명을 얻고서야 물러갈 것입니다" 하니, 중전이 언
서로 답하기를, "아뢴 뜻을 알았다. 마땅히 마음에 새겨 두고
형세를 보아 품하고 결정하겠다. 지금 당장은 결코 계품할 수
없다" 하고, 조금 있다가 중전이 다시 언서로 전교하기를, "방
금 국본에 대한 일을 잠시 계품하였더니 성심이 몹시 동요하셨
다. 결코 이런 시기에 계품할 수 없다" 하였다. 이준경 등이 그
제야 물러갔다. ― 이날 부정(副正) 윤건(尹健)이 차비문과 수상
의 처소를 7~8차례나 왔다갔다 하였는데, 사람들은 모두 이준
경이 윤건을 통하여 중전에게 은밀하게 아뢰는 것이 아닌가 의
심했으니, 윤건은 바로 심강(沈鋼)의 매부이기 때문이다 ― 백관
이 궐정에 모였다.

　비록 명호(名號)가 정해지지는 않았지만, 15세인 명종 21년
(1566) 8월 28일 별도로 한윤명(韓胤明, 1537~1567)·정지연(鄭
芝衍, 1527~1583) 등이 사부(師傅)로 선정되어 가르침을 받기도
하고 또 명종이 자주 불러들여 학업을 시험해 보기도 하였다.
그리고 그가 나와 뵈올 때마다 명종은 감탄하며 '덕흥(德興)은
참 복이 있는 사람이야' 하곤 하였었다.

16세인 명종 22년(1567) 5월 18일 어머니인 하동부대부인(河東府大夫人) 정씨(鄭氏, 1522~1567)[1]가 46세로 졸하였다.

덕흥대원군과 하동부대부인 정씨 묘 (경기도 기념물제55호)
경기도 남양주시 별내면 덕송리 산5-13

어머니가 돌아가신 한달 정도 뒤인 명종 22년(1567) 6월 28일 명종이 인재를 고르게 등용하여 선정을 펴보려고 노력하였으나 이루지 못하고 34세의 젊은 나이로 경복궁(景福宮) 양심당(養心堂)에서 승하(昇遐)하였다.

이날 중전이 정원에 전교하기를, "봉영해 오는 일을 아뢴 대로 하라. 거처할 곳은 대신들이 왕대비전(王大妃殿) — 인종대왕(仁宗大王)의 비이다 — 에 품정하는 것이 옳다" 하니, 이준경 등이 와서 아뢰기를, "마땅히 내전(內殿)에서 정해야 하지 이런 때에 정사(政事)를 다른 곳에서 나오게 해서는 안 됩니다. 즉시 승지와 사관으로 하여금 사저(私邸) — 바로 사직동(社稷洞) 덕흥군(德興

---

1) 『전주이씨대관』 1769쪽에 정씨가 덕흥대원군보다 8세 연상으로 되어있다.

君)의 집이다. 이때 사군(嗣君)은 모부인(母夫人)의 상을 당하여 그곳에 있었다 — 에 가서 맞아오게 해야 합니다" 하였다.

16세인 명종 22년(1567) 6월 28일 이준경 등이 명종비 인순왕후에게 수렴청정을 청하여 인순왕후가 선조 1년(1568) 2월 24일까지 수렴청정하였다.

다시 이준경 등이 아뢰기를, "사자(嗣子)가 이미 대행 대왕(大行大王)의 아들이 되었으니, 마땅히 순회세자(順懷世子, 1551~1563)의 이름을 따라 '일(日)' 자를 좇아 개명(改名)해야 합니다" 하고, 인하여 '경(暻)', '연(昖)', '요(曤)' 세 자로 입계하니 '연(昖)' 자가 적당하다고 전교하였다.

6월 28일 진시(辰時)에 사자가 상차(喪次: 경성전慶成殿)에 입거(入居)하였다. 정원이 내전에게 아뢰었다. "사자가 이미 들어와 피발(被髮)하는 절차를 한결같이 예문(禮文)대로 하였습니다"

6월 28일 신시(申時)에 의례(儀禮)대로 염습(殮襲)하였는데 백관이 곡림(哭臨)하여 슬픔을 다하였다.

16세인 선조 즉위년(1567) 7월 3일 유명(遺命)에 따라 경복궁(景福宮) 근정전(勤政殿)에서 즉위하였다.

즉위한 다음 날인 7월 4일 퇴계(退溪) 이황(李滉, 1501~1570) 등에게 명하여 대행왕(大行王)의 행장을 수찬(修撰)하게 하였다. 7월 17일 대행왕의 묘호(廟號)를 '명종(明宗)'으로 하였다. 대행왕이 평일에 늘 이르기를, '시호는 명(明)자이면 족하다' 하였었는데, 이때 과연 선지(先旨)와 맞았던 것이다. 대비는 울면서 그것을 여러 신하들에게 알리었다.

중묘조서연관 사연도 (홍익대 박물관 소장)
선조가 즉위한 경복궁 근정전

선조 즉위년 9월 22일 명종의 장례를 치렀다. 명종의 상을 10월에 장례해야 했는데, 일관(日官)이 10월은 불길하다 하여 9월로 청해 올렸던 것이다. 이에 대하여 생원(生員) 이유(李愈)는 갈장(渴葬)이 예가 아님을 상소하였고, 왕내비는 하교하기를, '모든 길흉(吉凶)은 하늘에 매여 있는 것이다. 일관의 말을 믿을 것이 뭐 있겠는가. 10월로 정하는 것이 옳다' 하였으나, 대신 이준경 등이 아뢰기를, '장례에 있어 꼭 길일(吉日)을 택하지 않으시는 그 뜻은 비록 훌륭한 뜻이나, 다만 흉일(凶日)로 하면 선령(先靈)이 혹시 편안치 않으실까 그것이 염려됩니다' 하여, 대비도 그대로 따랐다. 대신은 상이 어리다는 이유로 회장(會葬)하지 말 것을 청하였다. 고사(故事)에 의하면 사왕(嗣王)

이 상(喪)을 배종하지 못하면 대신이 대신하여 신주를 모시고 전례(奠禮)를 행하는 일을 하였는데, 대신이 그러한 전례(前例)를 살피지 않고 질(秩) 높은 종실(宗室)로 대신하게 하였으니, 다 예(禮)가 아니었다.

16세인 선조 즉위년(1567) 10월 명종의 졸곡례가 끝난 후 백립으로 상기를 마치는 제도를 시행할 것을 명하였다.

> 명종(明宗)의 졸곡례(卒哭禮)가 끝난 후 백립(白笠)으로 상기(喪期)를 마치는 제도를 시행할 것을 명하였다. 『국조오례의 國朝五禮儀』에는, 국상에 있어 졸곡을 마치면 조신(朝臣)들이 공회(公會) 때는 백의(白衣)에다 오사모(烏紗帽)·흑각대(黑角帶)를 임시로 착용하고, 평상시에는 백립(白笠)·백대(白帶)를 착용하는 것으로 되어 있다. 성종조(成宗朝) 때 논의하는 자들이, 사모(紗帽)를 검은 색으로 했으면 갓도 당연히 검은 색이어야 한다 하여 모두 그렇게 따랐었으나, 그것은 예제가 아니었다. 그후 중종(中宗)의 상에 좌상(左相) 유관(柳灌)이 주장하기를, '평상시에도 흑립(黑笠)을 쓴다면 이것은 바로 졸곡에 탈상하는 것이다' 하여 다시 백립을 쓰기 시작했었다. 인종(仁宗) 초상 때는 유관 등이 죽음을 당하자 대신(大臣)이 바로 그 논의를 폐기하고 다시 흑립을 착용하였고, 문정왕후(文定王后) 상에는 윤원형(尹元衡)이 또 유관의 논의가 잘못된 것이라고 하니 누구도 감히 맞서지 못하였다. 이때에 이르러 다시 예대로 백립을 착용하였다.

17세인 선조 1년(1568) 2월 24일 명종비가 수렴청정을 거두자 2월 25일 대소 신료들에게 잘 보필해 주기를 바란다는 전교를 내렸다.

　전교하였다. "나는 보잘것없는 어린 사람으로 여염에 있으면서 듣고 아는 바가 없었는데, 나의 황고(皇考) 명종대왕께서 깊이 종묘 사직의 계책을 생각하여 실로 나를 왕으로 삼으라는 말씀이 계셨다. 하늘이 돌보지 않아 갑자기 붕어하시니 나의 성모(聖母) 왕대비(王大妃)께서 유지에 따라 나를 들여 대통을 잇고 조종(祖宗)의 어렵고 큰 왕업을 지키게 하였다. 나는 덕이 없고 혼암한 사람으로서 봄 얼음을 밟는 듯 호랑이 꼬리를 밟는 듯 두려워하였는데, 다행히 자전(慈殿)께서 정숙하고 신중하신 자품과 아름다운 덕으로 섭정을 하여 크게 서정(庶政)을 다스려서 인심에 순응하고 하늘의 뜻에 응답하셨으며, 선왕(先王)이 하시려다 중지한 것까지 차례로 이어 받아 수행하므로써 백성이 생업을 편안히 하고 나라에 걱정이 없게 되었다.

　나 소자(小子)가 영원히 자전의 생성(生成)의 덕을 힘입어 잘못을 면하려 하였는데, 금년 2월 24일 교명을 받드니, 변이가 비상하므로 놀라고 두려워하시며 허물을 자책하시어 빨리 수렴을 거둔다는 명을 내려 군국(軍國)의 기무를 나 혼자의 결단에 맡기셨다. 나는 놀랍고 근심스러워 몸둘 곳을 몰랐으므로 굳이 사양을 간청했으나 윤허를 받지 못하였다. 비록 자성(慈聖)은 겸손이 깊어 천고에 뛰어난 미덕이지만 나의 방황하며 의지할 곳 없는 마음은 어찌 형용할 수 있겠는가. 하물며 못난 나는 이미 교훈을 받은 바도 없으니 복잡한 국사에 어찌 미진함이 없겠는가. 이래서 나는 더욱 삼가하고 힘써 몸을 닦고 어진이를 써서 조종(祖宗)의 끝없는 복이 시들지 않게 하고자 하니, 대소 신료는 또한 나의 지극한 마음을 본받아 각기 그 직무를 부지런히 하여 함께 올바른 정사를 이룩해야 할 것이다. 바라건대 정부(政府)는 이러한 뜻을 내외에 효유하라는 것으로 의정부에 내리라"

17세인 선조 1년(1568) 5월 7일 강릉(康陵)에 가서 제사를 마치고 능에 올라가 오랫동안 엎드려 울었다. 찬례(贊禮)가 그치기를 청하여도 그치지 않자 좌상(左相)이 몸소 나아가 주청하여 그쳤다.

강릉 전경 (사적 제201호)
서울시 노원구 공릉동 산233-19

선조 1년(1568) 5월 17일 어머니 덕흥군부인의 소상(小祥)에 중사(中使)를 보내 제사를 돕도록 하였다.

상이 내일은 덕흥군부인(德興君夫人)의 소상(小祥)이지만 대통을 이었기 때문에 근신을 보낼 수 없으니 다만 궁중에서 예물을 준비하여 내시를 보내 제사를 지내라고 하였는데, 대사간 백인걸은 근신을 보내 제사해야 한다고 청하였고, 대신은 다 옳지 않다고 하였으므로 중사(中使)만 보내 자위(慈闈)께 제사지내는 것을 돕도록 하였다.

6월 25일 명종 소상에 절에서 재를 올리는 것을 파할 것을 명종비에게 계달하겠다 하였다.

선조 1년(1568) 인순왕후(仁順王后, 1532~1575)의 부탁으로 사헌부 감찰 김한우(金漢佑, 1501~1574)의 딸 인빈 김씨(仁嬪金氏, 1555~1613)를 후궁으로 맞아들였다. 이때 인빈의 나이는 14세였다.

18세인 선조 2년(1569) 6월 명종대왕(明宗大王)의 담제(禫祭)를 지낸 뒤 하례를 받고 위안드리는 예를 시행하지 않았는데, 이는 이이(李珥, 1536~1584)의 말을 따른 것이다.

선조 2년 윤6월 16일 왕대비전(王大妃殿: 명종비)의 존호를 '의성(懿聖)'으로 정하였다. 또 명종에게 배향할 공신을 의논했는데 윤인경(尹仁鏡, 1476~1548)·안현(安玹, 1501~1560)·상진(尙震, 1493~1564)은 모두 분(分: 점수)이 없었고 윤개(尹漑, 1494~1566)·심연원(沈連源, 1491~1558)·이언적(李彦迪, 1491~1553)이 모두 11분을 얻어 묘정 배향(廟庭配享)에 입참(入參)하게 되었다.

18세인 선조 2년(1569) 8월 14일 명종 혼전인 모의전(慕義殿)에 나아가 3경(更) 5점(點)에 궁성 문을 열고 군사를 집합시켰으며, 사시(巳時)에 동가제(動駕祭)를 올리고 신시(申時)에 동가하였다.

8월 15일 미시(未時) 정각에 돈화문(敦化門)에서 신련(神輦)을 모시고 나와 종묘까지 갔다. 8월 16일 축시에 명종 부묘제(祔廟祭)를 행하고 전교하였다.

축시에 상이 부묘제(祔廟祭)를 행했다. 묘시 정각에 상이 풍악을 울리며 환궁하니 백관이 첨하(簷下)에서 하례(賀禮)를 행하였다. 중외(中外)의 대소 신료와 한량(閑良)·기로(耆老)·군(軍)·민(民)·인(人) 등에게 전교하였다. "왕은 이른다. 첨앙함이 구름속으로 끊어지니 선어(仙馭)하시어 영원히 멀어졌도. 엄숙히 예에 따라 제사하여, 공경히 부묘의 의례가 이루어졌음을 고하노라. 오늘 융경(隆慶) 3년 8월 16일에 황고(皇考) 공헌 명종 헌의 소문 광숙 경효 대왕(恭憲明宗獻毅昭文光肅敬孝大王)의 신주(神主)를 공경히 받들어 친히 종묘에 부(祔)함에 이미 정결함을 다하였고 이내 밝은 의식을 거행하였다. 이 일을 마땅히 추연(推演)하건대 그 신께서 우리에게 흠뻑 은혜를 내려주실 것이니, 이에 뭇 백성들에게 반사(頒赦)를 하는 바이다"

이언적(李彦迪, 1491~1553)·심연원(沈連源, 1491~1558)을 묘정(廟庭)에 배향하였다.

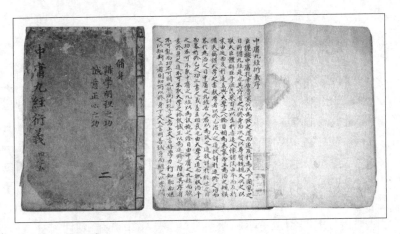

이언적 수필 고본

18세인 선조 2년(1569) 8월 29일 경복궁(景福宮)에 행행하여 공의 왕대비(恭懿王大妃, 1514~1577)에게 문안하고 날이 어두워 환궁하였다. 왕대비는 박용(朴墉, 1468~1524)의 딸로 11세인 중종 19년(1524) 3월 7일 인종의 세자빈(世子嬪)이 되었다가, 31세인 인종 즉위년(1544) 11월 20일 인종이 왕으로 등극하여 중전이 되었다. 32세인 인종 1년 7월 1일 인종이 재위 9개월만에 승하하여 홀로 되셨다가 명종 2년(1547) 9월 21일 공의(恭懿)의 존호를 받았다.

선조 2년(1569) 9월 1일 자전에게 존호를 올리는 의식의 첫 번째 예행 연습을 실시했다. 9월 8일 존호(尊號)를 올릴 때 좌승지와 우승지가 옥책(玉冊)을 봉진(奉進)하고 좌부승지와 우부승지가 금보(金寶)를 봉진하기로 하였다.

18세인 선조 2년(1569) 9월 11일 왕대비(王大妃: 명종비 인순왕후)의 존호(尊號)를 의성(懿聖)으로 올리고 백관이 하례를 올렸다.

존호를 올렸다. 오시(午時)에 전하가 곤룡포에 면류관을 쓰고 나왔으며 자전은 권정례(權停禮)로 나오지 않았다. 전하가 계단 위 판위(板位)의 위에 서자 승지 이준민과 우승지 이식이 옥책을 봉진하는 임무를 끝마치고, 좌부승지 유희춘(柳希春)과 우부승지 송하(宋賀)가 추창(趨蹌)하여 2보(寶)를 전해 받아 가지고 쌍(雙)으로 들어 바쳤다. 상이 받들어 다시 두 신하에게 주니 두 신하가 두 내시(內侍)에게 전하고 물러났다. 상이 막차(幕次)에 들어가 잠시 쉬고 궁에 돌아왔다. 신시(申時)에 대내에서 나와 전상(殿上) 악좌(幄座)에 출어(出御)하니 백관이 사배례(四拜禮)를

3차 행하고 만세 삼창하였다. 전한(典翰)이 선전관(宣箋官)이 되어 백관의 전(箋)을 읽고 인의(引儀)가 독전관(讀箋官)이 되어 외관(外官)의 직책과 성명을 낭송하였다. 날이 어두워서야 파했다.

선조 2년(1569) 9월 19일 사직(社稷)에서 제례(祭禮)를 행하고 날이 밝기 전에 환궁하였다.

선조 2년(1569) 9월 25일 태학(太學)에 행행하여 문묘(文廟)에 별제(別祭)를 지내고, 시사(試士)하여 노직(盧稙, 1536~1587) 등 7인을 뽑았다.

문묘 대성전 (보물 제141호)
서울특별시 종로구 명륜동(성균관대학교 내)

【선조 2년(1569) 알성시(謁聖試) 입격자들】 총 7명 입격

출전:『국조문과방목 國朝文科榜目』

성 명	본 관	생몰년	자	호	등 위
노직(盧稙)	교하(交河)	1536-1587	사치(士稚)	망포(望浦)	갑과(甲科) 1
이옹(李雍)	예안(禮安)	1534-?	응요(應堯)		을과(乙科) 1
한백후(韓伯厚)	청주(淸州)	1538-?	덕재(德載)		을과(乙科) 2
원사용(元士容)	원주(原州)		언위(彦偉)		병과(丙科) 1
황응규(黃應奎)	창원(昌原)	1518-1598	중문(仲文)	송간(松澗)	병과(丙科) 2
김태정(金泰廷)	광주(光州)	1541-?	형언(亨彦)		병과(丙科) 3
조정규(趙廷規)	평양(平壤)	1534-?	국헌(國憲)		병과(丙科) 4

18세인 선조 2년(1569) 11월 21일 명종을 부묘한 기념으로 윤담휴(尹覃休) 등을 뽑았다.

【선조 2년(1569) 별시(別試) 입격자들】 총 16명 입격

출전:『국조문과방목 國朝文科榜目』

성 명	본 관	생몰년	자	호	등 위
윤담휴(尹覃休)	파평(坡平)	1544-1585	백형(伯亨)	한계(寒溪)	갑과(甲科) 1
기지(金漬)	개성(開城)		군택(君澤)		을과(乙科) 1
신호인(申灝仁)			수부(睟夫)		을과(乙科) 2
정지연(鄭芝衍)	동래(東萊)	1525-1583	연지(衍之)		을과(乙科) 3
허사흠(許思欽)	양천(陽川)	1522-?	흠중(欽中)		병과(丙科) 1
강서(姜緖)	진주(晉州)	1538-?	원경(遠卿)		병과(丙科) 2
이덕열(李德悅)	광주(廣州)	1534-?	득지(得之)		병과(丙科) 3
이원익(李元翼)	완산(完山)	1547-1583	공려(公勵)	오리(梧里)	병과(丙科) 4
조확(趙擴)	양주(楊州)	1535-?	공보(公保)		병과(丙科) 5
허준(許準)	양천(陽川)	1540-?	중칙(仲則)		병과(丙科) 6
신숙(申熟)	평산(平山)	1537-?	인중(仁仲)		병과(丙科) 7
박점(朴漸)	고령(高靈)	1532-?	경진(景進)		병과(丙科) 8
서익(徐益)	부여(扶餘)	1542-1587	군수(君受)	만죽(萬竹)	병과(丙科) 9
한종주(韓宗冑)	청주(淸州)		대윤(大胤)		병과(丙科)10
윤경(尹曔)	파평(坡平)	1540-?	백소(伯昭)		병과(丙科)11
김찬선(金纘先)	연안(延安)	1535-?	공서(公緖)		병과(丙科)12

선조 2년(1569) 12월 29일 명종 상례를 다 마치고 나서 반성
부원군(潘城府院君) 박응순(朴應順, 1526~1580)의 딸 의인왕후
(懿仁王后, 1555~1600)를 왕비로 맞아들였다.

　　상이 현령(縣令) 박응순(朴應順)의 딸을 왕비로 맞았다. 가례
(嘉禮)를 이루고서 종묘(宗廟)에 고하고 이어 반사(頒赦)하였다.
박응순은 처음에 돈녕도정(敦寧都正)에 제수되었다가 이에 이르
러 반성부원군(潘城府院君) 영돈녕부사(領敦寧府事)에 초배(超拜)
되었다.『선조수정실록』권2 선조 2년 11월

▨ 공빈 김씨가 첫 아들을 낳다

19세인 선조 3년(1572) 5월 12일 사직(社稷)에서 기우제(祈雨祭)를 행하자 비가 왔다.

상이 몸소 사직(社稷)에서 기우제(祈雨祭)를 거행하였는데, 축시(丑時) 초 일각(一刻)에 시작하여 파루(罷漏) 때 이르러서 끝냈다. 밤중부터 비가 올 것 같은 기색이 있더니 기우제를 지낼 때에는 빗방울이 떨어졌고 상이 환궁한 뒤에는 부슬부슬 내리니, 사람들이 크게 기뻐하였다.

7월 13일 모화관(慕華館)에서 왕후 책봉에 관한 고명(誥命)을 맞이하였다.

상이 모화관(慕華館)에 행행하여 왕후 책봉에 대한 고명(誥命)을 맞이하고 근정전(勤政殿)에 이르러 전후 사배례(四拜禮)를 거행하였다.

20세인 선조 4년(1571) 8월 27일 강릉(康陵: 명종릉) 정자각(丁字閣)이 실화로 소신(燒盡)되었다. 궁중이 몹시 놀라 즉시 5일 동안 흰옷을 입었고 백관들도 모두 그렇게 하였다. 외관(外官)들도 문서가 도착한 날로부터 5일 동안 흰옷을 입었다.

이후 정자각을 다시 세우고 선조 7년에 강릉에 참배하였다.

21세인 선조 5년(1572) 2월 적전(籍田)에서 친경(親耕)하고 환궁하여 대사면(大赦免)을 내린 뒤 백관의 하례를 받았다. 3월에는 중전(中殿)이 친잠(親蠶)하였다.

21세인 선조 5년(1572) 3월 20일 친경(親耕)한 일로 과거를

보여 유근(柳根) 등 16인을 뽑았다. 이때 후일 임해군(臨海君,
1572~1609)의 처부가 되는 허명(許銘, 1539~?)이 을과 3등으로
급제하였다. 허명은 선조 9년(1576) 10월 11일 특별시인 중시
(重試) 병과에 1등으로 급제하기도 한다. 허명의 장인 한경복
(韓景福)은 중종비 문정왕후의 사위 한경록(韓景祿, 1520~1589)
의 형이다.

【청주 한씨 한경록을 중심으로】

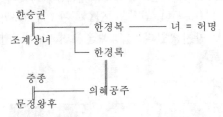

【선조 5년(1572) 별시(別試) 입격자들】
출전:『국조문과방목 國朝文科榜目』

성 명	본 관	생몰년	자	호	등 위
유근(柳根)	진주(晉州)	1549-1627	회부(晦夫)	서경(西坰)	갑과(甲科) 1
정유청(鄭惟淸)	동래(東萊)	1534-?	직재(直哉)		을과(乙科) 1
여응귀(呂應龜)	성주(星州)	1523-1577	문서(文瑞)	송오(松塢)	을과(乙科) 2
허명(許銘)	양천(陽川)	1539-?	자신(子新)		을과(乙科) 3
김윤국(金潤國)	광주(光州)		광보(光輔)		병과(丙科) 1
황성(黃珹)	창원(昌原)	1538-?	경휘(景輝)		병과(丙科) 2
홍인헌(洪仁憲)	남양(南陽)		응명(應明)	암거(巖居)	병과(丙科) 3
강종경(姜宗慶)	진주(晉州)	1543-1580	중업(仲業)	매서(梅墅)	병과(丙科) 4
정유정(鄭惟精)	초계(草溪)	1539-?	택중(擇仲)		병과(丙科) 5
송응형(宋應泂)	은진(恩津)	1539-1592	공원(公遠)		병과(丙科) 6
구정열(仇廷說)	창원(昌原)		상수(商叟)		병과(丙科) 7
김우윤(金友尹)	오성(筽城)	?-1597	지임(之任)	용만(龍灣)	병과(丙科) 8
이언유(李彦愉)	전주(全州)	1527-?	유유(愉愉)		병과(丙科) 9
민충남(閔忠男)	여흥(驪興)	1540-1605	직부(直夫)		병과(丙科)10
한옹(韓顒)	청주(淸州)	1537-?	언윤(彦倫)		병과(丙科)11
이양중(李養中)	완산(完山)	1525-1591	공호(公浩)		병과(丙科)12

21세인 선조 5년(1572) 8월 14일 공빈 김씨(恭嬪金氏, 1553 ~1577)가 첫아들인 임해군(臨海君, 1572~1609)을 낳았다. 이때 공빈의 나이는 20세였다. 공빈은 계속 총애를 받아 3년 뒤인 선조 8년(1575) 4월 26일 두 번째 아들 광해군을 낳는다.

임해군의 부인은 허명(許銘, 1539~?)의 딸인 양천 허씨(陽川許氏, 1571~1644)이다. 슬하에 자식이 없어, 선조의 서9남으로 정빈 홍씨(貞嬪洪氏, 1563~1638) 소생인 경창군(慶昌君, 1596~1644)의 아들 양녕정(陽寧正, 1616~?)이 뒤를 이었다. 광해군 즉위년(1608) 2월에 교동(喬桐)에 안치되었다가 광해군 1년(1609) 4월 29일 38세로 죽임을 당하였다.

임해군 묘 (경기도 남양주시 진건면 송릉리 산56)

선조 5년 10월 2일 창덕궁에서 경복궁으로 이어(移御)하였다. 오시(午時) 말에 중전도 창덕궁에서 옮겨왔다.

10월 24일 "25일 의성 왕대비(懿聖王大妃)께서 이어(移御)하실 때 상과 백관이 지영(祗迎)할 것을 예조에 말하라"고 전교하였다.

22세인 선조 6년(1573) 2월 28일 종계악명주청사(宗系惡名奏請使) 이후백(李後白, 1520~1578)·윤근수(尹根壽)와 서장관(書狀官) 윤탁연(尹卓然, 1538~1594)이 중국 연경(燕京)으로 갔다가, 돌아오니, 선조 6년 9월 16일 주청사(奏請使) 이후백(李後白)에게는 가자(加資)하고 전지 30결(結) 및 외거 노비(外居奴婢) 5구(口)를 아울러 내리고, 부사(副使) 윤근수(尹根壽)에게는 가자하고 전지 20결 및 노비 3구를 아울러 내리고, 윤탁연(尹卓然)에게는 가자하고 전지 15결을 내리라 하였다. 그래서 이후백은 종2품 가의대부(嘉義大夫)가 되고 윤근수는 종2품 가선대부(嘉善大夫)가 되었다.

국조(國祖)인 강헌왕(康獻王)이 본국(本國)의 반적(判賊)인 윤이(尹彝)·이초(李初)에 의해 중국 조정에 무고(誣告)당한 일이 있었는데, 그 내용에 강헌왕을 시역신(弑逆臣)인 이인임(李仁任)의 후사(後嗣)라고 일컬었다. 그런데 이 무고한 내용이 황명 조훈(皇明祖訓)과 『대명회전』에 함께 기록되어 있었다. 왕의 7대조(七代祖)인 공정왕(恭定王)에서부터 전왕(前王) 때에 이르기까지 대대로 진주(陳奏)하여 그것이 무고임을 변해(辨解)하였는데 진주할 적마다 번번히 고치라는 허락을 받았으나 고쳐진 내용을 아직껏 분명하게 제시하지 않고 있었다.

왕이 즉위함에 이르러 개연히 탄식하면서 이르기를 '국계(國系)가 무함을 받은 지 2백여 년이나 되었는데 어떻게 편안히 천지 사이에서 먹고 자고 할 수 있단 말인가. 의당 사신을 잘 가려 보내어 혈성(血誠)을 다하여 진주하게 함으로써 기어이 변해하여 밝혀야 한다' 하고, 이에 만력 원년에 배신 이후백(李後白) 등을 보내었다.『광해군일기』권1 광해군 즉위년 2월 21일(戊寅) 「소경 대왕의 행장」

22세인 선조 6년(1573) 8월 4일 중종 후궁 숙의 홍씨(淑儀洪氏) 소생 해안군(海安君, 1511~1573)이 63세로 졸했다. 예조(禮曹)가 정조시(停朝市)를 계청(啓請)하였다.

9월 10일 인종비 인성왕후의 중병이 완쾌되자 선조가 완쾌된 경사를 위하여 의성전(懿聖殿: 명종비 심씨)과 함께 진풍정연(進豊呈宴)을 가졌다.

선조 6년 10월 1일 공의전(恭懿殿)의 탄일(誕日)이어서 문안하니 자낭(紫囊)을 관원마다 하나씩 내렸다.

선조 6년 11월 11일 탄일(誕日)이라 하례(賀禮)를 받았다.

대전(大殿)의 탄일(誕日)이므로 하례(賀禮)를 거행하였다. 중사(中使)가 대객(對客)으로서 술을 내렸는데, 유희춘(柳希春)·김귀영(金貴榮)과 예조(禮曹)·사재감(司宰監)·사포서(司圃署)·장원서(掌苑署)·내자시(內資寺) 등의 관원이 받아 마시고 물러갔다.

선조 6년(1573) 이해에 인빈 김씨(仁嬪金氏, 1555~1613)에게 종4품 숙원의 칭호를 내렸다.

23세인 선조 7년(1574) 1월 15일 김귀인(金貴人: 공빈 김씨)이 낳은 왕자(王子: 임해군)를 진국(鎭國)이라고 이름을 지어『선원록 璿源錄』에 올렸다. 뒤의 이름은 진(珒)으로 고쳤다.

一男臨海君珒
字
年戊申
母恭嬪金氏
娶陽川許氏父銘
僉知
贈贊成
己酉辛
墓在楊州乾川面赤
城洞

繼後陽寧正儆
纂君年丙辰
生父慶昌君珘
見本派
娶南陽洪氏父次冀
都正
正無後

一男益豊副正溧
纂君年丙子
娶林川趙氏父時馨
郡守
娶豊川任氏父座
正無後

一男林原守杓
陸都正年甲午
母趙氏
娶江陵崔氏父文湜
僉判

女丙申金昌業
母趙氏
埠本安東

妾巳卯李兼昌
母良女禮信
武宜
傳宜本平昌

女項愛
娶
年丁巳

一男老命
娶
年癸丑

妾男林興副守撑
母良女英伊
娶縣監高靈申溪女

一男李蓋
年乙未
娶晉州柳氏父良庚

一男金昌業
母趙氏
埠本安東
年丙辰

女
年巳未

一男金振相
年丙辰
娶

三男李有達
娶
年乙巳

女淑愛
甲寅

女柔淑
巳未

『선원록 璿源錄』

선조 7년(1574) 4월 8일 강릉 참배를 아뢰니 따랐다.

헌부가 아뢰기를, "선왕에 대해 사모의 정이 간절하여 원릉(園陵)을 전알(展謁)하는 것입니다. 하물며 강릉(康陵)은 화재가 있었으니 마땅히 즉시 위안하는 제례를 거행했어야 하는데 4년이 지나도록 오래 연기하였습니다. 후설(喉舌)의 자리에 있는 신하들이 도리어 농사일이 급한 때임을 들어 효사(孝思)의 거둥을 정지하기 청했습니다마는 20일의 강릉 참배를 정지하지 마소서" 하니, 상이 그대로 따랐다.

선조 7년(1574) 4월 20일 강릉에 제사지냈다.

인시(寅時) 정각에 상이 동대문에 이르렀는데 하늘이 밝아지기 시작했다. 묘시에 삼기리(三岐里)에 이르러 조금 쉬며 주정(晝停)하였다. 옥당이 대궐 안팎에서 공판(公辦)했다. 진시(辰時)에 태릉(泰陵)에 이르러 상이 정자각(丁字閣)에서 제사했는데, 제장(諸將)들은 홍살문〔紅箭門〕 밖에 서 있기만 했다. 상이 몸소 능에 올라가 봉심(奉審)하고자 하므로 영상 홍섬(洪暹)과 우상 노수신이 날씨가 더워 옥체(玉體)가 수고로와 상하게 될까 싶다는 것을 들어 올라가지 말라고 청하니, 상이 앞으로도 일이 있다고 그대로 따랐다. 사시(巳時)에 강릉(康陵)에 이르니 상이 백관을 거느리고 정자각에서 제사하고 또 친히 능에 올라가 봉심했다. 상이 길을 돌려 돌아오다 태릉 앞에 이르러서는 상하(上下)가 모두 걸었다. 제신(諸臣)들에게 술을 내리고, 신시(申時)에 길을 떠나 환궁(還宮)하였다.

23세인 선조 7년(1574) 5월 23일 매부(妹夫) 안황(安滉, ?~1593)이 초시에 합격하자 시를 지어 보냈다. 안황은 선조 누님인 명순(明順, 1548~?)과 혼인하였다.

상이 매부(妹夫) 안황(安滉)이 초시(初試)에 합격하자 기뻐하며 시를 지어 보냈다. (上 以妹夫安滉 中及第初試 喜而遺詩云)

忽見芳名掛桂林	꽃다운 이름이 계림에 걸린 것을 홀연히 보니
津津喜氣一可深	진진한 기쁜 기분 어찌나 깊은지
可成嚴父趨庭訓	엄격한 아버지의 가정 교훈을 성취하였고
足慰慈親斷織心	인자한 어머니의 짜던 베를 끊은 마음 위로하겠네
染筆鳳池應不遠	봉지에 붓을 적실 시기가 응당 멀지 않을 것이요
垂名竹帛在如今	역사에 이름 남기기 이제부터일세
遙知賜盖飜飛處	알겠노라, 내린 일산 펄럭이는 곳에
雨露恩華月下陰	우로의 은혜 꽃이 달 아래 그림자 드리우리

선조 7년(1574) 5월 27일 기우제를 지낸 후 가랑비가 내렸다.

오시(午時)부터 가랑비가 내렸다. 어제 상께서 환관(宦官)들을 시켜 비를 빌게 하며 친히 홀(笏)을 들고 뜰에 서 있기까지 했었으니, 하늘의 마음을 돌이킨 것이 진실로 당연하다.

▦ 명종비 인순왕후의 승하

23세인 선조 7년(1574) 10월 27일 의성전(懿聖殿: 명종비)이 덕빈(德嬪: 순회세자빈)을 대동하여 경복궁에서 창덕궁으로 이어하였다.

의성전(懿聖殿)이 이어(移御)했다. 상은 광화문(光化門)까지 나가있고 의성전은 덕빈(德嬪)을 대동했다. 연(輦)이 지나갈 적에 백관(百官)이 길 곁에서 지송(祗送)하고, 각사의 관원 1명씩과 당상이 있는 아문(衙門)의 관원 1명씩이 모두 말을 타고 연을 따라 창덕궁 돈화문 밖까지 갔다.

선조 7년(1574) 11월 22일 경복궁에서 창덕궁에 가서 의성전(懿聖殿)께 문안하였다. 11월 25일 공의전(恭懿殿)에 시선(視膳)하였다. 12월 12일 의성전(懿聖殿)이 편치 못하였다.

12월 17일 의성왕대비(懿聖王大妃)가 미령하시나 선조가 대간이 없어 행행하지 못하였다.

의성왕대비(懿聖土大妃)가 창경궁에 계시는데 미령하셨다. 상이 듣고서 놀라 즉시 행행(幸行)하여 광화문으로 해서 근정전으로 들어가 대간 선반청(臺諫宣飯廳)에 좌정하려고 했는데, 마침 헌부의 관원 세 사람은 논박을 받았고 그 나머지는 연고가 있어 거가(車駕)를 따라갈 사람이 없었기 때문에 승지들과 정언 정이주(鄭以周)가 다같이 행행을 정지할 것을 청하니, 상이 처음에는 너무도 무리한 일이라고 여겼다. 또 이르기를, "무릇 부모에게 병이 있으면 자식된 사람은 마땅히 달려가 성문(省問)하기에 겨를이 없어야 하는 법인데 어찌 한 가지 일이 갖추어지지 않았다 하여 정지할 수 있겠는가" 하였다. 그러나 이원(二院: 승정원 사간원)이 재차 청하니 상이 부득이 행행을 정지했다.

23세인 선조 7년(1574) 12월 17일 옥당이 대간이 없어도 자전에게 행행하라고 청하였다.

옥당이 차자를 올렸다. 그 대략에, "천하의 일은 상례대로 할 것도 있고 변통해서 할 것도 있으니, 자식된 사람이 부모의 병을 성문하러 달려갈 적에는 하나의 절차가 갖추어지지 않았다 하여 정지할 수 없는 것입니다. 전하께서 급히 가고자 하신 것은 인심(人心)과 천리(天理)의 바른 데서 나온 것인데 정원과 간원이 고사의 상례에만 얽매어 행행의 정지를 청하기까지 하였으니 신들은 의혹스럽습니다. 일의 대소(大小)와 완급(緩急)을 어긋남이 없게 판단하는 것이 진실로 정밀한 의리로 일을 처리해 가는 방법이니, 삼가 유의하소서" 하고, 또 아뢰기를, "자전의 증세가 더해 가는지 덜해 가는지와 심한지 헐한지를 신들은 잘 알지 못합니다. 만일 증세가 조금이라도 헐하시다면 오늘 이미 정지한 행행을 다시 거행하실 필요는 없거니와, 만일 그렇지 않다면 어찌 대간이 갖추어지지 않았다 하여 행행을 정지하겠습니까" 하니, 상이 답하기를, "바로 옳은 말이다. 다만 행행을 정지했으니 마땅히 내일 문안드리겠다" 하였다.

그래서 다음날인 12월 18일 창덕궁에 나아가 사소(四所)에 숙소를 정하였다.

상이 진시(辰時) 정각에 창덕궁 돈화문 밖에 이르러 하마(下馬)하여 일영(日映)으로 나아갔다. 상이, 사소(四所)에 유숙(留宿)하고 싶으니 괘설(掛設)을 현재 거처하고 있는 대궐과 같이 하고 호위(扈衛)하는 제신(諸臣)들에게는 군법(軍法)을 거듭 밝히도록 분부했는데, 별운검(別雲劍)과 네 장수의 거류(去留)는 결정하지 않았다. 상이 상직(上直) 이외의 제신은 모두 해산하도록 명하므로 제신들이 드디어 물러갔다.

24세인 선조 8년(1575) 1월 1일 옥당(玉堂)의 문안을 받았다.

옥당이 창덕궁(昌德宮)에 나아가 대전(大殿)께 문안하고, 또 중전(中殿)께 문안하니, 모두 알았다고 답하였다. 창경궁(昌慶宮)에 나아가 자전(慈殿: 명종비)께 문안하니, 여전하다고 답하였다. 또 경복궁(景福宮)에 가서 공의전(恭懿殿: 인종비)께 문안하였다.

다음날인 1월 2일 명종비(明宗妃)인 인순왕대비(仁順王大妃, 1532~1575)가 4경(更) 4점(點)에 창경궁 통명전(通明殿)에서 춘추 44세로 승하하셨다.

선조 8년 1월 2일 미시(未時)에 습전(襲奠)하고 신시(申時)에 석곡(夕哭)하고, 이날 통명전에 빈소(殯所)를 정하였다.

그날 여막에 계시면서 슬픔에 잠겼다.

창경궁 통명전

상이 의려(倚廬)에 계시면서 한결같이 옛 예에 따라 집상하여 애훼(哀毁)가 매우 심하였다. 한 달이 넘자 대신 노수신(盧守愼) 등이 이어(移御)하기를 청하였다. 전적(典籍) 김우옹(金宇顒)이 상소하기를, "일에는 상(常)과 변(變)이 있고 처리함에는 경(經)과 권(權)이 있는 것입니다. 상례(喪禮)로써 말하자면 다섯 달 동안 여막(廬幕)에 거하면서 명령이나 교계(敎戒)를 내리지 않는 것은 일의 상이고 예의 경입니다. 그러나 지금 옥체(玉體)가 쇠약하신 데도 예를 지키심이 너무 지나치시어 이미 손상이 많아 질병이 싹트려 하므로 대신들이 이어(移御)하기를 간청한 것은 일의 변(變)을 만나 권(權)으로써 대처하고자 함입니다. 그러나 대신들의 아룀에는 상과 변의 이치를 분명히 말하지 않고 다만 제왕(帝王)의 상례(喪禮)는 고금에 다름이 있다는 것만을 말했을 뿐이니, 신은 그 말이 잘못된 말이어서 성상의 효심을 위안(慰安)하기에 부족할까 염려됩니다. 신이 듣건대, 슬픔에 뜻을 두고 궁약(窮約)한 데 처하는 것을 상례를 안다고 하는 것은 헛되이 그러는 것이 아니라 뜻을 중히 여김을 이름이라고 하니, 전하께서 엄연히 상중에 계시니 부득이하여 잠시 의려를 떠나신다 할지라도 슬픔에 뜻을 두시고 궁약한 데 처하시는 것은 스스로 정성을 극진히 하는 데 있을 뿐입니다. 신은 전하께서 동정 수작(動靜酬酢)과 거처 복어(居處服御)를 한결같이 의려에 계실 때와 같이 하시어 비록 시일이 오래 지나도 조금도 달리하지 마시고, 근신(近臣)·강관(講官)이 출입에 제재를 받지 않고 날마다 문안을 드리게 하시고, 슬픈 마음을 억제하시고 예제(禮制)를 강론하시어 전일(專一)한 마음으로 조심하고 두려워하시며, 청단(聽斷)하시는 일도 그 대체(大體)만을 총재(總裁)하시고 세무(細務)는 유사(有司)에 맡기시고서 예제(禮制)를 따르시고 성체(聖體)를 보호하시기를 바랍니다" 하니, 상이 그대의 말도 옳다고 하였다.

24세인 선조 8년(1575) 1월 3일 백관이 조곡하고, 죽을 드시라 권하였다.

파루(罷漏) 때 백관이 창경궁에 나아가 묘시(卯時)에 조곡(朝哭)을 하고, 오시(午時)에 삼공(三公)이 육경(六卿)을 거느리고 아뢰기를, "상께서 오랫동안 시약(侍藥)하시느라 우로(憂勞)가 이미 심하셨는데 갑자기 대변(大變)을 당하시어 좌절과 애통이 망극하실 것입니다. 그런데 그런 옥체로서 거적자리 위에 노처(露處)하시고 죽도 드시지 않으므로 신들은 근심과 걱정이 절박하오니 죽을 드시기 바랍니다" 하였다.

두 번째 아뢰니 '삼일(三日) 안에 어찌 감히 죽을 먹을 수 있겠는가' 라고 답하였다. 세 번째 아뢰기를, "조종조의 전례를 상고하니, 다음날 죽을 드셨고, 삼일 뒤에는 밥과 찬을 드셨습니다. 또 세종(世宗)의 유교(遺敎)에 '임금은 깊은 궁중에서 생장(生長)하여 보통 사람들과 다르니 삼일이 지나면 밥을 먹어야 한다'고 하였습니다. 이로써 보면 조종(祖宗)의 열성(列聖)께서도 삼일 안에 죽을 드셨으니, 종묘 사직을 중히 여기신 뜻을 상상할 수 있습니다. 신들이 어제 공의전께 계청(啓請)하였더니, 공의전께서 신들에게 답한 전교에 죽을 드시도록 권하겠다는 간절한 말씀이 있었습니다. 전하께서는 위로 조종의 유의(遺意)를 생각하시고 또 공의전의 지극한 정을 헤아리시어 더욱 스스로 보중(保重)하소서" 하니, 답하기를, "경들의 계사(啓辭)가 이와 같고, 공의전의 전교를 이끌어서까지 말하니 명을 어기기 어렵다. 마땅히 힘써 따라야겠으나 더욱 망극하다" 하였다.

24세인 선조 8년 1월 4일 소렴하고 의려(倚廬)를 창경궁 환경전(歡慶殿)에 정하였다.

1월 5일 대신들이 죽을 들기를 청하자 따랐다.

이날 낮에 대신(大臣) 권철(權轍)·박순(朴淳)·노수신(盧守愼)이

육조의 참판 이상과 삼사의 장관들을 거느리고 대궐문 안으로 들어가서 죽 들기를 계청(啓請)하니, 상이 처음에는 따르지 않다 가 재차 아뢰자 따랐다. 상이 성품이 지극히 효성스러워 애훼(哀毀)가 남보다 지나쳤다.

1월 6일 묘시에 대렴(大斂) 하는 중에 핏덩이를 토하였다.

묘시에 대렴(大斂)이 있기 때문에 인정(寅正) 2각에 백관이 조곡을 하고 그대로 반열(班列)에 머물렀다. 묘시에 대렴을 하였는데 시작할 때부터 곡을 하였고 끝난 뒤에 또 곡을 하였다. 염을 마치고 전(奠)드릴 때 축문을 읽고 곡을 하였다. 봉상시(奉常寺)가 대렴상(大斂床)을 갖추어 사시와 오시의 사이 병시(丙時)에 빈전(殯殿)에 모실 적에 두 차례 곡을 하고 전드릴 때 또 곡을 하였다. 상이 대렴할 때 곡하던 중 갑자기 기침을 많이 하셨는데 콩알만한 핏덩이 다섯 개가 나왔다는 말을 듣고 크게 놀라고 민망하여 예가 끝난 뒤, 백관이 공의전을 위로하고 모두 경복궁으로 나아갔다. 홍문관이 아뢰기를, "애훼가 지나치시어 기침하실 때 피를 토하기까지 하셨으니, 이는 실로 중도를 지나치신 것입니다. 바라건대 전하께서는 지나친 감정을 낮추어 중도에 알맞게 하소서. 지금 이미 빈(殯)도 끝났으니 음식을 드소서" 하니, 상이 답하기를, "성복(成服) 전인데 어찌 차마 음식물을 들겠는가" 하였다.

24세인 선조 8년(1575) 1월 7일 백관이 성복(成服)하고, 1월 8일 좌의정 박순(朴淳, 1523~1589)이 산릉 도감(山陵都監)을 거느리고 인산(因山)할 곳을 가보았으니, 곧 강릉(康陵)의 한 지맥(支脈)이다.

1월 10일 공의전(恭懿殿: 인종비 인성왕후)께서 의성왕대비

(懿聖王大妃: 명종비 인순왕후)의 행실(行實)을 기초(起草)한 것을 정원에 내려 정원으로 하여금 기초를 참작하여 시호(諡號)를 의논하라 하였다. 이날 혼전(魂殿)을 문정전(文政殿)에 정하고, 시호를 의논하였다.

   … 신시(申時)와 유시(酉時) 사이에 2품 이상을 맞아들여 시호를 의논하는데, 시호를 의의(議擬)하여 아래에서부터 각각 소견을 쓰도록 하였는데, 박소립(朴素立)·박근원(朴謹元)으로부터 쓰기 시작하여 아래에서 위로 올라오게 하였다. 유희춘은 인정(仁貞)으로 의의하고서 인(仁)을 해석하기를, 큰 사려(思慮)를 능히 성취한 것이라고 하였으며, 박근원은 정혜(貞惠)로 의의하였고, 이준민(李俊民)은 정숙(貞肅)으로 의의하였다. 밑에서부터 차례로 올라와서 삼재(三宰) 박충원(朴忠元)에게서 끝이 났다.
   예조좌랑(禮曹佐郎)이 의의한 것들을 가져다가 삼공 앞에 올리니, 삼공이 의서 단자(議書單子)를 정하여 시호의 수망(首望)에 인순(仁順), ― 인(仁)은 현자와 친족을 귀히 여김이요 순(順)은 유순하고 어질며 인자하고 은혜로움이다 ― 차망(次望)에 정혜(貞惠), ― 큰 사려를 능히 성취하고 너그럽고 인자함이다 ― 삼망(三望)에 정숙(貞肅) ― 큰 사려를 능히 성취하고 마음가짐이 바르고 결단성이 있음이다 ― 으로 정하고, 휘호(徽號)의 삼망(三望)에는 일망(一望)에 선열의성(宣烈懿聖), 이망에 소효현의(昭孝顯懿), 삼망에 소덕의열(昭德懿烈)로 정하고, 혼전(魂殿)의 삼망에는 경모(敬慕), 효의(孝義), 영사(永思)로 정하였다.

24세인 선조 8년(1575) 1월 11일 휘호는 선열의성(宣烈懿聖), 시호는 인순(仁順), 혼전은 경모(敬慕)로 하였다.
1월 16일 대행대비(大行大妃)의 산릉(山陵)을 양주(楊州) 땅에

창경궁 문정전

있는 강릉(康陵) 건금산(乾金山) 해좌 사향(亥坐巳向)의 언덕 옆
에 쓰기로 정하였다.

1월 19일 주청사(奏請使)의 배표(拜表)를 28일로 정하고, 산릉
의 하현궁(下玄宮)을 4월 28일로 정하였다.

1월 21일 홍문관 차자에 따라 4월로 장사 날짜를 잡았다.

　　상이 홍문관 차자에 말한 4월로 복장(卜葬)하였다는 것을 삼
공과 예조가 다시 의논하라 하였다. 회계(回啓)하기를, "술관(術
官)의 택일(擇日)로는 5월 안에는 전혀 길일(吉日)이 없으니 당기
거나 물리기가 어렵습니다. 그러므로 감히 아룁니다" 하니, 답
하기를, "그렇다면 지난번에 잡은 날로 정하라" 하였다.

1월 26일에는 다음날 27일 빈전 성제(盛祭)에 쓸 향을 특별
히 올렸다. 2월 3일 왕비가 빈전(殯殿)에 향을 올렸다. 2월 10
일 백관이 빈전에 향을 올렸다.

24세인 선조 8년 2월 27일 총호사·관상감 제조·예조 참판·좌승지 등이 산릉(山陵)에 금정틀[金井機]을 설치하는 일로 강릉(康陵)에 갔다.

2월 29일 한참 상을 치르는 중에 공의전의 옥후(玉候)도 미령하였다.

공의전의 옥후(玉候)가 미령(未寧)하여, 상이 급히 선복(善福)을 방면시켜 가서 진찰하게 하라고 명하였다. 어의(御醫)들도 많이 갔다.

3월 7일 지문(誌文)은 이후백(李後白, 1520~1578)이, 애책(哀冊)은 허봉(許篈)이, 시책(諡冊)은 구봉령(具鳳齡, 1526~1586)이 차례로 지어 올렸다.

한참 상례중인 4월 26일 공빈 김씨(恭嬪金氏, 1553~1577)가 서2남인 광해군(光海君, 1575~1641)을 낳았다. 이때 공빈의 나이는 23세였다.

광해군은 선조 25년(1592) 4월 29일 18세때 세자로 책봉되었고 선조 41년(1608) 2월 1일 선조가 승하하자 2월 2일 34세로 정릉동 행궁의 서청(西廳)에서 즉위하였다. 광해군 15년(1623) 3월 14일 49세때 인조반정이 일어나 폐위되었다가 3월 23일 아들 이질과 함께 강화에 안치되었으며 인조 19년(1641) 7월 1일 67세로 제주도에서 졸하였다.

4월 28일 인순왕후의 상(喪)을 발인하여, 강릉(康陵)에 하현궁(下玄宮)하였다.

상이 예관(禮官)에게 이르기를, "하현궁(下玄宮)할 때 임하여 나는 백관들을 거느리고 능을 바라보며 곡(哭)하려고 한다. 대신과 옥당에게 의논하도록 하라" 하니, 부제학 이이 등이 아뢰기를, "예란 상례(常禮)와 변례(變禮)가 있는데, 몸소 산릉(山陵)에 나아가는 것은 상례이고, 병이 있어서 남이 대신 행하는 것은 변례입니다. 『오례의 五禮儀』의주(儀註)에는 단지 그 상례만을 말하였기 때문에 대신 행하는 의절(儀節)은 없는 것이니, 대궐 밖에서 지송(祇送)하는 의절은 모두 변례인 것입니다. 하현궁할 때에 이르러 전혀 아무 행사가 없게 한 것은 예를 의논하는 신하가 미처 건백(建白)하지 못한 것입니다. 상의 무궁한 효성으로 이 큰 일을 당하셨는데, 하교(下敎)하신 뜻은 진실로 예의의 본의에 부합하는 것으로 후세에 전할 수 있고 충분히 성법(成法)이 됨에는 결코 의심할 여지가 없습니다" 하였는데, 상이 따랐다. 망곡(望哭)하기에 이르러 예관이 멈추기를 아뢰었으나, 상은 그래도 호곡(號哭)을 그치지 않자, 정원과 대신이 번갈아 들어가서 간하니 얼마쯤 지나서 그쳤는데, 좌우의 시위(侍衛)들이 비통해 하지 않는 이가 없었다. 『선조수정실록』권9 선조 8년 4월

강릉의 석호

24세인 선조 8년(1575) 5월 20일 인순왕후(仁順王后)를 강릉(康陵)에 부장(附葬)하였다.

인순왕후(仁順王后)를 강릉(康陵)에 부장(祔葬)하였다. 상이 비로소 백포(白布) 의관으로 시사(視事)하였다. 이는 지평 민순(閔純)의 의논을 따른 것이다.

5월 20일 몸소 졸곡제를 행하였다. 임금이 비로소 백포(白布) 의관으로 시사(視事)하였다. 이는 지평 민순(閔純, 1519~1591)의 의논을 따른 것이다.

상이 몸소 졸곡제(卒哭祭)를 행하였다. 제사를 지낸 뒤에 백립·백대·백화(白靴)를 착용하고 환궁하니, 군신들의 복색도 모두 동일하여 잘못된 법을 말끔히 씻어버렸다. 그 뒤 상사가 있을 적에 사람들이 감히 다시 의논하지 못하고 그대로 준행하여 법이 되었다 ― 무신년(1608)·임신년(1632) 상사에 유신들이 이이의 의논을 소급해서 거론하여 고례(古禮)를 모두 회복시켰으니, 민순이 이 의논을 터놓은 것이다 ― 왕후의 병세가 매우 위독하자, 종실(宗室)인 요경(堯卿)의 아내가 무술(巫術)을 궐내에 끌어 들여 오로지 기도와 푸닥거리를 일삼으며 약물을 정지시켜 대고(大故)에 이르게 하였다. 삼사(三司)가 복합(伏閤)하여 그의 죄를 다스릴 것을 청하니, 상이 '그 실상을 캐어보니 사람의 말과 같지 않았다' 하였다. 여러 차례 아뢰자 윤허하였다. 『선조수정실록 권9 선조 8년 5월

선조 8년(1575) 7월 이때에 대신들이 임금에게 경복궁(景福宮)에 이어(移御)하여 공의전(恭懿殿: 인종비)을 모실 것을 청하자 경복궁으로 이어하였다.

10월 24일 김효원과 심의겸이 틈이 갈라져 각각 부령 부사, 개성 유수로 삼았다

12월 이 해에 사은사 홍성민(洪聖民, 1536~1594)을 명(明)나라에 파견하면서 종계(宗系)와 시역(弑逆)에 관하여 이미 변무(辨誣)한 사정을 『대명회전 大明會典』의 새 책에 넣어 줄 것을 아울러 주청(奏請)하게 하였다.

　이 해에 사은사 홍성민(洪聖民)을 명(明)나라에 파견하면서 종계(宗系)와 시역(弑逆)에 관하여 이미 변무(辨誣)한 사정을 『대명회전 大明會典』의 새 책에 넣어 줄 것을 아울러 주청(奏請)하게 하였는데, 예부 상서(禮部尙書) 만사화(萬士和) 등의 제사(題辭)에, ‘조선 국왕이 그 조상(祖上)의 원통함을 애통하게 여겨 주청하여 변무하기를 두세 번까지 하기에 이르렀다. 전에 이미 천자의 명을 받고 ‘임금의 말은 한 번 나오면 우주에 밝게 게시되어 미덥기가 사시(四時)와 같다. 그런데 누가 감히 더하고 빼겠는가. 의당 본국에서 전후 주청한 말을 실록(實錄)에 편찬해 넣고,『회전』의 증수(增修)를 기다려서 기재하도록 하는 것이 온편하겠다’ 하였는데, ‘그리하라’는 성지(聖旨)를 받들었다. 예부가 이 뜻으로 칙지(勅旨)를 내려 선유(宣諭)하기를 청하여 이를 사신 편에 부치려한다’ 하였는데, 홍성민이 이를 듣고는 이어 예부에 사양하기를, ‘일이 완료되지 않았는데 먼저 유지(愈旨)를 받들고 돌아가는 것은 사신이 감히 하지 못하겠다’고 하니, 예부가 따랐다. 홍성민이 조정에 돌아와서 천자의 명을 대략 아뢰고 칙서를 내리려 한 일은 말하지 않았는데, 이것은 대체로 기쁜 소식을 보고하여 상받는 것을 꺼려서이다. 홍성민이 도로 대사간에 임명되었다.

25세인 선조 9년(1576) 1월 2일 인순왕후의 연제(練祭: 小祥)를 행하였다.

상이 인순왕후의 연제(練祭)를 행하였다. 백관들은 상복(喪服)을 벗었고, 상은 연복(練服)을 입었고 그대로 백모(白帽)와 백대(白帶)를 착용하고 시사(視事)하였다. 상이 백모를 쓰고 시사하게 된 후로 구신(舊臣)들은 모두 『오례의 五禮儀』의 규정을 고친 데 대해 불평을 품었으며, 상도 사류들이 한 짓을 싫어하여 사뭇 옛 제도를 경솔하게 고친 것을 후회하였다. 이에 예관(禮官)이 유속(流俗)의 의논을 따라 다시 대신에게 의논하기를 청하니 상이 따랐다. 전 의정(議政) 권철(權轍)과 영의정 홍섬(洪暹)은 '연제 때의 법도는 현관(玄冠)을 쓰고 시사해야 한다' 하고, 좌의정 박순(朴淳), 우의정 노수신(盧守愼)은 '졸곡(卒哭)의 예에 따라야 한다'고 하였는데, 노수신이 건의한 것이 더욱 자세히 구비하였다.

그 대략에, "백모를 쓰고 시사하는 제도에 대해 상께서 마음으로 결단하시어 이미 옛날의 잘못을 씻어버렸으니, 지금 중도에서 변경할 수가 없습니다. 그리고 군신(群臣)들이 이미 백모로 기년복(期年服)을 마쳤는데, 상께서 갑자기 현모(玄帽)로 삼년상을 마친다면 이는 기년복은 상세히 하면서 삼년상은 소략하게 하는 것입니다. 이는 경중이 전도되어 모양을 이루지 못하는 것이니, 결코 옳지 못합니다" 하니, 상은 대신의 의논이 통일되지 못하였다 하여 이내 2품 이상에게 정의(廷議)하도록 하였다. 이에 군신들이 『오례의』의 규정을 따르지 않을 수 없다고 다투어 말하였다. 대체로 벼슬이 높은 사람은 모두 구신(舊臣)으로서 유속을 따르는 사람이었고, 그대로 백모를 쓰기를 원하는 사람은 2~3인에 지나지 않았다. 상이 다시 예관에게 상의하여 확정하도록 명하였는데 이때 예조의 장관이 결원이었고, 참판 박계현(朴啓賢)이 『오례의』를 따라야 된다고 아뢰자 상이 따랐다. 이에 삼사가 번갈아 소장(疏章)을 올려 쟁론하기를 여러 날 동안 그치지 않았다. 상이 다시 대신에게 하문하니, 박순과 노수신은, 졸곡 뒤에 『오례의』의 제도를 고쳤으면 그래도 괜찮았으나, 이제 이미 백색으로 변경해 놓고 연제 날에 흑색으로 변경시키면 이미 옛 예가 아니며, 조종(祖宗)의 제도도 아닌 것으로서 이렇게 하거나 저렇게 하거나 근거가 없다고 강력히 말하자, 상이 이르기를, '나는 차라리 후한 쪽으로 실수를 하겠다' 하고, 그대로 백모를 썼다.

이때 이이(李珥)와 김우옹(金宇顒) 등이 이 의논을 주장하자 삼사가 쟁론하였는데, 노수신과 박순이 대신으로서 서로 호응하였기 때문에 끝내 바른 데로 돌아간 것이다. 그러나 예문(禮文)은 변혁되어 온 것으로서 법률이나 경제(經制)처럼 본디 정해진 것과는 같지 않은 것이다. 그런데 한 절목도 고치려 하지 않고, 온 조정이 똑같은 말로 하는 것은 습속이 이미 고질화된데다가 신진과 구신이 서로 그르다고 하는 데에 연유한 것이다. 이 때 몇몇 신진(新進)의 유신들이 임금을 바루어 좋은 정치를 이루기 위해 모든 정사를 개혁하려 하였으니, 스스로 헤아리지 못하였다 하겠다.

25세인 선조 9년(1576) 10월 8일 축시(丑時)에 인순왕후 혼전인 경모전에 동향 대제를 친행(親行)하였고, 11월 30일 대상(大祥)을 위한 재계 때문에 판방(板房)에서 유숙하려 하였는데, 정원에서 따뜻한 방에 유숙할 것을 청하니 따랐다.

26세인 선조 10년(1577) 1월 2일 선조가 인순왕후의 혼전에서 대상(大祥)을 지내고 아침 상식(上食)과 별다례(別茶禮)를 거행한 뒤에 환궁하였다.

3월 4일 "양계에 여역이 치성하여 재변(災變)이 매우 참혹하니 피전 감선(避殿減膳)하겠다. 담제(禫祭)도 섭행(攝行)하게 하라" 하였다.

상이 인순왕후(仁順王后)의 담제를 지내려 할 적에 마침 왕자가 홍역을 앓았는데, 시속(時俗)이 제사지내는 것을 꺼렸으므로 천재가 이와 같으니 친제(親祭)할 수 없다고 핑계하여 중지하였다. 대신(大臣)·근시(近侍)·양사가 모두 다투어 논집하여 친제할 것을 청하기를, '재앙을 삼가는 것과 조상을 추모하는 것은 두 가지가 서로 방해되지 않는다'고 하였으나, 끝내 윤허하지 않았다.『선조수정실록』권11 선조 10년 3월 1일

26세인 선조 10년(1577) 3월 10일 인순왕후의 담제를 섭행하였다.

인순왕후의 담제를 섭행하였다. 수일 전에 대신이 와서 '담제는 상(喪)을 마치는 대례이므로 섭행시켜서는 안 되니 친행하라'고 아뢰었고, 양사도 아뢰었다. 홍문관도 상차하여 극론하면서 왕자(王子)가 바야흐로 역질(疫疾)을 앓고 있어 외인(外人)이 모두 구기(拘忌)하고 있다는 말까지 인용하면서 친행하기를 청하였으나 모두 윤허하지 않았다.

선조 10년 3월 12일 인순왕후를 태묘에 부제(祔祭)하였다.

태묘의 부제(祔祭)를 친행하였다. 상이 피전하고 있을 때 대제(大祭)를 지내는 것이 무방한가에 대한 가부를 대신과 예관에게 의논하게 하였는데 모두 지내야 한다고 하였다. 전교하였다. "그렇다면 위의(威儀)를 삭감할 수 없으니 전후의 고취(鼓吹)를 아울러 진열하게 하라"

3월 12일 하례를 권정례로 행하였다.

권정례(權停禮)로 하례를 거행하였다. 시추(時推) 잡범(雜犯)으로 사죄 이하는 사유(赦宥)하여 특별히 서용하게 하고, 윤백원

(尹百源)은 서울에서 가까운 도(道)로 이배(移配)하게 하고, 백관에게 가자(加資)하였다.

3월 24일 외조부인 정세호(鄭世虎, 1486~1563)를 영의정으로 추증하였다.

전교하기를, "안 소용(安昭容)을 빈(嬪)으로 추봉하고 정세호(鄭世虎)를 영의정으로 추증하라. 종묘에 친제하려 하니 제반 일을 미리 준비하도록 하라" 하고, 삼공에게 전교하기를, "하원군(河原君)·하릉군(河陵君)·안황(安滉)은 모두 나의 지친(至親)이다. 하원·하릉은 모두 정1품에 올리고 안황은 당상에 제배하려 하는데 어떠한가? 그리고 대원군을 봉사하는 사람의 관작이 어찌 4대(代)에 그칠 수 있겠는가. 이미 송(宋)나라의 고사에 따라 정하였으니 마땅히 복왕(濮王)의 세습(世襲)한 예에 따라 관작을 정하는 것이 온당한 조처이다. 또 영양군(永陽君)에게 아들이 없으니 안 소용의 신주(神主)를 계후자(繼後子)에게 봉사하게 할 수는 없다. 가묘(家廟)로 옮겨 제사지내게 하려 하는데 어떻겠는가? 아울러 의논하여 아뢰라" 하였다.

삼공이 회계하기를, "하원군과 하릉군의 품계를 올리는 것은 무방하겠습니다만, 안황을 당상으로 올리는 것은 너무 지나칩니다. 상께서 짐작하여 직을 제수하는 것이 온당하겠습니다. 봉사하는 사람의 관작과 안 소용의 봉사에 대한 일은, 사체가 중대하니 예관으로 하여금 널리 의논하여 결정하게 하소서" 하니, 전교하기를, "아뢴 대로 하라. 안황에게는 6품직을 제수하도록 하라" 하였다.

선조 10년(1577) 3월 30일 인빈 김씨가 서3남인 의안군(義安君, 1577~1588)을 낳았다. 의안군은 인빈에게 첫째 아들이다.

이때 인빈의 나이는 23세였다. 의안군은 선조 21년(1588) 2월 24일 12살의 어린나이로 역질에 걸려서 세상을 떠났다.

26세인 선조 10년(1577) 인빈 김씨를 정3품 소용으로 삼았다. 선조 10년 4월 20일 가묘에 친제하였다.

상이 가묘에 친제하고 제사가 끝난 뒤에 이어 전교하기를, "별상(別床)을 준비하여 가지고 와서 다례(茶禮)처럼 내가 친전(親奠)하려 하는데 어떠한가?" 하니, 정원이 아뢰기를, "안에서 거행하는 것이 무방하겠습니다" 하였다.

4월 20일 헌부가 친제 뒤에 다례를 친행하려는 데 대해 합당한 지 의논하라고 청하였다.

사헌부가 아뢰었다. "친제한 뒤에 또 다례를 친행하려 하시는데 이것은 임금의 주다례(晝茶禮)와 같은 것입니다. 그러니 대신들에게 하문하여 과연 정(情)과 예(禮)에 합당하다고 한 뒤에 거행하소서"

4월 20일 간원이 하루에 거듭 친전하는 것이 과중하다고 아뢰었다.

사간원이 아뢰기를, "하루 안에 거듭 친전을 행하는 것은 매우 과중합니다. 어찌 마음내키는 대로 행하고 예절로써 제재(制裁)하지 않겠습니까. 그리고 지존(至尊)께서 오랫동안 여염에 머무는 것도 역시 매우 미안합니다. 친전을 거행하지 말고 속히 청필(淸蹕)을 돌리소서" 하니, 답하기를, "다례는 이미 거행하였으니 나머지 제반 일을 살펴보고 나서 환궁하겠다" 하였다.

4월 20일 외구(外舅) 정창서(鄭昌瑞, 1519~?)를 가자하려 하자 삼공이 논의하였다. 정창서는 정세호(鄭世虎, 1486~1563)의 아들로 선조 어머니 정씨의 세 살 많은 오빠이다.

전교하기를, "나의 외구(外舅)는 오직 정창서(鄭昌瑞) 한 사람뿐인데 종사(從仕)한 지 이미 오래여서 벼슬이 3품에 이르렀고 또 공도 없지 않다. 내가 이제 가묘에 친제하고 나니 정의(情誼)를 스스로 억제할 수 없어 특별히 한 자급(資級)을 제수해서 나의 정의를 보이고 싶은데 어떠한가? 대신에게 하문하라" 하였다.

영상 권철이 의논드리기를, "가자해도 무방하겠습니다" 하고, 좌상 홍섬은 의논드리기를, "공론이 바야흐로 은혜를 베푸는 것이 외람되다는 것으로 논집(論執)하고 있으니 정창서의 일은 짐작해서 해야 합니다" 하고, 우상 노수신(盧守愼)은 의논드리기를, "은전이 외람된 것 같아 미안스럽습니다" 하고, 영부사 박순(朴淳)은 의논드리기를, "상께서 외구에게 은혜를 베풀고자 하시는데 한 자급이 무슨 관계될 것이 있겠습니까? 그러나 갑자기 은전을 중첩되게 내리면 물정(物情)이 온당하지 못하게 여기게 됩니다" 하니, 전교하기를, "하원과 하릉에게는 각각 한 자급씩 가자하고, 정창서와 당은정 인령(唐恩正引齡)에게도 한 자급씩 특가(特加)하라. 안황(安滉)에게는 내구마(內廐馬) 1필을 하사하고 제사지낼 때의 집사(執事)들에게도 각각 가자하라. 승지 등에게는 말을 하사하고 하원군에게는 특별히 쌀 60석, 콩 60석, 비단과 베를 아울러 10동(同)을 하사하라. 그리고 수가(隨駕)한 종재(宗宰)와 제장(諸將)에게는 태평관(太平館)에서 연회를 내리고 일등악(一等樂)을 내리라" 하였다.

선조 10년(1577) 4월 25일 강릉(康陵: 명종과 인순왕후릉)과 태릉(泰陵: 문정왕후릉)에 친제하였다.

상이 강릉(康陵)과 태릉(泰陵)에 친제하였다. 홍문관이 아뢰기를, "상께서 양음(諒陰: 임금이 상중에 있는 것)을 마치고 원능(園陵)에 전알(展謁)하시었으니 추모하시는 슬픈 마음이 평상시보다 배는 더할 것입니다. 환궁하실 때에는 음악을 연주하지 말게 하소서" 하니, 연주하지 말라고 답하였다.

26세인 선조 10년(1577) 5월 27일 25세인 공빈 김씨가 산후병으로 졸하였다.

9월 9일 성균관에 거둥하여 알성과(謁聖科)를 보여 김여물(金汝岉, 1548~1592) 등 15인을 뽑았다. 9월 28일 또 인순왕후를 종묘에 부제(祔祭)한 경사(慶事) 기념 별시(別試)를 보여 강신(姜紳, 1543~1615) 등 17인을 뽑았다.

【선조 10년(1577) 알성시(謁聖試) 입격자들】총 15명 입격

출전:『국조문과방목 國朝文科榜目』

성 명	본 관	생몰년	자	호	등 위
김여물(金汝岉)	순천(順天)	1548-1592	사수(士秀)		갑과(甲科) 1
임제(林悌)	나주(羅州)	1549-1587	자순(子順)	백호(白湖)	을과(乙科) 1
성식(成軾)	창녕(昌寧)	1542-1600	경보(敬甫)		을과(乙科) 2
구휘(具徽)	능성(綾城)	1535-?	자미(子美)		을과(乙科) 3
권협(權悏)	안동(安東)	1553-1618	사성(思省)	석당(石塘)	을과(乙科) 4
송언신(宋言愼)	여산(礪山)	1542-1612	과우(寡尤)	호봉(壺峰)	병과(丙科) 1
이성전(李性傳)	전주(全州)	1551-?	선이(善而)		병과(丙科) 2
조인득(趙仁得)	평양(平壤)	?-1598	덕보(德甫)	창주(滄洲)	병과(丙科) 3
홍함(洪涵)	남양(南陽)	1539-?	양원(養源)		병과(丙科) 4
안여지(安汝止)	강진(康津)	1532-?	경이(敬而)		병과(丙科) 5
이경백(李景白)	충주(忠州)	1545-?	희숙(希叔)		병과(丙科) 6
차천로(車天輅)	안연(安延)	1556-1615	복원(復元)	오산(五山)	병과(丙科) 7
한응인(韓應寅)	청주(淸州)	1554-1614	춘경(春卿)	백졸(百拙)	병과(丙科) 8
이홍원(李弘元)	함평(咸平)	1554-?	유백(裕伯)		병과(丙科) 9
길회(吉誨)	해평(海平)	1549-1593	사가(士可)		병과(丙科)10

【선조 10년(1577) 별시(別試) 입격자들】총 17명 입격

출전:『국조문과방목 國朝文科榜目』

성 명	본 관	생몰년	자	호	등 위
강신(姜紳)	진주(晉州)	1543-1615	면경(勉卿)	동고(東皐)	갑과(甲科) 1
이길(李洁)	광주(光州)	1547-1589	경연(景淵)	남계(南溪)	을과(乙科) 1
김춘(金春)	덕수(德水)	1533-?	인백(仁伯)		을과(乙科) 2
오적(吳績)			훈중(勳仲)		을과(乙科) 3
이언상(李彦詳)	양성(陽城)		경지(景智)		을과(乙科) 4
유동립(柳東立)	흥양(興陽)		사정(士挺)		을과(乙科) 5
고종후(高從厚)	장흥(長興)	1554-1593	도중(道仲)	준봉(準峯)	병과(丙科) 1
원사종(元士宗)	원주(原州)	1547-?	언성(彦聖)		병과(丙科) 2
김익경(金益慶)	강릉(江陵)	1540-?	사길(士吉)		병과(丙科) 3
이성임(李聖任)	전주(全州)	1555-?	군중(君重)		병과(丙科) 4
홍사제(洪思濟)	남양(南陽)	1539-?	제경(濟卿)		병과(丙科) 5
전영달(全穎達)	천안(天安)	1550-?	충원(冲遠)		병과(丙科) 6
정사호(鄭賜湖)	광주(光州)	1553-?	몽여(夢興)	화곡(禾谷)	병과(丙科) 7
정삼섭(鄭三燮)	연일(延日)	1544-?	덕전(德全)		병과(丙科) 8
신경행(辛景行)	영산(靈山)	1547-?	백도(伯道)		병과(丙科) 9
정륜(鄭崙)	광주(光州)		중진(仲鎭)		병과(丙科)10
박이룡(朴以龍)	충주(忠州)	1533-?	시윤(施允)		병과(丙科)11

▨ 인종비 인성왕후의 승하

26세인 선조 10년(1577) 6월 26일 인종비 공의대비(恭懿大妃: 인성왕후, 1514~1577)의 요청으로 11월 윤임(尹任, 1487~1545) 계림군(桂林君) 이유(李瑠, 1502~1545)의 복관이 이루어지고 위 훈 삭제도 이루어졌다.

【파평 윤씨 윤임·인종비 인성왕후를 중심으로】

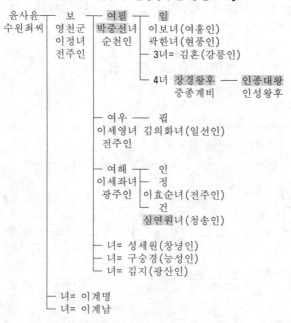

```
윤사윤 ┬ 보 ──┬ 여필 ──┬ 임
수원최씨  영천군  박중선녀 │ 순천인    이보녀(여흥인)
          이정녀  순천인  │          곽한녀(현풍인)
          전주인          ├ 3녀= 김혼(강릉인)
                          │
                          └ 4녀 장경왕후 ── 인종대왕
                             중종계비      인성왕후

                  ├ 여우 ── 핍
                  │ 이세영녀 김의화녀(일선인)
                  │ 전주인
                  │
                  ├ 여해 ──┬ 인
                  │ 이세좌녀 ├ 정
                  │ 광주인  │ 이효순녀(전주인)
                  │         └ 건
                  │           심연원녀(청송인)
                  │
                  ├ 녀= 성세원(창녕인)
                  ├ 녀= 구숭경(능성인)
                  └ 녀= 김지(광산인)

       ├ 녀= 이계명
       └ 녀= 이계남
```

※ 본서 부록 388쪽 참조

선조 10년 11월 28일 윤임 등의 복관이 이루어지고 나서 공 의전이 위태로워지자, 임금이 대신을 불러 공의전이 위중하니 준비하라고 전교하였다.

대신을 명초(命招)하였다. 전교하기를, "공의전의 병세가 위급하니 제반 일을 준비하도록 하라" 하고, 또 전교하기를, "상전(上殿)의 증후가 여러 달 되었는데 날이 갈수록 위독해지니 내 마음이 망극하기 그지없다. 을사년의 일은 본디 내가 모르는 일이요 선조(先朝)에서 동맹(同盟)한 큰 일이기 때문에 감히 손을 댈 수가 없다. 그러나 지금 사세가 이에 이르렀으므로 관작을 회복시키고 위훈을 삭제할 것을 이미 상전에 고하였으니 경들은 알고 있으라. 다만 내가 마지못해서 하는 것이니 후세에서는 나를 구실(口實) 삼는 일이 없기를 바란다" 하였다.

11월 28일 공의전이 졸곡 후 오사모·흑각대를 쓰고, 의녀를 추문하지 말 것을 전교하였다.

공의전이 언서(諺書)로 대신들에게 전교하였다. "대전(大殿)과 조정(朝廷)은 졸곡(卒哭)을 지낸 뒤에는 오사모(烏紗帽)와 흑각대(黑角帶)를 사용하라. 그리고 내가 승하한 뒤에 의원(醫員)과 의녀(醫女)를 추문하지 말라"

11월 29일 공의전이 낫지 않자 대신들에게 다시 기도하도록 전교하였다.

대신에게 전교하기를, "상전의 병세가 위중하다. 기도는 이미 했지만 다시 기도하는 것이 어떠하겠는가? 내 마음이 망극하기 때문에 말하는 것이다" 하였다. 회계하기를, "상의 분부가 진실로 마땅합니다" 하니, 전교하기를, "다시 기도하겠으니 모든 일을 미리 준비하라" 하였다.

11월 29일 신시(申時) 초에 인종비 공의왕대비(恭懿王大妃)가 춘추 64세로 승하하였다.

26세인 선조 10년(1577) 11월 29일 예조가 대행 왕대비의 상
(喪)에 전하가 자최(齊衰) 기년복(朞年服)을 입어야 한다고 하니,
옥당과 양사가 논쟁하고 나서서 자최 삼년복(三年服)을 입어야
한다고 하므로 대신들에게 의논하게 하라고 명하였다.

영상 권철(權轍)과 좌상 홍섬(洪暹)은, 송 고종(宋高宗)이 철종
(哲宗)과 맹후(孟后)에 대해 기년복을 입었으니 지금도 이에 의
거하여 숙질(叔姪)의 복(服)을 입는 것이 마땅하다고 하였고, 박
순(朴淳)은 계체(繼體)가 중하다는 것으로 당연히 삼년복을 입어
야 한다고 하면서 명종(明宗)이 인종(仁宗)의 상에 이미 삼년복
을 입었으므로 대행 대비(大行大妃)와 전하 사이에는 조손(祖孫)
의 의리가 있으니 당연히 삼년복을 입어야 한다고 하였고, 우상
노수신(盧守愼)도 박순의 의견과 같았는데 말이 분명하지 않았
다. 그리하여 2품 이상에게 수의(收議)하였는데 의견이 각각 달
랐다. 제5일이 되어서야 비로소 삼년상으로 할 것을 청하였다.

12월 6일 총호사(摠護使) 홍섬(洪暹)이 효릉(孝陵)을 봉심(奉審)
한 뒤에 좌방(左旁)을 쓰기로 정하였고 그날 대행 대비의 시호
(諡號)를 인성(仁聖), 휘호(徽號)를 효순(孝順), 전호(殿號)를 효모
(孝慕)라 하였다.

26세인 선조 10년(1577) 12월 12일 사헌부가 4개월에 장사지
내는 일이 미안하다고 아뢰었다.

사헌부가 아뢰기를, "5개월 만에 장사지내는 것이 제후(諸侯)
의 예(禮)인데 지금 4개월로 정하였으니 매우 미안스럽습니다.
장기(葬期)는 예문(禮文)에 의거하여 거행하소서" 하였으나, 윤허
하지 않았다.

12월 14일 정원이 제문에 쓸 명칭을 논하였다.

　정원이 아뢰기를, "대전(大殿)께서 진향(進香)할 때의 제문(祭文)에 고애질(孤哀姪)·고애자(孤哀子)·효질(孝姪) 가운데 어느 것을 써넣어야 할지를 예조에 물어서 조처하소서" 하니, 아뢴 대로 하라고 전교하였다. 예조가 대신·홍문관과 의논하여 고애질(孤哀姪)로 하기로 정하였다.

27세인 선조 11년(1578) 1월 22일 대행 왕대비의 선고(先考) 박용(朴墉)에게 영의정을 추증하였다.

　대행 왕대비(大行王大妃)의 선고(先考) 박용에게 영의정만을 추증했고 조고(祖考)와 증조고(曾祖考)는 추증하지 않았다. 이제 지문(誌文)에 쓰게 되어 그의 손자 박원(朴源)의 상언(上言)으로 인하여 대신에게 의논해서 박용이 생시에 제수받은 관작에 따라 그 부친에게는 보국 숭록 대부(輔國崇祿大夫)를, 조부에게는 숭정 대부(崇政大夫)를 추증하였다.

선조 11년 2월 9일 대행 대비(大行大妃)의 발인(發靷) 때에 광화문 밖에서 지송(祗送)하였으며 영가(靈駕)가 숭례문 밖으로 나간 뒤에야 환궁(還宮)하였다.

2월 15일 하현궁(下玄宮)하고 돌아와 창경궁(昌慶宮) 문정전(文政殿)에서 반우제(返虞祭)를 지냈다. 2월 15일 하현궁할 시각에 백관을 거느리고 근정전(勤政殿) 뜰에서 망곡례(望哭禮)를 거행하였다. 2월 27일 졸곡제(卒哭祭)를 행하고 백관이 오모(烏帽)와 흑각대(黑角帶)로 바꾸었다.

3월 13일 효릉에 친제를 지냈다.

효릉(孝陵)에 친제(親祭)를 지냈다. 제사지낼 때는 최복(衰服)을 입었고 제사가 끝난 뒤 능에 올라가 봉심할 때에는 최복을 벗고 익선관(翼善冠)에 오사모(烏紗帽) 차림으로 행하였다.

27세인 선조 11년(1578) 3월 13일 친제를 지내고 수릉관(守陵官)에게 한 자급을 가자하였다.

3월 13일 인성왕후를 효릉에 부장(祔葬)한 뒤 현관(玄冠)·현대(玄帶) 차림으로 시사하였다.

3월 20일 인성왕후 상장때의 총호사 이하에게 선물을 주었다.

인성왕후의 상장(喪葬) 때에 삼도감(三都監)의 총호사(摠護使)는 당표리(唐表裡) 1습과 안구마(鞍具馬) 1필을, 제조 등에게는 각각 숙마(熟馬) 1필을 내렸다. 그리고 도청은 가자(加資)하고 낭청은 승직(陞職)하고, 도승지는 가자하고 승전색(承傳色) 4인에게도 가자하였다.

29세인 선조 13년(1580) 1월 인성왕후의 신주를 태묘에 모시고, 음복연에 여악을 사용하는 것에 대해 논란하였다.

인성왕후(仁聖王后)의 신주를 태묘에 모셨다. 상이 친제한 다음 대사령을 내리고 백관들의 하례를 받은 뒤 음복연(飮福宴)을 행했다. 음복연을 할 때 구례에는 여악을 사용했었는데 『오례의五禮儀』에 기재되어 있지 않았으므로 예관이 최근의 관례에 근거하여 행하기를 청하니, 삼사와 정원이 아뢰기를, "음복연은 신령의 복을 받는 일이니 엄숙하고 공경스럽게 받들어야 하는데 여악의 외설스런 소리를 듣는 것은 마땅하지 않습니다" 하자, 상이 지나치게 과격하다면서 따르지 않았다. 양사가 여러 날 연달아 글을 올려 간쟁하여 연회날까지 일곱 번 아뢰었으나

마침내 윤허하지 않았다. 이때 세속의 논란이 득세하여 무릇 삼
사의 논의에 대해서는 모두 명성을 사려는 것으로 실속이 없다
고 지적하였다. 상 역시 그들을 싫어하였으니 반드시 여악을 좋
아해서가 아니고 다만 풍속에 따라 일을 처리함으로써 유사(儒
士)의 논의를 억제하고자 해서 그랬던 것이다.

효릉 전경 (사적 제200호)
경기도 고양시 원당동 산37-1 서삼릉(西三陵) 소재

▒ 인빈 김씨가 총애를 받다

27세인 선조 11년(1578) 12월 10일 인빈 김씨가 의안군을 낳은지 1년 9개월만에 서4남인 신성군(信城君, 1578~1592)을 낳았다.

신성군의 부인은 한성부판윤 신립(申砬, 1546~1592)의 딸 평산 신씨(平山申氏)이다. 슬하에 1녀만 있고 아들이 없어 선조의 서9남으로 정빈 홍씨 소생인 경창군(慶昌君, 1596~1651)의 아들 평운정(平雲正) 이구(李俅, 1624~?)가 뒤를 이었다. 선조 25년(1592) 11월 5일 15세로 임진왜란으로 파난가있다가 의주에서 병사하였다.

선조 11년 인빈 김씨를 종1품 귀인으로 삼았다.

선조 12년(1579) 4월 임인일(壬寅日)에 정황(鄭滉, 1528~?)의 딸 귀인 정씨(貴人鄭氏, 1557~1579)가 아이를 출산하다가 23세로 졸하였다.

29세인 선조 13년(1580) 5월 26일 전 주부 정순회(鄭純禧)의 딸 숙의 정씨(淑儀鄭氏), 승훈랑(承訓郎) 홍여겸(洪汝謙)의 딸 정빈 홍씨(貞嬪洪氏, 1563~1638), 훈련 습독 민사준(閔士俊, 1537~?)의 딸 정빈 민씨(靜嬪閔氏, 1567~1626)를 숙의로 뽑아들였다. 이때 정빈 홍씨는 18세였고, 정빈 민씨는 14세였다.

6월 22일 인빈 김씨가 서5남인 정원군(定遠君, 1580~1619)을 낳았다. 인빈의 나이는 26세이었다.

정원군의 부인은 좌찬성 구사맹(具思孟, 1531~1604)의 딸 인헌왕후(仁獻王后) 능성 구씨(綾城具氏, 1578~1626)와 김씨(金氏)가 있다. 슬하에 4남을 두었는데, 인헌왕후에게서 인조(仁祖) 및 능원군(綾原君, 1598~1656), 능창군(綾昌君, 1599~1615) 등 3남을, 김씨에게서 능풍군(綾豊君)을 두었다. 광해군 11년(1619) 12월 29일 40세로 호현방(好賢坊) 우사(寓舍)에서 졸하였다. 인조 1년 (1623) 인조반정을 계기로 대원군(大院君)에 추존(追尊)되고, 인조 10년(1632) 5월 2일 추존되고 책보(冊寶) 올리는 예가 행해졌는데, '원종 경덕 인헌 정목 장효대왕(元宗敬德仁憲靖穆章孝大王)' 이라 하였다.

29세인 선조 13년(1580) 10월 10일 순빈 김씨(順嬪金氏)가 서6남인 순화군(順和君, 1580~1607)을 낳았다.

순화군의 부인은 승지 황혁(黃赫, 1551~1612)의 딸 장수 황씨 (長水黃氏)이다. 슬하에 적실에서 1녀, 첩실에서 2녀를 두었다. 아들이 없어 익성군(益城君, 1566~1614) 아들 진릉정(晉陵正, 1593~1612)을 후사로 삼았으나 후사 없이 일찍 죽어 다시 인성 군(仁城君) 아들 해안정(海安正, 1613~?)을 후사로 삼았다. 익성 군은 선조 형님 하원군(河原君, 1545~1597)의 아들이다. 선조 40년(1607) 3월 18일 28세로 졸하였다.

선조 13년 11월 10일 장인인 의인왕후의 아버지 박응순(朴應順, 1526~1580)이 55세로 졸하였다.

30세인 선조 14년(1581) 5월 김계휘(金繼輝, 1526~1582)를 변무 주청사(辨誣奏請使)로 삼았다.

김계휘(金繼輝)를 변무 주청사(辨誣奏請使)로 삼았다. 우리나라에서 종계(宗系)를 개정해 줄 것을 청하는 일로 잇따라 사신을 보냈지만 중국에서는 그 일을 난처하게 여겼으며, 황제의 칙지로『대명회전』에 첨입되기는 하였으나 반사(頒賜)받지 못하였다. 이때『회전』의 편찬이 거의 끝나게 되었다는 말을 듣고 매우 중대한 기회라고 여겨 대사간 이이가 동료들을 인솔하고 아뢰기를, "임금이 치욕을 받으면 신하는 목숨을 바치는 것이 의리입니다. 종계(宗系)가 무함을 받아 잘못 기록된 것은 열성조(列聖朝)의 큰 치욕인 것입니다. 그렇다면 주청사는 마땅히 지성으로 중국 조정을 감동시켜야 하는 것은 물론 성사시키면 본국으로 돌아오고 성사시키지 못하면 연산(燕山)에 뼈를 묻을 생각을 한 뒤에야 성사시킬 수 있는 것입니다. 그러니 전대(專對)의 재능을 지닌 사람을 특별히 뽑아 보내소서" 하니, 상이 윤허하였다. 조정의 의논은 대다수가 이이를 보내야 된다고 하였으나 박순·이산해는 모두 이이는 조정을 떠나게 해서는 안 된다고 하였다. 이리하여 김계휘를 보내게 하였는데 김계휘는 고경명(高敬命)을 서장관으로, 최립(崔岦)을 질정관으로 삼을 것을 청하였다. — 고경명은 시신(侍臣)이었는데 아버지의 죄에 연좌되어 산관(散官)이 되었었다. 최립은 문벌이 미천하였으므로 현저하게 등용되지 못하였다 — 그런데 이들은 모두 사령(辭令)에 능하였기 때문에 특별히 선출된 것이다.

31세인 선조 15년(1582) 7월 11일 인빈 김씨가 세 아들을 낳고 나서 첫째 딸 서1녀인 정신옹주(貞愼翁主, 1582~1653)를 낳았다. 인빈의 나이는 28세이었다.

정신옹주의 남편은 달성 서씨(達成徐氏) 서경주(徐景霌, 1579~1643)이다. 슬하에 3남 5녀를 두었다. 인조 21년(1643) 9월 29일 남편인 서경주가 65세로 졸했고, 정신옹주는 효종 4년(1653) 졸했다.

32세인 선조 16년(1583) 2월에는 니탕개(尼湯介)의 난이 일어
나고, 4월에는 이이(李珥, 1536~1584)가 10만 양병설을 주장하
였다.

선조 16년(1583) 8월 19일 밤에 임금이 창덕궁(昌德宮)으로
이어(移御)하였다. 이후 임진왜란이 일어나기 전까지 창덕궁에
서 생활한다.

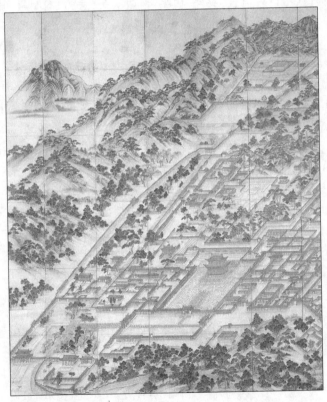

창덕궁 전경 (동궐도)

선조 16년 8월에는 이이를 공격한 송응개(宋應漑, 1536~15
88)·박근원(朴謹元, 1525~1585)·허봉(許篈, 1551~1588)을 회
령·강계·갑산 등지로 유배보냈다.(계미삼찬 癸未三竄)

33세인 선조 17년(1584) 5월 3일 종계 주청사(宗系奏請使) 황
정욱(黃廷彧, 1532~1607), 서장관(書狀官) 한응인(韓應寅, 1554~
1614), 질정관(質正官) 송상현(宋象賢, 1551~1592)이 출발하였다.
선조 17년 11월 1일 종계 변무사 황정욱 등이 칙서를 받아 돌
아오자 죄인을 사면하고 상을 내렸다.

종계(宗系) 및 악명(惡名) 변무 주청사(辨誣奏請使) 황정욱(黃廷
彧)과 서장관 한응인(韓應寅) 등이 칙서를 받아가지고 돌아왔는
데, 황제가 『회전 會典』 가운데 개정한 전문(全文)을 기록하여
보여 주었다. 상이 모화관(慕華館)에 나아가 마중하고 종묘(宗廟)
에 고한 뒤 하례를 받았다. 백관의 품계를 올려주고 특수한 사
죄(死罪) 이하의 죄인을 사면하였다. 황정욱과 한응인 및 상통사
(上通事) 홍순언(洪純彦) 등에게는 가자하고, 노비(奴婢)와 전택(田
宅)·잡물(雜物) 등을 차등 있게 내렸다.

선조 17년(1584) 이해에 인빈 김씨가 서2녀인 정혜옹주(貞惠
翁主, 1584~1638)를 낳았다.

정혜옹주 남편은 해평 윤씨(海平尹氏) 해숭위(海嵩尉) 윤신지
(尹新之, 1582~1657)이다. 슬하에 4남 1녀를 두었으나 아들 윤지
(尹墀, 1600~1644)와 윤구(尹坵, 1606~1637)만 남고 모두 요절하
였다. 선조 29년(1596) 13세로 영의정 윤두수(尹斗壽, 1533~1601)
의 손자인 윤신지에게 출가하였다. 인조 16년(1638) 11월 17일에
55세로 졸했다. 남편 윤신지는 효종 8년(1657) 5월 3일 76세로
졸하였다.

　34세인 선조 18년(1585) 4월 17일 임해군이 허명의 딸과 혼인하였다.

　36세인 선조 20년(1587) 3월 갑진에 인빈 김씨가 창경궁(昌慶宮)의　양화당(養和堂)에서　서3녀인　정숙옹주(貞淑翁主, 1587~1627)를 낳았다.

　정숙옹주의 남편은 평산 신씨(平山申氏) 동양위(東陽尉) 신익성(申翊聖, 1588~1644)이다. 슬하에 13명의 자녀를 두었으나 4명은 요절하고 5남 4녀만 남았다. 선조 32년(1599) 13세때 신익성에게 출가하였다. 인조 5년(1627) 11월 5일 41세로 졸했으며 남편 신익성은 인조 22년(1644) 8월 2일에 명례방(明禮坊) 집에서 57세로 졸했다.

창경궁 양화당

37세인 선조 21년(1588) 2월 24일 의안군(義安君, 1577~1588)이 역질로 인해 12세로 죽었다.

선조 21년 3월 28일 사은사 유홍(兪泓, 1524~1594)이 『대명회전』에 잘못된 종계를 개정한 책을 예부가 보내주었다고 아뢰었다.

선조 21년 5월 2일 칙서를 맞이하고 권정례로 하례를 받았다.

상이 모화관(慕華館)에 나가 칙서를 맞이하고 권정례(權停禮)에 의해 조하(朝賀)를 받았다. 사은사 유홍(兪泓)에게는 초자(超資)에 전(田) 30결과 노비(奴婢) 5구와 가사가 정목(家舍價正木) 30동(同)을, 서장관(書狀官) 윤섬(尹暹)에게는 승직(陞職)에 전 20결과 노비 3구와 가사가 정목 20동을, 통사(通事) 오순(吳淳)·한리 학관(漢吏學官) 이붕상(李鵬祥)에게는 가자(加資)에 전 10결과 가사가 정목 10동을 하사하고 사전(赦典) 반포를 명하였다. 그때 유홍은 사은사로 명나라에 가서 황제로부터 망룡의(蟒龍衣)를 하사받았기 때문이었다. 상이 명나라의 『대명회전』이 거의 완성되어 간다 하여 유홍으로 하여금 적극 청해서 얻어 오게 하였나. 유홍이 예부(禮部)를 찾아가 지문을 드리고 이를 청하였는데, 예부에서는 아직 어람(御覽)을 거치지 않아서 먼저 주기가 어렵다 하였다. 유홍이 일행을 거느리고 피눈물을 흘리며 궤청(跪請)하니, 상서(尙書) 심이(沈鯉)가 그 정성에 감동하여 즉시 제본(題本)을 갖추어 순부(順付)를 주청한 바 천자(天子)의 윤허를 얻어 본국에 부권(付卷)이 특별히 하사되고 또 칙서까지 내려졌다.

선조 21년 10월 29일 정빈 민씨(靜嬪閔氏, 1567~1626)가 서7남인 인성군(仁城君, 1588~1628)을 낳았다. 이때 정민 민씨는 22세였고 궁에 들어온지 9년만이었다.

인성군의 부인은 윤승길(尹承吉, 1540~1616)의 딸 해평 윤씨
(海平尹氏)이다. 슬하에 5남 2녀를 두었다. 인조 2년(1624) 11월
8일 37세때 의관(醫官) 이이(李怡) 등이 인성군을 옹립하고 광해
군을 모셔오려는 박홍구(朴弘耉, 1552~1624) 등의 역모를 고변
하였다. 결국 박홍구의 역모사건에 추대된 혐의로 인조 3년
(1625) 2월 25일 38세때 강원도 간성(杆城)에 유배되었다. 인조 6
년(1628) 5월 20일 41세로 진도에서 자결하였다.

38세인 선조 22년(1589) 1월 인빈 김씨가 서8남인 의창군(義
昌君, 1589~1645)을 낳았다.

의창군의 부인은 판서 허성(許筬)의 딸 양천 허씨(陽川許氏)이
다. 슬하에 자녀가 없어 인조의 아들로 귀인 조씨(貴人趙氏) 소
생 숭선군(崇善君) 이징(李澂, 1639~1690)이 계후자가 되었다. 선
조 36년 4월 17일 15세때 허성(許筬)의 딸과 혼인하였다. 57세인
인조 23년(1645) 10월 15일에 졸하였다.

선조 22년 9월 6일 중신을 보내 순회세자(順懷世子, 1551~15
63) 묘에 치제하였다.

순회세자 묘

중신(重臣)을 보내 순회세자의 묘에 치제(致祭)하였다. 그 제문을, 예조가 처음에 교서로 써서 올려 계하(啓下)되었는데 뒤에 상이 그것이 잘못되었음을 깨닫고 대신 및 옥당과 상의하여 제문(祭文)으로써 치제하게 된 것이다.

38세인 선조 22년(1589) 10월 성절사 공조 참판 윤근수(尹根壽, 1537~1616)가 황제의 칙서(勅書)와 『회전 會典』을 가지고 연경에서 돌아왔다.

성절사(聖節使) 공조참판 윤근수가 연경(燕京)에서 돌아왔는데 황제가 칙서를 내리고 『회전 會典』 전부(全部)를 반사(頒賜)하였다. 당초 윤근수의 사행(使行)이, 변무조(辨誣條)가 실린 『회전』 전부의 반강(頒降)을 주청하는 소임을 겸하였는데, 황제가 특명으로 비사(祕史)에 실린 본국 세계(世系)의 정본(正本)을 선시(宣示)하는 한편, 『회전』의 전편을 아울러 반사하게 하고 황극문(皇極門) 안에서 칙서를 선포하였다. 한림 학사(翰林學士)가 예를 갖추어 명을 전하였는데 그 일을 소중히 여겨서였다. … ― 윤근수가 연경에 있으면서 사행(使行)의 일로 예부(禮部)에 정문(呈文)하였더니 예부 상서 우신행(于愼行)이 그 글을 기이하게 여겨 감탄하기를 '번방(藩邦)에도 사람이 있다' 하였다 ― 종계 변무(宗系辨誣)에 관한 일은 여러 조정의 구청(求請)을 거쳐 이제서야 개정하게 되고 비사(秘史)인 『회전』을 내려 보이게 되었으니 역대로 동번(東藩)의 대우에 일찍이 없었던 총장(寵章)이다. ― 당초 묘당(廟堂)의 헌의(獻議)에 '종계(宗系)의 무망(誣罔)은 찬역(篡逆)의 설에 비하면 더욱 심중(深重)한데 매양 함께 간청하므로 성의가 전일하지 못하였으니 종계만 오로지 들어 신설하느니만 못하다' 하였는데, 기대승(奇大升)이 대간의 직에 있으면서 계사를 올리기를 '혁제(革除) 때의 일은 성조(聖祖)의 본의가 아닌데 간인(奸人)이 더 꾸미고 무망(誣罔)을 가한 것이니 변명하지 않을 수 없습니다' 하여, 그 의논을 따라 아울러 주청해서 모두 신설하였으므로 기대승이 그 공으로 훈적(勳籍)에 추록되었다. 그 뒤 중국의 야사(野史)를 보니, 중국 조정에서 이 두 가지를 아울러 신설을 허락한 것이 잘못이라고 하였으므로 뒤에 중국의 야사를 변무(辨誣)하자는 의논이 일어나게 되었다.

선조 22년 10월 『대명회전』의 전서(全書)를 반사한 것으로 종묘에 고하고 교서를 반포하였다. 그리고 윤근수의 품계를 자헌 대부(資憲大夫)로 올리고 형조판서에 임명한 다음 전지와 집과 노비를 하사하도록 명하였다.

선조 22년 10월 2일 정여립(鄭汝立, 1546~1589) 모반사건이 일어났다.

39세인 선조 23년(1590) 4월 24일 종계(宗系)의 악명이 벗겨지고 『대명회전 大明會典』이 반사(頒賜)되어, 영의정 이산해(李山海, 1539~1609) 등이 백관을 거느리고 존호를 올리자 사면령을 내렸다.

영의정 이산해 등이 백관을 거느리고 존호를 '정륜 입극 성덕 홍렬(正倫立極盛德洪烈)' 이라 올렸고 중전은 '장성(章聖)' 이라 올렸다. 상이 인정전에 나아가 하례를 받고 이어 상수연(上壽宴)을 거행했다. 그리고 시추(時推) 잡범과 사죄(死罪)로 안치(安置)·충군(充軍)된 자를 모두 사면하였다.

그리고 8월 종계변무, 정여립 모반과 관련하여 광국공신과 평난공신을 봉하였다.

광국 공신(光國功臣)과 평난 공신(平難功臣)의 녹권(錄卷)을 반사하고 고유제(告由祭)와 회맹(會盟)을 의례대로 한 뒤 물품을 등급별로 하사하고 나라에 대사령(大赦令)을 내렸다. 백관이 진하(進賀)하니 궐정(闕庭)에서 사연(賜宴)하였다.

광국 공신은 종계(宗系)를 변무(辨誣)한 공인데, 1등 수충 공성 익모 수기 광국 공신(輸忠貢誠翼謨修紀光國功臣)은 윤근수(尹根壽) — 이상(貳相)을 지냈고 해평 부원군(海平府院君)이다 — 황정욱(黃廷彧) — 예조판서를 지냈고 장계 부원군(長溪府院君)이다 — 유홍(兪泓) — 우의정을 지냈고 기계 부원군(杞溪府院君)이다 — 등 3인이고, 2등 수충 공성 익모 광국 공신은 홍성민(洪聖民) — 이조판서를 지냈고 익성군(益城君)이다 — 이후백(李後白) — 이조판서를 지냈고 연양군(延陽君)으로 추봉(追封)되었다 — 윤두수(尹斗壽) — 영의정을 지냈고 해원 부원군(海原府院君)이다 — 한응인(韓應寅) — 좌의정을 지냈고 청평 부원군(淸平府院君)이다 — 윤섬(尹暹) — 교리를 지냈고 용성군(龍城君)으로 추봉되었다 — 윤형(尹洞) — 공조판서를 지냈고 무릉 부원군(茂陵府院君)이다 — 홍순언(洪純彦) — 당릉군(唐陵君)으로 역관(譯官)이다 — 등 7인이고, 3등 수충 공성 광국 공신(輸忠貢誠光國功臣)은 기대승(奇大升) — 대사간을 지냈으며 덕원군(德原君)으로 추봉되었다 — 김주(金澍) — 화산군(花山君)으로 추봉되었다 — 이양원(李陽元) — 우의정을 지냈고 한산 부원군(漢山府院君)이다 — 황임(黃琳) — 호조판서를 지냈으며 의성군(義城君)이다 — 윤탁연(尹卓然) — 순찰사를 지냈고 칠계군(漆溪君)이다 — 정철(鄭澈) — 좌의정을 지냈고 인성 부원군(寅城府院君)이다 — 이산해(李山海) — 영의정을 지냈고 아성 부원군(鵝城府院君)이다 — 유성룡(柳成龍) — 영의정을 지냈고 풍원 부원군(豊原府院君)이다 — 최황(崔滉) — 이상을 지냈으며 해성군(海城君)이다 — 등 9인으로 19인이다. 전후 사신으로 가서 허락을 받아냈거나 의논을 드리고 주문(奏文)을 지은 공이 뛰어난 사람들이다.

평난 공신(平難功臣)은 토역(討逆)한 공인데, 1등 추충 분의 병기 협책 평난 공신(推忠奮義炳幾恊策平難功臣)은 박충간(朴忠侃) 상상군(商山君)으로 형조판서를 지냈다 ─ 이축(李軸) 좌참찬을 지냈고 완산 부원군(完山府院君)이다 ─ 한응인(韓應寅) 등 3인이고, 2등 추충 분의 협책 평난 공신은 민인백(閔仁伯) 여양군(驪壤君)이다 ─ 한준(韓準) 호조판서를 지냈으며 청천군(淸川君)이다 ─ 이수(李綏) 남계군(南溪君)이다 ─ 조구(趙球) 전릉군(全陵君)으로 추봉되었다 ─ 남절(南截) 남계군(南溪君)이다 ─ 김귀영(金貴榮) 좌의정을 지냈고 상락 부원군(上洛府院君)이다 ─ 유전(柳㙉) 영의정을 지냈고 시령 부원군(始寧府院君)으로 추봉되었다 ─ 유홍(俞泓)·정철(鄭徹)·이산해(李山海)·홍성민(洪聖民) ─ 이준(李準) 형조판서를 지냈고 전성군(全城君)이다 ─ 등 12인이고, 3등 추충 분의 평난 공신(推忠奮義平難功臣)은 이헌국(李憲國) 우의정을 지냈고 완성 부원군(完城府院君)이다 ─ 최황(崔滉) ─ 김명원(金命元) 좌의정을 지냈으며 경림 부원군(慶林府院君)이다 ─ 이증(李增) 아천군(鵝川君)이다 ─ 이항복(李恒福) 영의정을 지냈고 오성 부원군(鰲城府院君)이다 ─ 강신(姜紳) 진흥군(晋興君)이다 ─ 이정립(李廷立) 광림군(廣林君)으로 병조참판을 지냈다 ─ 등 7인으로 모두 22인이다. 박충간 이하는 고변(告變)을 했고 민인백 이하는 역도의 괴수를 잡았고 김귀영 이하는 추관(推官)으로서 죄인의 복초를 가장 많이 받아냈기 때문이다. ─ 혹자가 추관을 녹훈한 것에 대해서 지나치다고 하니 상이, 역적이 진신(縉紳) 가운데서 나왔는데 다행히 제때에 주벌했다고 여겨 추관에게 공을 돌렸다.

39세인 선조 23년(1590) 정빈 민씨가 첫아들 인성군을 낳은 지 2년만에 다시 서4녀인 정인옹주(貞仁翁主, 1590~1656)를 낳았다.

정인옹주 남편은 남양 홍씨 홍우경(洪友敬, 1590~1625)이다. 슬하에 1남을 두었다. 선조 36년(1603) 14세때 홍식(洪湜, 1559~1610)의 아들 홍우경과 혼인하였다. 인조 3년(1625) 남편 홍우경이 36세로 졸하였다. 효종 7년(1656) 1월 10일 67세로 별세하였다.

선조 23년(1590) 인빈 김씨가 서5녀인 정안옹주(貞安翁主, 1590~1660)를 낳았다.

정안옹주 남편은 반남 박씨 금양위(錦陽尉) 박미(朴瀰, 1592~1645)이다. 슬하에 1남 박세교(朴世橋, 1611~1663)를 두었다. 선조 36년(1603)에 14세때 금양위 박미(朴瀰)와 혼인하였다. 인조 23년(1645) 1월 15일 56세때 남편 박미가 54세로 태평동(太平洞) 집에서 졸했다. 현종 1년(1660)에 과부가 된지 16년만에 71세로 졸했다.

40세인 선조 24년(1591) 윤3월 건저의 사건으로 정철이 파직되고, 이어 6월 25~26일 양사에서 정철에게 붙은 우찬성 윤근수(尹根壽, 1537~1616), 판중추 홍성민(洪聖民, 1536~1594), 목사 이해수(李海壽, 1536~1598), 부사 장운익(張雲翼, 1561~1599) 등을 탄핵하여 삭탈 관직시켰다.

41세인 선조 25년(1592) 3월 3일에 순회세자빈(順懷世子嬪: 德嬪尹氏, 1552~1592)이 41세로 졸했다.

3일에 순회세자빈(順懷世子嬪) 윤씨가 졸하였다. … 장차 세자원(世子園)에 부장(附葬)하려고 공사를 크게 일으켰는데, 갑자기 왜변(倭變)을 만나 미처 장례도 치르지 못한 채 상이 피난을 가게 되었다. 이에 빈소(殯所)를 모시고 있던 관리 몇 사람이 후원

(後苑)에 임시로 매장하려 하였으나 재실(梓室)이 무거워 옮길 수 없었는데, 조금 있다가 궁전에 불이 나는 바람에 관리들도 모두 흩어져버리고 말았다. 이에 궁인(宮人)들이 그를 추모하고 비통해 하면서 말하기를 '빈이 살았을 적에 불교를 숭상하였는데, 우연히 화장(火葬)하게 되었으니 그것도 생전의 뜻에 부합된다' 하였다.『선조수정실록』권26 선조 25년 3월

순창원 순회세자와 세자빈 묘(경기 고양 덕양구 용두동 산30-1 서오릉 내)

▒ 임진왜란과 정유재란

41세인 선조 25년(1592) 4월 13일 일본 침략군 21만이, 조선에 침입하여 임진왜란(壬辰倭亂)이 시작되었다.

4월 28일 신립 장군이 탄금대에서 패한 후 4월 29일 서2남인 광해군을 세워 세자로 삼고 다음날인 30일에 왕비와 왕자들을 데리고 파천길에 올랐다.

5월 1일 저녁에 개성에 도착하였다.

풍덕 군수(豊德郡守) 이수형(李隨亨)이 길에서 배알하고 약간의 어선(御膳)을 준비했다. 백관들도 얻어 먹었고 아래로 군량과 말먹이까지도 모두 준비해 주었으며 따로 쌀 5석을 바치니 상이 즉시 호위병들에게 나누어 주었다. 저녁에 개성부(開城府)에 도착했다.

5월 3일 경성이 함락되었다는 보고가 왔다.

이보다 먼저 상이 직접 교서(敎書)를 써서 우승지 신잡(申磼)에게 주면서, 가서 경성의 사민(士民)들을 깨우치고 또 유도 대신(留都大臣) 이양원(李陽元)과 도원수 김명원(金命元)을 효유하라고 하였다. 그런데 파주까지 와서 경성이 이미 함락되었다는 말을 듣고는 가지 않고 되돌아왔다.

5월 3일 김명원(金命元)의 군사가 패배했다는 말을 듣고 포시(晡時: 오후 4시)에 개성부(開城府)를 떠나 밤에 금교역(金郊驛)에 도착하고 5월 7일에 평양으로 들어갔다.

경복궁(景福宮) 겸재 정선 작품 (고려대 박물관 소장)
왜란 중에 경복궁이 모두 불에 타 경회루 석주들만 남아있다
5월 4~7일 사이에 경복궁 등의 궁궐이 모두 불탔다

선조 25년(1592) 6월 11일 평양을 떠나 영변으로 향하였다.

상이 평양을 떠나 영변부(寧邊府: 평안도 삭주도호부 영변부)
로 향하였다. 윤두수·김명원·이원익은 머물러 평양을 지키고
대신 최흥원·유홍·정철 등은 수행했다. 그리고 유성룡은 중국
관원을 접대하는 일로 평양에 그대로 머물렀다.

41세인 선조 25년(1592) 6월 13일 안주에서부터 비를 무릅쓰고 영변부로 들어가니, 성안의 아전과 백성들은 모두 산골짜기로 피하여 들어갔고 관인(官人) 5~6명만 있을 뿐이었다.

6월 14일 이날 저녁에 박천에 도착하였다. 군수 유해(柳海)는 평양으로 싸우러가 돌아오지 아니하였고, 훈도(訓導)와 좌수(座首) 김우서(金禹瑞)가 아전과 백성들을 거느리고서 대접하는 음식물을 극력 준비하여 각자가 맡은 일을 앞을 다투어 힘써 하니, 선조가 그들을 칭찬하고서 김우서를 사옹원 참봉으로 삼았다. 6월 15일 이날 저녁에 내전의 행차가 덕천(德川: 평안도 안주목 덕천군)에서 돌아와 박천에 도착하였다.

그날 평양의 강 여울의 방어가 무너졌다는 보고가 오자 가산으로 떠났다.

이날 상이 가산(嘉山: 평안도 의주목 가산군)으로 떠나려고 하였는데 날이 이미 저물었고, 또 내전의 행차가 멀리 덕천에서 돌아오자마자 바로 출발하기가 곤란하여 이튿날 떠나려고 하니, 대신이 아뢰기를, "선발대가 이미 출발하였는데, 지금 만약 행차를 정지하시면 사졸(士卒)들이 필시 더욱 무너져 흩어질 것입니다. 오늘은 밤중에라도 부득히 거둥하셔야 합니다" 하니, 상이 드디어 거둥하였다.

이날 밤에 박천에서 가산으로 행행하여 새벽 닭이 울 무렵에 군(郡)에 들어왔다. 6월 16일 정주에 도착하였다. 궁인 중에는 그냥 걸어서 간 사람도 있었다.

6월 18일 이른 아침에 정주를 떠나 곽산을 지나 선천(宣川)

에 도착하였다. 6월 19일 이른 아침에 선천을 떠나 거련관(車
輦館)에 도착하였다. 6월 20일 이른 아침에 용천군(龍川郡)에
도착하였다. 6월 22일 의주(義州)에 도착하여 목사의 관사에 좌
정하였다. 의주에서 선조 26년 1월 18일까지 약 6개월을 지내
다가 1월 20일 정주(定州)에 도착한다.

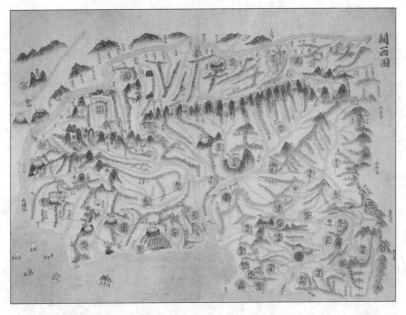

관서도(關西圖)
왼쪽 끝 중앙에 의주가, 가운데 아래 하구쪽에 정주가 있다

  이러한 와중에서 선조 25년 6월 명나라 원군 1진이 내려와 평
양에서 대치하고 한편 선조 25년 6월에는 각도에서 의병이 일어
나 왜군을 물리치고 있었다. 중봉 조헌(趙憲, 1544~1592), 김천
일(金千鎰, 1537~1593), 고경명(高敬命, 1533~1592), 곽재우(郭再

祐, 1552~1617) 등의 의병이 일어나 왜군과 맞서게 되었다.

41세인 선조 25년 7월 의병장 고경명(高敬命)이 금산(錦山)의 적을 토벌하다가 패하여 전사하였다. 8월 의병장 조헌(趙憲)과 의승(義僧) 영규(靈圭)가 금산(錦山)의 적을 공격했으나 이기지 못하고 전사하였다. 장인인 공빈 김씨의 아버지 김희철(金希哲)도 금산전투에서 전사하였다.

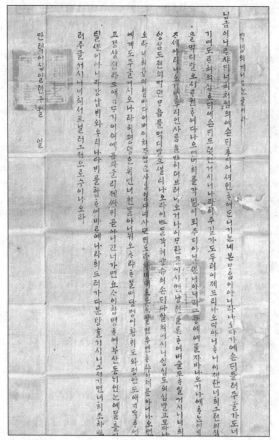

선조국문교서
(宣祖國文敎書)
보물 951호
가로 75cm 세로 48.8cm

어쩔수 없이 왜인에게 붙들려 간 백성은 죄를 묻지 않는다는 것과 왜군을 잡아오거나 왜군의 정보를 알아오는 사람, 또는 포로로 잡힌 우리 백성들을 많이 데리고 나오는 사람에게는 천민, 양민을 가리지 않고 벼슬을 내릴 것을 약속한 내용들이 실려있다

41세인 선조 25년(1592) 7월 이순신(李舜臣, 1545~1598) 장군의 한산도대첩, 10월 김시민(金時敏, 1554~1592)의 진주대첩으로 전라도 곡창이 보호되었다.

7월 24일 국경인(鞠景仁)과 그 친족 국세필(鞠世弼) 등 일당에 의해 임해군 순화군 및 북병사(北兵使) 한극함(韓克諴), 남병사(南兵使) 이영(李瑛), 상락부원군(上洛府院君) 김귀영(金貴榮), 장계부원군(長溪府院君) 황정욱(黃廷彧), 전 호군(前護軍) 황혁(黃赫) 등이 여러 호종관리들과 함께 체포되어 왜군에게 넘겨져 포로가 되었다.

선조 25년 11월 5일 전란 중에 서4남인 신성군이 15세로 죽었다.

12월에 명나라 대군이 내려오면서 일본군이 퇴각하게 된다.

이런 과정에서 42세인 선조 26년(1593) 2월 권율(權慄, 1537~1599) 장군이 행주대첩을 이루었다.

선조 26년 2월 정주에서 숙천부를 거쳐 영유현으로 이주하였다. 세자와 중궁(中宮)은 그대로 머물면서 세자로 하여금 종묘 사직을 받들게 하였다.

상이 정주(定州)를 출발하여 숙천부(肅川府)로 진주하면서 세자와 중궁(中宮)은 그대로 머물러 두었다. 또 숙천부에서 영유현(永柔縣)으로 이주하였다. 당시 대신과 여러 재신(宰臣)들이 상이 내지에 진주하여 군량 운반을 감독하고 백성들의 신망을 유지하도록 연달아 청하였으나 상이 주저하며 따르지 않았다. 대신이 '사기(事機)가 매우 위급하다'고 하며 연달아 청해 마지않으니, 상이 답하기를, "나의 생각에는 경략(經略)이 뒤에 있어 차견하는 관원이 연락부절하니 접응하는 일이 긴요하겠고, 왜적이 아직 북로(北路)에 주둔하고 있어 서쪽을 침범할까 우려된다. 또 여기에서 한 걸음만 떠나도 호령이 해이해져 중국 식량을 운반하는 일도 많이 지체될 것이다. 그 때문에 쾌히 따를 수 없다. 그만둘 수 없다면 세자와 중궁을 그대로 정주에 머물게 하고 나는 약간의 종관(從官)을 거느리고 단기(單騎)로 평양에 달려가 대군의 뒤를 따르며, 모든 일을 지휘하는 것이 옳지 않겠는가” 하였다. 이에 대신들이 아뢰기를, “이는 바로 신들이 원하는 바입니다. 속히 결행하시기만을 오직 바랄 뿐입니다” 하니, 상이 따랐다. 숙천부에 잠깐 머물렀는데 직로(直路)라 공어(供御)하는 데 폐단이 있었으므로 영유현으로 이주하였다.

42세인 선조 26년(1593) 4월 관군이 서울을 수복하였다.

6월 24일 철수하던 왜군이 진주성을 함락하려 하자 김천일 (金千鎰, 1537~1593) 장군 등이 진주성을 사수하러 들어가 6월 29일 함락될 때까지의 제2차 진주성 전투가 벌어진다.

서울이 수복되어 42세인 선조 26년(1593) 6월 14일 병조가 내전과 대가가 거둥할 도로를 품하였다.

  병조가 아뢰기를, “전일의 전교에, 내전은 강서로부터 삭시진 (朔時津)을 건너고, 대가는 평양으로부터 대동강을 건너 내전과 더불어 중화(中和)에서 회합하여 해주에 진주한다고 하였으므로, 이제 이주하실 때에 내전이 거둥하실 도로와 대가가 거둥하실 도로를 각기 두 단자(單子)를 만들어 품하였습니다. 그러나 한번 왕래하는 데에 비용이 적지 않을 뿐더러 전도(前導)가 가고 오는 동안에 저절로 피폐하게 됩니다. 전일에 전교하신, 교량 · 도로를 수리할 일과 공궤(供饋)에 대한 일을 모두 간략하게 하소서” 하니, 상이 따랐다.

선조 26년(1593) 6월 19일 영유(永柔) 행궁을 출발하여 서울로 환궁하기 시작하였다. 환궁하기 전에 부로(父老)들을 행궁의 문 밖에 불러모으고 선유(宣諭)하였다.

상이 부로(父老)들을 행궁의 문 밖에 불러모으고, 도승지 심희수(沈喜壽)에게 명하여 선유(宣諭)하기를, "국가가 불행하여 내가 서방에 있는 동안에 너희 서방민들은 물자 공급에 피로하고 또 여러 물건을 운반하는 데 매우 고달팠을 것이다. 너희들의 노고는 다른 지방의 백성들보다 몇 배 더하였을 것으로 너희들이 빌고 말하지 않더라도 내가 어찌 모르겠는가. 국가가 멸망하지 않고 오늘날까지 면면히 존재하는 것은 실로 너희들의 힘이다. 지금 나는 너희들의 노고를 살펴서 벼슬에 제수할 사람은 벼슬을 제수하고 부역을 면제해 줄 사람은 부역을 면제해 주되 각각 등급을 두어 시행할 것이다. 또한 너희들에게 금년 조세(租稅)의 반을 감해 주어 너희들의 노고에 보답하려 하니 너희들은 그리 알라. 지금 나는 돌아가 너희들과는 멀리 헤어지게 되었으니 내 어찌 마음이 아프지 않겠는가. 너희들은 잘 있으라" 하니, 부로들이 왕의 말씀에 감격하여 말할 바를 알지 못하고 단지 눈물만 흘릴 뿐이었다.

6월 19일 대가가 평양부 서면(西面) 주동(鑄洞)의 막차(幕次)에 주정(晝停)하였다. 6월 20일 대가가 묘시에 돈산 촌사를 출발하여 오시에 강서현(평안도 평양부 관할) 행궁(行宮)에 도착하였다. 그날 대신과 상의하여 장마가 개면 거둥하기로 결정하였다. 8월 11일 강서(江西)를 떠나며 강서의 노인들을 불러 위로하였다. 8월 12일 중화(中和)의 민가(民家)에서 출발하여 저정(猪井)에서 낮 수라를 들고 황주(黃州) 땅 윤빙(尹聘)의 집에서 유숙하였다. 8월 15일 윤빙의 집에서 출발하여 저녁에 봉산 땅 민가(民家)에서 묵었다.

그날 왕세자는 묘사(廟社)와 내전(內殿)을 모시고 강서현(江西縣)을 출발하여 삭시진(朔時津)을 건너 저녁에 중화(中和) 땅에 도착하였다.

8월 16일 봉산(鳳山)의 민가(民家)를 출발하여 율곶[栗串] 선상(船上)에서 주정(晝停)하고 저녁에는 재령군(載寧郡)에서 묵었다.

8월 18일 재령 땅을 출발하여 작천(鵲川)에서 주정(晝停)하고 저녁에 황해도 해주(海州: 별호海西)에 도착하였다. 8월 20일 왕세자가 대자원(大慈院)을 출발하여 해주 땅 자은탑(慈恩塔)에서 주정(晝停)하고 저녁에 본주(本州)에서 묵었다.

8월 20일 중전(中殿)과 동궁(東宮)이 묘사(廟社)의 신주(神主)를 모시고 강서(江西)에서 도착하니, 상이 백관(百官)을 거느리고 묘문(廟門) 밖에서 맞이하였다.

9월 11일 경성 및 산천에 제사를 행하라 명하였다.

전교하였다. "경성(京城)의 백성 중에 왜적에게 죽은 자가 얼마나 많겠는가. 대가(大駕)가 경성에 들어가는 즉시 단(壇)을 설치하고 치제(致祭)하라. 그리고 옛날에는 나라에 큰일이 있으면 반드시 산천에 제사를 지냈었다. 이번에 오랑캐가 물러가고 대가가 경성으로 돌아가게 되었으니 향(香)을 내려 모든 명산(名山)·대천(大川)에 치제해야 한다. 그리고 도성에 들어가기 전에 관원을 보내어 국도(國都)의 삼각산(三角山)·백악(白岳)·목멱산(木覓山)·한강(漢江) 등지의 신(神)에게도 치제해야 한다. 또 서울로 갈 적에 건너는 나루가 있으면 삭시진(朔時津)의 예에 따라 치제할 것을 의논하여 아뢰도록 예조에 이르라"

42세인 선조 26년(1593) 9월 22일 해주(海州)를 출발하여 저녁에 주지(州地)에 있는 남성(娚城)의 이세장(李世長) 집에 머물렀다. 의인왕후는 해주에 그대로 머무르는 것 같다.

9월 23일 연안부(延安府: 황해도 연안도호부)에 이르러 성을 지켜낸 백성들의 공을 칭찬하고 논상을 명하였다. 9월 27일 저녁에 개성부(開城府)에 머물렀다. 9월 28일 저녁에 동파역(東坡驛)에 머물렀다. 9월 29일 저녁에 벽제관(碧蹄館)에 머물렀다. 10월 1일 벽제역을 출발하여 저녁에 정릉동의 행궁(지금의 덕수궁)으로 돌아왔다.

덕수궁 전경

현재의 덕수궁은 본래 세조(世祖)의 큰아들인 도원군의 큰아들, 즉 세조의 큰손자인 월산대군(月山大君)의 개인 저택이었는데 월산대군의 증손자 양천도정(陽川道正)이 살고 있었다.

서울로 돌아온 선조는 궁궐이 모두 불에 타고 없어서 임시로 월산대군의 집을 거처로 정하고 그리고 근처의 계림군과 심의겸의 집 또한 궁으로 포함하여 이 덕수궁에서 계속 거처하시다가 돌아가신다.

선조 26년(1593) 10월 9일 강화 등에 피란한 선왕의 후궁들에게 양식을 주라고 전교하였다.

> 정원에 전교하였다. "강화(江華)·광주(廣州)·아산(牙山)에 선왕의 후궁들이 피난하여 가 있으니, 식물(食物)을 제급하라는 것으로 각각 그 도(道)에 하서하라"

선조 26년 이해에 인빈 김씨가 서6녀인 정휘옹주(貞徽翁主, 1593~1653)를 낳았다.

> 정휘옹주 남편은 전주 유씨(全州柳氏) 전창위(全昌尉) 유정량(柳廷亮, 1591~1663)이다. 슬하에 2남 2녀를 두었다. 선조 37년(1604) 12세때 유정량(柳廷亮)에게 출가하였고 효종 4년(1653) 윤 7월 15일 환갑인 61세로 졸했다. 남편 유정량은 현종 4년(1663) 4월 22일 73세로 졸하였다.

43세인 선조 27년(1594) 10월 25일 세자빈(世子嬪)이 해주(海州)에서 서울로 돌아왔다.

44세인 선조 28년 1월 17일 정빈 홍씨(貞嬪洪氏, 1563~1638)가 해주 행궁에서 서8녀인 정정옹주(貞正翁主, 1595~1666)를 낳았다. 이때 정빈 홍씨는 33세였고 궁에 들어온지 16년만이었다.

정정옹주 남편은 진주 유씨(晉州柳氏) 진안위(晉安尉) 유적(柳頔)이다. 슬하에 자녀가 없고, 시동생 유영(柳頴)의 아들 유명전(柳命全)을 후사로 삼았다. 광해군 2년(1610) 16세때 진안위 유적에게 출가했다. 광해군 11년(1619) 남편 진안위 유적이 25세로 졸했다. 현종 7년(1666) 9월 16일 72세로 경성(京城) 명례방(明禮坊) 집에서 졸하였다.

선조 28년(1595) 4월 16일 의인왕후의 어머니인 이수갑(李壽甲)의 딸 전주 이씨가 졸하였다.
4월 18일 정원이 부고에 대한 선조의 걱정을 염려하였다.

정원이 — 도승지 오억령(吳億齡), 죄승지 이덕열(李德悅), 우승지 유영순(柳永詢), 좌부승지 정구(鄭逑), 우부승지 정숙하(鄭淑夏), 동부승지 박승종(朴承宗) — 아뢰기를, "삼가 들으니 반성부원군 부인의 부음(訃音)이 전해졌다 하니, 상께서 놀라셨는가 염려되어 문안드립니다" 하니, 알았다고 전교하였다.

10월 21일 사간원이 해주에 계신 중전(中殿)의 환도를 계청하자 허락하였다. 11월 3일 중전이 해주의 동면 남성촌(姆城村)에서 묵었다. 11월 4일 연안(延安) 신원(新院)에서 주정(晝停)하고 저녁에 연안부에서 유숙하였다. 11월 7일 벽란도(碧瀾渡)를 건너 개성부에서 묵었다. 11월 9일 임진(臨津)을 건너 벽제(碧蹄)에 유숙하였다. 11월 10일 미시에 환궁하였다.
그날 약방(藥房)·정원·정부·육조의 2품이상 관원이 내전에 문안하였다.

이보다 앞서 11월 7일 인빈에게 첫손자가 되는 정원군의 첫째 아들 인조(仁祖)가 해주에서 태어났다.

선조 28년(1595) 12월 광해군을 왕세자로 책봉해 줄 것을 청하는 주문사를 북경에 보냈다.

45세인 선조 29년(1596) 7월 이몽학(李夢學)이 홍산(鴻山)에서 난을 일으켰다.

9월 23일 정빈 홍씨가 서9남인 경창군을 낳았다. 이때 정빈 홍씨는 34세였다.

경창군 부인은 조명욱(曺明勗, 1572~1637)의 딸인 창녕 조씨(昌寧曺氏, ?~1648)이다. 슬하에는 적실에서 4남 4녀, 측실에서 2남 2녀를 두었다. 광해 2년(1610) 7월 1일 15세때 정원군(定遠君, 元宗)의 주관하에 조명욱의 딸과 결혼하였다. 인조 22년(1644) 1월 17일 49세로 졸했다.

46세인 선조 30년(1597) 1월 정유재란(丁酉再亂)이 일어나 약 20만의 일본군이 다시 조선을 침략하였다.

6월 18일 중전의 강화도 피난과 각종 현안 문제를 의논하였다.

6월 20일 옹주 등을 강화로 피난시키고 선박은 항상 대기하게 하였다.

비망기로 정원에 전교하였다. "중국군이 경성(京城)에 가득하여 여염이 소요스럽고 침욕당하는 폐단이 없지 않을 것인데, 마도독(麻都督)은 달자(㺚子) 5백 명까지 거느리고 왔으니 더욱 염려된다. 그래서 옹주(翁主) 등을 우선 강화(江華)로 피난시켜야겠으니 차지 내관(次知內官)에게 선박이 정제(整齊)되는 대로 잘 보호하여 건너도록 이르라. 또 이후에 문안하는 일로 왕래하는 사람이 있어야 하니, 선박을 정제하고 항시 기다리라고 주사 대장(舟師大將)에게 이르라"

선조 30년(1597) 8월 12일 나인과 어린 왕자들을 해주로 피신시키도록 지시하였다.

비망기로 정원에 전교하였다. "나인과 어린 왕자들을 우선 해주로 피신시키되 인마(人馬)는 사복시 차지내관(司僕寺次知內官)으로 하여금 조치하게 하고 선전관·금군·포수 약간을 선발하여 호송하도록 하라"

선조 30년 8월 18일 영돈녕부사 이산해, 김응남, 윤두수 등이 소대를 청하여 남원성 함락 이후의 사태를 논의하였다.

… 또 이르기를, "다른 일은 접어두고 우선 내전을 피란시키는 일을 속히 의논하여 결정하라. 종사(宗社)도 잘 조처해야 한다. 대신들은 필시 원대한 생각이 있을 것이니 속히 사리에 맞게 조처하라. 어느 길을 경유하여 어느 곳에 주차(駐箚)해야 하는가?" 하자, 김응남이 아뢰기를, "상께서는 이미 성천(成川)으로 결정하셨습니다만 신의 생각에는 수안(遂安)이 산이 자못 깊고 험한데다가 평양과 거리가 좀 떨어져 있으니 이곳이 가장 적절하기는 하나 단지 성이 없는 것이 결점입니다" 하였다. 상이 이르기를, "좌상의 생각에는 산로와 수로 중 어느 쪽이 적합할 것 같은가?" 하니, 김응남이 아뢰기를, "사람들은 수로가 편리하다고 하나 신은 그렇게 생각하지 않습니다. 이는 매우 중대한 일이므로 독단할 수 없어서 상의 재가를 받으려고 오늘 이처럼 소대(召對)를 청한 것입니다. 종사에 관한 일은 신들도 상의해 보았으나 아직 상책을 얻지 못하였습니다" 하였다. 상이 이르기

를, "세자는 어떻게 해야 하는가?" 하니, 윤두수가 아뢰기를, "종사(宗社)가 만약 나가게 된다면 세자가 모시고 가는 것이 옳을 것입니다" 하였다. 상이 이르기를, "세자가 묘사(廟社)를 모셔야 한다면 내전이 먼저 나가는 것이 매우 타당하다. 세자가 여기 남는다고 해도 무엇을 할 수 있겠는가. 도독도 말하기를 '성중은 전쟁터가 될 것이니 먼저 피난시켜야 한다'고 하였다" 하니, 윤두수가 아뢰기를, "그렇다면 동궁이 먼저 나가도 무방하겠습니다" 하고, 김응남은 아뢰기를, "묘사(廟社)는 상께서 서울에 계시니 먼저 출발시킬 수 없고, 다시 사태를 보아가며 조처해도 늦지 않습니다" 하였다. …

선조 30년(1597) 9월 10일 제독 마귀(麻貴)를 접견하고 내전의 피란을 도와 준 일에 사의를 표하였다.

9월 13일 경기 감사 홍이상이 중전과 동궁의 피란 상황에 관해 보고하였다.

경기 감사 홍이상(洪履祥)이 치계(馳啓)하였다. "중전(中殿)과 동궁(東宮)이 상수참(湘水站)에서 주정(晝停)하였는데, 지정된 각관(各官)들이 모두 나와 대기하지 않아 공상(供上)을 전폐하였습니다. 저녁에 마전(麻田) 앞 강에 이르렀는데 작은 배 4척 만이 있었으므로 수많은 인마(人馬)와 배종한 사람들이 도로를 꽉 메운 채 밤중에야 강을 건너 마전에 도착하였습니다. 전도되고 미안스러운 상황을 차마 말할 수 없는데 몹시 비통스러운 심정으로 석고 대죄(席藁待罪)합니다. 별장(別將) 한명련(韓明璉)이 소초평(蘇草坪)에서 싸워 참살(斬殺)한 바가 매우 많았습니다"

46세인 선조 30년(1597) 9월 22일 정원군(定遠君, 1580~1619)과 해숭위 윤신지(尹新之, 1582~1657) 등을 추고하자는 사헌부

의 청을 들어주지 않았다. 이때 정원군은 18세였다.

사헌부가 아뢰기를, "변란 뒤에 더욱 두려운 것은 민심입니다. 민심을 한번 잃어버리면 도둑의 화란이 가볍지 않을 터이니, 오늘날은 오직 백성들을 위무하여 민심을 결속시키는 것으로써 급무를 삼아야 합니다. 그런데 지난번에 정원군(定遠君) 이부(李珝) 등이 후궁(後宮)을 배종(陪從)하여 서쪽으로 내려갈 적에, 그의 궁노(宮奴)를 방종하게 놔두어 지공(支供)이 풍부하지 못하다면서 향소(鄕所)를 마구 구타하고 기명(器皿)을 부수었습니다. 또 족속(族屬) 및 아는 사람들을 많이 거느리고 궁노라고 칭탁하여 더욱 공궤(供饋)를 요구하였으며, 불법으로 쇄마(刷馬)를 차지하여 타거나 짐을 신도록 함으로써 처음 마전(麻田)에 이르렀을 때에는 쇄마 수가 30필에 불과하던 것이 매읍(每邑)마다 더 색출한 까닭에 수안(遂安)에 이르러서는 거의 2백 필에 이르렀으므로 연로(沿路)의 백성들이 분주하게 음식을 제공하고 쇄마를 징발하느라 원망하는 소리가 자자하였습니다. 그러다가 성천(成川)에 이르러서는 끝없이 폐단을 저질러 온갖 물품을 마련하도록 요구하였는데 그 수에 있어 한이 없어서 조금이라도 여의치 않으면 궁노가 바로 왕자(王子)에게 하소연하고 그러면 왕자는 금지시켜 단속하지 않을 뿐만 아니라 그대로 따라서 그들이 멋대로 구는 것을 조장함으로써 온 부(府)의 민심으로 하여금 이미 흩어지게 하였습니다. 본부(本府)에 머무른 지 날짜가 오래되지 않았는데도 그 폐단이 이 지경에 이르렀으니, 장래의 걱정은 이루 말할 수 없습니다. 지난해 북도(北道)의 변이 본보기가 되고도 남을 텐데 오히려 경계할 줄을 모르고 있습니다. 더구나 지금 삼도(三道)가 모조리 어육(魚肉)이 되어버린 판에 서로(西路)만이 그런대로 믿을 만한데, 왕자가 또 그곳을 무너뜨리고 있으니 참으로 지극히 한심스럽습니다. 정원군 이부와 해숭위(海嵩尉) 윤신지(尹新之)를 모두 파직시키소서. 그리고 검찰

사(檢察使) 신잡(申磼)과 수행한 재신(宰臣) 구사맹(具思孟)과 허잠
(許潛)은 폐단을 끼치는 일을 좌시하고 단속하지 않아 도무지
위임하여 보낸 의의를 망각하였으니, 모두 추고(推考)하소서" 하
니, 헌부(憲府)와 간원(諫院)에 답하기를, "이 일은 아마 그렇지
않을 것이다. 폐단을 저지른 하인이 없지는 않겠지만 주인이라
고 해서 꼭 그것을 다 안다고 할 수 없는데 어찌 이토록까지
해야 하겠는가. 그리고 또 재신이 어찌 금지시키지 않았을 리가
있겠는가. 성천(成川) 사람이 전미(田米) 7홉을 내줘 장차 굶주리
게 되었다고 하는 달갑지 못한 소문을 듣고도 내가 차마 말하
지 않았다마는 이 일은 잘못 들은 말이 아닌가 싶다. 지금은 우
선 추고하거나 파직시킬 필요가 없다. 재신에게 글을 내려보내
각별히 단속하도록 하는 것이 마땅할 것 같다. 나머지는 아뢴
대로 하라" 하였다.

46세인 선조 30년(1597) 9월 25일 기사에 내전(內殿)과 후궁
이 수안(遂安)과 성천(成川)에 나누어 있다고 했다.

11월 8일 정언 이이첨(李爾瞻, 1560~1623)이 수안(遂安)에 있는
중전의 이주, 순화군(順和君, 1580~1607)의 추고를 요청하였다.

　정언 이이첨이 와서 아뢰기를, "수안(遂安)은 길가의 고을로
지금 중전(中殿)께서 머물러 계시는 곳인데, 본 고을의 비축 양
식이 고갈되어 내전의 지공 및 호위하는 여러 신하가 받는 요
미(料米)를 일체 연해의 고을에서 조달하고 있습니다. 현재 중국
군의 군량과 전세(田稅)로 받아들인 쌀·콩 등 각종을 운반하는
데 민력이 벌써 고갈되어 앞으로 버틸 수가 없습니다. 시위하는
대신도 이 폐해를 눈으로 보았으니, 이주(移駐)하시기를 계청한
것은 이유가 있는 것입니다. 속히 이주시켜 민력을 펴도록 하소
서. 순화군(順和君) 이보(李珏)는 오랫동안 신계(新溪)에 머물러

있으면서 형장(刑杖)을 너무 가혹하게 쳐서 인심이 원망하고 떠
나 뿔뿔이 흩어지는 자가 줄을 잇는다고 하니, 지극히 놀랍습니
다. 파직을 명하고 속히 올라오게 하여 떠돌며 폐단을 일으키는
일이 없도록 하소서. 황해도 관찰사 유영순(柳永詢)은 순행할 때
추종(騶從)을 너무 많이 거느리고 다녀 여러 고을에 폐해를 끼쳤
으니 추고를 명하소서" 하니, 답하기를, "중전은 지금으로서는
이주하기 어렵고, 순화군은 파직까지 할 수는 없으니 이미 올라
오게 하였다. 유영순을 추고하는 것은 아뢴 대로 하라" 하였다.

선조 30년(1597) 11월 6일 왕세자빈(王世子嬪)이 수안(遂安)에
서 도성으로 돌아왔다. 선조 30년 해서(海西: 해주)로 피난갔던
정빈 민씨가 돌아왔다.

47세인 선조 31년 9월 26일 중전이 수안에 머물도록 하였다.

선조 31년 11월 18일 이순신(李舜臣, 1545~1598) 장군이 전
사하고, 왜적이 모두 물러가는 것으로 전쟁이 끝났다.

48세인 선조 32년(1599) 4월 16일 세자가 수안(遂安)에 가서
문안하는 문제에 관해 예조로 하여금 의논하도록 전교하였다.

전교하기를, "세자가 수안(遂安)에 가서 문안하려고 하니 예조
로 하여금 의논해 아뢰도록 하라" 하니, 판서 심희수(沈喜壽)가
아뢰기를, "이 일은 대단히 중요하므로 대신(大臣)들과 의논하였
더니, 모두들 '중전의 환후가 위중하니 동궁(東宮)의 문안하는
것이 예에 당연하다' 하고, 신들의 의견도 동궁의 문안은 하루
가 급하니 요즘 사세가 비록 온편치 못하기는 하나 아마도 돌
아볼 겨를이 없을 듯합니다" 하니, 전교하기를, "중국 장수들이
잇따라 내려가고 있으니 일로(一路)가 필시 소란스러울 것이다.
우선 천천히 하도록 하라" 하였다.

선조 32년(1599) 4월 25일 왕세자가 중전(中殿)의 병환에 문안드릴 일로 수안의 행궁(行宮)에 내려갔다.

4월 28일 판중추부사 최홍원(崔興源, 1529~1603)이 동궁의 행차를 정지하라는 중전의 하교를 아뢰었다.

판중추부사 최홍원(崔興源)이 아뢰었다. "26일부터 중전의 옥후(玉候)가 날마다 조금씩 차도가 있었습니다. 그날 하교(下敎)하시기를 '지금 듣자니, 동궁(東宮)이 멀리 온다고 하는데 동궁은 기질이 약하다. 그래서 혹시라도 몸을 상하는 일이 있게 된다면 미안한 일이 아닐 수 없다. 나의 병도 이처럼 나아지니 이러한 뜻으로 빨리 시강원에 알려 때맞추어 행차를 정지하라' 하셨습니다. 감히 아뢰지 않을 수 없습니다"

윤4월 20일 시강원이 왕세자가 주정처에 나아가 중전을 맞이하려고 하는 일에 대해 아뢰었다.

시강원이 아뢰기를, "중전이 환도하시는 날 왕세자가 주정처(晝停處)에 나아가 맞이하려고 합니다. 평상의 예법으로 말한다면 본디 교영(郊迎)하는 장소가 있습니다만 중전이 옥체가 미령하신데 열을 무릅쓰고 노정에 오르셨는 바, 왕세자는 모시고 오지 못한 일로 늘 민망히 여기다가 지금 한걸음 더 나아가 맞이하려고 하니, 이것은 실로 효성의 지극한 뜻에서 나온 것입니다. 해당 관사로 하여금 상의하여 결정하게 하소서" 하니, 윤허한다고 전교하였다.

48세인 선조 32년 윤4월 25일 중전이 수안에서 환도하였다.

미시에 중전이 수안(遂安)에서 환도하였다. 대신·정원·동서반 2품이 문안하니 평안하다고 답하고, 어선(御膳)을 내어 하사하였다. 당시 중전이 정유년 변란으로 인하여 산중에 가 있어 곤위(坤位)가 오래 비게 되었다가 이제야 비로소 환도하게 되니 사람들이 모두 기뻐하였다.

5월 30일 사헌부가 성천·해주 등지에 있는 왕녀와 부마를 속히 올라오도록 하는 것 등에 관해 아뢰었다.

사헌부가 아뢰기를, "내전과 비빈은 모두 조정에 돌아왔는데, 왕녀와 부마는 아직도 성천·해주 등지에 머물고 있습니다. 이는 사체에 온당치 않을 뿐만 아니라 또한 폐단을 끼치는 단서가 많으니, 속히 올라오라고 명하소서" …하니, 답하기를, " … 성천과 해주에 그대로 머물러 있는 일은 위에서 참작해 할 일이니 아뢸 성격의 일이 못된다" 하였다.

7월 24일 중전이 수안에 있을 때 공을 세운 최흥원 등에게 상을 내렸다.

비망기로 일렀다. "중전(中殿)이 수안(遂安)에 머물러 있을 때 처음부터 끝까지 호위한 영중추부사 최흥원(崔興源)에게 숙마(熟馬) 1필을 사급하고 가총관(假摠管) 이제민(李齊閔), 호위 대장(扈衛大將) 곽영(郭嶸)과 ─ 임진년에 전라 방어사(全羅防禦使)가 되었었는데, 적이 전주(全州)·금산(錦山) 등지를 침범하자 곽영이 미리 겁을 먹고 도망하였으니, 그의 겁이 많고 지략이 없음이 이와 같다 ─ 조대곤(曺大坤), ─임진 왜란 때 왜적이 부산(釜山)·동래(東萊)를 함락하고 길을 나누어 승승장구하여 1군은 웅천(熊川)을 경유하여 곧바로 김해부(金海府)에 도착하여 크게 도륙을 자행하였는데 조대곤이 이때 우병사(右兵使)로서 겁을 먹고 위축되어 퇴각함으로써 끝내 방어하지 못하였다. 그리하여 우도의 열읍(列邑)이 잇따라 함락되었으니 이것이 모두 조대곤의 죄이다 ─ 분병조 당상(分兵曹堂上) 이노(李輅), 사용원 제조 문성군(文城君) 이건(李健), 인의(引儀) 박응인(朴應寅), 선전관(宣傳官) 봉림도정(鳳林都正) 이언선(李彦瑄) 등 5인과 승전색 내관(內官) 정한기(鄭漢璣)·김인준(金仁俊)은 각각 1급을 가자(加資)하고, 내승(內乘) 박동언(朴東彦), 분호조 좌랑(分戶曹佐郞) 강담(姜紞), 부장(部將) 이성헌(李成憲), 사용원 봉사 권경남(權慶男), 수문장(守門將) 박사엄(朴士嚴) 등 3인은 모두 승직시키고, 의관(醫官) 양예수(梁禮壽)·유민(柳珉), 내관(內官) 방준호(方俊豪)·장학년(張鶴年)·김새신(金璽信)·김인(金璘)·송언련(宋彦連)·김윤신(金胤申)·김대기(金大器)는 각각 숙마 1필을, 내관 김기문(金起文)·김예정(金禮禎)·나충남(羅忠男)·박승종(朴承宗)은 각각 아마(兒馬) 1필을 사급하라"

선조 32년(1599) 이해에 정숙옹주가 13세로 신익성(申翊聖)에게 출가했으나 나이가 어려 선조(宣祖)가 궁중으로 돌아오라고 명하였다.

▒ 의인왕후의 승하

49세인 선조 33년(1600) 임진왜란·정유재란으로 피란하였다
가 돌아온지 1년 정도 뒤인 6월 27일 부인인 의인왕후(懿仁王
后)가 46세로 황화방(皇華坊) 이궁(離宮: 慶運宮)에서 승하하였다.
이날 빈전(殯殿)을 계림군(桂林君) 집의 대청에 마련하라고
하였다.
6월 28일 진시(辰時)에 대행 왕비(大行王妃)를 염습하고 전(奠)
을 올렸는데, 백관들이 배제(倍祭)하고 의식대로 곡림(器臨)하였
다. 6월 29일 대행 왕비의 소렴(小斂)을 거행하고 전(奠)을 올렸
는데 문무 백관이 배제(陪祭)하고 의식대로 곡림(哭臨)하였다.

의인왕후 능 무인석   의인왕후 능 문인석

7월 1일 정시(丁時)에 대렴(大殮)하였고 7월 2일 종친(宗親)과 문무 백관이 성복(成服)하였다.

7월 7일 대행 왕비의 지석으로 선릉(宣陵, 성종과 정현왕후 릉) 개장시에 쓰려고 한 지석(誌石)을 사용토록 하였다.

7월 9일 대행 왕비의 내행에 대해 비망기로 일렀다.

비망기로 이르기를, "대행(大行)이 곤전에 있으면서 두 대비(大妃)를 받들어 섬김에 그 성효(誠孝)를 다 했고 나를 섬김에도 공경을 다하여 한결같이 어김이 없었다. 그리고 외가(外家)의 사삿일로 요구하는 일이 없었으며, 빈어(嬪御)를 대함에도 은애가 지극하여 그들 보기를 수족같이 할 뿐만이 아니었다. 여러 아이들을 어루만지기를 자기 소생보다 지나치게 하여 항상 자신의 곁에 두기에, 내가 간혹 그 소행을 시험하여 여러 아이들을 장난삼아 질책하면 문득 대행의 뒤로 도망가 숨곤 하였는데, 대행은 곧 치마폭을 당겨 그들을 가려 주었다. ― 여기에서 대행이 여러 아이들을 친애하고 여러 아이들이 대행을 친애하여 받들었던 점을 볼 수 있기 때문에 아울러 언급하였다 ― 평생 동안 조급히 서두르는 언행과 표정을 나타내지 않으며, 궁인과 여종에 대해서도 또한 일찍이 노기를 내어 꾸짖지 않았다. 그리고 투기하는 마음, 의도적인 행동, 수식(修飾)하는 말 같은 것은 마음속에 두지 않았을 뿐 아니라 비록 권하여도 하지 않았으니, 대개 그 천성이 이와 같았다. 인자하고 관후하며 유순하고 성실한 것이 모두 사실로 저 푸른 하늘에 맹세코 감히 한 글자도 과찬하지 않는다. 아, 하늘은 착한 사람에게 복을 주어 대덕(大德)은 반드시 장수하는 법이건만, 불행히도 자식을 두지 못하고 수명 또한 길지 못하였으니, 천도는 과연 지각이 있는 것인가. 운명이란 이처럼 일정하지 않은 것인가. 마후(馬后)의 덕행으로도 자식을 두지 못하였고 또 장수하지 못하였다. 내 이에 하늘을 원망하지 않을 수 없다"

선조 33년(1600) 7월 11일 대행 왕비의 시호는 의인(懿仁), 혼전은 효경(孝敬), 능은 유(裕)로 올렸다.

7월 28일 영의정 이항복(李恒福, 1556~1618)을 명하여 빈전(殯殿)에 진향(進香)하게 하였는데 백관이 의식대로 배제(陪祭)하였다. 7월 28일 대행 왕비의 내향인 나주의 수리(首吏)가 진위를 위해 상경하였다.

9월 2일 대행 왕비의 장지에 대해 전교하였는데 이때 사관은 처음 결정된 포천의 장지를 옮기는 것을 비판하였다.

10월 17일 영의정 이항복(李恒福, 1556~1618)에게 명하여 대행 왕비의 시책보(諡冊寶)를 빈전에 올리게 하였다 ─ 시호는 의인(懿仁)이다.

11월 16일 해원 부원군 윤두수(尹斗壽, 1533~1601) 등이 인산의 석물을 내년 봄에 하자고 하여 허락되었다.

11월 24일 인산(因山)을 산릉(山陵)으로, 수원관(守園官)을 수릉관(守陵官)으로, 시원관(侍園官)을 시릉관(侍陵官)으로 바꾸었다.

12월 21일 인시(寅時)에 의인왕후(懿仁王后)의 영가가 발인하였다. 12월 22일 예조 낭청이 영악전(靈幄殿) 등이 불탔음을 아뢰었다.

이날 빈전 도감이 하관을 계획대로 하겠다고 하였다.

빈전 도감(殯殿都監)이 대신의 뜻으로 아뢰기를, "당일 4경 1점에 나인(內人)들이 거처하는 방에서 불이 나 영악전(靈幄殿)까지 연소되어 전우(殿宇)가 완전히 소진되었습니다. 그러나 다행히 재궁(梓宮)·혼백(魂帛)·우주(虞主)와 기타 명정(銘旌)·책보(冊寶)·복완(服玩)·명기(明器)·의물(儀物) 등은 간신히 모셔 내었는데 모두 완전하여 현궁의 소용에 결함이 없으니, 전에 계하(啓下)하신 시각에 하현궁할 계획입니다. 신들이 이곳까지 배행(陪行)하여 이러한 변고가 생기게 하였으니, 두려운 마음 견딜 수 없어 대죄(待罪)합니다" 하니, 알았으니 대죄하지 말라고 답하였다.

12월 22일 예조에서 화재에도 불구하고 장례를 계획대로 마친 것을 아뢰었다.

이날 묘시에 의인왕후(懿仁王后)를 건원릉(健元陵) 동쪽 셋째 산줄기인 유릉(裕陵: 뒤에 穆陵으로 개칭)에 안장하였다.

의인왕후를 유릉에 장사하였다. 처음에 포천(抱川)의 신평(新坪)에 능자리를 정하여 공사가 반을 넘어섰는데, 술관(術官)인 박자우(朴子羽)란 자가 상소하여 그곳이 불길하다고 말하자, 드디어 건원릉(健元陵) 안에 다시 자리를 정하라는 명을 내려 이 때에 이르러 비로소 장사하였다.

49세인 선조 33년(1600) 12월 22일 우주가 혼전인 효경전(孝敬殿)으로 돌아왔다. 12월 22일 초우제(初虞祭)를 행하였다.

선조 33년 이해에 온빈 한씨가 경평군(慶平君, 1600~1673)을 낳았다. 경평군은 최윤조(崔胤祖, 1581~1618)의 딸과 혼인하였다.

50세인 선조 34년(1601) 1월 5일 졸곡제(卒哭祭)를 행한 후 왕세자가 효경전(孝敬殿)에서 환궁하여 문안하였다. 1월 27일 시강원에서 왕세자의 몸이 불편하니 효경전 삭제의 대행을 건의하니 윤허하였다.

3월 2일 왕세자가 문안한 뒤에 유릉에 배제(拜祭)할 일로 출행

(出行)하였다. 다음날 예조에서 능소 배제하는 의주를 아뢰었다.

예조가 아뢰기를, "왕세자가 건원릉(健元陵: 태조릉)과 현릉(顯陵: 문종 현덕왕후릉)을 전알(展謁)하는 예(禮)는, 의거할 만한 예문(禮文)이 없기 때문에 각 능에 친제하는 의식대로 배위(拜位)를 동계(東階)에다 서쪽으로 향하여 배설할 것으로 의주(儀註)를 입계(入啓)하였습니다. 그러나 능소(陵所)에 도착한 뒤에 다시 자세히 참고해 보고 또 전례를 상고해 보니, 배릉(拜陵)하는 의식과 행제(行祭)하는 예(禮)는 홍문(紅門) 안 서정(西庭)에서 북쪽을 향하여 전배(展拜)하는 것이 합당하였습니다. 그리고 유릉(裕陵)에 행제하는 의주에는 왕세자의 배위를 동계의 동남쪽에 배설한다고 되어 있는데, 이는 대전(大殿)께서 행례하는 위치입니다. 이곳에서는 능실(陵室) 동남계(東南階)의 아래에 배설하는 것이 합당하기 때문에 의주의 이 두 부분을 고쳐 부표(付標)하여 행하였기에 이 뜻을 감히 아룁니다" 하니, 알았다고 전교하였다.

선조 34년(1601) 5월 14일 비망기로 빈전 도감·국장 도감·산릉 도감 관계자들에게 포상하는 내용을 전교하였다.

6월 26일 왕세자가 문안하고 효경전으로 나아갔다. 다음날인 6월 27일 장성 의인왕후(章聖懿仁王后)의 상일(祥日)이어서 왕세자가 효경전에서 제사를 지냈고 백관은 소복(素服)을 벗고 천홍색(淺紅色)의 옷을 입었다.

선조 34년 9월 11일 약방 도제조 김명원 제조 구사맹이 의관과 의논하여 선조의 아픈 증상에 대해 침을 맞아야 한다고 아뢰어 침을 맞기로 하였다.

약방 도제조 김명원(金命元), 제조 구사맹(具思孟), 승지 김시헌(金時獻)이 아뢰기를, "신들이 의관(醫官) 및 침의(針醫)와 상의

한 결과, 성상의 오른쪽 팔꿈치 관절에 시고 당겨지는 증세가 있는 것은 분명히 차고 습한 기운이 다 사라지지 않고 관절 사이에 스며 있어서 그런 것이니, 아시혈(阿是穴)에 침을 맞고 다음날 쑥뜸을 하면 필시 효험을 빨리 볼 수 있다고 하였습니다. 감히 아룁니다" 하니, 그렇다면 침을 맞겠다고 답하였다.

50세인 선조 34년(1601)경 정빈 민씨가 정근옹주(貞謹翁主, ?~1613)를 낳았다.

정근옹주의 남편은 선산 김씨로 일선위(一善尉) 김극빈(金克鑌, 1600~1628)이다. 슬하에 자식이 없어 김극건(金克鍵, 1569~1624)의 아들인 김세필(金世泌)을 입후하였다. 광해군 3년(1611) 5월 21일 김극빈과 혼인하기로 정해졌다. 광해군 5년(1613) 7월 11일 졸하였다.

51세인 선조 35년(1602) 6월 26일 아침에 왕세자가 문안한 뒤에 효경전(孝敬殿)으로 나아갔다. 내일이 바로 2주기이다. 6월 27일 아침에 왕세자가 효경전에서 환궁한 뒤에 문안하였다. 의인왕후(懿仁王后)의 대상(大祥)이다.

6월 27일 윤형(尹泂)·이덕장(李德章)·성이후(成履厚) 등에게 가자하고, 마필·노비·전답 등을 수여하였다.

▒ 왕비 간택과 영창대군의 탄생

50세인 선조 34년(1601) 10월 7일 예조가 새로 곤궁을 맞아들일 것을 청하자 윤허하였고 11월 10일 왕비 간택을 위한 금혼령을 내렸다. 12월 11일 제 1운(運)의 처녀를 간택하였다.

51세인 선조 35년 6월 27일 의인왕후 대상을 지내고, 7월 13일 김제남(金悌男, 1562~1613)의 딸을 왕비로 맞이하여 태평관(大平館)에서 가례를 치뤘다.

52세인 선조 36년 3월 9일 정빈 민씨 소생 서7남 인성군(仁城君, 1588~1628)이 16세의 나이로 형조판서 윤승길(尹承吉, 1540~1616)의 딸과 혼인하였다.

4월 16일 의창군의 납채(納采)와 납폐(納幣)는 내일로 하고, 친영(親迎)은 조금 물리어 다시 날을 가리도록 하였다. 다음날인 4월 17일 길례를 당일로 서둘러 행하도록 하였다.

그리하여 이날 이조참판 허성(許筬)의 딸을 맞아 아내로 삼았다. 허성 아내의 병이 위중하므로 선조가 날짜를 앞당겨 혼례를 행하도록 한 것이다.

선조 36년(1603) 5월 19일 계비인 인목왕후가 정명공주(貞明公主, 1603~1685)를 낳았다. 인목왕후는 이때 20살이었다.

정명공주의 남편은 풍산 홍씨 홍주원(洪柱元, 1606~1672)이다. 슬하에 7남 1녀가 있다. 광해군때 인목대비를 서궁으로 폐출시킬 때 함께 감금되었다가 21세인 인조 1년(1623) 3월 13일 인조반정이 일어나 공주로 복권되고, 3월 16일에 중추부동지사 홍영(洪霙)의 아들 홍주원을 간택하여 9월 26일 홍주원에게 시집을

갔다. 숙종 11년(1685) 8월에 83세로 졸하였다. 남편 홍주원은
현종 13년(1672) 9월 14일 67세로 졸하였다.

52세인 선조 36년(1603) 7월 21일 왕세자빈(王世子嬪)의 탄일
(誕日)이므로 승정원·홍문관·시강원·익위사가 문안하였다.

선조 36년(1603) 이해에 정빈 민씨 소생 서4녀인 정인옹주(貞
仁翁主, 1590~1656)가 14세로 이조참판 홍식(洪湜, 1559~1610)
의 아들 홍우경(洪友敬, 1590~1625)과 혼인하였다.

선조 36년(1603) 이해에 정안옹주가 14세로 금양위 박미(朴
瀰)와 혼인하였다.

자위수택(慈闈手澤)
정명공주가 80세인 숙종 8년에
그의 7남 홍만회에게 써 준 것

53세인 선조 37년(1604) 2월 7일 정빈 민씨가 정릉동 행궁 별전에서 서12남 인흥군(仁興君, 1604~1651)을 낳았다.

인흥군 부인은 증좌찬성 송희업(宋熙業)의 딸 여산 송씨(礪山 宋氏, 1608~1681)이다. 슬하에 적실에서 3남 7녀를 두었는데 2남 2녀만 남고 모두 요절하였다. 측실에서 1녀를 두었다. 인조 3년(1625) 22세때 여산 송씨 고양군수 송희업의 딸과 결혼하였다. 효종 2년(1651) 11월 25일 48세로 졸하였다.

선조 37년 9월 12일 인빈 김씨 소생 서6녀인 정휘옹주(貞徽 翁主, 1593~1653)가 유영경(柳永慶, 1550~1608) 손자 유정량(柳 廷亮, 1591~1663)과 혼인하였다.

윤9월 8일 정빈 민씨 소생 정선옹주(貞善翁主)가 권대임(權大 任, 1595~1645)과 혼인하였다.

10월 19일 여러 신하가 선조가 나라를 변란에서 구했다고 선 조와 의인왕후, 중궁전에 존호를 올리니 대사령을 반포하였다.

군신(群臣)이 상에게 존호(尊號)를 올려 지성 대의 격천 회운 (至誠大義格天熙運)이라 하고, 의인왕후(懿仁王后)의 호에 휘열(徽 烈)을 더 올리고, 중궁전(中宮殿)에는 소성(昭聖)이라 하고 축하 를 드렸다. 대사령(大赦令)을 반포하였다. 이보다 앞서 대신들이 2품 이상을 거느리고 아뢰기를, "옛부터 성왕(聖王)이 국가에 큰 공훈이 있으면 반드시 휘호(徽號)를 올리어 한편으로는 종묘 사 직을 받들고 한편으로는 중외 신민들의 소망을 위로하였습니다. 우리 성상께서 일심으로 사대(事大)하신 정성은 예전에도 없던 일입니다. 흉적(凶賊)이 중국을 침범할 계책을 부려 무리를 다 이끌고 왔을 때를 당하여 성상께서 대의(大義)를 들어 거절하고 중국에 구원을 청하여 황제를 감동시켰으므로 크게 군사와 군량을 내어 국사를 다시 세웠으니, 만고에 없었던 변란을 당해 만고에 없었던 공렬(功烈)을 이루셨습니다. 휘호를 올리는 것을 잠시도 늦출 수 없으니, 속히 유사(有司)에 명하여 대호(大號)를 의논하여 결정하게 하소서" 하니, 상이 답하기를, "아뢴 말을 살펴보니 눈물이 먼저 흐른다. 어찌 이럴 수가 있겠는가. 나는 종사(宗社)의 죄인이다. 천지와 신민을 저버린 것이 부끄러워 다시 대위(大位)에 있을 수가 없는데, 이미 도망하지 못하고 지금에 이르렀으나 오직 죄인으로 자처하고 있어야 한다. 왜적의 예봉이 북상하던 초기에 힘으로 대적할 수 없어 도망치는 계책만을 세워 부모 나라 곁으로 돌아가 죽고자 하였다. 이 나라를 재조(再造)한 것은 모두 황제의 은혜와 장사(將士)들의 공이 아닌 것이 없다. 제발 이와 같은 말은 하지 말기를 바란다" 하였다. 이로부터 조정과 종실(宗室)·삼사(三司)·정원(政院)·예문관(藝文館)이 매일 세 번씩 청하였는데 달이 지난 뒤에야 상이 허락하였다. — 처음 의논하여 정청(廷請)할 때 영의정 윤승훈이 자못 어렵게 여겨 기꺼이 따르지 않았다. 검열 김대덕(金大德)은 사관으로서 단지 일을 기록할 뿐 함께 아뢰지 않고 대간의 논계에도 따르지 않아 관직을 삭탈당하였다.

53세인 선조 37년(1604) 10월 19일 영의정 윤승훈이 백관을 거느리고, 존호를 받은 것을 축하하는 전문을 올렸다.

영의정 윤승훈(尹承勳)이 백관을 거느리고 대전(大殿)에 올린 전문(箋文)은 다음과 같다 — "성덕(盛德)을 지니시고도 너무 겸양하시어 오래도록 여망(輿望)을 지체시켰습니다. 보책(寶冊)에 아름다움을 드러낸 것은 이장(彝章)을 따른 것이요, 방명(邦命)이 새로와짐에 민심이 같이 기꺼워하고 있습니다. 삼가 정륜 입극 성덕 홍렬 지성 대의 격천 희운 주상 전하께서는 순(舜)임금의 조심하고 삼가는 마음을 체득하시고 요(堯)임금의 높고 높은 공을 계승하시었습니다. 대의(大義)를 펼 적에는 적구(賊寇)임을 밝혀 토벌할 것을 청하였고 지극한 정성은 능히 하늘에까지 이르러 아름다운 경사를 맞이하게 되었습니다. 희운(熙運)을 다시 밝힌 것은 실로 어려움 속에서 이루어진 것이니 크게 존호를 올리는 것이 어떻게 그 공덕을 다 천양하는 것이 될 수 있겠습니까. 삼가 신은 몸소 경사를 맞이하여 입으로 장언(長言)을 외노니, 영구히 평안하기는 반석(磐石)위에 올려 놓은 것과 같게 되고, 온갖 복을 다 누리면서 남산(南山)처럼 장수하기를 축원합니다"

『선조재존호도감의궤 宣祖再尊號都監儀軌』 1책이 있다.

일책(一冊, 74장張) 채색도(彩色圖) 필사본(筆寫本) 45.6×34cm.

선조 37년(1604)에 선조와 선조비인 의인왕후, 인목왕후에 대해 존호(尊號)를 추상(追上) 또는 가상(加上)한 기록이다. 목록(目錄)은 없으며, 좌목(座目)·사목(事目)·계사(啓辭)·이문(移文)·예관(禮關)·일방(一房)·이방(二房)·삼방(三房) 순으로 되어 있다.「좌목 座目」에는 도제조(都提調) 좌의정 유영경(柳永慶), 제조(提調) 심희수(沈喜壽) 등 4인, 낭청(郎廳) 8인이 명기되어 있다. 9월 12일 도감사목(都監事目)이 마련되고 윤9월 12일 남별궁서청(南別宮西廳)에서 별성부원군(鰲城府院君) 이항복(李恒福) 이하 종이품이상관(從二品以上官)이 모여 의호(議號)하여 선조에게 '지성대의격천희운(至誠大義格天熙運)', 의인왕후(懿仁王后)에게 '휘열(徽烈)', 인목왕후(仁穆王后)에게 '소성(昭聖)'의 존호(尊號)를 올리기로 했으며, 10월 19일 상존호(上尊號)의 예(禮)가 거행되었다. 본서(本書)는 훼손이 심하고, 체제가 잡혀 있지 않으며 내용도 소략하다.「각방의궤 各房儀軌」는 소장(所掌)과 도식(圖式) 등으로 구성되었는데 특히 일방의궤(一房儀軌)에는 대전악장(大殿樂章: 於皇曲)과 효경전악장(孝景殿樂章: 懿仁王傳宮號 維我曲)과 중궁전악장(中宮殿樂章: 仁穆王后 儀天曲)이 있다. 권말(卷末)에 추상(追上) 및 가상존호책보(加上尊號冊寶)에 관한 채색반차도(彩色班次圖)가 있다. 『선조재존호도감의궤 宣祖再尊號都監儀軌』 해제. (규장각, 奎-14899)

10월 29일 공신들에게 공신 녹권을 반급하였다.

진시(辰時)에 사이 장전(帳殿)으로 나아가니 승지·사관과 시위하는 제장(諸將)들이 모두 입시(入侍)하였다. 공신과 공신의 아들들이 모두 뜰에서 사배례(四拜禮)를 올렸다. 삼공신(三功臣)의 반수(班首)가 각각 녹권(錄券)을 진상하니 상이 이를 열람하였다. 열람을 마치자 제신(諸臣)들이 사배례를 거행하고 꿇어앉았다. 예방 승지(禮房承旨) 윤수민(尹壽民)이 상의 앞으로 추창(趨蹌)하여 나아와 선교가 있음을 계청(啓請)하고 뜰로 내려가 '유교(有教)'라고 외쳤다. 인하여 삼공신의 별교서(別教書)를 내어오도록 명하니 뜰에 있는 사람들이 모두 꿇어앉았다. 홍문관 교리 권진(權縉)이 선독(宣讀)을 끝낸 뒤 또 사배례를 거행하였다. 인하여 공신들에게 공신녹권(功臣錄券)을 반급(頒給)하고서 또 사배례를 거행하고 예(禮)를 마쳤다.

『호성선무청난공신도감의궤 扈聖宣武淸難功臣都監儀軌』 1책이 있다.

일책(一冊, 158장張) 필사본筆寫本 40.4×33.8cm.
선조 34년(1601) 3월부터 선조 37년(1604) 10월에 걸쳐서 임진란때 서행호종공신(西行扈從功臣)과 문무제신(文武諸臣)으로 선역입공(宣力立功)한 이순신(李舜臣) 등과 선조 29년(1596) 7월 이몽학(李夢鶴) 등의 모반(謀叛)을 평정한 홍가신(洪可臣) 등을 녹훈(錄勳)한 기록이다. 1601년 3월 10일 임진년 서행시(西行時)의 호종인(扈從人) 등에 대한 녹훈사(錄勳事)에 대한 전교(傳敎)를 근거로 녹훈(錄勳)을 발의(發議)하고 감훈(勘勳)하는데 공신수(功臣數)와 등제(等第)에 있어서 그 기준에 대해 많은 논란을 빛고 있다. 5월 3일 도감사목(都監事)目이 결정되고, 6일에는 당랑(堂郞)이 차출되지만 녹훈(錄勳)이 지연되면서 자주 교체되고 있으며 동일(同日) 각 공신별 훈호(勳號)가 결정되었다. 즉 호종공신(扈從功臣, 충근정양갈성효절호성공신 忠勤貞亮竭誠效節扈聖功臣, 역전장사공신(力戰將士功臣, 핵충선역보절과의익운공신 劾忠宣力保節果毅翊運功臣), 이몽학시유공인(李夢鶴時有功人, 분충출기합모적의청난공신奮忠出氣合謀迪毅淸難功臣)이다. 각 공신별단자(功臣別單子)는 1604년 2월 22일에 가서야 작성되는데 호성공신(扈聖功臣)과 선무공신(宣武功臣)을 합하여 1등~4등으로 분등(分等)하고, 청난공신(淸難功臣)만은 따로 분호(分號) 작성하고 있다. 6월 22일 최종적으로 훈호(勳號) 결정과 별단(別單)이 작성되어 각 공신 별로 분호(分號)하고 1~3등으로 분등(分等)했다. 별단(別單)에 의하면 충근정양갈성효절협책호성공신(忠勤貞亮竭誠效節協策扈聖功臣) 1등에 이항복(李恒福) 정곤수(鄭崑壽), 2등에 정원군(定遠君: 元宗大王) 등 31인, 3등에 청산부원군(淸山府院君) 정탁(鄭琢) 등 52인, 효충장의적의협력선무공신(效忠杖義迪毅協力宣武功臣) 1등에 덕풍부원군(德豊府院君) 이순신(李舜臣) 등 3인, 2등에 평성부원군(平城府院君) 신점(申點) 등 5인, 3등에 내성군(萊城君) 정기원(鄭期遠) 등 10인, 분충출기합모적의청난공신(奮忠出氣合謀迪毅淸難功臣) 1등에 영원군(寧遠君) 홍가신(洪可臣), 2등에 연창군(延昌君) 박명현(朴名賢) 등 2인, 3등에 영성군(靈城君) 신경행(辛景行) 등 2인이다. 회맹제일(會盟祭日)은 8월 19일로 택일(擇日)되어 있고, 10월 29일에는 훈공외유공인(勳功外有功人)을 초출(抄出)하여 논상(論賞)하였다. 『호성선무청난공신도감의궤 扈聖宣武淸難功臣都監儀軌』해제. (규장각, 奎-14923, 奎-14924)

선조 37년(1604) 11월 12일 인빈 김씨를 정1품 인빈에 봉했다. 11월 17일 인목왕후가 죽은 아이를 낳았다.

선조 37년 이해에 온빈 한씨(溫嬪韓氏, 1581~1664)가 서10녀인 정화옹주(貞和翁主, 1604~1667)를 낳았다.

남편은 안동 권씨로 동창위(東昌尉) 권대항(權大恒, 1610~1666)이다. 슬하에 자녀가 없어, 권대유(權大有)의 아들 권덕휘(權德徽, 1622~?)를 후사로 삼았다. 인조 8년(1630) 27세때 6살 아래인 동창위 권대항과 결혼하였다. 현종 7년 1월 4일 남편 권대항이 57세로 졸했고 정화옹주는 현종 8년(1667) 9월 24일에 64세로 졸하였다.

54세인 선조 38년(1605) 4월 임금의 존호를 올린 경사로 증광 별시(增廣別試)를 베풀어 생원 이식립(李植立) 등 33인을 뽑았다.

【선조 38년(1605) 증광시(增廣試) 입격자들】 총 33명 입격

출전:『국조문과방목 國朝文科榜目』

성 명	본 관	생몰년	자	호	등 위
이식립(李植立)	전주(全州)	1567-?	사고(士固)		갑과(甲科) 1
이구(李久)	한산(韓山)	1586-?	정견(庭堅)	후곡(後谷)	갑과(甲科) 2
유사경(柳思敬)	문화(文化)	1556-?	덕신(德新)		갑과(甲科) 3
유학증(兪學曾)	기계(杞溪)	1576-?	노옹(魯翁)	용연(龍淵)	을과(乙科) 1
김헌(金憲)	상주(尙州)	1566-?	회중(晦仲)		을과(乙科) 2
이홍망(李弘望)	용인(龍仁)	1572-1637	원로(元老)	호암(虎岩)	을과(乙科) 3
임장(任章)	풍천(豊川)	1568-?	자룡(子龍)		을과(乙科) 4
박유충(朴由忠)	함양(咸陽)	1572-?	효이(孝移)		을과(乙科) 5
김극성(金克成)	영광(靈光)	1567-?	회운(會運)	관란(觀瀾)	을과(乙科) 6
신경락(申景洛)	고령(高靈)	1556-1637	사중(士中)	송촌(松村)	을과(乙科) 7
정호공(丁好恭)	압해(押海)	1565-?	회온(希溫)		병과(丙科) 1
유호증(兪好曾)	기계(杞溪)	1573-?	면부(勉夫)		병과(丙科) 2
이현(李俔)	전주(全州)	1573-?	경보(磬甫)	환성(喚醒)	병과(丙科) 3
홍방(洪滂)	풍산(豊山)	1573-?	경망(景望)	지계(芝溪)	병과(丙科) 4
목대흠(睦大欽)	사천(泗川)	1575-1638	탕경(湯卿)	다산(茶山)	병과(丙科) 5
윤효선(尹孝先)	남원(南原)	1563-1619	영초(詠初)	기천(沂川)	병과(丙科) 6
이진(李瑱)	완산(完山)	1562-?	총숙(聰叔)		병과(丙科) 7
곽천호(郭天豪)	현풍(玄風)	1538-1628	정부(挺夫)		병과(丙科) 8
이경안(李景顏)	덕수(德水)	1572-1614	여우(汝愚)	송석(松石)	병과(丙科) 9
소사원(蘇泗源)	진주(晉州)	1563-?	연연(淵淵)		병과(丙科)10
고경오(高敬吾)	횡성(橫城)		여일(汝一)		병과(丙科)11
송인급(宋仁及)	삭령(朔寧)		택지(擇之)		병과(丙科)12
박경립(朴敬立)	경주(慶州)	1571-1642	직재(直哉)	관위(灌圍)	병과(丙科)13
박율(朴慄)	나주(羅州)	1567-?	근보(謹甫)		병과(丙科)14
한찬남(韓纘男)	청주(淸州)	1560-1623	경서(景緖)		병과(丙科)15
송상인(宋象仁)	여산(礪山)	1569-1631	성구(聖求)	서곽(西郭)	병과(丙科)16
박선장(朴善長)	무안(務安)	1555-1616	여인(汝仁)	수서(水西)	병과(丙科)17
한효중(韓孝仲)	청주(淸州)	1559-1628	경장(景張)	석탄(石灘)	병과(丙科)18
이여빈(李汝馪)	우계(羽溪)	1556-1631	덕훈(德熏)	감곡(鑑谷)	병과(丙科)19
유진증(兪晉曾)	기계(杞溪)	1573-1625	이진(而晉)	목오(木塢)	병과(丙科)20
조정(趙靖)	풍양(豊壤)	1555-1636	안중(安仲)	검간(黔澗)	병과(丙科)21
최명길(崔鳴吉)	전주(全州)	1586-1647	자겸(子謙)	지천(遲川)	병과(丙科)22
기윤헌(奇允獻)	행주(幸州)	1575-1624	경보(敬甫)		병과(丙科)23

54세인 선조 38년(1605) 이해에 온빈 한씨가 서13남인 영성군(寧城君, 1605~?)을 낳았다. 부인은 황이중(黃履中, 1574~1646)의 딸 창원 황씨(昌原黃氏)이다. 슬하에 적실에서 1남 2녀, 측실에서 1남을 두었다.

55세인 선조 39년(1606) 1월 15일 즉위 40년 축하 의식을 권정례로 행하고 왕세자가 축하의 글을 올렸다. 사문(赦文)을 반포하였다.

　오시에 권정례로 하례를 거행했는데 왕세자가 백관을 거느리고 전문(箋文)을 올려 축하하고 팔도에 반사문(頒赦文)을 반포하였다. 왕세자의 하전(賀箋)에, "천년 만에 한 번 얻은 시기로 어려운 왕업을 크게 이어받았습니다. 홍범(洪範) 오복(五福) 가운데 수고(壽考)를 누렸으므로 온 백성이 우러러 축하합니다. 구구한 지정(至情)에 기쁨이 끝이 없습니다. 역사는 중단 없이 유구하여도 하늘에서 받은 명(命)만은 새롭습니다. 군림할 수 있었던 계기는 총명과 예지의 성품 때문이었는데 정사에는 안일을 취하지 않고 공경하고 두려워하는 도리를 다하였습니다. 그러기에 40성상의 역년을 누릴 수 있었으니, 어찌 멀리 억만세토록 영원하지 않겠습니까. 삼가 생각하건대 소자는 저위(儲位)에 있기에 조심하고 두려워한 나머지 간사(簡辭)를 받들어 이 일을 주선하였습니다. 일월의 광명처럼 거룩한 덕 닦으시기를 항상 빌며, 천지와 함께 끝없이 영원한 복을 누리시기를 간절히 바랍니다" 하였는데, 대제학 유근(柳根)이 지어 올린 것이다.

　백관의 하전에, "5백년을 주기로 탄생하는 성군(聖君)이시기에 창성한 운수를 여유있게 안무하였고 40성상의 오랜 향국에 좋은 세상 볼 수 있었습니다. 보고 듣는 이 모두가 기쁜 마음 간절합니다. 삼가 생각하건대 신명이 덕을 굽어보사 왕운이 몸에 있었습니다. 게으름도 방탕도 없이 스스로 많은 덕을 구했고 참으로 부지런하고 검소하기를 한마음에 영원히 다짐하셨습니다. 아! 성상께서 복조를 오래 누리신 것은 실로 하늘의 돌봄이 끝없이 두터웠던 탓입니다. 삼가 생각하건대 신들은 다같이 넓으신 은총을 입었기에 외람되이 신하들의 반열에 끼었습니다. 일월의 광채 아래 어쩌다 친히 거룩한 일을 당하였기에 송백(松栢)이 사철 무성하듯 더욱더 장수를 누리시기 간절히 빕니다" 하였는데, 홍문관 대제학 오억령(吳億齡)이 지은 것이다.

사문(赦文)에, "중외의 대소 신료(臣僚)·기로(耆老)·군민(軍民)·한량인(閑良人) 등에게 교시한다. 감히 안일을 취하지 않았기에 부족하나마 이 자리에서 오늘날에 이르렀고 다같이 살리고자 하였기에 나의 마음으로 남의 마음을 이해하였다. 바깥에서는 경사라 하지만 돌이켜보면 안으로는 편안치 못하다. 이를테면 예전에도 임금 노릇은 실로 어려운 일이었는데 더구나 역년까지 오래 누림이겠는가. 백성을 두려워해야 나라를 유지할 수 있기에 날로 이것만을 생각하였다. 하늘은 실로 나를 도운 것이 많아도 나의 덕은 그에 미치지 못하였다. 모두가 40성상의 향국이란 보기 드문 일이라면서 조종(祖宗) 때의 선례를 들어 말하니, 거절하기 어려운 것이 신민들의 뜻이기에 애써 이 진하를 받노라. 그래서 종묘·사직에 고유하고 드디어 신민들에게도 은혜를 베푸노라. 본월 15일 새벽 이전을 기하여 모반(謀叛) 대역(大逆) 모반(謀反)과 자손이 조부모·부모를 모살(謀殺) 또는 구매(歐罵)한 죄, 처첩이 지아비를 모살한 죄, 노비가 주인을 모살한 죄, 남을 죽이기 위하여 고의로 독약을 풀거나 도깨비를 부르는 죄, 국가의 강상(綱常)에 관계되거나 장오(贓汚)·강도·절도 등 잡범 사죄(雜犯死罪)를 제외한 도(徒)·류(流)·부처(付處) 또는 안치(安置)·충군(充軍)된 자는 이미 발각되었건 안 되었건 결정하였건 안 하였건 이미 배소(配所)에 도착하였건 안 하였건 간에

모두 용서하여 사면한다. 감히 유지(宥旨) 이전의 일을 가지고
서로 고발하는 자는 그 죄로 다스리라. 그리고 관직에 있는 자
에게는 각기 한 자급씩을 올려주되 자궁자(資窮者)는 대가(代加)
하라. 아! 조심해야 될 것이 형벌이나 특별히 뇌우(雷雨) 같은
흡족한 은택을 펴며 예전의 죄악을 생각하지 않고 천지의 어짊
을 본받노라. 이처럼 교시하니, 잘 알라" 하였는데, 홍문관 대제
학 유근이 지어 올린 것이다.

55세인 선조 39년(1606) 3월 인목왕후가 후일 영창대군(永昌
大君)이 되는 왕자 이의(李㼁)를 낳았다.

　영창대군은 광해군 5년(1613) 5월 29일 폐서인(廢庶人) 되어 6
월 21일 궁궐에서 내보내졌다가 7월 26일 강화에 안치되었다가,
광해군 6년 2월 10일 정항(鄭沆)에 의해 살해되었다.

3월 6일 예조에서 대군의 탄생에 진하를 건의하였다.

　우승지 송준(宋駿)이 예조의 말로 아뢰기를, "대군(大君)이 탄
생하면 조종조의 전례에 진하하는 예가 있습니다. 이번에도 전
례대로 거행하는 것이 어떠하겠습니까? 대신의 뜻이 이와 같기
에 감히 아룁니다" 하니, 거행하지 말라고 전교하였다.

선조 39년(1606) 3월 6일 예조에서 대군의 탄생에 진하를 건
의하였다.

　좌부승지 최염(崔濂)이 예조의 말로 아뢰기를, "대군이 탄생한
뒤에 진하하는 것은 전례가 있기 때문에 전례에 따라 거행할
것을 품계하였습니다. 이른바 전례라는 것은 지난 세종대왕 때
광평대군(廣平大君)·평원대군(平原大君)·영응대군(永膺大君)이
처음 탄생하였을 적에 모두 진하를 거행한 예가 있었는데 이것

이 전례로서 의심없이 명백한 것입니다. 그런데도 아직 윤허를 받들지 못하고 있으니 군정(羣情)이 서운해 할 뿐만 아니라 조종조에서 이미 시행한 규례를 폐하고 시행하지 않는다는 것이 너무도 미안스럽습니다. 대신의 뜻이 이와 같기에 황공하게 감히 여쭙니다" 하니, 전교하기를, "이처럼 아뢰니 마땅히 따르겠다" 하였다. — 대신은 곧 역신(逆臣) 유영경(柳永慶)이다.

3월 7일 예조에서 대군 탄생 축하 의식을 언제 거행할 지와 교서 반포에 대해 물어왔다.

　　우승지 송준(宋駿)이 예조의 말로 아뢰기를, "대군의 탄생에 진하하는 일은 이미 윤허를 받았습니다. 여느 때의 하례는 명이 내려지면 곧장 거행하였으나 사흘 안으로 궐정에다 의물(儀物)를 배설하고 백관의 반열(班列)을 정한다는 것은 조금 소란스러울 것 같아 삼가고 조용히 조섭하는 데에 방해가 될까 싶습니다. 사흘 뒤에 거행해야 합니까? 그리고 전례를 상고해 보니 대군의 탄생에 대한 진하 때 교서를 반포하였다는 조항이 기록되어 있지 않습니다. 이번에는 어떻게 하여야 되겠습니까? 감히 여쭙니다" 하니, 상이 교서를 반포하지 말라고 하였다.

선조 39년 3월 7일 이날 우승지 송준(宋駿)에게 하례는 권정례로 하라 전교하였다.

3월 8일 진하는 제7일째 하라 전교하였다.

　　우승지 송준(宋駿)에게 전교하였다. "오늘의 진하는 하지말고 제7일째 할 것을 예조에 이르라"

56세인 선조 40년(1607) 3월 18일 순빈 김씨 소생 서6남인 순화군(順和君, 1580~1607)이 28세로 졸했다.

영창대군 묘소 (시도기념물 75호)
경기 안성시 일죽면 고은리 산24-5
원래 광주군(廣州郡) 남한산성(南漢山城) 아래에 있었는데 성남시(城南市) 개
발계획(開發計劃)에 따라 1971년 8월 현 위치로 옮겨졌다.

▓ 선조대왕의 승하

57세인 선조 41년(1608) 2월 1일 황화방(皇華坊) 이궁(離宮:慶運宮)에서 훙(薨)하였다.

2월 1일 박동량(朴東亮)을 수릉관으로 삼았다.

2월 1일 휘호(徽號)를 현문 의무 성경 달효(顯文毅武聖敬達孝)로 올리고, 묘호(廟號)를 선종(宣宗)으로, 능호(陵號)를 목릉(穆陵)으로, 혼전(魂殿)을 영모전(永慕殿)으로 하였다.

광해군 즉위년 2월 5일 신시(申時)에 대렴(大斂)을 하고 전(奠)을 올렸다. 2월 6일 광해군이 성복례(成服禮)를 거행하였는데 전(奠)을 끝낸 뒤 여차로 돌아갔다.

2월 6일 연릉 부원군(延陵府院君) 이호민(李好閔)을 고부 청시 승습사(告訃請諡承襲使)로, 오억령(吳億齡)을 부사로, 이호의(李好義)를 서장관으로 삼았다.

2월 8일 대신이 대행 대왕의 묘호를 '조(祖)'라고 일컫는 것이 옳다고 아뢰었다.

빈청에서 대신이 아뢰기를, "대행 대왕의 묘호(廟號)를 지금 바야흐로 의정(議定)하고 있는데 신들의 의견은 모두 '대행 대왕께서는 나라를 빛내고 난(亂)을 다스린 전고에 없던 큰 공렬이 있으니, 진실로 조(祖)라고 일컫는 것이 마땅하다'고 하였습니다. 예로부터 제왕이 공을 세운 경우에는 조(祖)라고 일컫고 덕(德)이 있는 경우에는 종(宗)이라고 일컫는 뜻이 이 때문인 것입니다. 지금 묘호를 조라고 일컫는 것이 온당할 것 같습니다. 감히 여쭙니다" 하니, 답하기를, "나의 뜻도 이와 같으니 아뢴 내용대로 조라고 일컫는 것이 매우 온당하겠다" 하였다.

광해군 즉위년(1608) 2월 10일 정언 이사경(李士慶, 1569~16
21)이 대행 대왕의 호를 '조'라 하는 것은 다시 의논해야 한다
고 아뢰었다.

정언 이사경(李士慶)이 와서 아뢰었다. "옛날 송 고종(宋高宗)
이 붕(崩)하였을 적에 홍매(洪邁)가 세조(世祖)에게 묘호(廟號)를
올릴 것을 청하자, 우무(尤袤)가 말하기를 '광무제(光武帝)는 장
사왕(長沙王)의 후손으로서 포의(布衣)의 신분으로 우뚝하게 일
어나 애제(哀帝)·평제(平帝)를 직접 계승하지 않았으니 조(祖)라
고 일컫는 것을 혐의할 것이 없다. 그러나 태상(太上)께서는 중
흥(中興)한 것은 광무제와 같지만 실제 휘종(徽宗)의 정통(正統)
을 계승한 것으로 아들이 아버지를 승계한 것이니, 광무제에 견
줄 수 있는 입장이 아니다' 하고 이에 고종(高宗)이라고 묘호를
정하였습니다. 우리 대행 대왕께서는 중흥하신 공렬이 우뚝하게
고금에 뛰어났으나, 이미 송유(宋儒)들의 정론(定論)이 있으니,
묘호에 조(祖)를 일컫는 것은 후세에 의논을 야기시키게 될까
우려스럽습니다. 대신(大臣)으로 하여금 고사(故事)를 널리 조사
하여 상의해서 시행하게 하소서. 부음(訃音)을 고하고 시호를 청
하고 승습(承襲)을 청하는 것은 사체가 지극히 중대한 것입니다.
이미 정1품으로 차견하게 했습니다만 사신에게 서반직을 결함
(結銜)한 것은 매우 미안스럽습니다. 해조(該曹)로 하여금 다시
의논하여 시행하게 하소서"

2월 13일 홍문관에서 대행 대왕의 묘호에 대하여 아뢰었다.

홍문관이 아뢰기를, "신들이 삼가 『예기』를 보건대 '조(祖)는
공이 있는 데 대한 호칭이고 종(宗)은 덕이 있는 데 대한 호칭
이다' 라고 하였습니다. 우리 대행 대왕께서는 공렬이 고금에
우뚝이 뛰어났으니 조라고 일컫는 것이 진실로 당연한 것입니

다만 단, 역대의 중흥한 임금은 모두 종으로 일컫고 있습니다. 은(殷)나라의 국운이 다시 부흥하였을 적에는 중종(中宗)·고종(高宗)이라는 호칭이 있었고, 한(漢)의 소열 황제(昭烈皇帝), 진(晉)의 중종 원황제(中宗元皇帝), 당(唐)의 숙종(肅宗), 송(宋)의 고종(高宗)도 또한 중흥한 공이 있었는데도 모두 조라고 일컫지 않았습니다. 동한(東漢) 광무제(光武帝)에 이르러 세조(世祖)라고 일컬었습니다만, 송나라의 신하인 우무(尤袤)는 말하기를 '장사왕(長沙王)의 후손으로서 포의(布衣)로 우뚝이 일어났으니 애제(哀帝)와 평제(平帝)를 서로 이은 것은 아니므로 조라고 일컬어도 혐의될 것이 없다'고 했습니다. 신들의 의견에는 간관(諫官)이 논한 것이 소견이 없지 않은 것이므로 감히 아룁니다" 하니, 알았다고 전교하였다.

2월 14일 대행왕의 조호에 관한 비망기를 내렸다.

비망기를 내렸다. "간관(諫官)이 논한 것은 실로 유자(儒子)로서의 호의(好意)이기는 하다. 그러나 효도는 어버이를 드러내는 것보다 더 큰 것이 없다. 대행왕께서는 나라를 빛내고 하늘에 닿을 큰 공이 있으니 조호(祖號)를 일컫는 것이 진실로 불가할 것이 없다. 의당 익히 의논하여 결정하여야 한다"

2월 17일 대행 대왕의 묘호에 관하여 예조에서 아뢰었다.

예조가 아뢰기를, "조(祖)로 일컫는 일에 대해 대신(大臣)과 의논하니, 이산해는 '부자(父子)가 대를 이었을 경우에는 으레 조(祖)라고 일컫지 않고 종(宗)이라고 일컬었으니 조라는 호칭을 더하는 것은 삼가 미안스러울 것 같다' 했고, 이원익·이덕형·윤승훈·한응인 등은 '종(宗)으로 일컫는 것이 의당하다는 뜻으로 이미 의계(議啓)하였는데 지금도 이동(異同)이 없다' 했고, 이항복은 '종(宗)이 조(祖)보다 낮고 조가 종보다 높다는 뜻이 아니라는 것이 신의 당초 의견이다' 했고, 기자헌·심희수·허욱도 또한 '조라고 일컫는 것은 온당하지 않다'고 했습니다" 하니, 알았다고 전교하였다.

광해군 즉위년(1608) 2월 21일 빈청 대신들이 선조의 묘호를 종으로 부르는 것이 당연하다고 하였다.

빈청 대신들이 아뢰기를, "신들이 『실록 實錄』을 참고하여 반복하여 상의한 결과 세조대왕(世祖大王)께서는 선양(禪讓)받아 중흥시켰으니 조(祖)라고 일컫는 것이 진실로 당연합니다. 대행대왕께서는 재조(再造)의 공덕이 있기는 합니다만, 대를 이어 수성(守成)하였으니, 사체가 본래 다릅니다. 따라서 종(宗)으로 일컫는 것이 당연하겠기에 감히 아룁니다" 하니, 비망기로 이르기를, "이는 막중한 일인데 나 또한 어찌 잘 알 수 있겠는가. 나의 의견은 전에 이미 다 유시하였으니, 경들이 의논하여 결정하도록 하라. 이런 내용으로 대신에게 이르라" 하였다.

2월 23일 예조에서 대행 대왕의 묘호를 '종(宗)'이라 하는 것이 의당하다고 아뢰었다.

예조의 낭청이 대신들의 뜻으로 아뢰기를, "대행 대왕(大行大王)의 묘호(廟號)에 관한 일에 대한 비망기에 '이는 막중한 일이니 내가 어떻게 알 수 있겠는가. 나의 의견은 전에 이미 모두 하유했으니 경들이 의논하여 정하도록 하라. 이런 내용으로 대신들에게 이르라'고 전교하였습니다. 당초 간관(諫官)이 청하고 재신(宰臣)이 차자를 올린 것은 모두가 선유(先儒)들이 이미 정해놓은 의논에서 나온 것입니다. 역대 제왕들을 조사하여 보건대 비록 성대한 공렬이 있다고 해도 계체(繼體)이면서 조(祖)라는 호칭을 일컬은 때는 있지 않았습니다. 사리에 의거 헤아려 본다면 대행 대왕의 묘호는 종(宗)이라고 일컫는 것이 윤당(允當)합니다. 신들이 반복하여 상의해서 재삼 진계(陳啓)하였으므로 이제 감히 다른 의논이 있지 않습니다. 이에 의거 정탈(定奪)하여 시행하는 것이 어떻겠습니까?" 하니, 윤허한다고 전교하였다.

2월 25일 대행 대왕의 묘호와 휘호 등을 정하였다.

대행 대왕의 휘호(徽號)를 소문 의무 성경 달효 대왕(昭文毅武聖敬達孝大王)이라고 올리고, 묘호(廟號)는 선종(宣宗)이라고 하고, 전호(殿號)는 영모전(永慕殿)이라고 하고, 능호(陵號)는 숙릉(肅陵)이라고 하였다.

3월 29일 춘추관에서 지문 촉탁 문제로 아뢰자, 아성(鵝城) 부원군(府院君) 이산해(李山海)에게 지어 올리게 하였다.

춘추관이 아뢰기를, "대행 대왕의 행장은 이정구(李廷龜)가 이미 지어 올렸으며 애책(哀冊)은 신흠(申欽)에게 촉탁했고 시책(諡冊)은 유근(柳根)에게 촉탁했습니다만 지문(誌文)은 아직 촉탁한 데가 없습니다. 이산해·이덕형·이항복은 모두 문한(文翰)으로 소문이 나 있습니다만, 대신에 관계된 것이어서 감히 마음대로 부탁할 수가 없습니다" 하니, 전교하기를, "이아성(李鵝城)이 나이가 많기는 하지만 문장은 노련하여 더욱 깊은 경지일 것으로 생각이 되니, 그에게 지어 올리게 하라" 하였다. 이산해는 본디 음흉하고 벼슬자리를 잃을까 걱정하여 온갖 비루한 짓을 다하는 사람으로, 은밀하고 비밀스러운 계모(計謀)로 사류(士類)를 죄에 얽어넣는 등 못하는 짓이 없었다. 지문(誌文)을 짓는 데 이르러서는 실사(實事)는 모두 빼버렸고 또 선왕의 자손에 대한 선파(璿派)도 기재하지 않았으나 당시에 그의 권세가 두려워 감히 말하는 사람이 없었다. 정원군(定遠君)이 항상 사적으로 통분해

하면서 말하기를 "후세에 그 누가 우리 형제가 선왕의 아들인 줄을 알겠는가" 하였다.

광해군 즉위년(1608) 4월 25일 산릉 도감의 장계에 당일 오시에 외재궁(外梓宮)을 하관했다고 하였다. 5월 19일 대행 대왕의 휘호 소문(昭文)을 현문(顯文)으로 고치고, 숙릉(肅陵)을 목릉(穆陵)으로 고쳤다. 6월 4일 대행 대왕(大行大王)의 시호를 고쳐 현문 의무 성예 달효 대왕(顯文毅武聖睿達孝大王)이라 하고 명정(銘旌)을 고쳐 썼으며, 능호(陵號)를 목릉(穆陵)으로 고쳤다.

6월 11일 대행 대왕의 재궁(梓宮)이 발인하였다. 신시(申時)에 능소의 영악전(靈幄殿)에 도착하였다. 6월 12일 사시(巳時)에 재궁(梓宮)이 능에 오르고, 오시(午時)에 하관하였다. 영의정 이원익이 봉하는 것을 감독하고, 집의 이경전(李慶全)은 봉하고 휘호를 적었다. 인정(人定)이 지난 뒤에 혼전(魂殿)으로 반우(返虞)하니, 왕이 궁에 있다가 먼저 혼전에 나아가 제사를 지내고 그대로 머물렀다.

6월 14일 재우제(再虞祭)를 대행시켰다. 6월 16일 삼우제(三虞祭)를 대행시켰다. 6월 18일 임금이 사우제(四虞祭)를 직접 지냈다. 6월 20일 오우제(五虞祭)를 대행시켰다. 6월 21일 임금이 육우제(六虞祭)를 몸소 거행하였다. 6월 23일 칠우제(七虞祭)를 대행시켰다. 6월 25일 졸곡제를 친히 지냈다. 임금은 시사복(視事服)을 입었고, 백관은 공제복(公除服)을 입었으며, 서인들은 검은 옷을 입었다.

광해군 1년(1609) 1월 21일 목릉 위의 갈라진 병풍석을 서둘러 봉심하고 수리하도록 예조에 이렀다.

능 위의 병풍석(屛風石) 등이 갈라졌다는 수릉관(守陵官)의 서목(書目)으로 입계하니, — 치계(馳啓)에 대하여 — 전교하기를, "산릉에 역사를 마친 지가 아직 1년도 되지 않았는데 능 위에 기울고 무너진 곳이 이처럼 심하고 많으니 지극히 미안하다. 서둘러 봉심(奉審)하고 수리할 것을 예조에 이르라" 하였다.

광해군 1년 2월 1일 임금이 연제(練祭)를 지낸 뒤 신시(申時)에 환궁하였다.

2월 19일 예조가 목릉의 수개 시 3일 동안 시조(市朝)를 정지할 것을 아뢰었다.

예조가 아뢰기를, "선왕 능침(陵寢)이 혹 재해를 만나 수개(修改)하는 일이 있을 경우, 상께서는 당연히 변복(變服)·피전(避殿)·감선(減膳)의 일이 있지만, 백관도 모두 변복한 전례가 있습니다. 지금 목릉(穆陵)의 능 위에 탈이 생겨 장차 석물(石物)을 모두 철거하고 다시 인력(人力)을 들여야 할 형편이니, 온 나라 신민의 애통해 함이 실로 한때 우연한 재해를 만났을 때보다 지나칩니다. 상께서 변복하는 절차를 전례에 따라 마련하는 것이 마땅하겠으나, 3년 안에는 다시 변복하고 감선하는 절차가 없습니다. 이달 20일이 바로 일을 시작하는 날이니, 그날부터 3일 동안 시조(市朝)를 정지하는 것이 사의(事宜)에 합당할 듯합니다. 이로써 명하여 알려서 거행하게 하는 것이 어떻겠습니까?" 하니, 윤허한다고 전교하였다.

『목릉수개의궤 穆陵修改儀軌』 1책이 있다.

일책(一冊, 40장張) 필사본(筆寫本) 47×33cm.
선조의 능인 목릉(穆陵)을 광해군 1년(1609) 5월에 개수한 때의 기록이다. 권두(卷頭)에는 도제조(都提調)·제조(提調)·도청(都

廳·낭청(郎廳)·감역(監役) 등 모든 유사(有司)들의 관직 성명이 적혀 있고, 계사(啓辭)와 산료식(散料式)·상격(賞格) 등이 있다. 권미(卷尾)에는 「의궤수정 儀軌修正」 이라 하여 도제조 우의정 심희수(沈喜壽), 제조 한성부좌윤(漢城府左尹) 심열(沈悅), 도청 의정부 사인 이정험(李廷馦) 등의 관직(官職)·성(姓)·수결(手決)이 있다. 『목릉수개의궤 穆陵修改儀軌』 해제. (규장각, 奎13514)

광해군 1년(1609) 4월 21일 선조의 휘호 중 성경의 '경' 자가 사시(賜諡)의 소경(昭敬)과 중첩되어 성예(聖睿)로 바꾸었다.

선대왕의 휘호(徽號) 중 성경(聖敬)의 '경' 자가 사시(賜諡)의 소경(昭敬)과 중첩되어, 의정부·춘추관·예문관 당상, 육조 2품 이상이 빈청에 모여 성예(聖睿)·성숙(聖肅)·성철(聖哲)로 삼망 (三望)을 갖추어 봉입하였는데, 성예로 계하하였다.

광해군 2년(1610) 2월 1일 왕이 영모전에서 대상제(大祥祭)를 의식대로 거행하였다.

4월 10일 왕이 영모전(永慕殿)에 행행하여 직접 고동가제(告動駕祭)를 거행하고 선종대왕의 신여(神輿)를 모시고 종묘로 갔으며, 의인왕후의 신여도 효경전(孝敬殿)에서 종묘의 문밖 막전(幕殿)으로 함께 안치하였다. 그리고 예종과 덕종의 묘주(廟主)는 영녕전(永寧殿)으로 체천(遞遷)하였다.

4월 11일 왕이 직접 부묘제(祔廟祭)를 거행하고 선종 대왕과 의인왕후의 묘주를 받들어 묘정에서 부알례(祔謁禮)를 거행하고서 즉시 제9실에 부묘하였는데, 의식대로 거행되었다. 겸하여 하향 대제(夏享大祭)를 거행하였다.

『선조대왕의인왕후부묘도감 宣祖大王懿仁王后祔廟都監』 3책
이 있다.

삼책(三冊) 필사본(筆寫本) 44.7×33.8cm.

광해군 2년(1610) 4월부터 선조와 의인왕후를 부묘(祔廟)한 기
록이다. 전 3책의 기록으로 「규奎13512의 1」: 일방의궤(一房儀
軌), 「규奎13512의 2」·「규奎14878의 2」: 이방의궤(二房儀軌), 「규
奎13512의 3」·「규奎13513, 14878의 1」: 삼방의궤(三房儀軌)로 되
어 있다. 따라서 이 세 방(房)의 수록내용 외에는 부묘일(祔廟
日), 도감(都監) 설치 경위, 계사(啓辭) 등의 내용은 알 수 없다.
부묘도감(祔廟都監)의 도제조(都提調)와 제조(提調) 등은 알 수 없
고 낭청(郎廳)·감조관(監造官)은 각 방(房)별로 계하(啓下)되어 있
다. 낭청(郎廳)만을 본다면 일방(一房) 박효남(朴孝男) 등 3명, 이
방(二房) 정호관(丁好寬) 등 4명, 삼방(三房) 이명(李溟) 등 4명이
다. 그리고 각방(各房)의 소장(所掌)은 일방(一房): 거연(擧輦) 향
정(香亭) 상탁(床卓) 포진(鋪陳) 유가(油家) 목물(木物) 병풍(屛風),
이방(二房): 양전의장(兩殿儀仗)·욕장(褥帳)·좌의자(座倚子)·우산
(雨傘)·각처거촉(各處炬燭), 삼방(三房): 시보(諡寶)·시책옥통(諡冊
玉筒) 등이다. 『선조대왕의인왕후부묘도감 宣祖大王懿仁王后祔廟
都監』 일방(一房)·이방(二房)·삼방의궤(三房儀軌) 해제. (규장각,
奎-13512의1~奎-13512의3, 奎-14878의 1·2, 奎-13513)

광해군 8년(1616) 7월 12일 선조가 임진왜란을 극복하고 나
라를 구한 공을 생각하여 '선종'이라는 묘호를 고쳐서, 무슨
무슨 조(祖)라는 묘호를 올리도록 하라고 하였다.

비망기에 이르기를, "나라를 세워 처음 대업(大業)을 창설한
분은 우리 성조(聖祖)이시고, 윤리를 바루어 거듭 밝혀 조종을

빛나게 한 분은 선왕이시다. 선왕의 공렬이 저와 같이 우뚝하고 찬란하니, 조(祖)라는 칭호를 올려야 참으로 인정과 예법에 흡족할 것인데, 지난 무신년에 내가 경황이 없어 밖의 의논만을 따르다가 흠전(欠典)이 많게 되었다. 그래서 늘 가슴에 한이 되어 자나깨나 마음이 편치가 않다.

우리 조정의 광묘(光廟: 세조)께서 이미 조호(祖號)를 받으셨고 역대 임금 가운데 조(祖)라고 일컬어진 분이 또한 한두 분이 아니다. 돌아보건대, 내가 덕없는 몸으로 나라를 다스리는 것이 형편없어 우환이 날로 심해져서 밤낮 두려움을 가지고 지내는데, 여러 사람들의 뜻을 물리치지 못하여 장차 큰 존호를 받게 되었다.

우러러 생각건대, 선왕께서 정응태(丁應泰)의 무함을 당하여 대명(待命)을 하기까지 하였는데 다행히 성스러운 천자께서 만리 밖 우리나라의 사정을 환히 살피시고 칙서를 내려서 위로해 주시어 지극한 원통함을 깨끗이 씻었으니, 그 하늘을 감동시킨 정성과 나라를 다시 재건하신 공렬은 실로 전후 역사에 견줄 자가 없다. 지금 마땅히 선왕과 두 분 선후(先后)께 존호를 먼저 올려야 하고 아울러 선왕께 조호(祖號)를 올려야 한다. 친제(親祭)를 하고 고묘(告廟)를 한 뒤에 호(號)를 정하여 전(箋)을 올리는 것이 일의 이치에 합당하겠다. 속히 상세히 의논하여 거행하라고 해조에 말하라" 하니, 예조가 아뢰기를, "신들이 삼가 비망기를 보건대, 성조를 높이고 선왕을 받들어 그 분들의 뜻을 잇고 그 분들께 아름다움을 돌리는 마음이 말에 넘쳐흘렀습니다. 신들은 삼가 우러러 감격스러움을 이기지 못하겠습니다. 예로부터 제왕이 종묘 사직과 백성들에게 큰 공덕이 있으면, 반드시 특별히 일컫는 현호(顯號)가 있었습니다. 그 때문에 창업(創業)을 했거나 중흥(中興)을 한 임금은 모두가 조호(祖號)를 받아 영원히 체천을 하지 않고 끝없는 복록을 누렸습니다.

삼가 생각건대, 우리나라는 태조(太祖)께서 창업을 하셨고 세
조(世祖)께서 중흥을 하셨으니, 당시에 조호를 일컬은 것은 실로
지난 문헌에 비추어 보아도 부족한 바가 없었습니다. 우리 선왕
에 이르러서는, 여러 세대 동안 풀지 못했던 종계의 무함을 풀
어 인륜이 펴지게 하였고 큰 나라를 섬기고 하늘을 감동시키는
정성을 다하여 우리나라를 재건하였습니다. 정응태의 참소하는
말이 그때에 행해지지 못하였고 여러 서적들에 적혀 있던 날조
한 무함의 글들이 오늘날 명쾌하게 변증되었습니다. 이것이 어
찌 선왕의 성대한 덕과 지극한 정성이 평소 분명히 드러난 바
가 아니겠으며 성상의 큰 효성과 대단한 공렬이 환히 빛을 내
고 드러난 것이 아니겠습니까. 더구나 지금 이 칙서 안에는, 성
스러운 천자께서, 나라를 회복한 공로가 있다고 이미 선왕을 칭
찬하였고, 선왕이 받았던 무함을 씻은 효성을 가지고 성상을 또
아름답게 장려하였으니, 그렇다면 선왕의 공덕과 성상의 효성은
우리나라의 백성들만 모두들 드러내어 드날릴 것을 생각하는
것이 아니라 또한 온 천하 사람들이 듣고는 모두 자자하게 칭
송을 하는 것입니다. 지금 우리 성상께서는 효성을 더욱 독실하
게 하고 선열을 따라 추모하시면서, 오히려 혼자만 휘호를 누리
는 것을 마음에 편치 않게 여기시어, 존호와 조호를 선왕과 선
후께 더 올리고자 하셨습니다. 여기에 대한 성상의 분부가 너무
나 간곡하였으니, 무릇 보고 듣는 사람들이 누군들 탄복하지 않
겠습니까.

이는 참으로 주(周)나라 무왕(武王)이 태왕(太王)과 왕계(王季)
를 왕으로 추존하여 효도를 끝없이 미루어나간 뜻과 같은 것이
고, 한 고조(漢高祖)가 아들에게 왕위를 물려주고 부친을 추존하
여 인륜 도리를 극진하게 한 일과 같은 것입니다. 명나라가 성
조(成祖)께 추후에 시호를 올리고 우리나라에서 사조(四祖)를 추
존한 의리와 같은 것입니다. 신들은 단지 임금을 높이는 것이

급하다는 것만 알았는데 성상께서 특별히 어버이를 드러내야
한다는 분부를 내리셨습니다. 그러니, 신들은 오직 봉행하기에
겨를이 없어야 마땅하지 어찌 그 사이에 한 마디라도 더할 수
가 있겠습니까. 다만 이는 중대한 일이므로 해조에서 감히 마음
대로 결정할 바가 아닙니다. 대신에게 의논하여 결정해서 시행
하는 것이 어떻겠습니까?" 하였는데, 답하기를, "아뢴 대로 윤허
한다. 서둘러 의논하여 아뢰도록 하라" 하였다.

광해군 8년(1616) 8월 4일 빈청이 의논하여 선조와 두 비의
추숭 존호 단자를 입계하였다.

빈청이 모여 의논하여, 선종대왕(宣宗大王)의 추상 존호를 계
통 광헌 응도 융조(啓統光憲凝道隆祚)라고 하고, 묘호를 선조(宣
祖)라 하고, 의인왕후(懿仁王后) 추상 존호의 망(望)에 현숙(顯淑)
과 장숙(莊淑)과 명덕(明德)이라 하고, 공성왕후(恭聖王后) 추상
존호의 망에 현휘(顯徽)와 정순(貞順)과 명순(明順)이라고 하였다.
단자를 입계하였다.

『선조묘호도감의궤 宣祖廟號都監儀軌』 1책이 있다.

일책(一冊, 134장張) 채색도(彩色圖) 필사본(筆寫本) 48×35.8cm.
선조 및 의인왕후와 인목왕후의 추숭(追崇) 및 존숭(尊崇)에
관한 제반 의논과 준비과정에 대한 기록이다. 표제(表題)는 「선
조이선후추숭도감의궤 宣祖二先后追崇都監儀軌」로 되어 있다. 먼
저 목차(目次) 없이 광해군(光海君)의 비망기(備忘記)의 발의(發議)
이후의 의론을 계(啓)와 왕의 재가(裁可)를 수록하는 형식으로
적고 있다. 이에 이어서 일방소장(一房所掌)·이방소장(二房所掌)
·삼방소장(三房所掌)·반차도(班次圖)가 있다. 광해군은 광해군
8년(1616) 7월 11일에 선조와 두 왕후에게 존호를 올리고, 아울

러 당시까지 선종(宣宗)으로 호칭되던 선왕(先王)에게 '조(祖)' 호
(號)를 올리는 일을 예조에게 의논하여 품의(稟議)토록 하명(下
命)하였다. 논의가 급속히 이루어져 도감(都監)의 설치를 비롯하
여 옥책문(玉冊文)·옥보(玉寶)·옥통(玉筒) 등 제반 기구(器具)의
준비, 택일(擇日) 등이 행하여졌다. 「좌목 座目」에 도제조 기자헌
(奇自獻), 제조 이이첨(李爾瞻) 등 7인의 이름이 있고 그 밖의 도
청(都廳)·낭청(郎廳)·감조관(監造官) 등의 관직·성명이 실려 있
다. 이 좌목(座目)은 처음에는 존숭도감(尊崇都監)의 것이었으나,
후에 이중 일부가 추숭도감전관(追崇都監專管)으로 차출(差出)되
었다. 각방소장(各房所掌)은 각방(各房)의 소관 사무를 밝힌 것으
로, 옥책문(玉冊文) 등의 준비를 다루었다. 채색도(彩色圖)는 이
상의 의식(儀式)에 소요되는 기물(器物)을 그려 놓은 것이다. 『선
조묘호도감의궤 宣祖廟號都監儀軌』해제. (규장각, 奎-13244)

광해군 9년(1617) 8월 7일 선조대왕 옥책문을 올리는데 공이
있는 이이첨·오익·심돈·이위경·김충영·최봉천·김질간
등에게 상을 내렸다.

전교하였다. "선조대왕 옥책문 제술 책보 배진 예의사(宣祖大
王玉冊文製述冊寶陪進禮儀使) 이이첨(李爾瞻)에게는 안구마(鞍具馬
) 1필을 하사하고, 선조대왕 옥책문 서사관 제주관(宣祖大王玉冊
文書寫官題主官) 오익(吳翊), 의인왕후 옥책문 서사관 책보 배진
제주관(懿仁王后玉冊文書寫官冊寶陪進題主官) 심돈(沈惇), 책보 진
수 승지(冊寶進受承旨) 대축(大祝) 이위경(李偉卿), 궁위령(宮?令)
내관(內官) 김충영(金忠英)·최봉천(崔奉天)에게 모두 가자하고,
대축 김질간(金質幹)은 막 당상관에 올랐으니 숙마 1필을 대면
하여 하사하고, 그밖의 상격(賞格)에 대해서는 모두 종묘에 부
(祔)제사를 지냈을 때의 규례에 따라 자세히 살펴서 승전을 받

들어 시행하고, 유희량(柳希亮)은 이미 가자하였으니 거듭 주지
말도록 하라"

광해군 13년(1621) 10월 12일 광해군이 인정전에 나아가 존
호를 올리는 예를 거행하고 반사(頒赦)하였다.

『선조대왕의인왕후존호도감의궤　宣祖大王懿仁王后尊號都監儀
軌』 1책이 있다.

일책(一冊, 146장張) 필사본(筆寫本) 45.2×35.2cm.

광해군 13년(1621)에 선조와 선조비인 의인왕후 빈인 공빈(恭
嬪: 光海君 生母)에 대해 존호(尊號)를 추상(追上)한 기록이다. 훼
손이 심하며 앞부분과 뒷부분이 몇장씩 결장(缺張)되어있다. 목
록(目錄)은 앞부분이 결장되어 유무(有無)를 확인할 수 없다. 「좌
목 座目」도 결장(缺張)되어 있으나 본문에 의하면 추숭도감제조
(追崇都監提調)에 한찬남(韓纘男) 박정길(朴鼎吉)과 도청(都廳 2인
낭청(郎廳) 4인이 차출되어 있다. 1621년 2월 22일 관각육조제신
(館閣六曹諸臣)들이 모여 선조에게 '이모수유광휴연경(貽謨垂裕廣
休延慶)', 의인왕후에게 '현숙(顯叔)', 공성왕후(恭聖王后)에게 '현
휘(顯徽)'의 존호(尊號)를 올리기로 결정했으며, 10월 12일에 추
상존호(追上尊號)했다. 본서(本書)는 훼손이 심하여 목록(目錄)과
의궤(儀軌) 등 일부가 결락되어 있다. 계사(啓辭)·감결(甘結)·각
사첩정(各司牒呈)·의주(儀註) 등이 날짜순으로 수록되어 있다.
『선조대왕의인왕후존호도감의궤　宣祖大王懿仁王后尊號都監儀軌』
해제. (규장각, 奎-14895)

▒ 선조릉을 옮기다

인조 8년(1630) 2월 4일 원주목사 심명세(沈命世, 1587~1632)
가 선왕의 능묘를 옮길 것을 상소하였다.

2월 30일 목릉을 옮기는 일에 대해 의논하게 하였다.

지리(地理)를 볼 줄 아는 사람과 지술(地術)을 아는 조사(朝士)
들을 불러모아 목릉(穆陵)의 천장(遷葬)에 대한 일을 의논하게
하였다. 이에 앞서 선조대왕 능의 병풍석(屛風石)이 자주 기울어
지는 일이 발생하자 당시에 물이 광내(壙內)에 있지 않나 하고
의심들 하였고, 또 지술을 아는 사람들이 대부분 지리가 불길하
다고 하면서 혹 능을 옮겨야 한다고 말들 하였으나 감히 드러
내어 말하지는 못하였다. 그러다가 이때에 이르러 심명세(沈命
世)가 상소하자 뭇 사람들이 거의 그렇다고 의논하였기 때문에
이 명이 있게 된 것이다.

인조 8년 3월 16일 해창군 윤방(尹昉, 1563~1640)이 삼공 및
예관과 함께 천릉할 장소에 대해 아뢰었다.

해창군(海昌君) 윤방(尹昉)이 삼공 및 예관(禮官)과 함께 아뢰
기를, "목릉(穆陵)의 형세에 대해서는 별단 서계(別單書啓) 가운
데 모두 갖추어 말씀드렸는데 이미 예람(睿覽)하셨을 것이니 신
들이 다시 의논드릴 필요가 없을 것입니다. 그런데 여러 사람이
모두 건원릉(乾元陵)의 두 번째 언덕이 매우 길한 곳이라고 말
하고들 있는데, 이곳은 실로 경자년에 선왕께서 정해 놓으신 곳
으로서 훗날 쓰기 위해 남겨놓은 자리입니다. 따라서 이 언덕으
로 옮겨야 마땅할 듯한데, 막중한 일이니만큼 다시 더 살펴보게
해야 하겠습니다. 재혈(裁穴)과 천릉(遷陵) 등의 일을 해조로 하

여금 관례를 고찰하여 거행케 하소서" 하니, 답하기를, "아뢴 대로 하라. 재혈하는 일은 나라에서 쓸 자리로 치부(置簿)해 놓은 곳들을 모두 살펴보고 다시 의논하여 정하라" 하였다.

7월 17일 대제학 정경세(鄭經世)가 선조대왕의 능을 옮길 때 쓸 지문을 지어 올렸다.

대제학 정경세(鄭經世)가 선조 대왕(宣祖大王)의 천릉(遷陵) 때 쓸 지문(誌文)을 지어 올렸다. 상이 하교하기를, "지문에 누락된 말이 있다. 10년을 하루같이 조석으로 문안하는 예(禮)를 하였고 병환이 있으면 정성을 다하여 기도하였으며, 상사(喪事)를 당해서는 슬퍼함이 지나쳐 몸이 손상되었고, 글을 볼 적에는 열 줄을 한꺼번에 읽어내렸고 한 번 보면 모두 기억하였다고 한 것은 덕행 가운데 세세한 일이기는 하지만 전문(前文)에 이미 기재되어 있으니 지금 삭제할 필요는 없다. 그리고 나와 중궁을 모두 전하 혹은 주상이라고 일컬은 것은 온당치 않은 것 같으니, 왕(王)과 비(妃)로 칭하도록 하라" 하니, 대제학이 회계하기를, "주상전하와 중궁전하라는 호칭은 본디 더 높이는 말이 아니기 때문에 『여지승람 輿地勝覽』에 기재된 조종조(祖宗朝)의 비지(碑誌)에도 모두 썼습니다. 지금도 이렇게 쓰는 것이 미안할 게 없을 것 같습니다만, 성교(聖敎)가 이러하니 우선 전하라는 두 글자는 부표(付標)하여 삭제하도록 하겠습니다. 그러나 왕이라 칭하고 비라고만 칭한다면 사리에 있어 미안할 뿐만이 아니라 말 또한 단촉(短促)하여 상문(上文)의 허다한 왕(王)자·비(妃)자와 서로 혼동되니, 부득이 전대로 두고 고치지 않아야겠습니다. 천문(天文)이 응한 바이고 중흥(中興)의 업(業)을 이루었다고 한 두 글귀의 경우에는 당초 지나치게 찬미한 뜻이 아닙니다. 참으로 선왕(先王)에게 질정하여 보아도 의심할 것이 없습니다. 그런데도 성심(聖心)이 겸손하시어 스스로 자처하지 않으시고

부표하여 써서 내리시어 삭제하라고 명하였으니, 진실로 준봉해
야 마땅하겠습니다. 그러나 발란 반정(撥亂反正)했다는 아래에서
중흥의 업을 세웠다. [建中興之業]는 다섯 글자를 끊어내어 버
린다면 문세(文勢)를 이룰 수가 없으며, 이 다섯 글자는 감당하
지 못할 말이 더욱 아니니, 역시 다 성교(聖敎)를 따를 수는 없
습니다" 하였다.

인조 8년(1630) 10월 20일 정경세가 인목대비가 선조 능에
참배하러 가면 안될 것과 지문에 시호가 잘못 기재된 것을 고
칠 것을 아뢰었다.

  … 정경세가 또 아뢰기를, "자전께서 능에 참배하려는 일은
양사에서 논쟁한 지 오래인데 전하께서 줄곧 굳게 거부하시니
삼가 성덕(聖德)이 손상될까 염려됩니다. 자전의 정이야 어찌 끝
이 있겠습니까마는 국모의 동정은 신중하지 않을 수 없습니다.
오늘날의 일이 후세의 잘못된 예가 되어 끝없는 폐를 길이 남
기지 않으리라 어찌 장담하겠습니까. 여염집 부인도 누군들 묘
에 올라가 참배하며 곡하고자 하는 정이 없겠습니까. 그러나 부
인네는 남자와 달라 정에 따라 마음대로 행동할 수 없는 것은
예(禮)를 따라야 하기 때문입니다. 더구나 존엄한 국모의 경우이
겠습니까.
  그리고 선조대왕 지문(誌文) 중 성경(聖敬)의 '경' 자가 소경
(昭敬)의 '경' 자와 중첩된 것은, 소경의 '경' 자가 중국에서 증
시(贈諡)한 줄 만을 알았지 성경의 '경' 자를 '예(睿)' 자로 고친
줄은 모른 것입니다. 16자 휘호(徽號)를 당시에 과연 고쳤는지의
여부는 모르겠습니다만 그 '경' 자는 필시 고쳤을 것인데 초안
을 내올 당시 멍청히 살피지 못하였으니 신의 죄가 큽니다" 하
니, 상이 이르기를, "쓰여진 본을 한두 곳에서만 본 것이 아닌
데도 모두 지나쳐 버렸다. 혼조(昏朝)에 이르러 자화자찬할 의도

로 망령되이 선왕의 휘호를 가상하였으니 매우 무리한 일이다"
하였다. 정경세가 아뢰기를, "하늘에 계신 선왕의 영령께서는
혼조에서 올린 호를 분명히 받지 않으셨을 것이기 때문에 신은
반정 초에 종묘에 고하여 신주를 고쳐 쓰자고 청하였었습니다"
하였다.

인조 8년(1630) 11월 4일 목릉의 재궁을 모셔 내어 영악전에
봉안하였다.

목릉(穆陵)의 재궁(梓宮)을 모셔 내어 영악전(靈幄殿)에 봉안하
였다. 도승지 강석기(姜碩期), 주서 최욱(崔煜), 사관 정치화(鄭致
和) 등이 명을 받들고 가서 배시(陪侍)하였고, 병조와 도총부의
당상, 낭청 등은 각기 군인을 거느리고 빈전을 지켰다. 상은 시
복을 입고 숭정전 계단 위에서 망곡례(望哭禮)를 행하고, 세자는
뜰에서 곡하고, 백관들은 흰모자·베옷·마대(麻帶)를 착용하고
뜰 아래에서 곡하였다.

인조 8년 11월 5일 계릉(啓陵: 능을 옮기기 위해 파는 일)의
재계 때문에 조시(朝市)를 정지하였다.

11월 6일 재궁을 봉안하지 않았으므로 내일 조시를 정지하
도록 하였다.

상이 정원에 하교하기를, "오늘 재궁을 아직도 봉안하지 않았
는데 내일 조시를 정지하지 않는다면 매우 미안한 일이다. 그
점에 대해 정원은 의계하라" 하니, 정원이 아뢰기를, "재궁을
봉안하기 전에는 계속 조시를 정지하는 것이 예(禮)입니다. 상의
말씀대로 예관에 분부하소서" 하자, 상이 따랐다.

11월 7일 임금이 동부승지 강홍중(姜弘重)에게 명하여 목릉

영악전(靈幄殿)에 문안하도록 하였다.

11월 10일 예조가 목릉에 친제하는 의주를 올렸으나 고치게 하였다.

예조가 목릉에 친제(親祭)하는 의주(儀註)를 올렸다. 상은 빈전 (殯殿)에 친제하고 이어 건원(健元: 태조)·현(顯: 문종)·유(裕: 의인왕후) 세 능에 참배한 뒤에 새 능의 터를 살필 참이었다. 그런데 새 능은 여러 능에 비해 가장 형세가 높았는데, 예조 의주 중에 "상의 가마는 곧바로 능 위에 이른다"는 문귀가 있었다. 상이 "가마가 능 위에 이르면 필시 여러 능을 내려다 보게 될 것이니 매우 미안한 일이다" 하고, 정원을 시켜 그 의주를 고치도록 하였다. 새 능에 전배할 때 상이 가마에서 내려 걸어서 올라갔다.

인조 8년(163) 11월 11일 목릉과 건원·현·유 등 네 능에 배알하였다.

새벽에 상이 백포(白袍)를 입고 국문(國門)을 나섰다. 의장(儀仗)과 여련(輿輦)은 모두 흑색을 사용하고 문무 백관은 흰옷과 베모자를 착용하고 호종하였다. 상이 송계(松溪)에서 주정(晝停)하였는데 왕세자가 막차(幕次)에서 문안하였다. 목릉에 이르러 상은 시복(緦服)을 입고 빈악(殯幄)에 나가 친히 술잔을 올리고 세자로 하여금 아헌례를 행하게 하였다. 곡을 함에 애통함이 극진하였으며 좌우의 근신들도 모두 곡하였다. 예를 마치고 이어 건원·현·유 세 능에 배알하는 한편 새 능의 형세와 석물의 공역을 살폈다. 어막(御幕)으로 돌아와 네 능의 참봉과 유시내관 (留侍內官) 및 여러 공장(工匠), 수호군에게 각각 차등 있게 명주와 활을 상으로 하사하였다. 경기 감사 남이공(南以恭), 도사 유경집(柳景緝), 양주 목사 이시백(李時白)도 분주히 주선한 수고가

많아 각각 녹비〔鹿皮〕와 표피(豹皮)를 하사하였다. 이날 밤늦게
환궁하였다.

『선조목릉천릉도감의궤 宣祖穆陵遷陵都監儀軌』 1책이 있다.

　일책(一冊) 채색도(彩色圖) 필사본(筆寫本) 46.6×33.4cm.
　광해군 즉위년(1608)에 동구릉(東九陵) 내의 건원릉(健元陵) 서
강(西岡)에 봉릉(封陵)되었던 선조 목릉(穆陵)을 인조 8년(1630)에
건원릉(健元陵) 제이강(第二岡) 임좌병향(壬坐丙向)인 현 위치에
천릉(遷陵)한 기록이다. 책두(冊頭)에 옹가도(甕家圖)와 채색의 사
신도(四神圖)가 있으며 이어서 천릉논의(遷陵論議)가 실려 있다.
인조 8년(1630) 2월 4일 원주 목사 청운군 심명세(沈命世)의 상
소로 천릉이 발의되어, 피상적으로는 구목릉(舊穆陵)의 수설붕퇴
(水洩崩頹) 등이 원인이 되고 있으나 당시 정치적 상황에 결부
된 길흉화복(吉凶禍福說) 등으로 3월 16일에 현 위치로 천릉이
결정된다. 「목록 目錄」은 없으나 내용으로 보아 이전의 의궤(儀
軌)와 차이가 없다. 3월 22일 이조수명(吏曹受命)의 도감(都監) 「
좌목 座目」에 의하면 총호사(摠護使)는 좌의정 김류, 제조(提調)
는 윤신지(尹新之) 등 4인, 도청(都廳)은 김광현(金光炫) 이소한(李
昭漢), 낭청(郎廳)은 이덕주(李德主) 등 11명, 감조관(監造官)은 김
진(金璡) 등 10명이다. 「계사 啓辭」에는 산릉(山陵) 복정(卜定)에
있어서 재논의가 실려 있고, 4월 13일 건원릉(健元陵) 제이강(第
二岡)과 영릉내(英陵內) 홍제동(弘濟洞)을 재간심(再看審)하여, 4월
30일에 다시 건원릉 제이강으로 확정하였다. 문무석(文武石)과
양(羊)·마석(馬石) 등은 구목릉(舊穆陵) 것을 토대로 옮겨 쓰고,
봉분 주위의 병풍석이나 난간석 등은 신조(新造)하여 배설(排設)
하고 있다. 『선조목릉천릉도감의궤 宣祖穆陵遷陵都監儀軌』 해제.
(규장각, 奎-13515)

『선조목릉천봉도감의궤 宣祖穆陵遷奉都監儀軌』1책이 있다.

　일책(一冊, 235장張) 채색도(彩色圖) 필사본(筆寫本) 46.6×33.5cm.
인조 8년(1630년) 5월부터 12월에 걸쳐 건원릉서강(健元陵西
岡)에 있던 선조 목릉(1608년 封陵)을 건원릉(健元陵) 제이강(第
二岡)으로 천봉(遷奉)한 기록이다. 책두(冊頭)가 부식(腐蝕)되어 천
봉의(遷奉議)의 일부분만이 수록되어 있으며, 이어 3월 22일의
이조단자(吏曹單子)에 의하면 총호사에 좌의정 김류, 제조에 서
성 등 4인, 도청에 윤황(尹煌)등 17인, 낭청(郞廳)에 이현(李俔)
등 17명, 감조관(監造官)에 박연(朴筵) 등 7명이다.「계사啓辭」에
는 5월 4일 건원릉내제이강(健元陵內第二岡)으로 산릉(山陵)을 정
하고, 11월 25일에 가서야 도감사목(都監事目)에 의해 천봉을 실
시하며 12월 17일에 총호사 이하 관원 및 역원에 대한 시상으
로 천봉을 마쳤다.「내관품목 來關稟目」에 이어 채색의 이안반
차도(移安班次圖)가 있는데, 평교자(平橋子)를 선두로 연(輦) 등과
끝에 견여(肩轝)로 이루어진 행렬도이다. 이어서 1·2·3방의 각
방소장(各房所掌)과 좌목(座目), 그리고 각방마다 도설이 들어 있
다. 일방의궤(一房儀軌)에는 채색의 영좌교의(靈座交倚) 등 6개
도(圖)와 2방에는 면류관(冕旒冠)·의상(衣裳) 등 도(圖)가, 3방에
는 애책함(哀冊函)·배안상(排案床) 등의 도(圖)가 각각 수록되어
있다. 이 이하는 부식(腐蝕)되어 내용을 알수 없다.『선조목릉천
봉도감의궤 宣祖穆陵遷奉都監儀軌』해제. (규장각, 奎-15070)

숙종 2년(1676) 세실(世室)로 정해졌다.
철종 즉위년(1849) 7월 30일 영부사 조인영(趙寅永)이 역대의
능침 중 합봉한 전례를 상고해 아뢰면서 선조대왕과 의인왕후
를 합봉한 사례를 들었다.

영부사 조인영(趙寅永)이 상소하였는데, 대략 이르기를, "예절(禮節)에 관한 일을 초기(草記)로 품정(稟定)하기는 마땅치 않을 듯하여 감히 단차(短箚)를 올려 예람(睿覽)을 번거롭게 하옵니다. 삼가 역대의 능침(陵寢)으로 합봉(合封)한 전례를 상고해 보니, 후릉(厚陵)·헌릉(獻陵)·영릉(英陵)·명릉(明陵)의 네 곳은 왕비의 장례가 앞에 있었고 대왕의 장례가 뒤에 있었으나 능호(陵號)는 모두 그대로 본릉의 호를 썼으니, 오늘날 원용하기에 합당할 듯하오나, 오직 선조대왕의 목릉(穆陵)만은 의인왕후(懿仁王后)와 합봉하였는데, 『보략 譜略』의 왕후릉 주(註)에 이르기는 '초호(初號)는 유릉(裕陵)이다' 하였는 바, 유릉을 목릉으로 고친 지가 하도 오래 된 일이라서 고정(考定)하기가 어렵습니다. 또 합봉한 능침이 전후하여 열여덟 곳이나 되지만 표석(表石)은 모두 한 좌(坐)만 설치하였는데, 오직 영조(英祖)의 원릉(元陵)만은 정순왕후(貞純王后)와 합봉하여 신구(新舊) 두 표석을 썼습니다. 이는 모두 예문(禮文)과 제도에 관계된 일인만큼, 아래에서 천단(擅斷)할 수는 없는 일입니다. 대신과 예조 당상에게 수의(收議)하여 준행(遵行)하시기 바랍니다" 하니, 비답하기를, "수의한 일을 그대로 따르겠다" 하였다.

고종 29년(1892) '경명신력홍공융업(景命神曆弘功隆業)'라는 존호를 추상받았다.

▓ 선조대왕

【생몰년】 명종 7년(1552) ~ 선조 41년(1608). 향년 57세
【성 명】 이연(李昖). 초명은 이균(李鈞)
【재위년】 1567년 7월 ~ 1608년 2월. 40년 7개월
【본 관】 전주(全州)
【 자 】
【 호 】
【시 호】 정륜 입극 성덕 홍렬 지성 대의 격천 희운 경명 신력 홍공 융업
　　　　 현문 의무 성예 달효 대왕(宣宗正倫立極盛德洪烈至誠大義格
　　　　 天熙運景命神曆弘功隆業顯文毅武聖睿達孝大王)
　　　　 광해군 1년 성경(聖敬)에서 성예(聖睿)고 고침
　　　　 고종 29년 경명신력홍공융업(景命神曆弘功隆業)라는 추상
【묘 호】 원래는 선종(宣宗) 후에 선조(宣祖)로 고침
【능 호】 목릉(穆陵)
【문 헌】『선조실록』『선조수정실록』『광해군일기』

선조 능인 목릉 전경 (경기도 구리시 동구동 산2-1)

덕흥대원군(德興大院君)

덕흥대원군(德興大院君, 1530~1559)
처부: 정세호(鄭世虎, 1486~1563). 하동(河東)
처외조부: 이세걸(李世傑, 1463~1504). 광주(廣州)

출전: 『선원록 璿源錄』

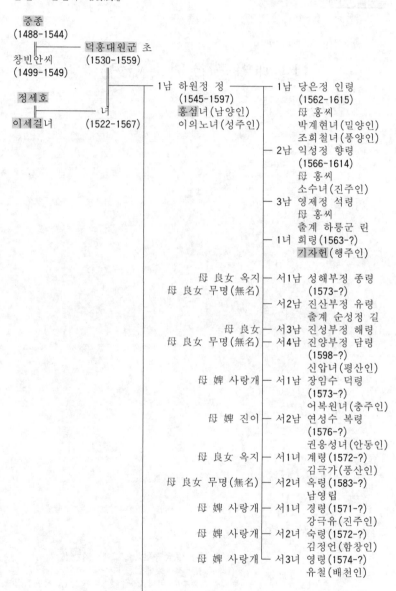

중종
(1488-1544)
창빈안씨
(1499-1549)

덕흥대원군 초
(1530-1559)

정세호
이세걸녀 녀
(1522-1567)

1남 하원정 정
(1545-1597)
홍섬녀(남양인)
이의노녀(성주인)

1남 당은정 인령
(1562-1615)
母 홍씨
박계현녀(밀양인)
조희철녀(풍양인)

2남 익성정 향령
(1566-1614)
母 홍씨
소수녀(진주인)

3남 영제정 석령
母 홍씨
출계 하릉군 린

1녀 희령(1563-?)
기자헌(행주인)

母 良女 옥지
母 良女 무명(無名)

서1남 성해부정 종령
(1573-?)

서2남 진산부정 유령
출계 순성정 길

母 良女
母 良女 무명(無名)

서3남 진성부정 해령
서4남 진양부정 담령
(1598-?)
신압녀(평산인)

母 婢 사랑개

서1남 장임수 덕령
(1573-?)
어복원녀(충주인)

母 婢 진이

서2남 연성수 복령
(1576-?)
권응성녀(안동인)

母 良女 옥지

서1녀 계령(1572-?)
김극가(풍산인)

母 良女 무명(無名)

서2녀 옥령(1583-?)
남영립

母 婢 사랑개

서1녀 경령(1571-?)
강극유(진주인)

母 婢 사랑개

서2녀 숙령(1572-?)
김정언(함창인)

母 婢 사랑개

서3녀 영령(1574-?)
유철(배천인)

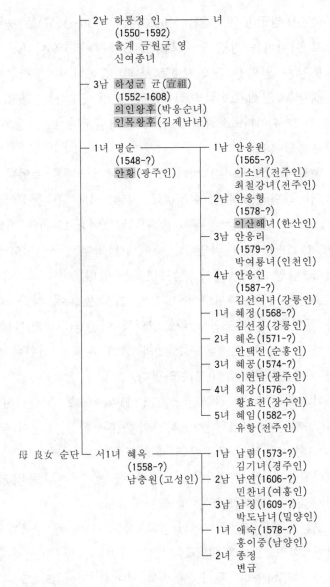

- 2남 하릉정 인 ─────── 녀
  (1550-1592)
  출계 금원군 영
  신여종녀

- 3남 하성군 균(宣祖)
  (1552-1608)
  의인왕후(박응순녀)
  인목왕후(김제남녀)

- 1녀 명순 ─────── 1남 안응원
  (1548-?)　　　　　　(1565-?)
  안황(광주인)　　　　이소녀(전주인)
  　　　　　　　　　　최철강녀(전주인)
  　　　　　　　─ 2남 안응형
  　　　　　　　　　(1578-?)
  　　　　　　　　　이산해녀(한산인)
  　　　　　　　─ 3남 안응리
  　　　　　　　　　(1579-?)
  　　　　　　　　　박여룡녀(인천인)
  　　　　　　　─ 4남 안응인
  　　　　　　　　　(1587-?)
  　　　　　　　　　김선여녀(강릉인)
  　　　　　　　─ 1녀 혜정(1568-?)
  　　　　　　　　　김선징(강릉인)
  　　　　　　　─ 2녀 혜온(1571-?)
  　　　　　　　　　안택선(순흥인)
  　　　　　　　─ 3녀 혜공(1574-?)
  　　　　　　　　　이현담(광주인)
  　　　　　　　─ 4녀 혜강(1576-?)
  　　　　　　　　　황효전(장수인)
  　　　　　　　─ 5녀 혜임(1582-?)
  　　　　　　　　　유항(전주인)

母 良女 순단 ─ 서1녀 혜옥 ─────── 1남 남렴(1573-?)
  (1558-?)　　　　　　김기녀(경주인)
  남충원(고성인) ─ 2남 남연(1606-?)
  　　　　　　　　　민찬녀(여흥인)
  　　　　　　　─ 3남 남징(1609-?)
  　　　　　　　　　박도남녀(밀양인)
  　　　　　　　─ 1녀 애숙(1578-?)
  　　　　　　　　　홍이중(남양인)
  　　　　　　　─ 2녀 종정
  　　　　　　　　　변급

※ 본서 부록 375쪽 참조

덕흥대원군(德興大院君) 이초(李岹, 1530~1559)는 중종 서7남으로 어머니는 창빈 안씨(昌嬪安氏, 1499~1549)이다.

부인은 영의정 정인지(鄭麟趾)의 증손녀이며, 판중추부사(判中樞府事) 정세호(鄭世虎, 1486~1563)의 딸 하동 정씨(河東鄭氏, 1522~1567)이다. 정씨의 묘는 덕흥대원군의 묘와 동일하고, 기신은 5월 18일이다.

슬하에 적실에서 3남 1녀를, 측실에서 1녀를 두었다.

1남 하원군(河原君) 이정(李鋥, 1545~1597)은 홍섬(洪暹, 1504~1585)의 딸인 남양 홍씨(南陽洪氏, 1544~1569)와 이의노(李義老, 1525~1592)의 딸인 성주 이씨(星州李氏, ?~1616)와 혼인하였다. 남양 홍씨에게서 3남 1녀를 두었다.

홍섬은 선조 즉위년 6월 28일 고사(故事)에 따라 원상(院相)을 두었을 때 예조판서로서 영의정 이준경(李浚慶, 1499~1572), 우찬성 오겸(吳謙, 1496~1582)과 함께 뽑혀 승정원에 입직하면서 기무(機務)를 참결(參決)하였다.

이의노는 청음 김상헌(金尙憲, 1570~1652)의 장인이다. 그래서 하원군과 김상헌은 동서간이 된다. 백강 이경여(李敬輿, 1585~1657)의 처 증조부인 임계노(任繼老)도 이의노의 사위이다.

하원군의 딸 희령(稀齡, 1563~?)은 행주 기씨(幸州奇氏) 기자헌(奇自獻, 1562~1624)에게 출가하였다.

2남 하릉군(河陵君) 이린(李鏻, 1550~1592)은 중종대왕의 서3남인 희빈 홍씨(熙嬪洪氏) 소생 금원군(錦原君) 이령(李岭)에게 출계(出繼)하였다. 동지중추부사 신여종(申汝悰)의 딸 평산 신씨와 혼인하여 1녀를 두었다.

【성주 이씨 이의노를 중심으로】

이인민— 직 —— 사순 —— 영분 — 창 ┬ 원우 ┬ 인노
　　　　　　　　　　　　　　　│　　　├ 의노(출계 형우)
　　　　　　　　　　　　　　　│　　　├ 예노
　　　　　　　　　　　　　　　│　　　├ 지노
　　　　　　　　　　　　　　　│　　　└ 신노
　　　　　　　　　　　　　　　│
　　　　　　　　　　　　　　　└ 형우 —계)의노 ┬ 영
　　　　　　　　　　　　　　　　　　　　　　　├ 직
　　　　　　　　　　　　　　　　　　　　　　　├ 녀
　　　　　　　　　　　　　　　　　　　　　　　│ 임계노
　　　　　　　　　　　　　　　　　　　　　　　├ 녀
　　　　　　　　　　　　　　　　　　　　　　　│ 하원군 이정
　　　　　　　　　　　　　　　　　　　　　　　└ 녀
　　　　　　　　　　　　　　　　　　　　　　　　 김상헌

※ 본서 부록 391쪽 참조

하원군 묘비

남양군부인홍씨지묘
현록대부하원군지묘
南陽郡夫人洪氏之墓
顯祿大夫河原君之墓

3남은 조선 제14대 왕 선조대왕(宣祖大王)이다.

1녀 명순(明順, 1548~?)은 광주 안씨(廣州安氏) 안황(安滉)에게 출가하였다. 안황의 둘째 아들인 안응형(安應亨, 1578~?)은 이산해(李山海, 1539~1609)의 딸인 한산 이씨(韓山李氏)와 혼인하였다.

측실 양녀 순단(順單) 소생의 딸 혜옥(惠玉, 1558~?)은 고성인(固城人) 남충원(南忠元)에게 출가하였다.

덕흥대원군은 중종 25년(1530) 3월 5일 태어났다.

9세인 중종 33년(1538) 덕흥군에 책봉되었다.

중종 33년 7월 29일 중종이 왕자녀의 지나친 저택은 법에 따라 헐어서 뒷날의 폐단을 막으라고 전교하였다. 이때 덕흥군의 집은 50칸으로 법전에 많이 벗어나지 않았다고 하였다.

　전교하였다. "왕자녀의 저택이 제도에 벗어난 것을 적간하였는데, 덕흥군의 집은 50칸이므로 법전에 많이 벗어나지 않았으나 정신옹주(靜愼翁主)의 집은 8칸, 숙정옹주(淑靜翁主)의 집은 11칸이 각각 법에서 벗어났다. 그러나 장무소(掌務所) 2칸과 마구 5칸은 왕자녀 집의 원도형에는 없지만 으레 다 있는 것이다. 이것을 제하고 따진다면 정신옹주의 집은 3칸, 숙정옹주의 집은 6칸이 제도에 벗어난다. 이것은 헐라. 적간은 공조가 하였으나 허는 일은 오부(五部)의 관원이 감독하게 하되, 서부(西部)와 중부(中部)에 있는 저택은 반드시 2부의 관원이 감독하게 하라. 그리고 헐어 버릴 때에는 각 집의 종들에게 미리 이르라"

　─ 사신은 논한다. 대간이, 유망(流亡)이 잇따르고 군사의 수효가 감소되는 것은 다 왕자녀의 저택이 제도에서 벗어났기 때문이라고 논하였다. 이것이 어찌 6칸이나 3칸이 법제에서 벗어

났다고 해서 말한 것이겠는가. 웅장한 집과 높은 담장으로 토목
공사의 사치를 극도로 부리건만 6칸이나 3칸 정도를 허는 것에
애를 쓴다. 겉으로는 간언을 따르는 척 하면서 실지로는 따르지
아니하니, 이것이 백성에게 실질적인 혜택이 미치지 않는 이유
이다. 조종(祖宗) 때에는 왕자녀의 저택이 사대부(士大夫) 집의
제도하고 다름이 없었는데 성종 때에 비로소 터전을 넓게 잡고
집을 웅장하게 짓게 하여 그 유폐가 궁궐과 비슷하게 짓는 지
경에까지 이르렀다. 이것이 성종의 성덕(聖德)과 이모(貽謀: 조상
이 남긴 교훈)에 누가 되었다.

11세인 중종 35년(1540) 9월 7일 경현공주(敬顯公主)·덕흥군
(德興君)·봉성군(鳳城君) 세 궁가(宮家)에 역군(役軍) 10명만 남
기고 모두 선창(船艙) 축조를 할 수 있도록 하라고 전교하였다.

병조가 아뢰기를, "선릉(宣陵: 성종의 능)을 참배한 날짜가 임
박하였는데도 선창(船艙: 배다리)을 축조하지 못했습니다. 경현
공주·덕흥군·봉성군 세 궁가(宮家)의 역군(役軍)을 직숙(直宿)하
는 10명만 남겨두고 모두 선창 역사에 내려보내 제때에 축조할
수 있게 하소서" 하니, 아뢴 대로 하라고 전교하였다.

중종 35년 10월 17일 사헌부가 덕흥군 집터의 우물물이 나
지 않는 문제로 집터 옮기는 것에 대해 아뢰었다.

"… 또 덕흥군의 가대(家垈: 집터)는 이미 사직동(社稷洞)에 정
해서 목석(木石)을 다 날랐고 섬돌도 배치하여 공역(功役)이 이
미 반이나 진척되었습니다. 그런데 오늘 들으니, 우물이 없다
하면서 다른 터를 정하여 옮긴다 합니다. 그래서 관리를 보내
적간(摘奸)해 보니 우물을 네 곳에 파서 물이 없는 곳이 없었습

니다. 그 중 한 곳은 수심이 1장(丈)쯤 되었고 또 옆에는 천맥
(川脈)이 있어 질척한 곳이 있으므로 우물을 팔 만하다 하였습
니다. 우물 파는 역사(役事)는 수월하고 터를 옮겨 개축하는 폐
는 심히 크니, 처음 터에다 그대로 짓게 하여 폐를 없애게 하소
서" 하니, 답하였다. "… 덕흥군 집의 목석(木石)과 공역은 아뢴
대로 하라. 다만 우물을 4~5군데 팠으나 암석이 있고 질퍽질퍽
한 곳에도 물이 나지 않는다고 하여 터를 옮기게 하였다. 우물
을 팔 만한 곳이 있다면 옮길 수 없으니, 마땅히 다시 적간해서
답해야겠다 …"

중종 35년 10월 18일 중종은 승정원에 "덕흥군(德興君) 이초
(李岹)의 가대에 우물 팔 곳을 다시 살펴보니 물이 없는 것이
아니라 한다. 아뢴 대로 터를 옮기지 말도록 대관(臺官)과 선공
감(繕工監)에게 이르라"고 전교하였다.

12세인 중종 36년(1541) 3월 25일 헌부가 덕흥군 가택의 사
치와 이를 방조한 조계상 · 이귀령 등의 추고를 아뢰었다.

헌부가 아뢰기를, "왕자가 부마의 제택의 칸수는 『대전 大典』
에 기재되어 있으며, 재목의 척수(尺數)도 공안(貢案)에 기재되어
있습니다. 요즈음 사치가 풍습을 이루어 법도를 따르지 않고 극
도로 크게 하기만을 힘써 한도가 없습니다. 지난번 조정의 의논
으로 인해서 대부등(大不等: 매우 큰 아름드리 재목을 말함)의
길이는 23척으로 작정하여 이것을 등록(謄錄)하여 책을 만들어
영원히 항식(恒式)을 삼고 그 척수에 지나치는 일이 없도록 마
련하라는 일을 이미 승전(承傳)을 받들었습니다. 그런데 옛날의
공안(貢案)을 관찰해 보니, 대부등의 길이가 15척이었으니, 이번
에 정한 23척도 너무 지나친 것입니다. 그런데 덕흥군의 가사
(家舍) 마련에 관한 단자(單子)를 가져다 보니, 대부등의 길이가

25척이었습니다. 작정한 척수에서 멋대로 2척을 더 보태었으니
이는 승전을 무시한 처사일 뿐만 아니라, 귀족(貴族)의 사치스럽
고 교만한 마음만 힘써 따르게 되어 거듭 백성들에게 한없는
폐단을 끼치게 되었습니다. 그 당시 함께 의논해 마련한 호조판
서 조계상(曺繼商), 공조판서 이귀령(李龜齡), 선공감 제조 황침
(黃琛) 등을 추고하여 죄를 다스리고, 아울러 지금부터는 재목의
척수도 줄이도록 하여 백성들의 폐단을 제거하소서" 하니, 아뢴
대로 하게 하였다.

13세인 중종 37년(1542) 8살 연상인 정세호(鄭世虎)의 딸 하
동 정씨(河東鄭氏, 1522~1567)와 혼인하였다.

15세인 중종 39년(1544) 4월 3일 사헌부가 해마다 흉년이 드
는데도 영선하는 역사가 늘어나는 폐단을 아뢰면서 덕흥군의
저택 바깥 난간과 담장 역사를 속히 마감하도록 아뢰었다.

　헌부가 아뢰기를, "… 덕흥군의 집은 다 지은 지 이미 오래인
데 짐짓 역사를 늦추어 아직도 바깥 난간과 담장을 쌓지 않았
으니 매우 그릅니다. 본부(本府)가 관원을 보내 적간(摘奸)하자,
원래 배정한 군사는 1백 40명인데 현재 있는 사람은 단지 32명
이었습니다. 감역관(監役官)은 추고(推考)하여 죄를 다스리고 독
촉하여 역사를 끝내게 하소서" ― 이 때에 왕자들의 제택(第宅)
이 외람하게도 궁궐과 비슷하게 하여 토목 잡역(土木雜役)이 없
는 해가 없어 호야(呼耶) 소리가 성 안에 떠들썩했다. 이 때를
기회로 서리들이 간계를 부렸고, 감역관은 군졸(軍卒)들을 모두
놓아주고 날마다 재물만 챙기므로, 역사가 이미 때를 넘었다.
백성들이 살아갈 길이 없었다 ― 하니, 모두 아뢴 대로 하라고
답하였다.
　― 사신은 논한다. 해마다 흉년이 드는데도 영선하는 역사는

더욱 번다하여, 유위군(留衛軍) 모두에게 잡역을 시켜도 오히려 부족하고 경기 수군까지 잡역을 시켜도 부족하자 충청·황해 두 도의 군사를 조발(調發)하게 되어 굶주림과 고생하는 상황을 차마 말할 수 없었으니, 사헌부가 감역관(監役官)을 추고한 것이 당연하다. 경대부(卿大夫)들이 주문 갑제(朱門甲第)를 다투어 높고 크게 하기를 힘쓰고, 갖가지 방법으로 토색질하여 서로들 과시하며 자제할 줄도 모르고 또한 부끄러워할 줄도 모르니, 임금의 토목 공사하는 병폐를 누가 능히 간하여 바로 잡을 수 있겠는가?

16세인 인종 1년(1545) 1월 정사(丁巳)일 1남 하원군 이정(李鋥)이 태어났다. 19세인 명종 3년(1548)에 1녀 명순(明順)이 태어났다.

21세인 명종 5년에 2남 하릉군(河陵君) 이린(李鏻, 1550~1592)이 태어났다.

23세인 명종 7년(1552) 4월 23일 사헌부에서 덕흥군 이초를 파직시킬 것을 건의하였다.

헌부가 아뢰기를, "덕흥군 이초는 성품이 교만하고 패려하여 재상을 능욕하고 사류(士類)를 구타하며 창기(娼妓)와의 사랑에 빠져 변복(變服)으로 나돌아다니고 있으니, 지금 다스리지 않으면 불의(不義)에 빠지고 말 것입니다. 파직시켜 마음과 행동을 고치게 하소서" 하니, 답하기를, "이초(李岹)가 연소하여 사체를 몰라서 망령된 행동을 하는 것인데, 파직까지야 할 수 있겠는가? 교계(敎戒)를 가하여 이런 행동을 하지 못하게 해야 한다" 하였다.

23세인 명종 7년(1552) 11월 11일 뒤에 선조가 되는 하성군이 태어났다.

25세인 명종 9년(1554) 3월 30일 사헌부에서 덕흥군과 정세호를 노비가 투탁한 죄로 추고할 것을 아뢰었다.

헌부가 아뢰기를, "근래 상께서 내수사(內需司)의 노비들을 추쇄(推刷)하려고 진고(陳告)하게 하니 그 유폐(流弊)가 간활(奸猾)한 무리와 주인을 배반한 종들이 누락되었었다고 하기도 하고 가현(加現)이라고 하기도 하며 다투어 투탁(投托)할 꾀를 내기에까지 이르렀습니다. 심지어는 주인에게 공물을 바치고 몰래 선두안(宣頭案)2)에 기록하는 자까지 있어서 서로 다투어 소송을 할 때에는 관리가 감히 밝게 분변할 수도 없고 상께서도 자세히 살피지 않아 날이 갈수록 심하고 해가 갈수록 심합니다. 주인을 배반한 종들이 내수사에만 투탁하는 것이 아니라 또한 세도가 큰 집에 투탁하는 자들도 많습니다. 서리(書吏) 오영정(吳永貞)이 '여종 대비(代非)의 모자 4명이 금년 정월 도망하여 전의감(典醫監) 이문(里門) 안 다른 사람의 집에 임시로 머물러 살고 있었는데 관청에 정소(呈訴)하려 할 즈음 덕흥군(德興君) 이초(李岹)의 종 10여 명과 전(前) 동지(同知) 정세호(鄭世虎)의 종 10여 명이 치고 때리며 빼앗아갔다'고 본부에 정장(呈狀)하였습니다. 이렇게 드러난 것을 만일 치죄하지 않는다면 고려 말의 수청목(水靑木)의 폐단 같은 것을 장차 구제할 수 없게 될 것입니다. 덕흥군과 전 동지 정세호를 추고하소서" 하니, 아뢴 대로 하라고 답하였다.

— 사신은 논한다. 덕흥군은 종실(宗室)의 무식한 사람이니 논할 것도 못 되지만 정세호는 재상이 되었던 사람으로 남의 종까지 빼앗으면서도 꺼리는 바가 없으니 또한 심하지 아니한가. 일찍이 형부(刑部)의 장이 되어서는 뇌물을 받고 죄를 감해 주

---

2) 선두안(宣頭案): 내수사에 속한 노비들을 20년마다 한 번씩 정밀하게 조사하여 장부를 만들어서 임금에게 보이는데, 이것을 선두안이라 한다.

있고 호부(戶部)의 장이 되어서는 시정(市井)의 장사꾼들과 함께 꾀하여 이곳만을 노렸었는데, 이제는 또 남의 종까지 약탈하여 저만 잘 살려 하니 탐욕스럽고 비루하기가 말할 수조차 없다. 법사의 공론(公論)에 발의된 것이 또한 마땅하지 아니한가.

명종 14년(1559) 5월 9일 30세로 졸했다. 9월 17일 양주(楊州) 남면(南面) 수락산(水落山) 술좌(戌坐)에 장사지냈다.

명종 16년 1남 하원군 이정(李鋥, 1545~?)이 홍섬의 딸 남양 홍씨(1544~1569)와 혼인하였다.

명종 22년(1567) 5월 18일 부인 하동 정씨가 46세로 졸했다.

6월 28일 명종이 후사(後嗣) 없이 34세의 젊은 나이로 경복궁 양심당(養心堂)에서 승하하시자 덕흥군의 셋째아들 하성군(河城君)이 명종의 뒤를 이어 즉위하였는데, 그가 곧 선조이다.

선조 즉위년(1567) 8월 9일 부인 하동 정씨를 덕흥대원군 묘에 동영(同塋) 이실(異室)로 하고, 왕비(王妃) 부모를 장사지내는 예로 장사지냈다.

선조 2년(1569) 10월 19일 첫째 며느리 남양 홍씨가 26세로 졸했다.

선조 2년 11월 대원군에 추존되었다. 송(宋)나라 영종(英宗)이 복왕(濮王)을 추존하는 고사(故事)에 따라 덕흥군을 추숭하여 덕흥대원군으로 하고 부인은 부대부인(府大夫人)으로 칭하기로 하고, 나라에서 제사를 지내 고하려면 황백부모(皇伯父母)를 칭하기로 하였다.

덕흥군을 높여 대원군으로 삼고, 그의 사자(嗣子) 하원군(河原

君) 이정(李珵)에게는 작위(爵位) 1급을 가하고 전토(田土)와 장획(臧獲)을 주었다. 상이 1품작(品爵)으로 세습하여 봉사하도록 하려 하자 조신(朝臣)들이 모두 불가하다고 말하고, 또 '종실의 녹(祿)은 4대에 한하여 주는 것이 규례이므로 옛 법규를 바꿀 수 없다'고 하였다. 그리고 이 작록(爵祿)을 4대로 한정하는 제도에 대해서 논자(論者)는, "대원군이 성상을 낳아 길렀는데 4대 이후에 사손(嗣孫)의 녹이 끊긴다면 복왕(濮王)을 제사함에 있어 세사(世祀)한 예와는 달라지니, 이는 조신들이 정례(情禮)를 헤아리지 못하고 법문(法文)만을 지키려는 과실인 것이다" 하였다. 『선조수정실록』 권3 선조 2년 11월

선조 23년(1590) 3월 3일 노원(蘆原)에 있는 대원군(大院君)의 무덤 위에 어떤 사람이 불을 질렀는데, 그 용의자를 체포하도록 명하였다.

덕흥대원군 묘비

하동부대부인정씨지묘
덕흥대원군지묘
河東府大夫人鄭氏之墓
德興大院君之墓

선조 25년 2남 하릉군이 43세로 졸하였다. 선조 30년(1597) 10월 3일 1남 하원군(1545~1597)이 53세로 졸했다.

광해군 4년(1612) 2월 5일 덕흥대원군의 가묘(家廟)를 중건하라 명하였는데, 전일 전쟁 중에 소실되었기 때문이다.

광해군 8년 1월 11일 장남 하원군 부인 성주 이씨가 졸하였다.

광해군 14년(1622) 3월 12일 외손자인 안응형(安應亨)이 공홍감사(公洪監司)에 임명되었다.

안응형은 덕흥대원군(德興大院君)의 외손으로서 그 어머니 광양 부인(廣陽夫人)이 아직 살아 있었으므로 연줄을 타고 잘 섬겨 특별히 총애를 받았다. 여러 차례 방백에 제수되었는데, 성품이 자못 간약(簡約)하여 군을 잘 다스린다는 칭찬이 있었다.

인조 4년(1626) 12월 21일 임금이 "이후로는 덕흥대원군의 휘자(諱字)는 모든 공사(公事)에 쓰지 말라"고 전교하였다.

인조 5년 6월 11일 덕흥대원군의 사묘(私廟)를 봉환하고서 관원을 보내어 제사하였다.

9월 27일 덕흥대원군의 묘를 수축하라고 하교하였다.

"덕흥대원군의 묘 위에 놓여 있는 사대석(莎臺石)이 넘어졌고 잔디풀이 말라 죽었다고 하니 해사는 좋은 날을 골라 수축하라. 그리고 제기(祭器)는 사옹원(司饔院)으로 하여금 보내도록 하라"

숙종 8년(1682) 2월 25일 이의천과 운흥수(雲興守) 이절(李梲)이 덕사(德寺)에서 창기(娼妓)를 끼고 술취해서 소란하였는데, 덕사는 덕흥대원군의 재궁(齋宮)이다. 종부시에서 아뢰니, 파직하라고 명하였다.

숙종 21년(1695) 2월 28일 덕흥대원군의 사묘에 전배례를 행하고 봉사손에게 가자를 명하였다.

경종 2년(1722) 10월 1일 승지 이명언(李明彦)이 덕흥사(德興祠)를 이세정(李世禎)의 집에서 옮길 것 등을 청하였다.

영조 1년(1725) 3월 2일 이명회(李明會)에게 덕흥대원군의 제사를 승습하게 하였다. 영조 18년(1742) 8월 2일 덕흥대원군의 묘(廟)에 치제(致祭)하라고 명하였다.

정조 5년(1781) 9월 16일 덕흥대원군 묘(墓)의 석물(石物)과 사초(莎草)를 수개(修改)하는 역사(役事)를 이에 앞서서는 내사(內司)에서 거행하였다. 이 뒤로 수개할 때에는 주가(主家)에서 내사에 보고하면 내사에서는 예조에 보고하고 예조에서는 사유를 갖추어 입계(入啓)하게 하여, 이어 본도(本道)에 알려 특별히 차원(差員)을 정하여 수개 거행한 형지(形止)를 장문(狀聞)하는 것을 드러내어 법식으로 만들라고 명하였다.

정조 15년(1791) 9월 26일 승지를 보내 덕흥대원군의 묘에 치제하였다.

순조 3년(1803) 8월 19일 덕흥대원군 묘에 치제하게 하였다.

하교하기를, "이번에 연로(輦路)에서 덕흥대원군의 묘가 가까운 곳에 있으니, 어떻게 정성을 펴는 일이 없을 수 있겠는가?" 하고, 지돈녕 이언식(李彦植)을 보내어 제향을 행하게 하고, 제문(祭文)은 각신(閣臣)으로 하여금 지어서 바치게 하였다. …

순조 7년(1807) 10월 22일 덕흥대원군의 사우(祠宇)에 나아가 작헌례(酌獻禮)를 행하였다.

순조 27년(1827) 9월 13일 왕세자가 함흥·영흥 두 본궁(本宮)의 의폐(衣幣)·향촉을 대신 전달하였다. 이어 덕흥대원군의 사당에 나아가 작헌례(酌獻禮)를 행하고 나서, 내외손을 들어오게 하여 참석시켰다.

덕흥대원군 신도비

순조 30년(1830) 3월 1일 덕흥대원군의 다섯 번째 회갑에 제사지내도록 하교하였다.

"금년의 이달은 바로 덕흥대원군의 다섯 번째 회갑(回甲)이다. 초5일에 정경(正卿)을 보내어 사묘(私廟)에 공경히 제사하도록 하라. 그리고 완성군(完城君)의 아들·사위·조카 가운데서 목릉참봉(穆陵參奉)의 자리를 만들어 의입(擬入)하도록 하라" 하였다.

신도비(神道碑)는 1남 하원군 이정의 장인으로 덕흥대원군과는 사돈이 되는 홍섬(洪暹)이 찬(撰)하고 여성군 송인(宋寅)이 서(書)하고 노직(盧稙)이 전(篆)했다.

덕흥대원군의 묘소 옆에 원찰로 흥국사(興國寺)가 있다.

흥국사는 덕흥대원군 묘소의 조포사(造泡寺) 겸 원찰로 출발하는 것이 확실하니 「기적비」에서 "선조 원년(1568) 무진(戊辰)에 덕흥대원군의 현궁(玄宮) 때문에 칙명으로 행향원당(行香願堂)을 삼고 흥덕사(興德寺)라 사액(賜額)하였다"고 한 것에도 이를 확인할 수 있다.

선조는 자신의 생부인 덕흥대원군이 왕의 아들이요 왕의 아버지이면서 왕으로 불릴 수 없는 것을 민망하게 여겨 그 묘소만이라도 능(陵)으로 불려졌으면 하는 비원을 가졌었다 한다. 그러나 왕으로 추존될 수 없는 터에 능으로 불려지는 것은 불가능한 일이라 민간에서만이라도 능으로 불려지게 하기 위해 묘계를 썼다.

동대문 밖에 나무 도매상을 하는 자를 은밀히 불러 나무 팔러 오는 사람 중에 덕릉(德陵)에서 왔다 하면 무조건 후한 값에 나무를 사고 술과 밥을 먹여 보내되, 덕흥대원군 묘소에서 왔다 하면 거들떠보지도 말라 한 것이다. 이 소문이 퍼지자 서울 인근 나무꾼들은 모두 덕릉에서 왔다 하며 나무를 팔게 되니 자연 덕흥대원군 묘소를 민간에서 덕릉으로 높여 불리게 되었다 한다. 그래서 지금까지도 덕릉으로 불려지고 있으며 현대 지도에도 그렇게 표기되어 있다.

따라서 흥국사도 덕절이란 별명으로 더욱 널리 알려져 있어 서울 부근에서 세거해 온 사람들에게는 '덕절'이라 해야 알아듣는다. 서울 부근에서는 유명한 절들을 외자 별호(別號)로 애칭하는 풍습이 있으니 봉은사는 숭절, 봉원사는 새절, 신륵사를 벽절 등으로 부르는 것이 그것인데 이 흥국사도 그런 애칭으로 불린 절 중의 하나이다.

흥덕사라 했던 이 덕절은 선조의 손자인 인조가 반정에 성공, 조선성리학 이념에 입각하여 착실히 조선 후기 왕조를 이끌어 가게 되자 덕흥대원군이 화가위국(化家爲國)의 중흥조라는 의미를 강조하려는 듯 그 4년(1626) 병인(丙寅)에 흥국사로 절 이름을 고쳐 사액한다. 이로부터 덕절의 공식 명칭은 흥국사가 된 것이다.『명찰순례 名刹巡禮』 권3 (대원사)

흥국사 현판 (흥국사 큰방채에 걸려있는 흥선대원군 친필)

▦ 덕흥대원군

【생몰년】 중종 25년(1530) ~ 명종 14년(1559). 향년 30세

【성 명】 이초(李岹) 　　　　　　　【본 관】 전주(全州)

【 자 】 경앙(景仰) 　　　　　　　【 호 】

【시 호】

【 묘 】 양주 남 수락산(楊州南水落山)

　　　　남양주시 별내면 덕송리 산 5-13. 기신은 5월 9일

　　　　봉분의 전면에는 묘비와 상석, 망주석, 석등, 문인석 등이 있다

　　　　묘비는 대리석재로 높이 168cm, 너비 54cm. 신도비의 비문은

　　　　송인(宋寅)이 서(書)했다. 대원군 묘소 아래 마을에는 덕흥사(德

　　　　興祠)가 있어 대원군의 위패와 모당(母堂)인 창빈 안씨(昌嬪安

　　　　氏), 하성군(河城君)의 위패를 모시고 있다

　　　　기념물 55호. 1980년 6월 2일 지정

【문 헌】 『중종실록 中宗實錄』『선조실록 宣祖實錄』

　　　　『인조실록 仁祖實錄』『선원록 璿源錄』

　　　　홍섬(洪暹) 『인재집 忍齋集』「유명조선국덕흥대원군신도비명병

　　　　서 有明朝鮮國德興大院君神道碑銘幷序」

　　　　이호민(李好閔) 『오봉집 五峯集』「유명조선국현록대부하원군증시

　　　　신도비명병서 有明朝鮮國顯祿大夫河原君贈諡神道碑銘幷序」

　　　　송인(宋寅) 『이암유고 頤庵遺稿』「군부인남양홍씨〔이정처〕묘표

　　　　郡夫人南陽洪氏〔李鋥妻〕墓表)

　　　　『양주군지 楊州郡誌』(1992년 양주문화원)

덕흥대원군 처부

정 세 호(鄭世虎)

출전: 『선원록 璿源錄』『하동정씨문성공파보 河東鄭氏文成公派譜』

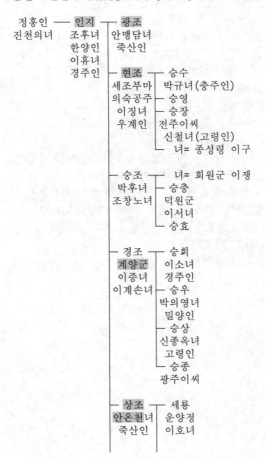

정홍인 ── 인지 ┬ 광조
진천의녀   조후녀   안맹담녀
      한양인   죽산인
      이휴녀
      경주인 ├ 현조 ┬ 승수
           세조부마 │ 박규녀(충주인)
           의숙공주 ├ 승영
           이징녀 ├ 승장
           우계인 │ 전주이씨
                 신철녀(고령인)
                └ 녀= 종성령 이구

           ├ 숭조 ┬ 녀= 회원군 이쟁
           박후녀 ├ 승충
           조창노녀 ├ 덕원군
                 이서녀
                └ 승효

           ├ 경조 ┬ 승회
           계양군 │ 이소녀
           이증녀 │ 경주인
           이계손녀 ├ 승우
                 박의영녀
                 밀양인
                ├ 승상
                 신종옥녀
                 고령인
                └ 승종
                 광주이씨

           └ 상조 ┬ 세룡
           안온천녀 │ 운양정
           죽산인 │ 이호녀

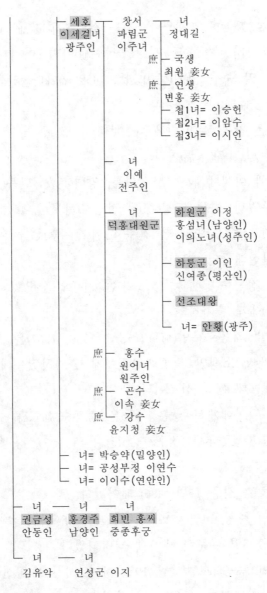

세호
이세걸녀 ─── 창서 ─── 녀
광주인   파림군   정대길
             이주녀
                  庶 ─ 국생
                       최원 妾女
                  庶 ─ 연생
                       변홍 妾女
                     ─ 첩1녀= 이승헌
                     ─ 첩2녀= 이암수
                     ─ 첩3녀= 이시언

           ─ 녀
             이예
             전주인

           ─ 녀   ─ 하원군 이정
             덕흥대원군   홍섬녀(남양인)
                         이의노녀(성주인)

                       ─ 하릉군 이인
                         신여종(평산인)

                       ─ 선조대왕

                       ─ 녀= 안황(광주)

        庶 ─ 홍수
             원어녀
             원주인
        庶 ─ 곤수
             이속 妾女
        庶 ─ 강수
             윤지청 妾女

      ─ 녀= 박승약(밀양인)
      ─ 녀= 공성부정 이연수
      ─ 녀= 이이수(연안인)

── 녀 ── 녀 ── 녀
   권금성   홍경주   희빈 홍씨
   안동인   남양인   중종후궁

── 녀 ── 녀
   김유악   연성군 이지

※ 본서 부록 392쪽 참조

정세호(鄭世虎, 1486~1563)는 정인지(鄭麟趾, 1396~1478)의 손자로 아버지는 호군 정상조(鄭尙祖)이며, 어머니는 안온천(安溫泉)의 딸 죽산 안씨(竹山安氏, 1459~?)이다. 안씨는 세종부마 안맹담(安孟聃)의 손녀이다.

부인은 참판(參判) 이세걸(李世傑)의 딸 광주 이씨(廣州李氏)와 양녀(良女) 말복(末福)이다.

슬하에 이씨에게서 1남 2녀를, 양녀(良女) 말복(末福)에게서 3남을 두었다. 아들 도정(都正) 정창서(鄭昌瑞, 1519~?)는 파림군(坡林君) 이주(李珘)의 딸 전주 이씨(全州李氏)와 혼인하였다. 이씨는 월산대군의 손녀이다.

맏딸 정난수(鄭蘭壽, 1513~?)는 전주인(全州人) 별좌(別坐) 이예(李叡)에게 출가하였다.

둘째딸 하동부부인(河東府夫人, 1530~1567)은 중종의 서7남 창빈 안씨 소생인 덕흥대원군에게 출가하였는데, 셋째아들이 조선 제14대 왕인 선조이다.

양녀 말복에게서 낳은 아들은 정홍수(鄭弘壽, 1527~?), 관상감 봉사(觀象監奉事) 정곤수(鄭崑壽, 1533~?), 정강수(鄭岡壽, 1536~?)이다.

정세호는 성종 17년(1486) 태어났다.

34세인 중종 14년(1519) 식년문과에 병과로 급제하였다. 중종 16년 4월 5일 홍문관 박사에 임명되었다.

44세인 중종 24년 1월 19일 세자 시강원 필선(世子侍講院弼善)에 임명되었고, 10월 26일 함경도 어사(御史)로 파견되었다.

46세인 중종 26년(1531) 1월 15일 시강원 보덕에 임명되었다. 그해 4월 4일 의정부 사인에 재직중, 홍경주의 아들 홍우룡(洪遇龍)을 심문할 때 담당관인 사헌부 집의 오결(吳潔)의 집에까지 가서 구제하다가 경상도 곤양에 장류(杖流)되었다. 정세호는 중종 후궁 희빈 홍씨의 아버지인 홍경주와는 사촌간이다.

사신은 논한다. 정세호는 집의 오결과 좋게 지내는 사이였다. 이때 정세호의 족인(族人)인 홍우룡이 궁금(宮禁)의 시비(侍婢)와 몰래 간통한 일 때문에 옥에 갇혀 결단을 받지 못한 지가 오래였다. 그래서 정세호가 그의 범죄 사실이 아리송하다는 것을 오결에게 말하고, 또 법사(法司)에서 소문을 듣고 아뢴 일이 사실이 아닐 경우에는 반좌(反坐)되는 경우도 있다고 하면서 김석(金碩)의 일을 인용하여 증명하였다. 오결이 이 얘기를 동료들에게 했더니 지평(持平) 이임(李任)이, 정세호가 죄인을 구하기 위해 대간을 공동(恐動)시킨다는 격론을 대대적으로 확대, 하옥(下獄)시키고 추문하라고 청하였다. 그리하여 마침내 유배(流配)되었으므로, 사람들은 오결이 친구를 팔아 정직하다는 이름을 산 것이 아닌가 의심했다.

48세인 중종 28년(1533) 10월 5일 중도부처되었다.

간원이 아뢰기를, "정세호는 홍우룡의 일로 대간의 집에 분경(奔競)하고 사람들을 겁주어 그를 구제할 생각을 하다가 죄를 받아 먼 곳에 유배되었습니다. 이제 그 딸의 상언(上言)으로 양이(量移)하라고 명하셨는데 의금부에서 양주(楊州)로 옮겼습니다. 양주는 서울에서 반나절 길이라서 집에 있는 것과 다름이 없습니다. 의금부도 그의 사정(私情)에 따라서 가까운 곳으로 옮겼으니, 역시 잘못입니다. 정세호의 배소(配所)를 고치소서" 하니, 답하였다. "정세호는 고쳐 중도(中道)에 유배하라"

51세인 중종 31년(1536) 2월 30일 사간원이 정세호의 방면의
명령을 반대하였으나 허락되지 않았고, 3월 1일 대사헌 허항
(許沆)과 대사간 채무택(蔡無擇) 등이 차자를 올려 정세호 등을
논박하자 방면이 취소되었다.

　… 전교하기를, "이제 계사(啓辭)를 보니 그 관계된 바가 중대
하다. 나의 뜻도 그러하니 정세호·박운·김극개·김명윤·김홍
윤 등의 일을 다 윤허한다. 다만 정세호는 방면을 취소하되 멀
리 귀양보낼 필요는 없고 김명윤 등은 사적에서 삭제하되 현재
다른 범죄 사실이 없으니, 도하에 드나들지 못하게 할 필요까지
는 없다" 하고, 이어 정원에 전교하였다. "정세호의 딸의 소장
(訴狀)은 도로 정원에 가져오게 하여 보관해 두게 하라. 정세호
와 박운의 일에 관한 대간의 계사를 낱낱이 기록하여 승전(承
傳)을 받들고 김명윤·김홍윤을 사적에서 삭제하는 일에 관해서
도 승전을 받들도록 하라. 또한 김극개는 애당초 경차관을 시켜
추론하였으니, 잡아다가 추국하라"

중종 31년(1536) 3월 2일 정세호를 귀양보내고, 김명윤(金明
胤)·김홍윤(金弘胤)을 사적에서 삭제하라는 명이 내렸다.

　정세호를 멀리 귀양보낼 것을 명하고, 김명윤·김홍윤은 사적
에서 삭제하고 도하의 출입을 금지하도록 명하였다.
　— 사신은 논한다. 정세호는 처음에 이름있는 인사였는데 김
극픽의 비위를 거스린 뒤에 화가 미칠까 걱정하여 본심까지 상
실해 가면서 김극픽의 아들 김명윤을 반연(攀緣)하여 도리어 지
나치게 아첨하여 섬겼다. 그러다가 김극픽이 패한 뒤에는 갑자
기 앙심을 품고 장옥(張玉)을 은밀히 사주하여 이행(李荇)을 은

근히 찬양하기를, 좌상(左相)은 선인(善人)으로서 어찌 이같은 시기에 한 마디도 발언하지 않느냐고 하였다 한다. 이는 이행을 내세워 대간을 일망타진하고 간당(奸黨)을 구제하려는 속셈이었다. 만약 그가 은밀히 사주한 죄와 악랄한 소행을 추론받는다면 유방(流放)에만 그칠 뿐이 아닌데, 다만 홍우룡를 구제하려다가 분경(奔競)을 한 죄만 적용되었는데도 이를 스스로 반성하지 못하고 백방으로 주선하여 그 딸을 시켜 외람되이 정소(呈訴)하게 하였으니, 그의 사휼(邪譎)하고 무상(無狀)함은 조정과 공론을 무시한 것이다. 그 범죄가 전에 비해 가중되었으므로 마땅히 호오를 통쾌히 보여 국시를 정해야 할 터인데 도리어 은유를 내려 그 계략을 이루게 하였다. 그의 딸이 가전(駕前)에서 상언(上言)하여 방면 판결을 받았으나 그대로 시행되지 못하였고 이에 이르러 먼 지방에 축출되었다.

52세인 중종 32년(1537) 10월 27일 윤안인이 홍우룡 사건에 대해 아뢰었다.

… 윤안인(尹安仁)이 아뢰기를, "홍우룡(洪遇龍)은 정릉동(貞陵洞)에 있습니다. 신이 오결(吳潔)에게서 들었는데, 홍우룡은 평생 동안 집 밖에서 색(色)을 범하는 일이 없었다 하니, 반드시 패륜(悖倫)한 일이 없었을 터인데, 김안로가 그를 미워한 것은 조광조(趙光祖)의 일 때문입니다. 조광조의 일을 그때 누구 하나 감히 말하는 사람이 없었는데, 홍경주(洪景舟: 홍우룡의 아비이다)가 초친(椒親)으로서 정로(正路)를 거치지 않고 — 그때 신무문(神武門)으로 들어가 아뢰었기 때문에 정로를 거치지 않았다고 말한 것이다 — 들어가 아뢰었던 것입니다. 김안로는 자기의 악이 이미 쌓인 것을 알고, 홍우룡이 홍빈(洪嬪)의 오라비이므로 홍경주가 조광조의 일을 아뢰게 되면 자기 악행을 감출 수 없다고 생각한 것입니다. 더구나 홍우룡은 성품이 명민(明敏)하고

유식한 사람입니다. 김안로는, 만약 홍우룡을 제거하면 비록 흉악을 저지르더라도 감히 말하는 자가 없을 것이라고 여겨서 배척한 것입니다. 정세호(鄭世虎)가 그 이웃에 사는데 또 홍우룡에게는 가까운 친척입니다. 이 때문에 그 애매한 사정을 알고 있습니다. 그때 이임(李任) ― 삼흉(三兇)의 무리로 삼흉보다 먼저 죽었기 때문에 홀로 그 화를 면하였다 ― 이 장령(掌令)이었는데 그의 첩(妾)은 홍우룡의 4촌이었습니다. 그래서 이임이 그 일을 발설한 것이 아닌가 의심하여, 오결(吳潔) ― 김안로와 서로 좋아하는 친척으로 벼슬이 2품에 이르렀다. 삼흉이 제거되기 전에 죽었다 ― 이 김안로에게 말해 준 사실을 알지 못하고 마침내 이임을 책했으나, 실은 오결이 말한 것이었습니다. …"

53세인 중종 33년(1538) 2월 21일 직첩을 되돌려 받았다.

중종 33년 10월 9일 홍문관 응교에, 11월 14일 홍문관 직제학에, 12월 6일 특지(特旨)로 대사성에 임명되었다.

54세인 중종 34년 5월 16일 호조참판으로 성절사(聖節使)가 되어 명나라에 갔다. 10월 28일 성균관 대사성에 임명되었고, 11월 7일 성절사로 명나라에 갔다가 돌아와 임금을 뵈었다.

55세인 중종 35년(1540) 1월 18일 승정원 동부승지에, 8월 7일 홍문관 부제학에 임명되었다.

중종 37년(1542) 3월 5일 병조참판으로 재직하였고, 중종 38년 9월 13일 한성부 우윤(漢城府右尹)에 임명되었다.

61세인 명종 1년(1546) 12월 19일 호조판서에 임명되었다.

명종 2년(1547) 8월 2일 호조판서로 성균관에 속한 전적(田籍)을 김형(金珩)에게 돌려주라고 건의하였다.

호조판서 정세호가 아뢰기를, "지난 임인년에 동대문 밖의 동지(東池) · 마지(馬池) · 토란포(土卵浦)는 성균관에게 채전(茶田)으로 절수(折受)하였고, 또 구유지(仇有池) — 못 이름이다 — 가 있는데, 이는 김형(金珩)이 몰래 농사지어 먹다가 지금 드러난 것으로 아울러 성균관에 소속시켰었습니다. 김형이 상언(上言)할 때마다 말하기를 '조상 때부터 전해오던 밭을 하루 아침에 학궁(學宮)에 빼앗겼으니, 매우 억울하고 원통하다'고 하자, 또 양주 고을에서 세금을 받은 것이 이미 오래인데 하루 아침에 공전(公田)으로 만드는 것은 애매한 것 같으니 김형에게 도로 돌려주라고 이미 계하(啓下)하였습니다. 그런데 성균관에서는 신 등이 김형의 말을 듣고 학궁의 밭을 빼앗는다고 하여 예조에 알리기까지 하였습니다. 그러니 김형과 성균관의 수노(首奴)로 하여금 해당 관서에 나아가 이를 밝히게 해서 속히 분간하게 하는 것이 어떻겠습니까?" 하니, 아뢴 대로 하라고 전교하였다.

— 사신은 논한다. 여러해 학궁에 속해 있던 땅은 진실로 다른 사람에게 줄 수가 없는 것이며 더구나 양주 고을의 전적(田籍)이 파손되어 상고할 수가 없는데, 김형의 밭이라는 것을 무엇으로 알 수 있단 말인가. 정세호는 지위가 육경(六卿)의 반열에 이르렀으면서도 장삿군의 뇌물을 받아 먹고 학궁의 땅을 빼앗고자 하여 은근히 와서 아뢰었으니, 그의 사람됨이 탐욕하고 비루함을 알 만하다.

명종 4년(1549) 7월 18일 한성부 판윤에 임명되었고, 명종 5년 1월 17일 형조판서에 임명되었으며, 명종 6년 8월 28일 호조판서에 임명되었다. 명종 7년 5월 6일에는 체직을 청하였다.

호조판서 정세호가 아뢰기를, "신은 노쇠한 몸으로 앞서 4년, 후에 1년간 호조판서를 맡아 했습니다. 재능 없는 사람이 중요한 지위를 차지하고 있으니, 지의금도총관(知義禁都摠管) 역시 함께 체직시켜 주시면 마음이 편하겠습니다" ― 정세호는 인품이 용렬하고 우매하며 오직 재화의 이끗에만 힘썼으므로 당시 사람들이 용호(龍虎)라고 지칭하였는데, 용은 정사룡(鄭士龍)을 가리킨 말이다. 정세호는 스스로 물론(物論)이 비루하게 여기는 것을 알았기 때문에 이처럼 마음에 없는 사직을 한 것이다 ―

― 사신은 논한다. 정세호는 시정배(市井輩)로서 지위가 육경(六卿)의 반열에 올랐는데, 이끗만을 추구하여 관직에 연연하였으니 성심에서 나온 사직이 아니었음은 물론이다. 따라서 구구한 행적만 남겼으니 매우 가소롭다 ― 하니, 답하기를, "경은 오랫동안 나라의 재정(財政)을 맡아왔고, 호조는 또 형조(刑曹)처럼 복잡하지도 않으니 어찌 맡지 못하겠는가. 호조판서가 도총관을 겸한 일은 전에도 있었으니, 사직하는 것은 더욱 부당하다" 하였다.

명종 7년(1552) 9월 3일 양사에서 호조판서 정세호는 모리배와 결탁하여 방납(防納)하여 그 이익을 나누어 차지하고, 또 상인과 공모하여 각 관청에 납곡(納穀)하고, 예빈시(禮賓寺)의 전복(典僕)을 왜관고직(倭館庫直)에 임명하여 은냥(銀兩)을 징수하고, 국고물(國庫物)의 도절범으로부터 뇌물을 받고 죄과를 눈감아주는 등 비루한 행동이 많다고 파직하기를 청하였다.

양사가 아뢰기를, "호조판서 정세호는 본래 탐욕하기가 그지없어서 국가가 융숭하게 총우(寵遇)하는 것을 돌아보지 않고 도처에서 이익을 노렸기 때문에 그칠 줄 모르고 공물(公物)을 축내어 자신을 살찌웠습니다. 그리고 형옥(刑獄)과 전곡(錢穀)을 맡은 자리에서 권세를 마음대로 휘둘렀습니다. 그의 용악(庸惡)·누열(陋劣)한 작태는 다 논할 수 없으므로 우선 한두 가지만 말하겠습니다.

　모리(牟利)하는 무리들과 함께 방납하여 그 이익을 나누는가 하면, 또 시장 사람들과 함께 모의하여 각 고을에서 곡식 받아들이는 것을 달게 여겨 부끄러움을 모릅니다. 예빈시 전복(禮賓寺典僕)을 왜관(倭館)의 고직(庫直)으로 만들어 주고는 은냥(銀兩)을 마구 징수하였으며, 그 뜻에 차지 않으면 다른 사람으로 개정하여 반드시 뇌물을 바치게 하고야 말았습니다. 국고(國庫)의 물건을 도둑질하면 정해진 율(律)이 있는데도 뇌물을 받으면 죄를 벗겨 주었고, 무릇 관원의 해유(解由)[3] 때에는 번번이 그 값을 받고는 훼손되고 모자란 양의 다소는 묻지 않고 오직 뇌물의 많고 적음에만 따랐습니다. 역관(譯官) 18인의 포흠채(逋欠債)가 사면(赦免)으로 이미 면제되었는데도 그들에게 뇌물을 받고자 하여 큰소리로 공갈하니, 역관들이 두려워 뇌물을 바쳤습니다. 왜관에서는 잡인(雜人)들의 무역을 일체 엄금하고 있는데도 그와 사적으로 아는 자에게 무역을 허가하여 이익을 나누는가 하면, 형조의 죄인으로 유배된 자의 집에서 일찍이 뇌물을 받았다가 그 사람이 마침 죽어 처자가 뇌물 돌려줄 것을 요구하자 '죄인은 비록 죽었더라도 자손은 그로 인해 천사(遷徙)하는 것이다' 라고 공갈하였으므로, 그 처자가 더이상 말하지 못한 채 지금까지도 원통하고 분하게 여기고 있습니다. 이뿐만 아니라 은밀하게 행하여 사람들이 모르는 일도 이로 미루어 알 수가 있습니다. 이 사람의 탐독(貪黷)한 작태가 물론에 시끄럽게 전파된 것이 하루 이틀이 아닌데도 더욱 멋대로 하고 있어서 혈기 있는 사람들은 모두 통분해 합니다. 조종조에서는 장죄(贓罪)의 율이 엄중했기 때문에 법이 두려워 스스로 조심하였는데, 이 사람이 거리낌 없는 것은 국법이 엄중하지 않아서 입니다. 금부

---

3) 해유(解由): 관의 물품을 관장하던 관원이 교체될 때 후임자에게 사무를 인계하고 호조에 보고하여 책임을 면제받는 것.

(禁府)에 내려 율대로 죄를 다스리소서" 하니, 답하기를, "정세
호의 일은 아린 뜻으로 보건대 비록 금부에 내려도 애석할 것
이 없다. 그러나 중종대왕의 능침을 3년 동안 모셨으니 공이 있
는 재상이다. 먼저 파직한 후에 추고하라" — 정세호는 정인지
의 손자로 젊어서 등과하였고 연숙(軟熟: 남을 거스르지 않음)으
로 화요직(華要職)을 두루 거쳤다. 허항(許沆) 등 삼흉(三凶)이 난
을 꾸밀 때에 마침 홍우룡(洪遇龍)의 일을 신구(申救)하다가 미
움을 받아 찬축되었다. 삼흉이 제거된 뒤 조정으로 방환(放還)되
었는데 이 때문에 진신(搢紳) 사이에 중망이 있었다. 중종의 수
릉관(守陵官)이 되었다가 마침내 육경의 반열에 끼었는데 그 소
행이 편사(偏邪)하여 취할 만한 것이 하나도 없었다. 또 여서(女
婿)인 왕자의 세력을 믿고 불의를 자행하여 쟁탈을 그치지 않았
다. 그래서 삼사(三司)의 송정(訟庭)에 쟁송하지 않는 데가 없어
사람들이 비루하게 여겼다 — 하였다.

　— 사신은 논한다. 옛사람이 '사대부가 의(義)를 형벌처럼 두
려워하면 어찌 아름답지 않겠는가?' 하였다. 지금의 사대부들은
형벌도 두려워하지 않는데 더군다나 의이겠는가. 사대부 가운데
관면(冠冕)이 단정한 자도 이익만 알고 의는 모르고 있으니, 어
찌 정세호뿐이겠는가. 죽이려해도 다 죽일 수 없을 정도인데,
정세호가 그 우두머린저!

69세인 명종 9년(1554) 10월 6일 상호군(上護軍)에 임명되었다.

　정세호는 탐심이 많은 것 때문에 논박받아 파직되었는데, 이
때에 이르러 특별히 서용하라는 명이 내린 것이다.

74세인 명종 14년(1559) 3월 21일 지중추부사로서 수릉(守陵:
중종 능의 수릉관을 지냈다)의 공로가 있다 하여 숭정대부에

승자(陞資)되었고, 4월 2일 지중추부사 정세호가 송관(訟官)을
소송한 일로 사직을 청하였다.

　지중추부사 정세호가 아뢰기를, "상언(上言)을 올려 송관(訟官)
을 소송한 일은, 신이 송사(訟事)를 좋아해서가 아닙니다. 남에
게 소송을 당하였기에 부득이하여 응송(應訟)한 것입니다. 상언
을 올린 것은 곧 덕흥군의 집에서 한 것인데, 신 역시 어찌 모
르기야 하겠습니까. 1품의 직위는 반드시 몸에 조그마한 하자도
없은 뒤에야 감당할 수 있는 것인데 잘못 내린 은혜가 여기에
이르렀으니 속히 개정하소서" 하니, ─ 덕흥군은 정세호의 사위
이다. 정세호가 언젠가 죽은 누이의 새 계집종을 자기의 딸인
덕흥군 부인에게 주었는데, 그 누이의 의자(義子)가 관청에 소송
하여 정세호가 이기지 못하자, 드디어 그 딸을 시켜 상언을 올
려 송관을 소송하게 하였다. 송관은 판윤(判尹) 김수문(金秀文)이
다 ─ 아뢴 뜻은 알았으니 사직하지 말라고 전교하였다.
　─ 사신은 논한다. 정세호가 재물을 탐하고 소송을 좋아하는
정상은 사람들이 모두 아는 것이다. 청의(淸議)에 용납되지 못해
여러 번 탄핵을 받았으니 조금은 자기의 허물을 반성해야 할
것인데, 지금 1품의 가자를 사양하면서 스스로 변명하여, 상언
을 올려 송관을 소송한 일을 그 딸이 한 것이라 미루고는, 조금
도 부끄러운 마음이 없다. 아, 사람으로서 부끄러움이 없는 뻔
뻔함이 이 지경이 되었구나!

명종 18년(1563) 11월 26일 정세호(鄭世虎)가 78세로 졸했다.
선조 10년(1577) 3월 24일 영의정에 추증하라는 명이 내렸다.

▓ 덕흥대원군 처부

【생몰년】성종 17년(1486, 丙午)~명종 18년(1563, 癸亥). 향년 78세

【성 명】정세호(鄭世虎)　　　　　【본 관】하동(河東)

【 자 】자인(子仁)　　　　　　　【 호 】서계(西溪)

【시 호】

【 묘 】

【문 헌】『하동정씨문성공파보 河東鄭氏文成公派譜』『선원록 璿源錄』
　　　　　이승소(李承召)『삼탄집 三灘集』「하동부원군정문성공〔인지〕묘
　　　　　지명 河東府院君鄭文成公〔麟趾〕墓誌銘」
　　　　　『국조문과방목 國朝文科榜目』
　　　　　『중종실록 中宗實錄』『명종실록 明宗實錄』

덕흥대원군 처외조부

이세걸(李世傑)

출전:『광주이씨광릉부원군파보 廣州李氏廣陵府院君派譜』

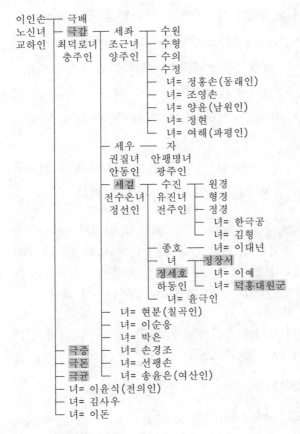

```
이인손 ─┬ 극배
노신녀   │ 극감 ──┬ 세좌 ──┬ 수원
교하인   │ 최덕로녀  │ 조근녀  ├ 수형
        │ 충주인    │ 양주인  ├ 수의
        │                    ├ 수정
        │                    ├ 녀= 정홍손(동래인)
        │                    ├ 녀= 조영손
        │                    ├ 녀= 양윤(남원인)
        │                    ├ 녀= 정현
        │                    └ 녀= 여해(파평인)
        │          ├ 세우 ── 자
        │          │ 권질녀   안팽명녀
        │          │ 안동인   광주인
        │          ├ 세걸 ──┬ 수진 ──┬ 원경
        │          │ 전수온녀  │ 유진녀  ├ 형경
        │          │ 정선인    │ 전주인  ├ 정경
        │          │                   ├ 녀= 한극공
        │          │                   └ 녀= 김형
        │          │          ├ 종호 ── 녀= 이대년
        │          │          ├ 녀 ──┬ 정창서
        │          │          │ 정세호 ├ 녀= 이예
        │          │          │ 하동인 └ 녀= 덕흥대원군
        │          │          └ 녀= 윤극인
        │          ├ 녀= 현분(칠곡인)
        │          ├ 녀= 이순응
        │          ├ 녀= 박은
        │ 극증 ──├ 녀= 손경조
        │ 극돈 ──├ 녀= 선팽손
        │ 극균 ──└ 녀= 송윤은(여산인)
        ├ 녀= 이윤식(전의인)
        ├ 녀= 김사우
        └ 녀= 이돈
```

※ 본서 부록 389쪽 참조

이세걸(李世傑, 1463~1504)의 아버지는 세조때 좌익공신(佐翼功臣) 3등에 봉해진 이극감(李克堪, 1427~1465)이며, 어머니는 창수(倉守) 최덕로(崔德露)의 딸인 충주 최씨(忠州崔氏, 1427~1487)이다.

부인은 봉사(奉事) 전수온(全守溫)의 딸인 증 정부인(贈貞夫人: 2품) 정선 전씨(旌善全氏)이다.

슬하에 2남 2녀를 두었는데, 아들은 삼가현령(三嘉縣令) 이수진(李守震, 1482~1554), 이종호(李宗好)이며, 맏사위는 하동인 정세호(鄭世虎)이며, 둘째사위는 정자(正字) 윤극인(尹克仁)이다.

이세걸은 세조 9년(1463) 태어났다.

30세인 성종 23년(1492) 식년시(式年試)에 병과(丙科)에 급제했다.

34세인 연산군 2년(1496) 7월 1일 정언으로서 폐비의 신주와 사당을 세우지 말 것을 아뢰었으나 허락되지 않았다.

"신주와 사당을 세우는 것은 신이 되풀이 생각해 보아도 결코 할 수 없는 것입니다. 정숭조(鄭崇祖)가 지금 도총부 도총관이 되었는데, 금위(禁衛)의 군사를 오로지 맡은 것이 직책이 지극히 중하니, 개정(改正)하소서" 하였으나, 들어 주지 않았다.

36세인 연산군 4년(1498) 7월 7일 장령 조형 등이 상피 관계를 들어 이조판서 이세좌의 아우인 이세걸 등에 대한 관직 제수의 부당함을 논하였다.

장령 조형(趙珩), 정언 박권(朴權)이 아뢰기를, "지금 점마(點馬)로 차정(差定)된 신수겸은 도승지 신수근의 아우요, 조영손(趙永

孫)은 이조판서 이세좌의 사위이며, 이세걸 역시 이세좌의 아우입니다. 그리고 신종흡은 본시 탐오하여 절조가 없고, 이공우(李公遇)는 젊어서 일에 경험이 없으니 모두 차견(差遣)에 적합하지 않사온즉, 청컨대 아울러 고치소서" 하였으나, 듣지 않았다.

41세인 연산군 9년(1503) 10월 15일 왕이 백관을 거느리고 신정을 하례하는 표문(表文)을 보내는데, 호조참판 유순정(柳順汀)과 동지중추부사 이세걸(李世傑)이 표문을 가지고 명(明)나라 서울에 갔다.

연산군 10년(1504) 3월 20일 형 이세좌의 아들과 사위는 귀양갔고, 자신도 장 80대의 형을 받았다.

　우의정 유순(柳洵), 지의금부사 허침(許琛)과 김감(金勘), 승지 박열(朴說)과 이계맹(李繼孟)이 당직청에 모여, 팽손(彭孫)을 국문하였다. 전교하기를, "이세좌의 아들이 이미 장(杖)을 받고, 그 아우 이세걸(李世傑) 역시 장 80대를 받았으니, 사위 양윤(梁潤)·조영손(趙永孫)·정현(鄭鉉)·윤여해(尹汝諧)는 장 60를 때려, 모두 외딴 곳에 부처(付處)하라" 하였다. 이때 이세좌의 아들 이수원·이수형·이수의가 이미 떠나 배소(配所)로 향하였는데, 옥졸을 보내 잡아오고 또 중관(中官)를 보내 장 맞은 자리를 조사하게 하였다.

　형 이세좌(李世佐, 1445~1504)는 연산군 9년(1503) 인정전(仁政殿)에서 열린 양로연(養老宴)에 참석, 어사주를 회배(回盃)할 때 어의(御衣)에 술을 엎지른 실수로 연산군의 분노를 사서 무안에 부처되었다가 다시 온성·평해에 이배되었다가, 연산군 10년(1504) 연산군의 생모 윤비(尹妃)를 폐위할 때 극간하지 않앉고, 이어 형방승지로서 윤비에게 사약을 전하였다 하여 다시 거제에 이배되던 중 곤양군 양포역(良浦驛)에서 자살의 명을 받고 목매어 자결하였다.

42세인 연산군 10년(1504) 3월 25일 홍양에 부처되었다.

전교하기를, "이세좌의 아우 이세걸은 장 80대를 때려 홍양(興陽)이 부처(付處)하고, 아들 이수원(李守元)은 장 80대 때려 북청(北靑)에 부처하며, 전 장령(掌令) 유희철(柳希轍)은 태 50대를 때려 임피(臨陂)에 부처하라" 하였다.

연산군 10년 윤4월 27일 이세걸 등이 난언한 추안(推案)을 불태우게 명하였고, 5월 4일 종으로 삼으라는 명이 내렸다.

이어 정승들에게 전교하기를, "… 또 이세좌의 죄는 난신(亂臣)이나 다름이 없다. 그 아들 이수형(李守亨) 등 4인과 급제한 이세걸(李世傑)을 베이지 않으면 어찌할 것인가? 모두 참형에 처하게 하려는데 정승들의 의견은 어떤가? 성준(成俊)의 아들 성경온(成景溫)·성중온(成中溫)은 외방에 부처(付處)하고, 그 손자와 한형윤(韓亨允) 역시 이극균(李克均)의 아들의 예에 의하여 형장을 때려 내보내는 것이 가하겠다. 이렇게 하는 것은 반드시 중죄로 논한 뒤에야 통쾌하기 때문이다" 하매, 유순(柳洵) 등이 아뢰기를, "이세좌의 자제를 한결같이 난신의 준례로 논단하는 일을 율조문을 상고하온즉 '부자(父子)의 나이 만 16세 이상은 교수형에 처하고, 동생은 공신의 집에 종으로 나누어 준다'고 하였으니, 이로 본다면 그 아들은 교수형에 처하고 동생은 종이 되게 하여야 하겠습니다" 하니, 전교하기를, "율조문에 의하여 논단하라" 하였다.

의금부 당상 정미수(鄭眉壽) 등이 아뢰기를, "이세좌의 아들로

서 평안도에 안치(安置)된 자가 3사람이요, 함경도에 안치한 자
가 2사람인데, 본부(本府)의 낭청(郎廳) 수가 적으니, 낭청 한 사
람씩을 한 도에 보내어 모두 교수형을 집행하도록 하고, 세걸은
이미 홍양현(興陽縣)에 부처하였는데, 그대로 그 고을에서 종이
되게 함이 어떠하리까?" 하니, 전교하기를, "5인의 처소에 각각
낭청을 보내어 잡아다가 교수형에 처하게 하고, 세걸의 일은 아
뢴 대로 하라" 하였다.

연산군 10년(1504) 5월 6일 참형에 처하라는 명이 내렸다.

　… 왕이 기생 적선아(謫仙兒)의 이름 아래 그 지아비가 이세
걸(李世傑)이라 써 있는 것을 보고, 전교하기를, "이 기생은 일
찍이 내전 잔치 때 비파를 치라고 하였는데 하지 않으려는 기
색이 있었으니, 장 1백을 때려 본향이 아닌 먼 도의 조잔한 고
을에 관비(官婢)로 정속(定屬)하도록 하라. 또 전일에 이세걸을
관노(官奴)에 소속하고 이수원·이수형·이수정·이수의를 교수
하게 하였는데, 지금 따로 죄를 결정하여 모두 참형에 처하라"
하였다.
　왕이 이씨(李氏) 종친이 강성한 것을 근심하여 모두 없애 종
자도 남기지 않으려 하였다. 이때 왕이 여러 기생들에게 마음대
로 욕심을 부리려 하여, 무릇 기생 지아비를 모두 죄주었는데,
기부안(妓夫案)을 보다가 이세걸이 사사로 적선아를 데리고 산
것을 알고 노여움이 더욱 심하여 벤 것이다.

연산군 10년 5월 6일 왕이, 내관 문치(文致)와 검열(檢閱) 김
석필(金錫弼)을 보내어, 적선아의 곤장 맞은 자리를 검사하게
하고, 이어 전교하기를, "이세걸·이수형(李守亨) 등이, 제 스스
로 죄가 중한 것을 알고 약을 먹거나 목매 죽을 염려가 있으

니, 잡아올 때에 자진하지 못하도록 하라" 하였다.

42세인 연산군 10년 5월 16일 군기시 앞에서 참형되었다.

전교하기를, "이세걸을 이미 잡아왔으니, 승지 박열(朴說)과 내관 김수진(金壽眞)이 가서 형벌을 감독하되, 백관이 차례로 서서 보게 하여 머리를 매달고 시체를 돌리라" 하였는데, 드디어 이세걸을 군기시(軍器寺) 앞에서 베었다.

▦ 덕흥대원군 처외조부

【생몰년】 세조 9년(1463) ~ 연산군 10년(1504). 향년 42세
【성   명】 이세걸(李世傑)   【본   관】 광주(廣州)
【   자 】 계언(季彦: 문과방목), 수언(秀彦: 광주이씨파보)
【   호 】
【시   호】
【   묘 】 안의 덕유산 영각사 좌강 계좌(安義德裕山靈覺寺左岡癸坐)
【문   헌】『광주이씨파보 廣州李氏派譜』『국조문과방목 國朝文科榜目』
          『연산군일기 燕山君日記』

제2장 의인왕후

▒ 의인왕후(懿仁王后)
부: 박응순(朴應順)
외조부: 이수갑(李壽甲)

▨ 의인왕후(懿仁王后)

의인왕후(懿仁王后, 1555~1600)
부: 박응순(朴應順, 1526~1580). 반남(潘南)
외조부: 이수갑(李壽甲, 1495~?). 전주(全州)

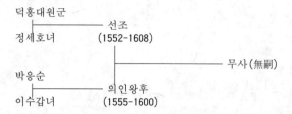

아버지는 반성부원군(潘城府院君) 박응순(朴應順, 1526~1580)이며, 어머니는 세종 후궁 신빈 김씨(愼嬪金氏, 1406~1464) 소생 계양군(桂陽君, 1427~1464)의 증손 이수갑(李壽甲, 1495~?)의 딸 전주 이씨(全州李氏, 1528~1595)이다.

슬하에 자녀가 없다.

선조 부마 박미(朴瀰, 1592~1645)의 아버지 박동량(朴東亮, 1569~1635)과는 사촌간이다.

【반남 박씨 박동량을 중심으로】

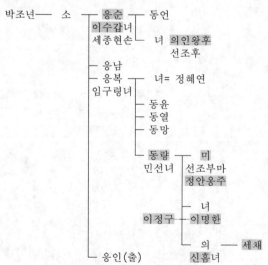

※ 본서 부록 387쪽 참조

명종 10년(1555) 4월 15일에 태어났다.

15세인 선조 2년(1569) 12월 29일 왕비에 책봉되어 가례(嘉禮)를 행하였고, 16세인 선조 3년 7월 13일 명나라에서 내리는 왕후 책봉의 고명(誥命)을 받았다. 선조 5년(1572) 3월 친잠(親蠶)을 행하였다.

26세인 선조 13년 11월 아버지 박응순이 55세로 돌아가셨다.

32세인 선조 19년(1586) 10월 1일에 인후증(咽喉症)으로 위중하여 시약청을 설치했다.

　약방 제조가 아뢰기를, "중전의 증후(證候)가 오래 가니 시약청(侍藥廳)을 설치하소서" 하니, 아뢴 대로 하라고 답하였다.

10월 7일 시약청(侍藥廳)이 의녀의 말을 빌어 중전의 맥이 회복되었다고 아뢰었다.

　시약청이 아뢰기를, "의녀(醫女)의 말에 '중전의 맥(脈)을 오늘 들어가 진맥해 보니, 심간(心肝)의 부둔(浮屯)하던 맥이 아침보다 다소 완화되었다. 옥체의 기후도 지금 번열과 정신이 흐린 기는 없다'고 합니다"

10월 8일 병이 회복되어 시약청을 파하고 약방제조와 의관들에게 가자(加資)하였다.

　상이 시약청을 파하라고 명하였다. 도제조(都提調) 유전(柳㙉), 제조(提調) 노직(盧稙)에게는 숙마(熟馬)를 내리고, 부제조 도승지 임국로(任國老)는 가자(加資)하였으며, 어의(御醫) 양예수(楊禮壽)에게는 가의 대부(嘉義大夫)로 가자하고, 안덕수(安德壽)·이인상

(李仁祥)에게는 가선(嘉善)을, 김윤헌(金允獻)에게는 통정(通政)을 가자하였다. 이하는 순서에 따라 논상(論賞)하였다.

36세인 선조 23년(1590) 종계변무가 된 것을 축하해서 2월 11일 장성왕후(章聖王后)의 존호를 받았다.

대전(大殿)의 존호를 '정륜 입극 성덕 홍렬(正倫立極盛德洪烈)'로 올리고 중전(中殿)의 존호를 '장성(章聖)'으로 올렸다.

38세인 선조 25년(1592) 4월 30일 임진왜란으로 새벽에 서울을 떠나 평양으로 피란갔다. 6월 10일에는 함흥으로 가려다 평양 군민들이 소란을 일으켜 결국 가지 못했다.

평양의 인심이 흉흉하여 다시 행행할 일을 논의하다 … 중전(中殿)이 함흥으로 가기 위하여 궁속(宮屬)들이 먼저 나가자, 평양 군민(軍民)들이 난을 일으켜 몽둥이로 궁비(宮婢)를 쳐 말 아래로 떨어뜨렸으며, … 이날 성안의 난병(亂兵)들이 소란을 피워 그치지 않으므로 중전(中殿)이 끝내 길을 떠나지 못하였다. 관찰사 송언신(宋言愼)이 그 휘하(麾下)를 시켜 난을 주동한 사람 두어 명을 참수(斬首)해서 효시(梟示)하여 군중을 경계하니 군중들이 마침내 진정되었다.

다음날인 선조 25년 6월 11일 평안도 자산(慈山)을 향하여 고개를 넘어 먼저 함흥으로 가서 선조가 도착하기를 기다리기로 하였다. 6월 14일 선조가 마침내 요동으로 건너갈 계획을 결정하고 선전관을 보내어 중전을 맞아 돌아오도록 하였다. 6월 15일 이날 저녁에 덕천(德川)에서 돌아와 박천(博川)에 도착하였다.

39세인 선조 26년(1593) 2월 선조는 정주(定州)에서 숙천부(肅川府)를 거쳐 영유현(永柔縣)으로 이주하였고 세자와 중궁(中宮)은 그대로 머물러 두었다.

서울이 회복되자 서울로 돌아오는 도중 8월 15일 왕세자는 묘사(廟社)와 내전(內殿)을 모시고 강서현(江西縣)을 출발하여 삭시진(朔時津)을 건너 저녁에 중화(中和) 땅에 도착하였다. 8월 18일 선조는 저녁에 해주(海州)에 도착하였다.

8월 20일 중전과 동궁이 묘사(廟社)의 신주(神主)를 모시고 강서(江西)에서 도착하니, 선조가 백관을 거느리고 묘문(廟門) 밖에서 지영(祗迎)하였다.

9월 22일 선조는 해주(海州)를 출발하여 10월 1일 서울 정릉동 행궁에 도착하고, 중전은 그대로 해주에 머물렀다.

선조 27년(1594) 1월 21일 해주에서 굶는 사람들을 구휼할 것을 명하였다.

"서쪽 담장 밖에 기아(飢餓)를 호소하는 소리가 들렸었는데 해가 저물자 그 소리가 점점 작아졌다. 구제하지 않으면 반드시 죽을 것이니 본관(本官)으로 하여금 각별히 구료(救療)하게 하여 죽지 않게 하라"

선조 28년(1595) 4월 16일 해주에서 머무는 동안 어머니 이수갑의 딸 전주 이씨가 돌아가셨다. 선조 25년 임진왜란이 일어나자 강원도로 피난가셨던 어머니를 8월에 오라비 박동언(朴東彦, 1553~1605)이 찾아서 9월에 행재소로 모셔 왔으나 이때 돌아가셨다. 선조 29년 4월 16일까지 1년상을 입었다.

41세인 선조 28년(1595) 10월 21일 사간원이 해주에 계신 중
전(中殿)의 환도를 계청하자 허락되어 11월 3일 해주의 동면
남성촌(娚城村)에서 묵었다. 11월 4일 연안(延安) 신원(新院)에서
주정(晝停)하고 저녁에 연안부에서 유숙하였다. 11월 7일 벽란
도(碧瀾渡)를 건너 개성부에서 묵었다. 11월 9일 임진(臨津)을
건너 벽제(碧蹄)에 유숙하였다. 11월 10일 미시(未時)에 환궁하
였다. 그날 약방(藥房)·정원·정부·육조의 2품이상 관원들의
문안을 받았다.

42세인 선조 29년(1596) 4월 16일 어머니 반성부원군 부인에
대한 기년(朞年) 상복을 벗자, 약방·정원 및 대신·동서반 2품
이상·육조의 당상이 문안하였다.

　중전(中殿)이 상복을 벗은 후 ― 반성 부원군(潘城府院君) 부인
(夫人)의 복을 마친 것이다 ― 약방(藥房) 도제조(都提調) 김응남
(金應南), 제조(提調) 홍진(洪進) 부제조(副提調) 오억령(吳億齡)·정
원(政院) 및 대신·동서반(東西班) 2품 이상·육조(六曹)의 당상
(堂上)이 중전에게 문안하니, 망극하다고 답하였다.

43세인 선조 30년(1597) 9월 10일 정유재란으로 수안으로 피
란하였는데 선조가 제독(提督) 마귀(麻貴)를 접견하고 내전의
피란을 도와 준 일에 사의를 표하였다.

　상이 제독(提督)의 아문(衙門)에 나아가 접견하고 말하기를,
"왜적의 기세가 몹시 급박한데 내권(內眷)이 성 안에 있으면 군
중(軍中)에 있는 것과 같겠기에 경리(經理)에게 은밀히 품하고
이미 내보냈으니 대단히 황공스럽습니다" 하니, 제독이 말하기
를, "나는 여기에 온 지 두 달 동안에 참말만 하였습니다. 왜적

이 창궐(猖獗)하여 약함을 보이기도 하고 강함을 보이기도 하니, 뜻밖에 갑작스러운 환란이 없으리라고 말할 수 없습니다. 나의 생각에는 내권을 내보낸 것이 무방하여 백성들도 화를 피하고 싶으면 나가는 것이 마땅한데, 어찌 황공스러울 것이 있겠습니까" 하였다.

9월 13일 경기 감사 홍이상(洪履祥)이 중전과 동궁의 피난 상황에 관해 보고하였다.

경기 감사 홍이상(洪履祥)이 치계(馳啓)하였다. "중전(中殿)과 동궁(東宮)이 상수참(湘水站)에서 주정(晝停)하였는데, 지정된 각 관(各官)들이 모두 나와 대기하지 않아 공상(供上)을 전폐하였습니다. 저녁에 마전(麻田) 앞 강에 이르렀는데 작은 배 4척 만이 있었으므로 수많은 인마(人馬)와 배종한 사람들이 도로를 꽉 메운 채 밤중에야 강을 건너 마전에 도착하였습니다. 전도되고 미안스러운 상황을 차마 말할 수 없는데 몹시 비통스러운 심정으로 석고 대죄(席藁待罪)합니다. 별장(別將) 한명련(韓明璉)이 소초평(蘇草坪)에서 싸워 참살(斬殺)한 바가 매우 많았습니다"

선조 30년 11월 8일 정언 이이첨(李爾瞻, 1560~1623)이 수안(遂安)에 있는 중전의 이주를 요청하였다.

정언 이이첨이 와서 아뢰기를, "수안(遂安)은 길가의 고을로 지금 중전(中殿)께서 머물러 계시는 곳인데, 본 고을의 비축 양식이 고갈되어 내전의 지공 및 호위하는 여러 신하가 받는 요미(料米)를 일체 연해의 고을에서 조달하고 있습니다. 현재 중국 군의 군량과 전세(田稅)로 받아들인 쌀·콩 등 각종을 운반하는데 민력이 벌써 고갈되어 앞으로 버틸 수가 없습니다. 시위하는 대신도 이 폐해를 눈으로 보았으니, 이주(移駐)하시기를 계청한 것은 이유가 있는 것입니다. 속히 이주시켜 민력을 펴도록 하소서 …" 하니 답하기를 "중전은 지금으로서는 이주하기 어렵고, 순화군은 파직까지 할 수는 없으니 이미 올라오게 하였다. 유영순을 추고하는 것은 아뢴 대로 하라" 하였다.

45세인 선조 32년(1599) 4월 16일 세자가 수안에 가서 문안하는 문제에 관해 예조로 하여금 의논하도록 전교하였다.

전교하기를, "세자가 수안(遂安)에 가서 문안하려고 하니 예조로 하여금 의논해 아뢰도록 하라" 하니, 판서 심희수(沈喜壽)가 아뢰기를, "이 일은 대단히 중요하므로 대신(大臣)들과 의논하였더니, 모두들 '중전의 환후가 위중하니 동궁(東宮)의 문안하는 것이 예에 당연하다' 하고, 신들의 의견도 동궁의 문안은 하루가 급하니 요즘 사세가 비록 온편치 못하기는 하나 아마도 돌아볼 겨를이 없을 듯합니다" 하니, 전교하기를, "중국 장수들이 잇따라 내려가고 있으니 일로(一路)가 필시 소란스러울 것이다. 우선 천천히 하도록 하라" 하였다.

4월 25일 왕세자가 중전(中殿)의 병환에 문안드릴 일로 수안의 행궁(行宮)에 내려갔다.

4월 28일 판중추부사 최흥원(崔興源, 1529~1603)이 동궁의 행차를 정지하라는 중전의 하교를 아뢰었다.

판중추부사 최흥원(崔興源)이 아뢰었다. "26일부터 중전의 옥후(玉候)가 날마다 조금씩 차도가 있었습니다. 그날 하교(下敎)하시기를 '지금 듣자니, 동궁(東宮)이 멀리 온다고 하는데 동궁은 기질이 약하다. 그래서 혹시라도 몸을 상하는 일이 있게 된다면 미안한 일이 아닐 수 없다. 나의 병도 이처럼 나아지니 이러한 뜻으로 빨리 시강원에 알려 때맞추어 행차를 정지하라' 하셨습니다. 감히 아뢰지 않을 수 없습니다"

윤4월 20일 시강원이 왕세자가 주정처(晝停處)에 나아가 중전을 맞이하려고 하는 일에 대해 아뢰었다.

시강원이 아뢰기를, "중전이 환도하시는 날 왕세자가 주정처(晝停處)에 나아가 맞이하려고 합니다. 평상의 예법으로 말한다면 본디 교영(郊迎)하는 장소가 있습니다만 중전이 옥체가 미령하신데 열을 무릅쓰고 노정에 오르셨는 바, 왕세자는 모시고 오지 못한 일로 늘 민망히 여기다가 지금 한걸음 더 나아가 맞이하려고 하니, 이것은 실로 효성의 지극한 뜻에서 나온 것입니다. 해당 관사로 하여금 상의하여 결정하게 하소서" 하니, 윤허한다고 전교하였다.

윤4월 25일 중전이 수안에서 환도하였다.

미시에 중전이 수안(遂安)에서 환도하였다. 대신·정원·동서반 2품이 문안하니 평안하다고 답하고, 어선(御膳)을 내어 하사하였다. 당시 중전이 정유년 변란으로 인하여 산중에 가 있어 곤위(坤位)가 오래 비게 되었다가 이제야 비로소 환도하게 되니 사람들이 모두 기뻐하였다.

선조 32년 7월 24일 중전이 수안에 있을 때 공을 세운 최흥원 등에게 상을 내렸다.

비망기로 일렀다. "중전(中殿)이 수안(遂安)에 머물러 있을 때 처음부터 끝까지 호위한 영중추부사 최흥원(崔興源)에게 숙마(熟馬) 1필을 사급하고 가총관(假摠管) 이제민(李齊閔), 호위 대장(扈

衛大將) 곽영(郭嶸)과 ─ 임진년에 전라 방어사(全羅防禦使)가 되
었었는데, 적이 전주(全州)·금산(錦山) 등지를 침범하자 곽영이
미리 겁을 먹고 도망하였으니, 그의 겁이 많고 지략이 없음이
이와 같다 ─ 조대곤(曹大坤), ─ 임진왜란 때 왜적이 부산(釜山)
·동래(東萊)를 함락하고 길을 나누어 승승장구하여 1군은 웅천
(熊川)을 경유하여 곧바로 김해부(金海府)에 도착하여 크게 도륙
을 자행하였는데 조대곤이 이때 우병사(右兵使)로서 겁을 먹고
위축되어 퇴각함으로써 끝내 방어하지 못하였다. 그리하여 우도
의 열읍(列邑)이 잇따라 함락되었으니 이것이 모두 조대곤의 죄
이다 ─ 분병조 당상(分兵曹堂上) 이노(李輅), 사옹원 제조 문성
군(文城君) 이건(李健), 인의(引儀) 박응인(朴應寅), 선전관(宣傳官)
봉림 도정(鳳林都正) 언선(彦瑄) 등 5인과 승전색 내관(內官) 정한
기(鄭漢璣)·김인준(金仁俊)은 각각 1급을 가자(加資)하고, 내승(內
乘) 박동언(朴東彦), 분호조 좌랑(分戶曹佐郞) 강담(姜紞), 부장(部
將) 이성헌(李成憲), 사옹원 봉사 권경남(權慶男), 수문장(守門將)
박사엄(朴士嚴) 등 3인은 모두 승직시키고, 의관(醫官) 양예수(梁
禮壽)·유민(柳珉), 내관(內官) 방준호(方俊豪)·장학년(張鶴年)·김
새신(金璽信)·김인(金璘)·송언련(宋彦連)·김윤신(金胤申)·김대기
(金大器)는 각각 숙마 1필을, 내관 김기문(金起文)·김예정(金禮
禎)·나충남(羅忠男)·박승종(朴承宗)은 각각 아마(兒馬) 1필을 사
급하라"

46세인 선조 33년(1600) 6월 27일 증세가 위급해졌다.

중전의 증세가 위급해졌다. 대신들이 아뢰기를, "내전(內殿)의
옥후(玉候)가 위중(危重)하시니 하정(下情)이 망극합니다. 이러한
때 전에는 명산 대천과 종묘에 기도하고 감옥에 갇힌 죄수들을
소방(疏放)하는 일을 거행한 전례가 있습니다. 기도에 관한 일은
해조(該曹)에 지금 계하(啓下)하였으니 소방하는 일도 의금부로

하여금 속히 거행하게 하심이 어떠하겠습니까?" 하니, 아뢴 대로 하라고 답하였다.

6월 27일 황화방(皇華坊) 별궁 경운궁(慶運宮)에서 46세로 소생없이 승하하셨다. 이날 바로 상례를 준비하게 하였다.

빈청(賓廳)의 대신들에게 전교하였다. "중전의 목숨을 이미 구원하지 못하였으니 나는 실로 망극하여 어찌할 줄을 모르겠다. 밖에서 속히 일을 준비하도록 하라"

종친(宗親)·부마(駙馬)와 문무 백관들이 소복(素服)으로 갈아입고 의식대로 곡림(哭臨)하고 잇따라 봉위(奉慰)하였다. 이때부터 성복(成服)까지 매일 아침 저녁으로 의식대로 곡림하였고 빈전 도감(殯殿都監)·산릉 도감(山陵都監)·국장 도감(國葬都監)에서 일할 사람을 정하였다.

좌의정 이헌국(李憲國)을 총호사(摠護使)로, 유영경(柳永慶)·황진(黃璡)·이호민(李好閔)을 빈전 도감 제조(殯殿都監提調)로, 이충원(李忠元)·윤자신(尹自新)·한준겸(韓浚謙)을 산릉 도감 제조(山陵都監提調)로, 이정구(李廷龜)·김수(金晬)·노직(盧稷)을 국장 도감 제조(國葬都監提調)로, 윤형(尹洞)을 수릉관(守陵官)으로, 이덕장(李德章)을 시릉관(侍陵官)으로 삼았다.

이날 빈전(殯殿)을 계림군(桂林君) 집의 대청에 마련하라고 하였다.
6월 28일 진시(辰時)에 대행 왕비(大行王妃)를 염습하고 전(奠)을 올렸는데, 백관들이 배제(陪祭)하고 의식대로 곡림(哭臨)하였다.

선조 33년(1600) 6월 28일 소렴(小斂)은 3일째 해야 하지만 여름철 때문에 오늘 안으로 하기로 하였다.

빈전 도감이 아뢰기를, "예문(禮文)을 보면 소렴(小斂)은 3일째 해야 하지만 여름철의 상(喪)은 상법(常法)에 얽매일 수 없습니다. 소렴에 드는 제구가 지금 준비되었으니 날씨로 보아 오늘 안으로 소렴을 하는 것이 좋을 듯합니다. 대신의 뜻도 그러하므로 감히 아룁니다" 하니, 윤허한다고 전교하였다.

6월 29일 대행 왕비의 소렴(小斂)을 거행하고 전(奠)을 올렸는데 문무 백관이 배제(陪祭)하고 의식대로 곡림(哭臨)하였다. 7월 1일 정시(丁時)에 대렴(大殮)하였다.
7월 2일 종친과 문무 백관이 성복하였다.

종친(宗親)과 문무 백관이 궐정(闕庭)에 들어가 의식대로 성복(成服)하였다. ― 사신은 논한다. 임금의 동작 하나하나도 승지(承旨)와 사관(史官)은 모르는 것이 없다. 더구나 성복의 의식은 막대한 중례로서 사관이 써서 후세에 전하는 것이니, 어찌 모를 리가 있겠는가. 『의례 儀禮』에 '복을 입고 들어가 곡한다'는 글이 있으니, 의당 밖에서 성복하는 것이 분명하다. 예관이 의주(儀註)를 참작하여 정할 때 이것을 근거하여 하지 않음으로써 상의 성복을 별전에서 행하지 않고 대내에서 행해 오직 궁인과 내시들만이 알게 하였다. 그리하여 사관은 붓을 들고도 감히 쓰지 못하였으니, 애석한 일이다.

7월 7일 대행 왕비의 지석으로 선릉(宣陵: 성종과 정현왕후릉) 개장시에 쓰려고 한 지석(誌石)을 사용토록 하였다.

국장 도감(國葬都監)이 아뢰기를, "지석(誌石)을 만들 돌을 충주(忠州)에서 채석해 내야 하는데, 그 채석하는 공역이 극히 힘듭니다. 지금 들으니, 선릉(宣陵)을 개장(改葬)할 때에 쓸 지석을 다듬으려 하다가 옛 지석이 온전하므로 새 지석을 쓰지않고 그대로 능내(陵內)에 묻어두었다고 합니다. 만약 그것을 가져다가 쓰게 되면 이처럼 민력이 탕갈된 때를 당하여 약간의 폐단이나마 덜 수 있고 가져다 쓰는 것도 편리하겠습니다. 감히 여쭙니다" 하니, 윤허한다고 전교하였다.

7월 9일 대행 왕비의 내행에 대해 비망기로 일렀다.

비망기로 이르기를, "대행(大行)이 곤전에 있으면서 두 대비(大妃)를 받들어 섬김에 그 성효(誠孝)를 다 했고 나를 섬김에도 공경을 다하여 한결같이 어김이 없었다. 그리고 외가(外家)의 사삿일로 요구하는 일이 없었으며, 빈어(嬪御)를 대함에도 은애가 지극하여 그들 보기를 수족같이 할 뿐만이 아니었다. 여러 아이들을 어루만지기를 자기 소생보다 지나치게 하여 항상 자신의 곁에 두기에, 내가 간혹 그 소행을 시험하여 여러 아이들을 장난삼아 질책하면 문득 대행의 뒤로 도망가 숨곤 하였는데, 대행은 곧 치마폭을 당겨 그들을 가려 주었다. ― 여기에서 대행이 여러 아이들을 친애하고 여러 아이들이 대행을 친애하여 받들었던 점을 볼 수 있기 때문에 아울러 언급하였다 ― 평생 동안 조급히 서두르는 언행과 표정을 나타내지 않으며, 궁인과 여종에 대해서도 또한 일찍이 노기를 내어 꾸짖지 않았다. 그리고 투기하는 마음, 의도적인 행동, 수식(修飾)하는 말 같은 것은 마음속에 두지 않았을 뿐 아니라 비록 권하여도 하지 않았으니, 대개 그 천성이 이와 같았다. 인자하고 관후하며 유순하고 성실한 것이 모두 사실로 저 푸른 하늘에 맹세코 감히 한 글자도 과찬하지 않는다. 아, 하늘은 착한 사람에게 복을 주어 대덕(大德)은 반드시 장수하는 법이건만, 불행히도 자식을 두지 못하고 수명 또한 길지 못하였으니, 천도는 과연 지각이 있는 것인가. 운명이란 이처럼 일정하지 않은 것인가. 마후(馬后)의 덕행으로도 자식을 두지 못하였고 또 장수하지 못하였다. 내 이에 하늘을 원망하지 않을 수 없다"

선조 33년(1600) 7월 11일 대행 왕비의 시호는 의인(懿仁), 혼전은 효경(孝敬), 능은 유(裕)로 올렸다.

7월 28일 영의정 이항복(李恒福)을 명하여 빈전(殯殿)에 진향(進香)하게 하였는데 백관이 의식대로 배제(陪祭)하였다.

7월 28일 대행 왕비의 내향인 나주의 수리(首吏)가 진위를 위해 상경하였다.

예조가 아뢰기를, "대행 왕비의 내향(內鄕)인 나주(羅州)의 수리(首吏)가 본주 목사의 공문을 가지고 진위(陳慰)할 일로 상경하였습니다.『대전 大典』의 예전(禮典)에 '경사를 만나면 어향(御鄕)의 수리(首吏) 각 한 사람씩 궐문 밖에 와 숙배(肅拜)한다' 하고, 어향조 주에 '왕비의 내외향(內外鄕)도 경조(慶吊)에 일체로 한다' 하였으니, 지금 이 나주의 수리가 온 것은 예에 합치되는 것 같습니다. 궐문 밖에서 곡하게 해야 하겠기에 감히 아룁니다" 하니, 윤허한다고 전교하였다.

선조 33년 8월 10일 종친부가 빈전(殯殿)에 향을 바쳤다. 8월 16일 충훈부(忠勳府)가 빈전(殯殿)에 향을 올렸다.

9월 2일 대행 왕비의 장지에 대해 전교하였는데 이때 사관은 처음 결정된 포천의 장지를 옮기는 것을 비판하였다.

비망기로 윤근수에게 전교하였다. "섭정국(葉靖國)이 지리(地理)에 통달하였다 하니 이같은 사람은 만나기 어려운 사람이다. 궁궐의 포치(布置)와 형세를 묻고자 하여 경리(經理)에게 머무르게 해 주기를 청하였더니, 경리가 곧바로 머무르도록 하라고 명하였다. 그런데 섭정국은 '나는 군문(軍門)의 관할하에 있으니 경리가 만류할 바가 아니다. 군문을 따라 서쪽으로 가고자 한다' 하였다. 그러니 경이 그에게 가서 머물러 주기를 청하는 나의 간절한 뜻을 전해 주라. 또 술관들이 자기들이 가진 재주를 뽐내려고 서로 시비를 벌이고 있는데 누가 까마귀의 암수를 가려 내겠는가. 나는 항상 우리나라에는 본래 술사(術士)가 없는데 어찌 지맥(地脈)에 능통한 자가 있겠느냐고 여겨왔다. 이제 술관들이 서로 다투는 말을 가지고 섭정국에게 가서 물어보고, 친히 인산(因山)할 곳의 형세를 가 살펴보도록 청한다면 길흉과 시비를 저절로 알게 될 것이다. 경은 섭정국과 서로 지면이 있고 또 중국말도 잘하니 직접 문답할 수 있을 것이기에 이와 같이 말하는 것이다"

— 사신은 논한다. 산릉은 나라의 큰일이다. 당연히 공경스럽고 조심스럽게 해서 감히 일호라도 미진한 일이 있게 해서는 안 된다. 반드시 산맥이 휘감아 돌고 물이 굽이쳐 흐르며 북풍을 가리고 남쪽을 향하는 곳으로 조금도 결점이 없는 곳을 가려야 쓸 수 있는 것이다. 방위(方位)나 물이 들고 나는[去來] 것의 길흉과 연월일시의 구기(拘忌) 따위는 단지 지엽적이고 거짓된 것이다. 일반 사람들도 태어날 때부터 운명이 정해져 빈천과 부귀가 모두 하늘에 달려 있으니, 풍수설을 가지고 복을 구하기는 어렵다. 그런데 더구나 국조(國祚)의 길고 짧음과 왕실의 융성과 쇠퇴가 과연 어떤 일인데 구구하게 모든 것을 풍수설에 맡겨 기어코 방위나 거래나 연월일시 등이 합치한 다음에 쓰겠단 말인가. 과연 국조가 연장되고 왕실이 융성할 수 있다면 반드시 성인이 앞서 자세하게 그것을 말하였을 것이다. 우리 성상은 총명과 예지가 천고에 뛰어나신 분으로 송종(送終)의 예에 있

어서는 반드시 법도대로 다하였다. 이번 국휼(國恤)에서도 이미
대신과 예관(禮官)에게 명해 분주히 살펴서 산맥이 휘감아 돌고
물이 굽이쳐 흐르며 북풍을 가리고 남쪽을 향하는 조금도 결점
이 없는 곳을 가려 정하였다. 그런 다음 팔도의 역군을 징발해
서 역사(役事)에 나아가도록 독촉하여, 그 동안 죽고 다친 자가
70명이나 되고 5천여 명이 40일을 넘게 일해 일이 거의 마무리
단계에 접어들게 되었다. 대체로 박자우라는 자는 조금 문자를
알기는 하나 그가 지리를 통달하였다는 말은 사람들이 듣지 못
하였다. 그런데 자기의 재능을 과시하기 위해 몇 줄의 상소를
올리자 대신과 예관은 놀랍고 두려워서 감히 말을 못하였고, 상
은 그 말을 믿어 다시 의논하도록 명하였다. 이에 괴망스러운
박상의란 자가 당초 묏자리를 간심할 때 참여하지 못했던 까닭
에 박자우의 설에 부회하니, 여러 술관들이 서로 힐난하고 다투
며 자기의 설이 옳다고 주장하였다. 그런데도 대신과 예관들은
서로 얼굴만 바라볼 뿐 어느 설이 옳은지 결정을 내리지 못하
였다. 『청오경 靑烏經』이나 『금낭경 金囊經』 같은 술법은 본래
이해하기가 어렵고 이치로서 판단할 수도 없는 것이다. 포천(抱
川)의 묏자리는 산은 휘감아 돌고 물은 굽이쳐 흐르며 북풍을
가리고 남쪽을 향한 곳으로 조금도 결점이 없었으니, 참으로 국
장(國葬)을 쓸 만한 곳이었다. 난리를 치른 뒤로 민력이 남김없
이 소진되었으니 5천여 명이 40일 동안 공들인 곳을 어떻게 헛
되이 버릴 수 있겠으며, 다섯 달의 기한은 넘길 수 없는 것이
다. 이 점을 들어 힘껏 간청해야지 후일의 화복(禍福)을 마음 속
으로 따져서는 안 되는 것이다. 그런데도 모두들 선왕조 때 간
신들이 산릉(山陵)의 일을 가지고 죄를 얽어 살육한 것만을 생각
한 까닭에 입을 다문 채 한결같이 예재(睿裁)만을 품하였고, 위
에서도 또한 이치로 결단하지 못하고 섭정국과 이문통(李文通)
등에게 와서 간심해 주기를 간청하며 어찌할 바를 몰랐다. 이에
다섯 달의 기한이 어느새 지나갔고 중외의 인심이 흉흉해졌다.
심지어는 세 곳에 터를 잡아 일을 시작하였다가 바로 그만두기

까지 하였으니, 천하 만고에 어찌 이런 일이 있을 수 있단 말인가. 과연 공경스럽고 조심스럽게 하여 일호의 미진한 점도 없었다고 말할 수 있겠는가. 정구(鄭逑)의 상소는 충성을 다 바쳐 숨김이 없었으니, 참으로 세상에 드문 훌륭한 상소라 할 만한 것이었다. 그런데도 채용되지 못하였으니 참으로 안타깝다.

이 당시 의인왕후의 인산(因山)을 정할 때 『연려실기술』의 기록을 보면 다음과 같다.

선조 33년(1600) 의인왕후 상사에 인산(因山)을 정하지 못하였는데, 사특한 말이 분분하게 일어나므로 여러번 자리를 옮겨 정하였다가 교하 저현(交河猪峴)으로 정하였다. 그 때 마침 한겨울이었는데, 처음 일을 시작할 때에 구름이 하늘을 덮고 폭우(暴雨)가 내리고, 우레와 번개를 치므로 다시 양주 독장(楊州獨墻)으로 정하였는데, 또 크게 우레와 번개가 치고 추운 기운이 뼈를 찌를 듯하므로 다시 건원릉 서편 기슭으로 정하였더니, 이튿날부터 날씨가 따뜻하여 얼음이 녹고 땅이 풀리니, 역부(役夫)들이 기뻐하였다. 『백사집 白沙集』

그 때 능소 자리를 오래도록 정하지 못하니 조정에서 심히 근심하여 여러 술관(術官)들에게 각기 아는 바를 들어서 밀계(密啓)하게 하였더니, 사대부의 묘(墓)가 있는 산은 물론 귀척(貴戚)의 산도 모두 그 중에 들었고, 문충공(文忠公) 정몽주(鄭夢周)의 묘소가 있는 산도 그 중에 들어 있었다. 임금이 예관(禮官)에게 명하여 빠짐없이 가서 살펴보게 하였으나, 유독 정몽주묘에는 전교하기를, "설사 정몽주의 묘소가 과연 합당하다 할지라도, 어찌 차마 충현(忠賢)의 썩은 뼈로 하여금 백년후에 발굴되게 할 것인가. 특히 가보지 마라" 하였다. 『정씨족보 鄭氏族譜』「사전전고」『국역연려실기술』

선조 33년(1600) 10월 13일 대행 왕비의 증시책보례(贈諡冊寶

禮를 남별궁(南別宮)에서 습의(習儀)하였다.

10월 17일 영의정 이항복(李恒福, 1556~1618)에게 명하여 대행 왕비의 시책보(諡冊寶)를 빈전에 올리게 하였다.

10월 22일 총호사 이헌국(李憲國, 1525~1602)이 대행 왕비의 인산에 대해 아뢰었다.

총호사 이헌국이 아뢰기를, "이번 장사지내는 일로 바깥의 여론이 분분합니다. 그런데 또 연극(年克)에 관한 것 때문에 다른 의견이 따로 대두된다면 뒷날 인심이 어찌 그것으로 인해 동요되지 않겠습니까. 그러니 온 힘을 다 기울여 운세가 바뀌어지기 전에 일을 진행시켜야 합니다. 그러니 부득이 동지 이전으로 날을 받아 서둘러 하현궁(下玄宮)을 하고 다른 석물(石物)이나 정자각(丁字閣)같은 일들은 비록 동지 뒤에 하더라도 무방할 것입니다. 다만 각도의 역군들이 기한이 지났는데도 오지 않으니, 매우 민망합니다. 별도로 선전관을 파견하되 표신(標信)을 가지고 그날로 달려가 재촉해 오도록 하는 것이 어떻겠습니까?" 하니, 아뢴 대로 하라고 답하였다.

11월 15일 총호사 이헌국 등이 대행 왕비 인산의 보토와 석물에 대해 아뢰었다.

총호사 이헌국, 인산 도감 제조 윤자신(尹自新) ― 관작이 낮을 때나 현달해서나 칭송할 만한 사업이 없었다 ― 이충원(李忠元) ― 글씨는 잘 쓴다고 알려졌으나 사람됨이 위의가 없고 일을 처리함에 있어 허술한 면이 있다 ― 한준겸(韓浚謙), 예조판서 이정구(李廷龜)가 아뢰기를, "이번 인산의 역사는 한창 엄동의 때에 하게 되었는데 보토(補土)할 곳이 좌·우·전 3면인 데다가 높고 넓게 해야 합니다. 언 흙으로 기울어진 곳을 메우다 보면 아무리

단단하게 쌓는다 하더라도 봄철이 되면 흙이 녹아서 가라앉고 말 것인데 다시 또 역사를 일으키는 것도 심히 미안한 일입니다. 그래서 어떤 이는 '문무석(文武石) 이하 의물(儀物)은 지금 우선 능 아래에 실어다 놓았다가 내년 봄에 설치하는 것이 마땅하다' 하고, 어떤 이는 '장사 뒤에 석물(石物)은 의위(儀衛)에 관계되므로 우선 예문(禮文)대로 설치해야 한다. 설사 가라앉고 물러나는 사고(事故)가 발생한다 해도 그때 가서 고쳐 세우는 것이 역시 타당하다' 합니다. 이 일은 실로 만대에 전해야 할 안택(安宅)이니 십분 삼가지 않을 수 없습니다. 이 두 가지 조항을 가지고 내일 대신과 의논하여 결정하는 것이 무방할 것 같기에 이렇게 계품합니다" 하니, 아뢴 대로 하라고 답하였다.

11월 16일 해원부원군 윤두수(尹斗壽, 1533~1601) 등이 인산의 석물을 내년 봄에 하자고 하여 허락되었다.

해원부원군 윤두수, 행 판중추부사 이덕형, 영의정 이항복, 우의정 김명원이 아뢰기를, "인산의 석물을 내년 봄에 설치할 것인가 아니면 예문대로 설치할 것인가 하는 두 조목을 대신에게 의논하여 결정할 일로 계하하셨습니다. 능(陵)에 관한 일은 견고하게 하는 것이 제일이므로 시기가 늦고 빠른 것은 큰 관계가 없을 듯합니다. 겨울철에 보토하면 봄에 가라앉는 것은 형세상 당연한 일이니 신들의 생각으로는 내년 봄을 기다려 견고한지의 여부를 살펴본 다음에 설치해도 불가할 것이 없을 듯싶습니다. 감히 아뢰옵니다" 하니, 아뢴 대로 하라고 답하였다.

11월 24일 인산을 산릉으로, 수원관을 수릉관으로, 시원관을 시릉관으로 바꾸었다.

다시 인산(因山)을 산릉(山陵)으로, 수원관(守園官)을 수릉관(守

陵官)으로, 시원관(侍園官)을 시릉관(侍陵官)으로 바꾸었다. — 대
신의 의논을 따른 것이다 — 사신은 논한다. 심하다, 정론의 행
하기 어려움이여. 옥당(玉堂)에서는 주상께서 기년복(期年服)을
입도록 하였고, 간원(諫院)에서는 왕비(王妃)나 후(后)의 능호(陵
號)를 없애자고 하였으니 모두 우리 동방에서는 처음 나온 논의
였다. 상이 처음에는 그럴 듯하게 여겼으나 결국 시행하지 않았
으니, 애석하다.

12월 19일 대행 왕비의 내지를 능 속에 봉납하라고 전교하
였다.

예조가 아뢰기를, "어보가 찍힌 내지(內旨)를 불에 태울 것인
가 능(陵) 속에 넣을 것인가를 대신들과 의논하였더니, 영의정
이항복(李恒福)은 '불에 태우는 것이나 능에 묻는 것이 크게 서
로 다르지 않지만 불에 태우는 것이 온당한 것 같다' 하였고,
좌의정 이헌국(李憲國)과 우의정 김명원(金命元)은 '이 내지는 평
소 존귀하게 받들던 것으로서 다른 애완물에 비할 바가 아니니,
능 속에 봉납(奉納)하는 것이 유명(幽明)이 다르지 않다는 뜻에
부합할 듯하고, 불에 태우는 것은 아마도 미안할 것 같다'고 하
였습니다. 감히 아룁니다" 하니, 전교하기를, "내지를 능 속에
봉납하라" 하였다.

12월 21일 인시(寅時)에 의인왕후의 영가(靈駕)가 발인하였다.
다음날인 12월 22일 예조 낭청이 영악전(靈幄殿) 등이 불탔
음을 아뢰었다.

파루(罷漏) 뒤에 예조 낭청이 능소(陵所)로부터 달려 와서 아
뢰기를, "4경 1점(點)에 나인방(內人房)에서 불이 나 영악전(靈幄
殿)까지 연소(延燒)되었는데, 재궁(梓宮)은 간신히 옮겨 모셨다

합니다" 하니, 전교하기를, "우부승지 윤휘(尹暉)는 즉시 달려가서 문안의 예를 행하고 능상(陵上)을 봉심(奉審)하라. 그리고 불이 난 원인 등 제반사를 자세히 살피고 와서 아뢰라" 하고, 이어 비밀히 전교하기를, "불을 낸 사람이 도주할 염려가 없지 않으니, 잡아 두고서 명을 기다리도록 하라" 하였다. 왕세자도 사서(司書) 이지완(李志完)을 보내 와서 영악전이 연소된 일을 고하였다.

이날 12월 22일 대신 등이 영악전의 소실로 문안하였다.

대신과 동·서반 2품 이상 및 육조 당상과 약방이 아뢰기를, "영악전이 연소되었다는 말을 듣고는 놀라움과 슬픔을 견딜 수 없어서 감히 와서 문안합니다" 하니, 답하기를, "어찌 이런 일이 있을 수 있는가. 알았다" 하였다.

빈전 도감(殯殿都監)이 하관을 계획대로 하겠다고 하였다.

빈전 도감(殯殿都監)이 대신의 뜻으로 아뢰기를, "당일 4경 1점에 나인(內人)들이 거처하는 방에서 불이 나 영악전(靈幄殿)까지 연소되어 전우(殿宇)가 완전히 소진되었습니다. 그러나 다행히 재궁(梓宮)·혼백(魂帛)·우주(虞主)와 기타 명정(銘旌)·책보(冊寶)·복완(服玩)·명기(明器)·의물(儀物) 등은 간신히 모셔 내었는데 모두 완전하여 현궁의 소용에 결함이 없으니, 전에 계하(啓下)하신 시각에 하현궁할 계획입니다. 신들이 이곳까지 배행(陪行)하여 이러한 변고가 생기게 하였으니, 두려운 마음 견딜 수 없어 대죄(待罪)합니다" 하니, 알았으니 대죄하지 말라고 답하였다.

12월 22일 예조에서 화재에도 불구하고 장례를 계획대로 마친 것을 아뢰었다.

예조가 아뢰기를, "영악전이 불탄 연유는 이미 치계하였습니다. 재궁은 길유궁(吉帷宮)을 배치할 기지(基地)에 봉안하고, 우주(虞主)와 혼백(魂帛)은 즉시 영좌(靈座)를 설치하여 한 곳에 봉안한 뒤에 세자와 백관이 곡림(哭臨)하였습니다. 그리고 나서 즉시 세자께 품달(稟達)하여 지제교(知製敎) 허균(許筠) — 성품이 총명하고 문장에 능하였으나, 부형과 자제들의 몸가짐이 근실하지 못하므로 당시 사람들이 천히 여겨 버림을 받았다 — 으로 하여금 고사(告辭)를 짓게 하여 조전(朝奠) 때에 위안제까지 겸하여 행했습니다. 그리고 또 신들이 시강원(侍講院) 관원들 및 도감당상(都監堂上)과 의물(儀物)을 점검해 보았더니 유실된 물건이 하나도 없었습니다. 그러므로 삼공(三公)이 세자께 품달하여 전에 정한 시각에 따라 즉시 천구(遷柩)의 예를 행하고 이어 하현궁하였습니다. 또 건릉(健陵)·현릉(顯陵) 두 능에도 상례(常例)에 따라 위안제를 올려야 할 듯한데, 이 일은 이곳에서 마음대로 정할 수 없으므로 감히 아룁니다" 하니, 알았다고 전교하였다.

선조 33년(1600) 12월 22일 묘시에 의인왕후(懿仁王后)를 건원릉(健元陵) 동쪽 셋째 산줄기인 유릉(裕陵: 뒤에 穆陵으로 개칭)에 안장하였다.

의인왕후(懿仁王后)를 유릉(裕陵)에 장사하였다. 처음에 포천(抱川)의 신평(新坪)에 능자리를 정하여 공사가 반을 넘어섰는데, 술관(術官)인 박자우(朴子羽)란 자가 상소하여 그곳이 불길하다고 말하자, 드디어 건원릉(健元陵) 안에 다시 자리를 정하라는 명을 내려 이때에 이르러 비로소 장사하였다.

12월 22일 우주가 혼전인 효경전(孝敬殿)으로 돌아왔다. 이날 초우제(初虞祭)를 행하였다. 12월 23일 왕세자가 효경전(孝敬殿)

재실(齋室)에 있었는데 문학(文學) 오윤겸(吳允謙)을 보내어 문안하니, 알았다고 답하였다.

12월 26일 국장 도감에서 의인왕후의 지문(誌文)을 다시 새길 것을 건의하였다.

국장 도감이 총호사의 뜻으로 아뢰기를, "이번의 지문(誌文)에는 획(畫)을 고친 곳이 있기 때문에 물의가 모두 그대로 쓰는 것이 미안하다고 하였습니다. 그런데 지금 자세히 살펴 보니, 첫머리 존호(尊號) 위에 '유명 조선국(有明朝鮮國)'이라는 다섯 자가 있어야 하고, 왕후(王后) 밑에 '박씨(朴氏)'라는 두 자가 있어야 하는데, 지금 이 지문에는 그것이 없어 정현왕후(貞顯王后)의 묘지(墓誌)와는 다른 점이 있습니다. 이는 크게 잘못된 것이니 더욱 다시 새기지 않을 수 없습니다. 또 만력(萬曆) 무자(戊子)인데, 무자 위에 '만력'이란 두 글자가 없고, 하문(下文)의 '경자(庚子)' 위에 비로소 만력이라고 써서 마치 '융경(隆慶) 기사(己巳)'와 서로 연속되는 것처럼 하였으니, 이것도 잘못된 것입니다. 그렇다면 무자 위에 만력이라고 쓰지 않아서는 안 됩니다. 지문 중에 명후(命后)의 후(后)자는 압존(壓尊) 때문에 잇따라 써도 괜찮지만, 후종용언왈(后從容言曰)의 후(后)는 압존이 아닌데 잇따라 쓰는 것은 매우 미안하니, 한 자를 띄워 놓고 쓰는 것이 마땅합니다. 예관(禮官)으로 하여금 상의하여 결정하게 하소서" 하니, 윤허한다고 답하였다.

12월 27일 예조에서 기간 내에 의인왕후의 지문을 다시 새길 것을 건의하였다.

예조가 총호사의 계사로 회계하기를, "지문(誌文)은 바로 평생을 기록하여 후세에 전하는 것입니다. 그런데 잘못된 곳이 매우

많으니 속히 대제학으로 하여금 잘못된 곳을 고치고 '유명 조
선국(有明朝鮮國)'의 다섯 자와 성씨(姓氏)를 첨가 기입하여 기한
내에 다시 새기게 하는 것이 마땅하겠기에 감히 아룁니다" 하
니, 윤허한다고 전교하였다.

선조 34년(1601) 1월 5일 졸곡제(卒哭祭)를 행한 후 왕세자가
효경전(孝敬殿)에서 환궁하여 문안하였다.

1월 27일 시강원에서 왕세자의 몸이 불편하니 효경전 삭제
의 대행을 건의하였다.

시강원이 아뢰기를, "왕세자가 슬픔에 쌓인 나머지 가래가 성
하고 기침 증세가 오래도록 낫지 않아 매우 민망스럽고 염려됩
니다. 오는 2월 효경전(孝敬殿)의 삭제(朔祭)는 대행(代行)시키는
것이 어떻겠습니까?" 하니, 윤허한다고 전교하였다.

2월 27일 비변사에서 왕세자의 유릉(裕陵) 친제시 배행할 관
원 규례를 건의하였다.

비변사가 아뢰기를 "왕세자께서 유릉(裕陵)에 친제하실 때 시
위 의장(侍衛儀仗)은 병조가 의당 규례에 따라 마련할 것입니다.
다만 문제는 배행(陪行)할 관원인데 혼전(魂殿)에 왕래하실 때는
시강원(侍講院)과 익위사(翊衛司)의 관원만 따라갔으나 지난해
수안(遂安)으로 문안가던 행차 때에는 대신 1원(員), 빈객(賓客)
중 1원, 병조의 당상과 낭청 각 1원, 의금부 낭청 1원이 배행하
였습니다. 이번에는 하룻밤 묵어가야 하는 일정이므로 대신은
꼭 배행하지 않더라도 그 나머지 관원은 모두 이 규례에 따라
시위하는 것이 어떻겠습니까?" 하니, 윤허한다고 전교하였다.

3월 2일 왕세자가 문안한 뒤에 유릉에 배제(拜祭)할 일로 출

행(出行)하였다.

3월 3일 예조에서 능소 배제하는 의주를 아뢰었다.

예조가 아뢰기를, "왕세자가 건원릉(健元陵: 태조릉)과 현릉(顯陵: 문종 현덕왕후릉)을 전알(展謁)하는 예(禮)는, 의거할 만한 예문(禮文)이 없기 때문에 각 능에 친제하는 의식대로 배위(拜位)를 동계(東階)에다 서쪽으로 향하여 배설할 것으로 의주(儀註)를 입계(入啓)하였습니다. 그러나 능소(陵所)에 도착한 뒤에 다시 자세히 참고해 보고 또 전례를 상고해 보니, 배릉(拜陵)하는 의식과 행제(行祭)하는 예(禮)는 홍문(紅門) 안 서정(西庭)에서 북쪽을 향하여 전배(展拜)하는 것이 합당하였습니다. 그리고 유릉(裕陵)에 행제하는 의주에는 왕세자의 배위를 동계의 동남쪽에 배설한다고 되어 있는데, 이는 대전(大殿)께서 행례하는 위치입니다. 이곳에서는 능실(陵室) 동남계(東南階)의 아래에 배설하는 것이 합당하기 때문에 의주의 이 두 부분을 고쳐 부표(付標)하여 행하였기에 이 뜻을 감히 아룁니다" 하니, 알았다고 전교하였다.

5월 4일 아침에 왕세자가 문안한 후 유릉에 갔다. 5월 5일 왕세자가 유릉에서 단오(端午)의 제사를 지낸 뒤 환궁(還宮)하여 문안하였다. 5월 13일 시강원이 아뢰기를, "왕세자께서 감기 증세가 있으니, 오는 15일의 효경전 망제(望祭)는 대행(代行)하게 하는 것이 어떻겠습니까?" 하니, 윤허한다고 전교하였다.

5월 14일 비망기로 빈전 도감·국장 도감·산릉 도감 관계자들에게 포상하는 내용을 전교하였다.

비망기로 전교하였다. "총호사 이헌국(李憲國)에게는 안구마(鞍具馬) 1필을, 빈전 도감 제조(殯殿都監提調) 황진(黃璡), 국장 도감 제조(國葬都監提調) 김수(金睟)·이정구(李廷龜)·노직(盧稷),

산릉 도감 제조(山陵都監提調) 이충원(李忠元)·성영(成泳)·한준
겸(韓浚謙)에게는 각기 숙마(熟馬) 1필씩을, 빈전 도감 제조 유근
(柳根), 전 제조(前提調) 이호민(李好閔), 산릉 도감 전 제조 윤자
신(尹自新)에게는 각각 반숙마 1필씩, 빈전 도감 전 제조 홍진
(洪進)에게는 아마(兒馬) 1필을, 빈전 도감 도청 낭청(都廳郎廳)
황극중(黃克中)에게는 숙마 1필을 주고 윤훤(尹暄)은 가자(加資)
하되 자궁(資窮)이 아니면 승서(陞叙)하라. 전 도청 낭청(前都廳郎
廳) 윤성(尹暒)에게는 아마 1필을, 낭청 민여신(閔汝信) 등 3인에
게는 각 1자급씩을 가자하고, 자궁인 자에게는 아마 1필씩을 주
고, 어몽인(魚夢寅)은 승서하라. 전 낭청 조익(趙翊)에게는 아마
1필을, 이안눌(李安訥)과 — 사람됨이 음험하고 실가(室家)에 패
려한 행실이 많았다 — 윤안국(尹安國)에게는 각기 상현궁(上弦
弓) 1정(丁)씩을, 감조관(監造官) 한교(韓嶠) 등 및 별공작(別工作)
장희윤(張希尹)에게는 각기 아마 1필을, 국장 도감 도청 낭청 이
영(李瑩)에게는 숙마 1필을 주고, 이효원(李効元)은 가자하되 자
궁이 아니면 승서(陞叙)하고, 이미 준직(准職)되었으면 숙마 1필
을 주라. 전 도청 낭청 심열(沈悅)에게는 아마 1필을, 낭청 변이
중(邊以中)에게는 아마 1필을 주고, 이덕온(李德溫)·이진웅(李震
雄)은 모두 승서하고, 이진(李軫)·이신원(李愼元)은 각기 1자급씩
을 가자하되 자궁인 자에게는 아마 1필씩을 주라. 유경원(柳敬
元)과 감역관(監役官) 이형원(李馨遠)에게는 각기 상현궁 1정씩을,
전 낭청 최덕순(崔德峋)에게는 아마 1필을, 윤지(尹晊)·이할(李
劼)·정조(鄭造)·황자중(黃自中), 전 감조관 김문보(金文輔)에게는
각기 아마 1필을, 감조관 권몽남(權夢男), 전 감조관 구헌(具憲)
에게는 각기 표피(豹皮) 1령(令)씩을 주고, 산릉 도감 도청 유공
신(柳拱辰)·강연(姜綖)에게는 각기 1자급씩을 가자하라. 낭청 박
동언(朴東彦) 등 8명은 아울러 승서(陞叙)하고 이미 준직(准職)되
었거나 사망한 사람은 아마 1필씩을 주라. 감역관 채길선(蔡吉
先) 등 10명은 각각 1자급을 가자하되 자궁인 자는 아마 1필씩

을 주라. 영역 부장(領役部將) 이해(李諧)·이응란(李應鸞)에게는 각각 1자급을 가자하고, 자궁인 자는 아마 1필씩을 주라. 배설관(排設官) 경용(景容)은 가자하되 자궁이면 대가(代加)하라. 장생전 도제조(長生殿都提調) 이항복(李恒福)에게는 숙마 1필을, 낭청 허균(許筠) 등 2인과 감조관 신경익(申景翼)에게는 각각 1자급씩을 가자하되 자궁인 자는 아마 1필을 주라. 명정 제주(銘旌題主) 보전 서사관(寶篆書寫官) 김상용(金尙容)에게는 숙마 1필을, 만장 서사(挽章書寫) 김현성(金玄成)과 시책(諡冊) 등 제집사(諸執事) 송보(宋驌) 이하에게는 각각 1자급씩을 가자하되 자궁인 자는 대가하라. 여재궁관(昇梓宮官) 이안겸(李安謙)에게는 반숙마(半熟馬) 1필을, 빈전 차지 내관(殯殿次知內官) 김봉(金鳳)·민희건(閔希騫)에게는 각기 숙마 1필을, 방준호(方俊豪)에게는 아마 1필을, 초혼 차비(招魂差備) 박충신(朴忠信)에게는 아마 1필을, 보 차비(寶差備) 이방준(李邦俊)·정한기(鄭漢璣)와 시책 차비(諡冊差備) 김명원(金明源), 애책 차비(哀冊差備) 박춘성(朴春成), 명정 차비(銘旌差備) 임득준(任得俊)·유한웅(劉漢雄)에게는 각기 1자급씩을 가자하되 자궁인 자는 대가(代加)하라. 각처에 배설되었던 사약(司鑰) 박창지(朴昌祉) 등에게는 각각 1자급을 가자하되 자궁인 자는 대가하라. 상지관(相地官) 김덕원(金德元) 등은 본아문(本衙門)에 승서하고, 박상의(朴尙義)·이의신(李懿信)에게는 직을 제수하고, 산원(算員) 이하 및 별감(別監)과 모든 장인(匠人)들은 해사(該司)로 하여금 미포(米布)를 주게 하라. 제조(提調) 이하는 비록 몇 가지 일을 겸했더라도 겹쳐 주어서는 안 된다"

선조 34년(1601) 6월 26일 왕세자가 문안하고 효경전으로 나아갔다. 다음날인 6월 27일 장성 의인왕후(章聖懿仁王后)의 상일(祥日)이어서 왕세자가 효경전에서 제사를 지냈고 백관은 소복(素服)을 벗고 천홍색(淺紅色)의 옷을 입었다.

선조 35년(1602) 6월 26일 아침에 왕세자가 문안한 뒤에 효경전(孝敬殿)으로 나아갔다. 내일이 바로 2주기이다. 6월 27일 아침에 왕세자가 효경전에서 환궁한 뒤에 문안하였다. 의인왕후(懿仁王后)의 대상(大祥)이다.

6월 27일 윤형·이덕장·성이후 등에게 가자하고, 마필·노비·전답 등을 수여하였다.

비망기(備忘記)로 정원에 전교하였다. "유릉 수릉관(裕陵守陵官) 공조참판 윤형(尹洞)은 가자(加資)하고 안장 갖춘 내구마(內廐馬) 1필, 외거 노비(外居奴婢) 6구(口), 전답 총 50결(結)을 주고, 시릉관 행 상호(侍陵官行尙弧) 이덕장(李德章)은 가자하고 안장 갖춘 내구마 1필, 외거 노비 4구, 전답 총 30결을 주고, 참봉(參奉) 성이후(成履厚)·최율(崔嵂)은 각각 가자하되 자궁자(資窮者)에게는 대가(代加)하고 아마(兒馬) 1필 씩을 주고 모두 6품직으로 옮기라. 충의위(忠義衛) 윤유(尹游)는 가자하되 자궁자이면 대가하고, 아마 1필을 주고 동반(東班)에 서용하라. 진지 내관(進止內官) 박상현(朴尙賢)·송정민(宋廷民)은 각각 가자하되 자궁자이면 대가하고 아마 1필을 주며, 전례 서리(奠禮書吏)는 거관(去官)한 뒤에 승(丞)이나 시제(書題) 중에 제수하고, 반감(飯監)·수복(守僕)·각색장(各色掌)·목맥장(木麥匠)·원두(圓頭)·수노(首奴)는 그 당사자에 한하여 면역하고, 수릉관과 시릉관의 방직(房直)은 3년간 면역시키라. 효경전(孝敬殿)에 입번(入番)한 종친 기성군(箕城君) 이현(李俔)·순령군(順寧君) 이경검(李景儉)·서흥군(西興君) 이학령(李鶴齡)·화령 도정(花寧都正) 이옥명(李玉命)·당성 도정(唐城都正) 이효일(李孝一)·파원수(坡原守) 이응(李應)은 각각 한 자급씩 올려 주고, 도설리(都薛里) 김수원(金秀源)·김인준(金仁俊)은 각각 한 자급씩 올려 주고, 참봉 이인민(李仁民)·박영(朴穎)은 모두 직장(直長)으로 제수하고, 설리(薛里) 박경림(朴敬

立)·최대청(崔大淸)은 각각 숙마(熟馬) 1필 씩을 하사하고, 주방
(酒房) 송언련(宋彦連)·김대진(金大振)에게는 각각 반숙마(半熟馬)
1필 씩을 하사하고, 충의위(忠義衛)·이성원(李誠元)·이시민(李時
民)·심전(沈澱)은 모두 동반에 서용하고, 진지 내관 안정길(安貞
吉)·박의신(朴義臣)·김효건(金孝謇)·정경청(鄭景淸)은 각각 아마
(兒馬) 1필 씩을 하사하고, 반감·별감(別監)·수복·각색장은 3
년 동안 면역시키고, 각색장 김응선(金應善)은 2년 동안 면역시
키되 반감은 반감에 제수하고, 별감은 사약(司鑰)에 제수하고,
여러 서리(書吏)는 승(丞)으로 제수하라"

『의인왕후 빈전 혼전 도감 의궤 懿仁王后殯殿魂殿圖監儀軌』 1책
이 있다.

　　1책(冊, 영본零本) 필사본(筆寫本) 41.3×33.7cm.
　　선조 33년(1600) 선조비 의인왕후 박씨의 국장 때의 빈전(殯
殿)과 혼전도감(魂殿都監)의 기록이다. 먼저 도감사목(都監事目)에
이어 다음 의주(儀註)가 있는데 내용은 복(復)·목욕(沐浴)·습(襲)
·영좌(靈座)·소렴(小斂)·대렴(大斂)·성빈(成殯)·영침(靈寢)·성
복(成服)·제전(祭奠)·빈전기명(殯殿器皿)·혼전배비(魂殿排備)·반
우(返虞) 등에 관한 것이다. 혼전소배(魂殿所排)·혼전차비관(魂殿
差備官), 도설리통정(都薛理通政) 김수원(金秀源)을 비롯하여 설리
(薛里)·주방내관(酒房內官)·진지내관(進止內官)·종실(宗室)·참봉
(參奉)·충의위(忠義衛)·영감(領監)·별감(別監)·수복(守僕)·각색
장(各色掌)·수공(水工)·소척적(昭剌赤)·서리(書吏)·제원(諸員)·
주시관(奏時官)·사령(使令) 등의 명단(名單)에 이어서 조성재료
(造成材料)·계사(啓辭)·도감관(都監關)·오례의(五禮儀)·예조첩정
(禮曹牒呈) 등이 차례로 실려 있다. 권말(卷末)에 낙장(落張)이 있
다. 『의인왕후빈전혼전도감의궤　懿仁王后殯殿魂殿圖監儀軌』 해
제. (규장각, 奎-14845)

『의인왕후 산릉 도감 의궤 懿仁王后山陵都監儀軌』1책이 있다.

1책(冊, 63장張) 필사본(筆寫本) 45.6×33cm.

선조 33년(1600) 현 동구릉(東九陵) 소재 선조(宣祖) 목릉(穆陵) 좌변에 선조비(宣祖妃) 의인왕후 박씨릉을 조성한 기록이다. 능호(陵號)는 처음에 유릉(裕陵)이라 했다가 뒤에 추상존호(追上尊號)하면서 목릉(穆陵)으로 개명했다. 본 의궤의 상태가 완전치 못하여 「목록 目錄」과 「좌목 座目」「계사 啓辭」 내용의 일부분이 결손되어 있다. 목록(目錄)은 의궤 내용으로 보아 다른 의궤(儀軌)와 같으며, 「논상 論賞」에 의하면 총호사 좌의정 이헌국(李憲國), 제조 이충원(李忠元) 등 4인, 도청(都廳) 유공신(柳拱辰) 강연(姜涎), 낭청(郎廳) 박동언(朴東彦) 등 7명, 감조관(監造官) 채길원(蔡吉元) 등이다. 「계사 啓辭」에 의하면 동상년(同上年) 11월 13일에 산릉(山陵)은 건원릉(健元陵) 좌변(左邊) 제삼강(第三岡) 임좌병향(壬坐丙向)으로 복정(卜定)하고 전체적인 능(陵) 규모나 석물체제(石物體制)는 오례의(五禮儀)에 따르고 있으나 병풍석(屛風石)은 광릉예(光陵例)에 따라 설치하지 않았다. 『의인왕후산릉도감의궤 懿仁王后山陵都監儀軌』 해제. (규장각, 奎-014826)

선조 37년(1604) 10월 19일 선조가 임진왜란을 극복하고 중흥한 공으로 '휘열(徽烈)'의 존호를 받았다.

군신(群臣)이 상에게 존호(尊號)를 올려 지성 대의 격천 희운(至誠大義格天熙運)이라 하고, 의인왕후(懿仁王后)의 호에 휘열(徽烈)을 더 올리고, 중궁전(中宮殿)에는 소성(昭聖)이라 하고 축하를 드렸다. …

선조 40년(1607) 3월 11일 유릉에 불이 났었으므로 위안제를 지냈다.

우승지 유간이 예조의 말로 아뢰기를, "방금 유릉 참봉(裕陵
參奉)이 치보(馳報)하기를, '이달 10일 한식제(寒食祭) 때에 횃불
에서 떨어진 불씨가 마른 풀 속에 들어가 있다가 그날 오시에
바람을 타고 계단 앞 및 왼편 산을 백보(百步) 가량 잇따라 태
웠는데, 나무 밑의 낙엽에 연거푸 붙는 바람에 간신히 껐다' 하
였습니다. 예조의 낭청(郞廳)을 서둘러 보내 실화(失火)한 곳을
살펴본 다음에 처리하고, 위안제(慰安祭)는 택일(擇日)할 것 없이
오는 13일에 하는 것이 어떻겠습니까?" 하니, 윤허한다고 전교
하였다.

광해군 2년(1610) 4월 5일 오는 11일에 있을 선조와 의인왕
후의 부묘제를 앞두고 '정헌'의 존호를 추가로 받았다.

왕이 효경전(孝敬殿)에 친히 제사하고, 의인왕후의 존호에 '정
헌(貞憲)'을 추가하여 올렸다. 신주를 고쳐 쓰고 책보(冊寶)를 올
리는 것을 의식대로 하였다.

『의인왕후 존호 대비전 상존호 중궁전책 懿仁王后尊號大妃殿
上尊號中宮殿冊』『예왕세자 책례 관례시 책례도감 의궤 禮王世
子冊禮冠禮時冊禮都監儀軌』 1책이 있다.

1책(冊, 199장張) 채색도(彩色圖) 필사본(筆寫本) 44×33.3cm.
광해군 1년(1609) 4월부터 1610년 5월에 걸쳐서 의인왕후(懿仁
王后)와 대비전(大妃殿)에의 상존호(上尊號), 중전(中殿)의 책봉(冊
封), 왕세자(王世子)의 관례(冠禮) 및 책봉에 대한 책례도감(冊禮
都監)의 의궤(儀軌)이다. 목록(目錄)은 없고 좌목(座目)·계사(啓
辭)·예관(禮關)·감결(甘結) 의궤사목(儀軌事目)·일방(一房)·이방
(二房)·삼방(三房)·논상(論賞)·반차도(班次圖) 순으로 실려 있다.
「좌목 座目」은 도제조 좌의정 이항복(李恒福), 제조 홍진(洪進)

등 4인, 도청(都廳) 유경종(柳慶宗) 김권(金權), 낭청(郎廳) 윤호(尹
晧) 등 6인이다.「계사 啓辭」에는 도감사목(都監事目)이 있고, 의
인왕후상호일(懿仁王后上號日)은 4월 5일, 대비전상호일(大妃殿上
號日)은 4월 19일, 중전책례일(中殿冊禮日)은 4월 22일, 왕세자
관례일(王世子冠禮日)은 5월 6일, 왕세자책봉일(王世子冊封日)은 5
월 11일로 각각 결정했다. 일방(一房)에서는 효경전(孝敬殿, 懿仁
王后)과 자전(慈殿)의 옥책(玉冊), 중궁전(中宮殿)의 교명(敎命)·옥
책(玉冊), 왕세자(王世子)의 교명(敎命)과 죽책(竹冊)을 담당하는데,
일방의궤(一房儀軌)에는 각 도설(圖說) 및 품목이 기록되고 있으
며 각 옥책문(玉冊文)·교명문(敎命文)·죽책문(竹冊文)이 있다. 이
방(二房)에서는 효경전(孝敬殿)의 옥보(玉寶), 대비전(大妃殿)과 중
궁전(中宮殿) 및 세자궁(世子宮)의 금보(金寶)를 담당하고 있다.
책 끝에 의인왕후상존호시(懿仁王后上尊號時)·대비전상존호시(
大妃殿上尊號時)·중궁전책례시(中宮殿冊禮時)·왕세자관례시(王世
子冠禮時)의 반차도(班次圖, 彩色)가 있다.『의인왕후존호대비전
상존호중궁전책 懿仁王后尊號大妃殿上尊號中宮殿冊』『예왕세자책
례관례시책례도감의궤 禮王世子冊禮冠禮時冊禮都監儀軌』해제.
(규장각, 奎-13196)

광해군 5년(1613) 4월 25일 영창대군의 죽음과 직결되는 계
축옥사(癸丑獄事)가 발생하였다. 5월 16일 이러한 과정에서 박
동량(朴東亮, 1569~1635)의 공초를 받으니 변명을 하려다가 유
릉을 저주하는 뜬 소문들을 발설하여 저주의 옥사가 벌어졌다.
광해군 8년(1616) 8월 4일 선조의 묘호를 선종에서 선조로
고치면서 의인왕후 존호도 명덕(明德)으로 올렸다.

빈청이 모여 의논하여, 선종대왕(宣宗大王)의 추상 존호를 계
통 광헌 응도 융조(啓統光憲凝道隆祚)라고 하고, 묘호를 선조(宣

祖)라 하고, 의인왕후(懿仁王后) 추상 존호의 망(望)에 현숙(顯淑)
과 장숙(莊淑)과 명덕(明德)이라 하고, 공성왕후(恭聖王后) 추상
존호의 망에 현휘(顯徽)와 정순(貞順)과 명순(明順)이라고 하였다.
단자를 입계하였다.

이때 존호 받은 것과 광해군 13년에 존호 받은 것에 대한
인조 11년 8월 30일 기사에는 다음과 같다.

그 이른바 병진년(광해군 8년)에 올렸다는 존호는 허균(許筠)
의 변무(辨誣) 사건으로 인한 것입니다. 허균이 가짜로 만든 야
록(野錄)의 초고본을 시장에다 내다 팔게 하고는 그가 처음 보
고 사들인 것처럼 꾸몄는데, 그 글의 내용이 흉악하고 도리에
거슬린 말을 써서 임금의 덕을 속이고 있어서 신하로서 차마
듣지 못할 것도 있었습니다. 모두 스스로 사실에 없는 일을 거
짓으로 꾸며 서책으로 내어서 중국 조정을 현혹시켜 이런 일이
진짜로 있었던 것처럼 꾸며 놓고 나서 이이첨 등과 함께 변명
하는 주문을 중국에 올리자고 청하였습니다. 이것을 가지고 스
스로 전대 조정에서 국가를 빛낸 커다란 공훈과 비교하였으니,
참으로 하늘과 땅 사이에 용납되지 못할 큰 죄를 지었습니다.
그리고 다시 이것을 전대 조정의 미덕으로 돌리어 자신의 하늘
에 가득 찬 악덕을 가림과 동시에 조종조를 높이어 받드는 효
심에다 붙이려고 하였으니, 정말 괴이합니다.
그리고 신유년에 올린 존호에 있어서는 대개 오랑캐와 통교
(通交)했다는 의심을 받았기 때문에 중국에 사신을 보내어 사리
를 분명히 밝혀 오해를 풀게 했던 것입니다. 그 사건은 당초에
대장이 먼저 내지(內旨)를 받고서 군사의 기밀을 누설하여 오랑
캐에게 잘 보여 서로 친밀한 교분을 맺은 것으로 그 사실의 행
적이 애매하여 변명할 수 없는 것인데 의례대로 변명하는 주문
을 올리자 역시 의례대로 칙유(勅諭)를 내린 것이니, 무슨 기록

할 만한 공덕이 있겠습니까. 그런데 광해군이 존호를 받고 나서 다시 이것은 선조대왕이 지성으로 사대(事大)한 효과라 하여 존 호를 거듭 올렸으니 더욱 무리한 짓이었습니다. 더구나 거기에 올린 16자는 모두 광해가 스스로 자기 공덕을 칭찬하기 위하여 선조대왕이 끼친 경사라고 돌리었지마는, 실은 선조대왕의 성덕 (聖德) 신공(神功)에는 아무런 관계가 없는데다가 말의 뜻이 얕고 문자도 중복되어 최고의 칭호와 지존의 전장(典章)이 아니어서 다만 조종을 속이고 신위(神位)를 더럽히기만 하였으니, 빛나는 하늘에 계신 선조의 영혼이 어찌 기쁘게 흠향하여 받아들이시겠습니까. … 대신이 의논드리기를, "의인왕후의 존호에 대해서는 병진년에 소급해 올린 '명덕(明德)' 두 글자와 신유년에 소급해 올린 '현숙(賢淑)' 두 글자는 의당 선조대왕에게 소급해 올린 병진년, 신유년의 존호와 함께 일체 삭제하여 바로잡아야겠으며, 인목왕후는 병진년과 신유년에 원래 시호를 추숭한 적이 없었고 지금 쓰고 있는 시호는 모두 예에 따라 올린 존호이므로 삭제하여 바로잡지 않아도 될 것 같습니다. 그리고 대왕과 왕후의 옥책은 갑자년의 변란 때 조각조각 파손되어 글자를 거의 알아 볼 수 없을 정도였는데 겨우 거두어 모아서 궤에다 간직해 놓았으니, 이번에 옥보와 아울러 알맞은 장소에다 묻어 두는 것도 괜찮다고 생각합니다. 그리고 신주를 고쳐 쓸 때 종묘에 고유(告由)할 축사에 대해서는 다시 분명하게 지어내도록 명하소서" 하니, 상이 따랐다. 그 뒤에 10월 8일 정묘에 선조대왕과 의인왕후의 종묘에 모신 신주를 고쳐 쓰면서 단지 예전의 시호만 남겨 두고 소급해 올렸던 존호는 모두 삭제하였다.

인조 2년(1624) 9월 4일 왕이 능을 배알하고 경기 감사·도사·양주 목사·능참봉에게 활 등을 하사하였다.

상이 건원릉(健元陵)·현릉(顯陵)·유릉(裕陵)을 전알(展謁)하고 이어 대신에게 명하여 제사를 섭행(攝行)하게 하였으며, 목릉(穆陵)에 친제(親祭)하였다. 경기 감사 한여직(韓汝溭)에게는 표피(豹皮) 1영(領)을, 도사(都事) 이유달(李惟達)과 양주 목사(楊州牧使) 장신(張紳)에게는 활과 화살을 각각 1부(部)씩을, 네 곳의 능참봉(陵參奉)에게는 각각 활 1장(張)씩을 내렸다.

인조 8년(1630) 선조 목릉이 왼쪽 두 번째 산등성이로 옮겨져 왔고, 인조 10년 6월 28일 인목대비가 돌아가시자 7월 10일 왼쪽 다섯 번째 산등성이에 정하였다. 8월 14일 의인왕후 유릉(裕陵), 인목대비 혜릉(惠陵), 선조 목릉(穆陵)을 모두 목릉으로 부르기로 하였다.

인조 11년 8월 30일 윤방·김류·홍서봉이 종묘 열성의 신주에 글자 쓰는 규식에 대해 아뢰었다.

… 하나는, 의인왕후(懿仁王后)께 앞뒤 두 차례에 올렸던 묘호와 대행 때 올린 호에 쓴 차례는 더더욱 뒤바뀌어서 고치지 않을 수 없습니다. 때문에 올려드린 선후 차례에 따라 옛날 규식대로 바로잡으소서. 그러니 의당 '장성 휘열 정헌 명덕 현숙 의인 왕후(章聖徽烈貞憲明德顯淑懿仁王后)'로 써야 옳을 듯합니다.

같은날 광해군대 올렸던 의인왕후의 존호를 개정하자고 하였다.

… 영의정 윤방이 의논드리기를, "혼조 때 올렸던 존호는 사실 스스로 덧붙이고 스스로 자랑하는 거사로서 간신들이 더럽힌 죄에서 나오지 않은 것이 없습니다. 반정했던 초기에 소급하여 시호를 고쳐야 한다는 논의가 있었기에 일찍이 경연 석상에서 신이 이 논의를 누누이 말씀드렸습니다만, 성상의 생각에는

지금에 와서 소급해 고치면 위엄을 삭감하는 것 같아 이 점을 미안케 여긴다고 하셨으므로 신이 굳이 청하지 못하고 물러났습니다. 지난번 신주를 고쳐 쓰는 일에 대해 의계(議啓)할 때, 신이 들은 바로는 당국자 외에도 이에 대한 논의가 있었으나 다만 대단히 뒤바뀐 곳에 관해서만 상의했다 합니다. 지금 홍문관에서 올린 차자를 보건대, 말과 의리가 엄정하니, 속히 불합리한 시호를 삭제하여 한 시대의 이목을 새롭게 하소서. 그러나 이 일은 관계된 바가 중대하고 또 처리해야 할 몇 개의 조항이 있습니다. 그것은, 개정한 후에는 전에 올렸던 옥책(玉冊)과 옥보(玉寶)를 그대로 보존할 것인가가 첫째이고, 의인·인목왕후의 휘호도 의당 덜어 고쳐야 할 것인가가 둘째이고, 신주를 고쳐 쓸 때 종묘에 어떠한 말로 고유할 것인가가 셋째입니다. 이러한 몇 가지 사항을 반드시 충분히 강구하여 참으로 의리에 합당한가를 보고 나서 거행하여야 한다고 생각합니다" 하였다

▓ 의인왕후

【생몰년】 명종 10년(1555) ~ 선조 33년(1600). 향년 46세
【본 관】 반남 박씨(潘南朴氏)
【휘 호】 장성휘열정헌경복의인왕후(章聖徽烈貞憲敬穆懿仁王后)
【능 호】 유릉(裕陵: 목릉穆陵). 경기도 구리시 동구동 동구릉(東九陵)
【문 헌】『왕비세보 王妃世譜』권3 (장서각 M.F. 2-1694)
       『돈녕보첩 敦寧譜牒』(장서각 M.F. 2-1687)
       심희수(沈喜壽)『일송집 一松集』「유릉지 裕陵誌」
       『선조실록 宣祖實錄』『광해군일기 光海君日記』
       『인조실록 仁祖實錄』『연려실기술 燃藜室記述』

의인왕후 능

<u>의인왕후 아버지</u>

박응순(朴應順)

출전: 『반남박씨세보 潘南朴氏世譜』

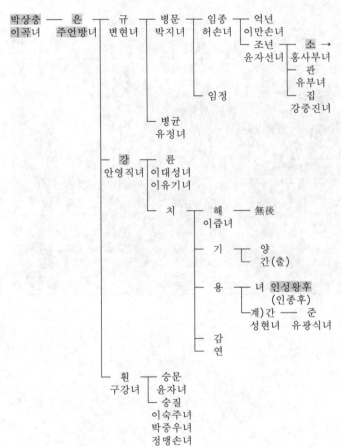

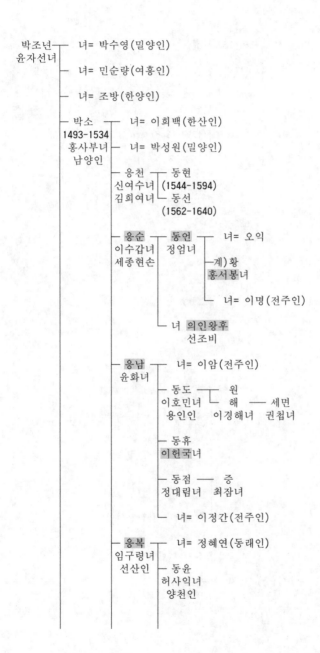

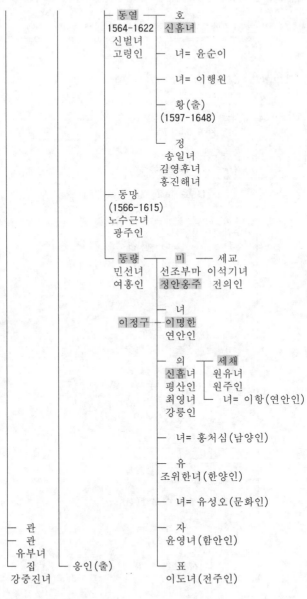

※ 본서 부록 385쪽 참조

고려말 학자인 판전교시사(判典校寺事) 박상충(朴尙衷)의 7대
손이다. 6대조인 박은(朴訔, 1370~1422)은 이곡(李穀, 1298~13
51)의 외손이며 전법판서(典法判書) 주언방(周彦邦)의 사위이다.
태종을 도와 좌명공신(佐命功臣)이 되었고 좌의정을 지냈다.

박은(朴訔)의 아들인 박강(朴薑, ?~1460)은 세조 찬탈에 협력,
그 공으로 좌익공신(佐翼功臣) 3등에 책정되고 금천군(錦川君)에
봉하여졌다. 박강의 증손녀가 인종비 인성왕후(仁聖王后, 1514
~1577)이다. 박강의 동생 박훤(朴萱)의 아들 박숭질(朴崇質)은
연산군의 폭정이 절정에 달하여 벼슬을 버리고자 일부러 말에
서 떨어져 석달 동안 등청하지 않다가 추국(推鞫)을 받은 뒤
면직되었다.

동생 박응남(朴應男, 1527~1572)의 아들 박동휴(朴東烋)는 이
헌국(李憲國, 1525~1602)의 딸과 혼인하였는데 이헌국은 의창
군(義昌君, 1589~1645)의 처외조부가 된다.

【전주 이씨 이헌국을 중심으로】

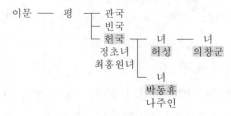

* 본서 부록 379쪽 참조

조카 박동열(朴東說)의 아들 박호(朴濠, 1586~1667)는 신흠(申
欽)의 사위이다.

조카 박동량(朴東亮, 1569~1635)은 선조로부터 한응인(韓應寅,

1554~1614) · 유영경(柳永慶,1550~1608) · 서성(徐渻, 1558~1631)
· 신흠(申欽, 1566~1628) · 허성(許筬, 1548~1612) · 한준겸(韓浚謙,
1557~1627)과 함께 영창대군을 잘 보호하라는 부탁을 받은 이른
바 유교 7신의 한 사람으로 대북파(大北派)의 질시 대상이 되었
다. 김상용(金尙容, 1561~1637) · 김상헌(金尙憲, 1570~1652) 형제
와 친교가 두터웠다.

　박동량의 아들 박미(朴瀰, 1592~1645)는 이항복(李恒福)의 문
인으로, 선조 36년(1603) 선조의 다섯째딸인 정안옹주(貞安翁主)
와 혼인하여 금양위(錦陽尉)에 봉하여졌다. 계곡(谿谷) 장유(張
維, 1587~1638) · 송강(松江) 정철(鄭澈, 1536~1593)의 아들인 기
암(畸菴) 정홍명(鄭弘溟, 1582~1650)과 교유하였다. 조카 박세채
(朴世采)가 행장을 짓고, 송시열(宋時烈)이 신도비명(神道碑銘)을
지었다.

　박미의 동생 박의(朴漪, 1600~1645)는 신흠(申欽)의 사위이다.
박의의 아들이 소론의 영수가 되는 좌의정 박세채(朴世采, 16
31~1695)이다. 동생 박유(朴濰, 1606~1626)는 김제남(金悌男)의
무옥(誣獄)에 연좌되어 여러 조신들과 함께 구금된 한양 조씨
조위한(趙緯韓, 1558~1649)의 사위이다. 박미 여동생은 월사(月
沙) 이정구(李廷龜, 1564~1635) 아들 이명한(李明漢, 1595~1645)
에게 출가하여 박미와 이명한과는 처남 매부지간이 된다.

　아버지는 사간원 사간(司諫) 박소(朴紹, 1493~1534)이며, 어머
니는 사섬시 정 홍사부(洪士俯)의 딸인 남양 홍씨(南陽洪氏, 14
94~1578)이다.

박소는 조광조(趙光祖, 1482~1519)의 문인으로 사간원 사간 (司諫院司諫)이 되었으나 김안로(金安老) 등의 탄핵으로 파면되어 합천(陜川) 고향으로 물러가 중종 29년(1534) 8월 21일 졸했다. 기묘명현에 올라 나주 반계서원(潘溪書院)에 배향되었다.

부인은 세종 아들 계양군의 증손인 이수갑(李壽甲, 1495~?)의 딸이다.

슬하에 1남 1녀를 두었다.

아들은 박동언(朴東彦, 1553~1605)으로 사복시(司僕寺) 정(正)을 지냈다. 박동언에게는 아들이 없어 사촌동생 박동열(朴東說, 1564~1622)의 아들 박황(朴潢, 1597~1648)을 양자로 삼았다. 박황은 병자호란 후 볼모로 청나라로 잡혀가는 소현세자를 모시고 심양에 갔다가 인조 16년(1638) 병으로 돌아왔다. 인조 22년 (1644) 심기원(沈器遠) 역모사건에 연루되어 김해에 유배갔다가 곧 풀려났다.

딸은 선조비 의인왕후(懿仁王后)이다.

아우 박응남(朴應男, 1527~1572)과 같이 성제원(成悌元)의 문하에서 배웠다. 아우 박응복(朴應福, 1530~1598)은 율곡 이이와 동방 급제하였다.

박응순은 중종 21년(1526)에 태어났다.

3세인 중종 23년(1528) 고모인 군수 박수영(朴秀榮)의 아내가 길러서 아들을 삼았다. 9세인 중종 29년(1534) 8월 21일 아버지 박소가 졸하자, 외조부 사섬시 정 홍사부(洪士俯)가 유조순(柳祖詢)을 집에 모시어 배우게 하였다. 조금 자라니 동생 박응남과 함께 소선(笑仙) 성제원의 문하에 나아가 배우게 하였다.

양부인 박수영이 안악군수로 부임했을 때 박응순이 따라갔는데 이 고을은 번화하기로 알려졌으나 노래하는 기생을 탐탁치 않게 여기고 조용하게 가난한 선비들과 더불어 글을 강독하였으므로 보는 이들이 기이하게 여겼다. ·

20세인 인종 1년(1545)에 양부 박수영의 상을 당하여 묘소 곁에 여막을 짓고 몸소 바칠 제수를 갖추었다.

28세인 명종 8년(1553) 아들 박동언을 낳았다.

30세인 명종 10년 진사시에 합격하였다. 이해 4월 5일 의인왕후를 낳았다. 다음해 의금부도사에 천거되었다. 34세인 명종 14년(1559) 사복시 주부가 되었으나 위법사건에 관련되어 면직되었다. 35세인 명종 15년 사헌부 감찰을 거쳐, 명종 16년에는 안음현감(安陰縣監)이 되어 선정을 베풀었는데, 38세인 명종 18년(1563)에는 양모상(養母喪)을 당하여 벼슬을 그만 두었는데 기년상이 끝난 뒤에도, 심상(心喪) 3년상을 치러 벼슬에 나가지 않았다.

40세인 명종 20년(1565) 복제를 마치고 돈녕부 주부에 임명되었다가 내섬시 주부(內贍寺注簿)를 거쳐 12월에 용인현령이 되었다. 이어 돈녕부 도정(敦寧府都正)을 지냈다.

44세인 선조 2년(1569) 딸이 선조의 비(妃: 懿仁王后)로 책봉되자 영돈녕부사(領敦寧府事)·반성부원군(潘城府院君)가 되었으며, 그뒤 오위도총부 도총관(五衛都摠府都摠管)을 겸직하였다.

53세인 선조 11년(1578) 어머니의 상을 당하여 양주에서 여막을 짓고 시묘를 하는데 너무 슬퍼하여 병이 생겼다. 55세인 선

조 13년 4월 선조가 내시를 보내어 개소(開素)[1]할 것을 권하자,
명령을 따라 회복되었다. 그러나 이해 겨울에 선조가 병이 나
자 그것을 근심하다 병이 더하여 11월 10일 55세로 졸하였다.

영돈녕부사 반성부원군(潘城府院君) 박응순(朴應順)이 졸하였
다. 박응순은 왕비(王妃)의 아버지로서 조금도 정사에 간여하는
습관이 없었고 마음을 편히 갖고 고요히 함으로 자신을 지켰으
며 집안 생활이 사치스럽지 않아서 남들이 그가 국구(國舅)인지
를 알지 못했다. 『선조수정실록』 권14 선조 13년 11월

선조 28년(1595) 4월 18일 판중추부사(判中樞府事) 윤두수(尹
斗壽)가 반성부원군 박응순의 부인이 이달 16일에 돌아가셨다
고 치계하였다.

선조 28년 5월 25일 비망기로 죽은 반성부원군 부인에게 산
료(散料)를 3년 동안 줄 것을 명하였다.

선조 29년(1596) 4월 16일 중전이 반성부원군 부인의 상복을
벗은 후 약방·정원 및 대신·동서반 2품 이상·육조의 당상
이 문안하였다.

중전(中殿)이 상복을 벗은 후 — 반성부원군(潘城府院君) 부인
(夫人)의 복을 마친 것이다 — 약방(藥房) 도제조(都提調) 김응남
(金應南), 제조(提調) 홍진(洪進) 부제조(副提調) 오억령(吳億齡)·정
원(政院) 및 대신·동서반(東西班) 2품 이상·육조(六曹)의 당상
(堂上)이 중전에게 문안하니, 망극하다고 답하였다.

숙종 22년(1696) 7월 24일에 반성부원군 박응순에게 정의(靖

---

1) 재계(齋戒)하느라고 나무새만 먹던 사람이 고기를 먹는 것을 말한다.

懿)라는 시호를 내렸다.

평소 검소한 생활이 가난한 선비와 같았으며 정치에 일체 간여하지 않아, 당시 사람들이 국구(國舅)가 살아 있는지를 모를 정도로 청렴결백하였다고 한다. 영의정에 추증되었다.

율곡 이이(李珥, 1536~1584)가 찬(撰)하고 안진경(顔眞卿) 서체를 집자(集字)하고 선원 김상용(金尙容, 1561~1637)이 전(篆)을 쓴 묘비가 있다.

▒ 의인왕후 아버지

【생몰년】 중종 21년(1526) ~ 선조 13년(1580). 향년 55세
【성 명】 박응순(朴應順)　　　　　【본 관】 반남(潘南)
【 자 】 건중(健仲)　　　　　　　　【 호 】
【시 호】 정의(靖懿)
【 묘 】 양주군(楊州郡) 미금면(渼金面) 일패리(一牌里) 본방동(本房洞)
　　　　 후산(後山) 신좌(辛坐)
【문 헌】 『반남박씨세보 潘南朴氏世譜』
　　　　 『율곡전서 栗谷全書』 권18 묘지명 「반성부원군박공묘지명
　　　　 潘城府院君朴公墓誌銘」
　　　　 『선조실록 宣祖實錄』『광해군일기 光海君日記』
　　　　 『국조인물고 國朝人物考』『석담일기 石潭日記』
　　　　 『기묘록 己卯錄』『해동잡록 海東雜錄』

의인왕후 외조부

이수갑(李壽甲)

출전: 『선원록 璿源錄』

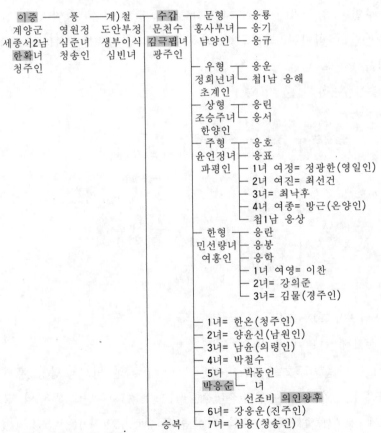

이증 ── 풍 ──계)철 ── 수갑 ── 문형 ── 응룡
계양군　영원정　도안부정　문천수　홍사부녀　응기
세종서2남　심준녀　생부이식　김극곱녀　남양인　응규
한확녀　청송인　심빈녀　광주인

─ 우형 ── 응운
　정희년녀 └ 첩1남 응해
　초계인

─ 상형 ── 응린
　조승주녀 └ 응서
　한양인

─ 주형 ── 응호
　윤언정녀 ── 응표
　파평인 ── 1녀 여정= 정광한(영일인)
　　　　 ── 2녀 여진= 최선건
　　　　 ── 3녀= 최낙후
　　　　 ── 4녀 여종= 방근(온양인)
　　　　 └ 첩1남 응상

─ 한형 ── 응란
　민선량녀 ── 응봉
　여흥인 ── 응학
　　　　 ── 1녀 여영= 이찬
　　　　 ── 2녀= 강의준
　　　　 └ 3녀= 김물(경주인)

── 1녀= 한온(청주인)
── 2녀= 양윤신(남원인)
── 3녀= 남윤(의령인)
── 4녀= 박철수
── 5녀 ── 박동언
　박응순 └ 녀
　　　　 선조비 의인왕후
── 6녀= 강응운(진주인)
└ 승복 └ 7녀= 심용(청송인)

※ 본서 부록 378쪽 참조

세종 후궁 신빈 김씨 소생 계양군(桂陽君, 1427~1464)의 증
손자이다. 계양군은 세조 2년(1456)에 좌익(佐翼) 공신 1등이 되
었다. 한확(韓確, 1403~1456)의 사위이다. 덕종(德宗, 1438~14
57)도 한확의 사위이므로 계양군과 덕종은 동서간이다.

아버지는 도안부정 이철(李轍, 1476~?)이며, 어머니는 심빈
(沈濱)의 딸인 청송 심씨(靑松沈氏)이다.

부인은 김극핍(金克愊, 1472~1531)의 딸인 광산 김씨이다. 김
극핍의 아버지는 좌리공신 좌참찬 김겸광(金謙光, 1419~1490)
이다.

【광산 김씨 김극핍을 중심으로】

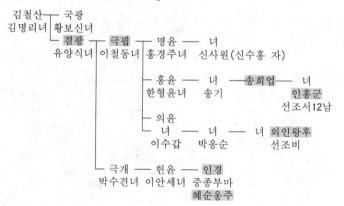

* 본서 부록 380쪽 참조

슬하에 5남 7녀를 두었다.

1남 이문형(李文衡, 1511~?)은 홍사부(洪士俯)의 딸 남양 홍씨
(南陽洪氏)와, 2남 이우형(李虞衡, 1517~?)은 정희년(鄭熙年)의 딸
초계 정씨(草溪鄭氏)와, 3남 이상형(李商衡, 1520~?)은 조승주(趙

承胄)의 딸 한양 조씨(漢陽趙氏)와, 4남 이주형(李周衡, 1521~?)은 윤언정(尹彦正)의 딸 파평 윤씨(坡平尹氏)와 이은필(李殷弼)의 딸 재령 이씨(載寧李氏)와 혼인하였고, 5남 이한형(李漢衡, 1538~?)은 민선량(閔善良)의 딸 여홍 민씨(驪興閔氏)와 혼인하였다.

1녀(1510~?)는 청주 한씨(淸州韓氏) 한온(韓蘊)에게, 2녀 만억(萬億)은 남원 양씨(南原梁氏) 양윤신(梁允信)에게, 3녀 천억(千億, 1522~?)은 의령 남씨(宜寧南氏) 남윤(南崙)에게, 4녀 금억(今億)은 박철수(朴鐵壽)에게 출가했다.

다섯째 사위가 선조비인 의인왕후(懿仁王后)의 아버지 박응순(朴應順)이다.

6녀(1533~?)는 진주 강씨(晉州姜氏) 강응운(姜應運)에게, 7녀(1536~?)는 청송 심씨(靑松沈氏) 심용(沈蓉)에게 출가했다.

연산군 1년(1495)에 태어났다.

16세인 중종 5년(1510) 첫째딸을 낳았다.

22세인 중종 11년(1516) 1남 문형(文衡)을 낳았다. 다음해 2남 우형(虞衡) 낳았다. 26세인 중종 15년(1520) 3남 상형(商衡)을 낳았다. 다음해 4남 주형(周衡)을 낳았다.

28세인 중종 17년(1522) 3녀 천억(千億)을 낳았다. 30세인 중종 19년(1524) 4녀 금억(今億)을 낳았다.

34세인 중종 23년(1528) 의인왕후 어머니 전주 이씨(全州李氏)를 낳았다. 39세인 중종 28년(1533) 6녀를 낳았다. 42세인 중종 31년(1536) 7녀를 낳았다. 44세인 중종 33년 5남 한형(漢衡)을 낳았다.

▦ 의인왕후 외조부

【생몰년】 연산군 1년(1495) ~ ?
【성 명】 이수갑(李壽甲)　　　　　　【본 관】 전주(全州)
【자 】　　　　　　　　　　　　　【호 】
【시 호】
【묘 】
【문 헌】『선원록 璿源錄』『국조문과방목 國朝文科榜目』

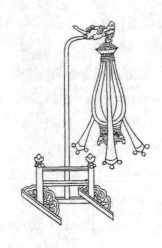

제3장 인목왕후

▓ 인목왕후(仁穆王后)
　부: 김제남(金悌男)
　외조부: 노기(盧垍)
1. 1남 영창대군(永昌大君)
2. 1녀 정명공주(貞明公主)
　부마: 홍주원(洪柱元)

▓ 인목왕후(仁穆王后)

인목왕후(仁穆王后, 1584~1632)
부: 김제남(金悌男, 1562~1613). 연안(延安)
외조부: 노기(盧垍, 1534~1569). 광산(光山)

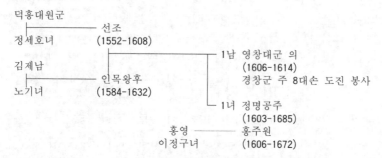

아버지는 연흥부원군(延興府院君) 김제남(金悌男, 1562~1613)
이다. 어머니는 노기(盧垍, 1534~1569)의 딸인 광산 노씨(光山
盧氏, 1557~1637)이다.

슬하에 1남 1녀를 두었다. 1남은 영창대군(永昌大君, 1606~
1614)이고, 1녀는 정명공주(貞明公主, 1603~1685)이고 풍산 홍
씨(豊山洪氏) 홍주원(洪柱元, 1606~1672)에게 출가했다.

선조 17년(1584) 11월 14일 태어났다.

19세인 선조 35년(1602) 왕비에 책봉되어 7월 13일 묘시 정
각에 선조가 원유관(遠遊冠)과 강사포(絳紗袍)를 갖추고 태평관
(太平館)에 나아가 왕비 책봉례(冊封禮)를 거행하였는데, 정사
김명원(金命元)과 부사 한응인(韓應寅)이 명을 받고 나갔다.

그 교명문(敎命文)은 다음과 같다. "인간의 큰 도리는 부부에
서 시작되고 왕의 교화는 내조(內助)로 행해진다. 그래서 예(禮)
중에서도 혼례를 신중히 하나니, 나는 이 점을 생각하여 서둘러
거행하지 않았다. 중궁(中宮)의 자리 오래 비어 있었으나 기다리
는 바가 있었으니 현숙한 규수를 찾느라 실로 간택하기 어려웠
다. 아, 김씨(金氏)는 유순하고 아름다운 덕에 자질도 순수하여
내면에 덕을 지니었고 현숙하다는 소문이 이미 드러났으니 더

고를 수 없다. 법다운 용모는 사람들이 촉망하는 바인데 이제 양완(良婉)을 가렸으니 휘장(徽章)의 질(秩)을 더하여 왕비에 책봉한다. 전례(典禮)를 이루었으니 만복(萬福)의 근원이라. 마땅히 음화(陰化)를 펴고 곤범(坤範)을 닦아 함께 종묘를 섬기고 나라를 다스려야 할 것이다. 궁궐 안을 엄숙하게 하여 참소와 아첨이 행해지지 않도록 할 것이며, 말이 문지방 밖을 나가지 않도록 하고 사사로운 은혜는 근절토록 해야 한다. 원자(元子)를 어루만져 모두의 마음을 기쁘게 하고 후궁들을 예로 대우하여 몸소 근검(勤儉)을 실천해야 하며, 국운을 연장하고 큰복을 창성케 해야 할 것이니, 공경할지어다. 아, 공손하게 임금의 베품을 받들어 만물이 은덕을 누리게 하고, 아름답게 국모(國母)의 위의(威儀)를 드리워 구족(九族)의 화목을 이룩하라. 그리하여 밤낮으로 면려하여 이 훈사(訓辭)를 욕되게 하지 말라. 이에 교시(敎示)하노니 모두 알 것으로 생각한다" — 대제학 이호민(李好閔)이 지어 올린 글이다.

선조 35년(1602) 7월 14일 신시(申時)에 선조가 왕비를 맞아들인 것을 기념하여 권정례(權停例)로 백관의 하전(賀箋)을 받고 사면령을 내렸다.

반사한 글은 다음과 같다. "중전의 자리가 오래 비어 있어 자나 깨나 간절히 구했는데 훌륭한 중전을 만나 혼인의 예를 거행하였다. 이에 사면의 은전(恩典)을 반포하여 신민과 더불어 기쁨을 함께 하는 바이다. 돌아 보건대, 변변찮은 이 몸이 외람되게 대통(大統)을 계승하였다. 2원(二元)이 덕을 합하는 것은 건(乾)만으로는 공을 이루기 어렵기 때문이며 3기(三紀: 1기는 12년, 선조 즉위 36년을 말함)를 수문(守文)하면서 왕의 교화는 내조(內助)에 힘을 입었다. 그동안 종묘의 일을 주관할 자가 없어

음교(陰敎)가 혹 어그러질까 염려되었으나 가벼이 거행하기 어려운 예(禮)라서 지금까지 또한 기다리고 있었다. 아, 김씨는 훌륭한 가문의 후손으로 천풍이 순수하고 아름다우며 시서(詩書)와 예법 또한 가풍(家風)으로 이어받았다. 아름다운 명성이 널리 드러나고 법상(法相)이 진실로 한(漢)나라 제도에 부합되니[1] 훌륭한 규수를 비로소 얻음에 책봉을 함이 마땅하도다. 이에 금년 7월 13일 임신(壬申)에 왕비로 책봉하고 면복(冕服) 차림으로 관소(館所)에 가서 친영(親迎)하였으니, 옥책(玉冊)으로 아름다움을 드러내고 요도(瑤圖)로 경사스러움을 더하였다. 이단(履端: 정월 초하루)의 정시(正始)는 만복을 여는 근원이고 어진이를 구하고 관원(官員)을 살피는 것은 이남(二南: 『詩經』 周南과 召南)의 교화를 다지는 것이니, 어찌 뇌우(雷雨)의 은택을 내려 적불(翟茀)의 상서를 표하지 않겠는가.

이달 13일 새벽 이전의 모반 대역(謀叛大逆)·자손 모살 조부모(子孫謀殺祖父母)·처첩 모살부(妻妾謀殺夫)·노비 모살주(奴婢謀殺主)·모고 살인(謀故殺人) 및 국가의 강상(綱常)에 관계된 자와 장오(贓汚)·강도·절도 등 잡범으로 사죄(死罪)를 범한 자를 제외하고, 도유(徒流)·부처(付處)·안치(安置)·충군(充軍)된 자들은 이미 결정되었거나 결정되지 않았거나 이미 발각되었거나 발각되지 않았거나 이미 배소(配所)에 도착했거나 도착하지 않았거나를 막론하고 모두 죄를 사면한다. 감히 이 사유(赦宥)가 있기 전의 일을 가지고 서로 고발하는 자에게는 그에 상당한 죄목으로 죄를 줄 것이다. 관직에 있는 자는 각각 한 자급(資級)씩 더해 주고 자궁(資窮)인 자에게는 대가(代加)한다. 성헌(星軒)

---

1) 「법상(法相)이 진실로 한(漢)나라 제도에 부합되니」: 외모가 왕비로서 합당하다는 말. 한(漢)나라에서는 8월이 되면 성년(成年)이 된 과세 대상자를 파악했는데, 이때 관원들을 낙양(洛陽) 성중에 내 보내 양가의 동녀(童女)로서 나이 13~20세쯤으로 자색이 단려(端麗)하고 외모가 일정한 법에 맞는 자를 왕궁으로 데려다 그중에서 비빈(妃嬪)을 간택하였다. 『후한서 後漢書』 제10 상 황후비 제10 상.

에 청명한 휘광이 드날리니, 여항(閭巷)에도 원망하는 탄식 소리
가 그치도다. 근검하고 효경(孝敬)하여 다시 시가(詩歌)를 부르게
되었으니, 종족이나 자손들이 모두 선에 교화되리라. 아, 잘못을
저지른 자를 용서함은 생명을 중히 여기는 인자함이요, 만물을
소생시킴은 유신(維新)의 정치에 어그러짐이 없게 하기 위함이
다. 이에 교시하노니 모두들 알라" — 병조 정랑 허균(許筠)이
지어 올린 것이다.

20세인 선조 36년(1603) 4월 27일 명나라 황제가 인목왕후
김씨를 책봉한 고문(誥文)은 다음과 같다.

"봉천 승운 황제(奉天承運皇帝)는 분부한다. 짐이 생각하건대
번방(藩邦) 제후의 중임(重任)은 배우자의 도움을 필요로 하니
이를 내주(內主)라고 하며, 곤정(壺政)을 이어받아 꾸려 가고 종
묘의 제사를 함께 받들게 되는 것이다. 이런 예법(禮法)은 본시
먼 땅에도 통행되는 것이니 인륜을 포양(襃揚)하는 은덕을 아낄
수 있겠는가. 그대 조선 국왕 이의 계처(繼妻) 김씨는 규중(閨中)
에서 고이 자라 동국(東國) 왕의 아내가 되었다. 일찍부터 첫닭
이 울면 임금을 깨우고 여러 가지 옥을 선사하여 지아비의 덕
이 진보되길 바라는 풍습을 익혔던 것이기에 연예(燕譽)의 휘음
(徽音)을 지속하며 번방의 왕업을 잘 도울 것이다. 마땅히 벼슬
을 내려 가상히 여김을 보여야 하겠기에 특별히 이번에 그대를
책봉하여 조선 국왕의 계비로 삼는다. 그대가 삼가 성현의 교훈
을 받들고 더한층 경계하여 와신상담하며 노력하는 왕을 도와
국가의 왕업이 황하(黃河)와 태산(泰山)처럼 오래 이어가게 한다
면 적불(翟茀)에 빛이 나고 용장(龍章)에 광채가 더하게 되리라"

선조 36년(1603) 4월 27일 명나라 황제가 조선 국왕에게 보
낸 칙서는 다음과 같다.

"황제는 조선 국왕 이(李)에게 칙유(勅諭)한다. 주문(奏聞)한 것을 보건대, 왕이 이미 배신(陪臣) 김제남의 딸을 맞아 계실(繼室)을 삼고서 고명(誥命)과 관복(冠服)을 내리어 특별히 주청한 일을 윤허해 주기를 바란 것이다. 이에 그대 김씨를 책봉하여 조선 국왕의 계비로 삼고, 아울러 고명·면복(冕服)·채폐(綵幣) 등의 물건을 내린다. 이를 보내온 배신 이광정(李光庭) 등에게 주어 가지고 돌아가게 했으니, 부디 거두어 받도록 하라. 왕은 마땅히 은덕으로 내린 것을 공경스럽게 받고 길이 충성을 다하여 짐이 은총을 내린 뜻에 부응해야 할 것이다. 삼가 칙유한다"

4월 27일 황제가 보낸 예물 목록은 다음과 같다.

"저사암소세화(紵絲暗素細花) 4필, 대홍(大紅) 1필, 취람(翠藍) 1필, 앵가록(鶯哥綠) 1필, 청(靑) 1필, 면라암세화(綿羅暗細花) 4필, 대홍 1필, 청 1필, 앵가록 1필, 취람 1필, 서양포(西洋布) 10필, 관복(冠服) 1부(副), 주취(珠翠) 7, 적관(翟冠) 1정(頂). 이상은 금사건동(金事件同)에 들어있다. 금잠(金簪) 1대(對), 금봉(金鳳) 1대, 금보세화(金寶細花) 9개(箇), 상아녀홀(象牙女笏) 1지(枝), 대홍소저사협대삼(大紅素紵絲夾大衫) 1건(件), 청저사채수권금적계협배자(靑紵絲綵繡圈金翟雞夾褙子) 1건, 청저사채수권금적세하피(靑紵絲綵繡圈金翟雞霞帔) 1건, 녹암화저사철채수적계보자단삼(綠暗花紵絲綴綵繡翟雞補子團衫) 1건, 홍암화저사협오(紅暗花紵絲夾襖) 1건, 창암화저사협군(靑暗花紵絲夾裙) 1건, 석주(鳥珠) 6과(顆), 침향색소예복갑(沈香色素禮服匣) 1좌(座), 이상은 황동사건쇄약홍선원조강동(黃銅事件鎖鑰紅線圓絛杠同)에 들어있다. 목홍평라소금협포복(木紅平羅銷金夾包袱) 2건, 홍목면복(紅木綿袱) 1건, 반홍주판상(礬紅紬板箱) 1개. 이상은 소삭쇄약동(所索鎖鑰同)에 들어있다. 저사암소화세화(紵絲暗素花細花) 4필, 선라암세화(線羅暗細花) 4필, 서양포(西洋布) 10필, 고명갑옥축(誥命匣玉軸) 2개, 옥첨(玉籤) 3

개, 쇄약홍라소금협복(鎖鑰紅羅銷金夾袱) 2건, 홍목면복(紅木綿袱) 1건, 칙서(勅書) 1도(道), 고명(誥命) 1도, 주취(珠翠) 7, 적관(翟冠) 1정(頂). 이상은 금사건동(金事件同)에 들어있다. 상아녀홀(象牙女笏) 1지(枝), 대홍소사협대삼(大紅素絲夾大衫) 1건, 청저사채수권금적계협배자(靑紵絲綵綉圈金翟雞夾褙子) 1건, 청선라채수권금적계하피(靑線羅綵繡圈金翟雞霞帔) 1건, 녹암화저사철채수적계보자협단삼(綠暗花紵絲綴綵繡翟雞補子夾團衫) 1건, 홍암화저사협오(紅暗花紵絲夾襖) 1건, 청암화저사협군(靑暗花紵絲夾裙) 1건, 저사암소세화(紵絲暗素細花) 4필, 선라암세화(線羅暗細花) 4필, 서양포(西洋布) 10필, 침향색소예복갑(沈香色素禮服匣) 1좌(座). 이상은 황동사건쇄약홍선원조강동(黃銅事件鎖鑰紅線圓縧杠同)에 들어있다. 목홍평라소금협포복(木紅平羅銷金夾包袱) 1건, 반홍주판상(礬紅紬板箱) 1개. 이상은 색강동(索杠同)에 들어있다"

20세인 선조 36년(1603) 2월 18일 중궁전(中宮殿)의 산실(産室)을 배설(排設)하게 하였다.

2월 27일 향산에 가는 사관에게 산실 및 상격의 전례를 모두 등서해 오게 하였다.

이상의(李尙毅)에게 전교하였다. "향산(香山)으로 내려가는 사관(史官)에게 산실(産室)에 대한 모든 전례와 상격(賞格)의 전례가 있을 경우 남김없이 등서(謄書)하여 오되, 소홀히 하여 빠뜨리는 일이 없도록 일러서 보내라"

선조 36년 5월 19일 정명공주를 낳았다.

5월 22일 약방이 문안하고 복통에 대한 처방을 하였다.

약방(藥房)이 중전에게 문안하니, 답하기를, "잠이 들면 편안하지만 때로는 어제처럼 복통(腹痛)이 일어난다" 하였다. 약방

제조가 아뢰기를, "신들이 삼가 듣건대, 내전(內殿)께서 밤에 잠이 드셨을 적에는 평안하지만, 뱃속의 응어리가 통증을 일으키는 증세는 아직까지 멈추지 않는다고 하셨습니다. 이는 산부(産婦)가 해산한 다음에 으레 나타나는 증세지만, 만일 제때에 즉시 약을 써서 풀어 버리지 않으면 반드시 뒷날 병이 될 것입니다. 의관(醫官)에게 의논해 보니 '파혈(破血)하는 약으로는 오령지(五靈脂)와 몰약(沒藥)이 가장 좋다. 앞서 사용한 자금환(紫金丸)에다 오령지와 몰약 등의 약재를 넣으면 모두 파혈할 수 있으니, 다시 진어(進御)하시도록 해야 한다. 다만 하루에 3차례 탕약을 진어하시면 위(胃)를 손상시킬 우려가 있으니, 아침 저녁에는 전일에 가미하여 들인 궁귀탕(芎歸湯)을 다린 물에다가 자금환 2알씩 타서 드시고 낮에는 담초탕(淡醋湯)에다 타서 드시는 것이 마땅하다'고 했습니다. 이런 약을 다시 드시는 것이 어떻겠습니까?" 하니, 아뢴 대로 하라고 하였다.

선조 36년 5월 25일 약방 제조·사관(史官)·의관(醫官)에게 비단주머니 등의 물품을 차등있게 내렸다.

같은 날 임금이 중전 출산의 일로 물품을 차등있게 내렸다.

전교하였다. "중전 산실청의 약방 도제조·제조·부제조·의관·내관 등에게는 각각 숙마 1필을 내리고, 주시관(奏時官) 등에게는 아마(兒馬) 1필씩 내리라"

선조 36년 6월 20일 명나라에서 중전에게 고명과 관복을 내려 책봉해주는데 수고한 이광정 등에게 관직을 제수하였다.

비망기로 정원에 전교하였다. "중전의 고명(誥命)·명복(命服)에 관한 주청사 이광정(李光庭)과 권희(權憘)에게는 각각 자급을 올려주고 전(田) 15결과 외거 노비 3명씩을 내려주며, 서장관 박진원(朴震元)에게는 관직을 승진시켜주고 전 10결을 내려주며, 당상 역관 신응주(申應澍)에게는 품계에 준하는 실직을 제수하고, 예외로 먼저 북경에 갔던 상통사(上通事) 이민성(李民省)에게는 자급을 올려주며, 별통사(別通事) 이언겸(李彦謙)에게는 숙마(熟馬) 1필을 주고, 사자관(寫字官) 이언수(李彦秀)에게는 높은 품계의 녹을 주며, 선래 통사(先來通事)에게는 아마(兒馬) 1필을 내려주라"

21세인 선조 37년(1604) 10월 19일 선조가 임진왜란을 극복하고 중흥한 공으로 존호를 받는데, 인목왕후는 '소성(昭聖)'의 존호를 받았다.

21세인 선조 37년 11월 17일 죽은 아이를 낳았다.

인시(寅時)에 중전(中殿)이 사태(死胎)를 낳았다. ― 간밤부터 옥후(玉候)에 난산(難産)할 걱정이 있으므로 마침내 최생단(催生丹)과 다른 방문의 약을 썼다. 그 결과 인시에 비로소 공주를 낳았는데 사태였다.

23세인 선조 39년(1606) 3월 영창대군(永昌大君)을 낳았다. 이때 광해군이 세자의 지위에 있었는데 당시 실권자인 유영경(柳永慶)은 적통론(嫡統論)에 입각하여 적출인 영창대군을 세자로 추대하려고 하였다. 그러나 선조 41년(1608) 선조가 급사하고 광해군이 즉위하자 소북(小北)의 유영경(柳永慶) 일파는 몰락하고 정인홍(鄭仁弘)·이이첨(李爾瞻) 등의 대북정권이 들어섰다.

광해군과 대북일파는 왕통의 취약성을 은폐하기 위하여 선조의 첫째 왕자인 임해군(臨海君)을 제거하였다.

27세인 광해군 2년(1610) 4월 11일에 선조와 의인왕후를 종묘에 부묘하고, 4월 19일 '소성 정의(昭聖貞懿)'라는 존호를 받았다.

대비전에 '소성 정의(昭聖貞懿)'라는 존호를 추가하여 올렸다. 왕이 면복(冕服)을 갖추어 입고 백관을 거느리고 시어소(時御所) 바깥 뜰에 나아가 영의정 이덕형 등을 보내어 책보(冊寶)를 받들고 대비전에 나아가게 했는데, 고취(鼓吹)가 따랐다. 왕이 장전(帳殿)에 나아가 하례를 받고 교서를 반포하였다.

30세인 광해군 5년(1613) 대북파의 모략으로 6월 1일 친정 아버지 김제남 등이 사사(賜死)되었으며 7월 26일 어린 영창대군이 강화도로 유배되었다.

31세인 광해군 6년 2월 10일 아들 영창대군이 9세의 어린 나이로 살해당했다.

33세인 광해군 8년 7월 30일 아버지 김제남의 추형이 허락되어, 8월 23일에 추형을 시행하였다.

34세인 광해군 9년(1617) 3월 9일 연혼관계인 이이첨(李爾瞻, 1560~1623)·박승종(朴承宗, 1562~1623)·유희분(柳希奮, 1564~1623)이 '장원서(掌苑署)의 모임'을 가지며, 북인 세력의 결집을 다지면서 폐모론을 주도해갔다.

이런 분위기에서 과거에 합격한 선비들이 이전에 대비에게 인사를 가던 관례를 깨고 대비에게 인사를 가지 않으려 하였다. 이에 송시열의 아버지 송갑조(宋甲祚)와 지여량(池汝亮)만이 함께 인목대비에게 인사하러 갔다.

광해조 때에 사마시(司馬試)에 합격하였는데 방(榜)이 붙자 이

영구(李榮久) 등이 상소하여 서궁(西宮)에 인사드리지 않겠다고 스스로 진달하려 하면서 여러 유생에게 서명(署名)하도록 위협하였다. 그러자 송갑조가 드디어 분연히 말하기를 '이 상소는 도대체 무슨 의리인가' 하였다. 흉도들이 그 이름을 캐묻자 송갑조가 붓을 꺼내어 성명을 크게 써서 보여주고는 혼자 서궁에 가서 배은(拜恩)하니, 듣는 자로서 늠연(凜然)하게 여기지 않는 자가 없었으나 흉도들은 크게 분히 여겨 유적(儒籍)에서 그의 이름을 삭제하였다. 그러나 바로 고향에 돌아가 후학을 훈도하는 것을 일삼았는데, 이때에 이르러 천거되어 이 직책에 임명된 것이다.『인조실록』권2 인조 즉위년 5월 19일

35세인 광해군 10년(1618) 1월 4일 한준겸의 숙부인 우의정 한효순(韓孝純, 1543~1621)의 발론(發論)을 계기로 급기야는 1월 28일 광해군에게는 계모가 되는 인목대비를 서궁(西宮: 지금의 덕수궁)에 유폐시키기에 이른다. 공봉(供奉)을 감하고, 조알(朝謁)을 중지했다.

광해군 10년 10월 15일 어머니 노기(盧垍)의 딸인 광산 노씨(光山盧氏, 1557~1637)가 제주에 유배되었다.

더구나 광해군 14년(1622) 실권을 행사하던 이이첨(李爾瞻, 1560~1623)은 12월 강원감사 백대형(白大珩, 1575~1623)을 시켜 이위경(李偉卿) 등과 함께 굿을 빙자하여 서궁(西宮)에 들어가 대비를 시해하려 했으나, 영의정 박승종(朴承宗, 1562~1623) 등이 급히 이르러 추방하여 실패한 일도 있었다.

이때 대비 시해에 함께 참여한 정조(鄭造, 1559~1623)는 양재역 벽서의 사건을 고변한 정언각(鄭彦慤)의 증손자이다.

임술년 12월에 강원감사(江原監司) 백대형(白大珩)이 체직(遞職)되어 돌아가면서, 이이첨(李爾瞻)·한찬남(韓纘男) 등과 서로 의논하기를, "서궁이 만약 살아 있으면 우리 무리들은 마침내 장사지낼 땅도 없을 것이요" 하니, 정조(鄭造)·윤인(尹訒)·이위경(李偉卿)이 "뒤에 뉘우쳐도 소용없으니, 먼저 일을 단행하는 것만 같지 못하오" 하더니, 12월 그믐날에 백대형과 이위경(李偉卿)은 잡귀(雜鬼) 쫓는 놀음을 핑계하고, 도적의 무리를 많이 거느리고 징과 북을 치고 고함을 치면서 경운궁(慶運宮)으로 마구 들어가서 대비를 해치려고 하였다. 이날 밤 초저녁 대비의 꿈에 선조(宣祖)가 슬픈 기색으로 와서 고하기를, "도적의 무리가 방금 들어오니 피하지 않으면 죽을 것이다" 하니, 대비가 꿈을 깨고 나서 울고 있으니 궁인(宮人)이 그 이유를 물으므로 상세히 말하였다. 이에 궁인이 "선왕의 혼령이 먼저 타이르시니 그 까닭이 있을 것입니다. 제가 대신 대비의 침전(寢殿)에 누워서 기다리겠습니다" 하여, 대비가 기뻐하며 잠시 후원(後苑)으로 피했는데 도적이 궁에 들어와 찾아서 해쳤으니, 임금과 신하들이 모두 몸을 빼쳐서 나간 것을 알지 못하였다. 이때 영의정 박승종(朴承宗)이 사변(事變)을 듣고, 곧 하인을 많이 거느리고 서궁에 이르러 고함을 치면서 도적을 쫓았으나 백대형은 끝내 찾지 못하였다. 대비가 화를 면한 것은 실상 박승종(朴承宗)의 힘이었다고 한다. 광해주에게는 대비가 참으로 죽었다고 했으므로 반정(反正)하던 날에 대비(大妃)가 있나 없나를 먼저 물었다. 그때에 대비가 다른 궁녀와 함께 사절(死節)한 그 궁인을 후원(後苑)에 몰래 장사지냈었는데, 반정(反正)한 후에 파내어 예(禮)를 갖추어 장사 지내었다. 「폐주 광해조 고사본말」『국역 연려실기술』

40세인 인조 1년(1623) 3월 13일 서인(西人)들이 인조반정을 일으켜 광해군과 대북 일파를 몰아내자 복호(復號)되어 대왕대비(大王大妃)로서 경덕궁(敬德宮:지금의 경희궁)과 인경궁(仁慶宮) 흠명전(欽明殿)을 거처로 삼았다.

인조가 의병을 일으켜 왕대비(王大妃)를 받들어 복위시킨 다음 대비의 명으로 경운궁(慶運宮)에서 즉위하였다. 광해군(光海君)을 폐위시켜 강화(江華)로 내쫓고 이이첨(李爾瞻) 등을 처형한 다음 전국에 대사령을 내렸다.

인조의 왕통을 승인한 왕실의 장(長)의 위치에 처하면서 가끔 국정에 관심을 표하여 한글로 하교를 내리기도 하였다.
인조 1년(1623) 3월 21일 경운궁(慶運宮, 지금의 덕수궁)에서 창덕궁으로 이어하였다.

상이 면복(冕服)과 법가(法駕)를 갖추고 자전을 모시고 창덕궁으로 이어(移御)하였다. 이날 원근 사람들이 모여들어 보았는데 노소가 거리를 메웠고, 개중엔 눈물을 흘리는 자까지 있었다.

인조 1년 3월 14일 어머니 연흥부원군 김제남의 부인을 제주에서 맞아올 것을 명하였다.
인조 2년(1624) 1월 24일 이괄(李适, 1587~1624)이 반란을 일으켜 서울로 쳐들어오자, 2월 8일 우의정 신흠(申欽, 1566~1628)·서평 부원군 한준겸(韓浚謙, 1557~1627) 등의 호종을 받으며 피란길에 올랐다.

우상 신흠(申欽), 서평 부원군(西平府院君) 한준겸(韓浚謙), 예조판서 이정구(李廷龜), 지사 서성(徐渻), 영안위(永安尉) 홍주원(洪柱元), 해숭위(海嵩尉) 윤신지(尹新之), 참판 신감(申鑑), 참의 정온

(鄭蘊), 능원군(綾原君) 이보(李俌), 구천군(龜川君) 이수(李晬) 등에게 자전과 중전을 호종하도록 명하였다.

그날 인조와 중전과 함께 난을 피하여 공주산성으로 피란길을 떠났다.

인조 2년(1624) 2월 10일 중외의 신민에게 의병을 일으키라고 하유하였다.

왕대비가 중외의 신민에게 하유하였다. "노부(老婦)가 불행하여 광해(光海)에게 갇혀 있으면서 10여 년 동안 생사를 결정할 수 없었으니 군신·부자의 윤리가 무너진 지 오래였다. 그런데 다행히 주상(主上)의 영명(英明)이 고금에 뛰어나고 성효(誠孝)가 천성에서 나온 데에 힘입어, 의병을 일으켜서 물불 가운데에서 나를 구제하고 위망할 때에 난을 구제하여 나의 위호(位號)를 다시 바루고 일국 신민이 천지·일월을 다시 보게 하였다. 역신 이괄(李适)과 역신 한명련(韓明璉)은 당초 그 아들이 반역을 꾀한 것이 드러났기에 사신을 보내어 잡아오게 하였더니, 역신들이 감히 사신을 죽이는 등 명령에 항거하고 군사를 일으켜 대궐을 침범하였다. 일이 뜻밖에 일어나 이토록 전도되었으나, 서로(西路)의 장관(將官)이 한 번 격문(檄文)을 내어 역순(逆順)을 초유(招諭)하자, 격문을 보고 도망쳐 돌아오는 자가 하루에 천여 명을 밑돌지 않으니 인심의 향배와 천리(天理)가 없어지지 않은 것을 알 수 있다. 그런데 남은 무리 수천 명이 천지 사이에 용납될 수 없음을 스스로 알고 죽음을 무릅쓰고 저돌해 오자, 관군이 처음에 매우 소홀히 보았다가 문득 한두 번 꺾이는 것을 면하지 못하였다. 이에 적이 승승장구하여 드디어 서울의 대궐에까지 침범하였는데 주상이 내가 궁중에 있기 때문에 안심하고 독전(督戰)할 수 없으므로 나를 내보내어 흉봉(兇鋒)을 피하게 하였다. 나도 움직이지 않을 수 없어 한 번 도성문을 나와 진흙길에서 헤매였는데, 주상이 나를 따라 성을 나오는 것을 면하지 못하게 되었으니 이 모두가 나 때문인 것이다. 인심은 진정되지 못하고 적병은 이미 도성을 점거하여 종묘 사직과 궁궐을 불사르고 신민을 죽여 산 백성이 거의 없으며 나도 필마로 전도하여 조석간에 죽을 곳을 모른다. 너희 팔방의 충의로운 선비는 모두가 우리 조종(祖宗)과 선왕께서 교육하신 백성이니, 위급하고 어려운 이때에 어찌 차마 태연히 있어 구제하지 않을 수 있겠는가. 너희들은 각각 의병을 일으켜 서둘러 와서 부모를 구제하라" — 예조 판서 이정구(李廷龜)가 지었다.

인조 2년 2월 15일 난이 평정되자 돌아와 주로 경덕궁에서 생활하였다.

인조 2년 8월 8일 정부(政府)와 관각(館閣)의 2품 이상이 회의하여 자전(慈殿)에게 명렬(明烈)이라는 휘호(徽號)를 정해서 올렸다. 9월 7일 대왕대비가 되었다.

왕대비(王大妃) 김씨(金氏)를 대왕 대비(大王大妃)로 높였다. 예조가 아뢰기를, "신들이 삼가 역대 제왕들이 모후(母后)를 존숭한 사례를 고찰해 보건대, 호칭에 모두 등급이 있었습니다. 송조(宋朝) 때에는 신종(神宗)이 즉위하여 영종(英宗)의 선인 성렬 황후(宣仁聖烈皇后)를 황태후(皇太后)라고 하였다가 철종(哲宗)이 즉위하여서는 태황태후(太皇太后)로 높였는데, 이러한 예는 비일비재합니다. 그리고 한(漢)나라 때에는 태황후(太皇后)라는 호칭이 있었으며, 우리 나라의 구례(舊例)를 살펴보아도 모두 이와 같습니다. 따라서 이번에 자전에게 존호(尊號)를 올릴 때 그냥 왕대비라고만 하는 것은 예법상 미안하니, 옛날 사례에 따라 대왕 대비라고 해야 마땅합니다" 하니, 상이 이 의논을 옳게 여겼으나 자전이 윤허하지 않았다.

좌의정 윤방(尹昉), 우의정 신흠(申欽)이 자전에게 아뢰기를,

"예전부터 존숭한 사례를 보건대, 아들이 대통(大統)을 계승하고 대비전(大妃殿)이 어머니 항렬이면 왕대비라고 하였고, 손자가 대통을 계승하고 대비가 조모의 항렬이면 대왕 대비라고 하였습니다. 중국 역시 그러한데 전대의 역사에 황태후나 태황태후로 구별하여 불렀던 것은 대개 이 때문이었습니다. 한(漢)나라의 상관 황후(上官皇后)는 선제(宣帝) 때에 태황태후가 되었고, 송(宋)나라의 선인 황후(宣仁皇后)는 철종(哲宗) 때에 태황태후가 되었으며, 아조(我朝)의 경우 역시 정희 왕후(貞熹王后)께서 성종조(成宗朝)에 대왕 대비가 되셨으니, 이는 모두 의거할 만한 사례들입니다. 생각건대 우리 자전께서는 처음에 선묘(宣廟)를 도우시어 일찍부터 내교(內敎)가 드러나셨는데, 중간에 험난한 때를 만나 더욱 깊고 신실한 심지를 지니게 되셨습니다, 그리고 이제는 모의(母儀)로서 온 나라에 빛나게 임하셨으니, 아름다운 칭호를 올리는 일에 대해서 지나치게 겸손하실 일이 못된다고 여겨집니다. 여러 신하들이 머리를 모으고 경축하는 예를 보기를 바라고 있고 봉서(封書) 또한 내려졌는데 즉시 윤허하지 않으시니, 이는 신들만 그렇게 여길 뿐만이 아니라, 지극한 정성과 효성으로 모시는 전하의 입장에서 볼 때 어찌 감히 마음이 편하실 수 있겠습니까. 삼가 바라건대 속히 전하의 정성과 효심을 진념(軫念)하시고 아래로 신민의 여망에 부응하시어 특별히 윤허하는 분부를 내려 주소서" 하였다. 세 차례를 아뢰니, 이에 따랐다.

10월 7일 명렬이라는 존호(尊號)를 받고 군신(群臣)이 진하(陳賀)하고 대사령(大赦令)을 내렸다.

『인목왕후존숭의궤 仁穆王后尊崇儀軌』 1책이 있다.

일책(一冊, 19장張) 필사본(筆寫本) 32.8×20.7cm.

인조 2년(1624) 6월부터 10월에 걸쳐서 선조 계비 인목왕후에

게 삼존호(三尊號)를 올린 기록이다. 인조 2년(1624) 6월 19일 예
조초기(禮曹草記)를 보면, 선조 부묘시 이미 대비전(인목왕후)에
대하여 상존호(上尊號)할 것이 결정되었으며, 연(輦) 및 의장(儀
仗)을 수보(修補)케 하고 옥책(玉冊)·옥보(玉寶)에 소용되는 옥편
(玉片)을 남양(南陽)에서 채취(採取)토록 하였다. 8월 8일 빈청의
호(賓廳議號)로서 왕대비전 존호(王大妃殿尊號)는 '명렬 明烈'로
정호(定號)되고, 상존호일(上尊號日)은 10월 7일로 택일(擇日)되었
다. 「이조별단 吏曹別單」에 의하면 도제조 우의정 신흠(申欽), 제
조 이정구(李廷龜) 등 4명, 도청(都廳) 조익(趙翼) 등 2명, 낭청(郎
廳) 강대진(姜大進) 등 6명이다. 7월에 도감(都監)은 남별궁(南別
宮)에 설치되었고 이어서 「도감별단 都監別單」 「분방별단 分房別
單」이 보인다. 「예관질 禮關秩」에 보이는 인식(印式)은 '소성 정
의 명렬 대왕대비보 昭聖貞懿明烈大王大妃寶'로 되어 있다. 일
(一)·이(二)·삼방(三房) 다음에 의주(儀註) 질(秩)이 있는데 의정
부 솔백관 왕대비 진존호의(議政府率百官王大妃進尊號儀), 왕대비
전 진존호책보의(王大妃殿進尊號冊寶儀) 등이 있다.(규장각 해제,
奎-13245)

인조 2년(1624) 10월 9일 임금이 대왕 대비(大王大妃)를 위해
진풍정(進豊呈)을 거행하였다.

인조 5년(1627) 1월 13일 정묘호란이 일어나 1월 21일 내전
과 함께 강화도로 피란하였다.

인조 5년 2월 9일 대신·정원에 하교하여 지키는 계책에 대
해 말하였다.

자전이 언서로써 대신과 정원에 하교하여 수어하는 계책에
대해 신칙하기를, "노부(老婦)가 다시 천일(天日)을 본지 오래지
않아 또 이렇게 불행한 변란을 만났으니 모두 노부 때문이라

하겠다. 국가의 큰일에 부인이 간여할 것은 아니지만, 적병이 날로 핍박해 온다는 말을 듣고 애타고 민망스러움이 망극하여 말하지 않을 수 없다" 하니, 대신이 회계하기를, "삼가 자교(慈敎)를 받드니 감격스럽기 그지없습니다. 신들이 마음과 생각을 다하지 않는 것은 아니지만, 지모가 미치지 못하여 이를 염려할 뿐입니다" 하였다.

3월 3일 후금과 정묘조약을 체결하는 의식을 행하고 4월 12일 인조는 강화도에서 먼저 환도하고 대비는 5월 5일 환도하였다.

상이 숭례문에 나아가 의식대로 자전(慈殿)을 맞이하였다. 내전(內殿)과 동궁(東宮)도 이날 환궁하였다.

인조 6년(1628) 2월 21일 대왕 대비가 언서로 인성군(仁城君, 1588~1628)의 처벌을 원하는 하교를 내렸다.

대왕 대비(大王大妃)가 언서(諺書)로 대신과 국청에 하교하였다. "흉적이 이미 흉참스런 말을 했으므로 철저히 국문하여 말의 출처를 알아내려 했었다. 그런데 이제 또 놀라운 말이 역적의 입에서 나왔으므로 영안위와 병판이 모두 소장을 올려 진달하기에 이르렀으니, 어찌 통분스런 일이 아니겠는가. 이른바 흉서(凶書)가 공에게 있다고 하니 즉시 잡아다가 국문하여 찾아내서 이 말을 통렬히 변핵하려 한다. 국청에서는 이런 내용으로 대전(大殿)께 아뢰어 조처하게 하라. 그가 이미 인륜에 죄를 얻었기 때문에 인심이 열복하지 않을까 우려한 나머지 이 글을 가탁하여 마치 내가 이미 저에 대해 모든 것을 풀어버린 것처럼 하여 흉도들에게 들려주려 한 것이니, 매우 통분스럽다. 내가, 골육을 보전시키려는 대왕의 마음을 몸받아 강상죄를 다스리지 않았던 것인데, 이것이 나의 잘못이었다. 공주(公主)가 10년 동안 유폐되어 있다가 비로소 밖으로 나왔는데도 이공(李珙)과 이제(李瑅) 등은 끝내 찾아와서 만나보지 않기에 나는 늘 저들이 이미 죄를 졌기 때문에 가서 만나려 하지 않는 것이라고 여겼다. 미망인이 스스로 죽지 못하고 다시 밝은 태양을 보게 되었고 이미 부형의 수모를 씻었으니 차라리 죽어서 지하에 계신 부형을 위로해 드리고 싶었으나 스스로 자결하지 못한 채 모진 목숨을 아직껏 보존하고 있었다. 그런데 또 역적의 입에 거론되었으니 분하고 원통한 마음에 뼈가 녹는 것만 같아 공을 잡아다가 국문하고 그의 앞에서 자결하고 싶은 마음이 간절하다. 그러나 나의 모친(母親)이 나이가 이미 늙었으므로, 지난날의 원통함을 잊고 애써 모친의 마음을 위로해 드리고 싶어서 늘 즐거운 모습으로 날을 보내고 있는데 나의 소원이 이밖에 무엇이 있겠는가. 단지 주상이 평안하기만을 원할 뿐이었다. 삼사(三司)와 백관이 복합(伏閤)한 지가 이미 오래인데도 주상께서는 소절(小節)만을 돌아보면서 아직도 윤허하지 않고 있으니, 일이 매우 미안스럽다. 원컨대 경들은 극력 진달하여 기어이 주상의 마음을 돌리도록 하라"

인성군은 인조 2년 11월 8일 박홍구(朴弘耉, 1552~1624)의 역모사건에 추대된 혐의로 인조 3년 2월 25일 강원도 간성(杆城)에 유배되었고, 인조 4년 11월 1일 어머니 정빈 민씨가 위독하므로 석방되었다가 인조 6년 유자신의 손자 유효립(柳孝立, 1579~1628) 등이 대북(大北)파의 잔당을 규합하여 모반을 기도할 때에 왕으로 추대되었다 하여 다시 전라도 진도(珍島)에 유배되었다.

인조 6년(1628) 5월 14일 대신과 직관(直官)이 인성군을 처형

할 것을 청하자 인성군으로 하여금 자결하도록 하였다.

인조 7년(1629) 7월 27일 인경궁(仁慶宮) 안의 초정(椒井)에서 목욕하였는데, 인조가 승지를 보내 문안하였다. 7월 28일 인경궁(仁慶宮)에서 인조의 문안을 받았다. 8월 3일 인조와 함께 인경궁에서 경덕궁(慶德宮)으로 환어(還御)하였다.

인조 8년(1630) 3월 11일 풍정(豊呈)의 예를 거행하기 위해 인경궁으로 행차하였다.

자전이 인경궁(仁慶宮)으로 행행하자 연(輦)앞에서 음악을 연주하고 상은 금천교(禁川橋) 서쪽까지 나가 공손히 전송하였는데, 풍정(豊呈)의 예를 거행하기 위해서였다.

인조 8년 3월 22일 인조가 인경궁에서 진풍정(進豊呈)의 예를 거행했는데, 아홉 번 술잔을 올리고 파하였다. 3월 28일 경덕궁으로 환궁하였다.

『풍정도감의궤 豊呈都監儀軌』가 있다.

이 의궤는 고종 23년(1886) 병인양요(丙寅洋擾) 때 프랑스군이 강화도에서 약탈해간 전적(典籍)의 하나라고 설명되었다. 본래 『풍정도감의궤』가 강화도의 외규장각(外奎章閣), 곧 강도외각(江都外閣)에 소장되었던 문헌의 하나였음은 강도외규장각(江都外奎章閣)의 수장서목(收藏書目)에서도 확인되는 바이다. 지금 프랑스 파리도서관에 소장된 의궤가 국회도서관 사서국장(司書局長)의 끈질긴 노력 끝에 마이크로필림으로 복사되었다. 1999, 송방송·고방자 외, 『국역 풍정도감의궤 豊呈都監儀軌』(민속원)

인조 10년(1632) 6월 9일 인경궁으로 이어하였다가 6월 28일

49세를 일기로 인경궁 흠명전에서 훙하였다.

6월 28일 형조 참판 남이웅(南以雄)을 수릉관(守陵官)으로, 내관(內官) 김인(金仁)을 시릉관(侍陵官)으로 삼았다. 6월 28일 대행 대비의 빈전(殯殿)을 인경궁에서 경덕궁(慶德宮)으로 옮겼다.

6월 29일 인시(寅時)에 습전(襲奠)을 행하였다.

상이 경덕궁 대왕 대비의 빈전 곁에 있었다. 인시(寅時)에 습전(襲奠)을 행하였다. 백관은 모두 연광문(延廣門) 밖에서 거림(擧臨)하였으며, 빈전 도감(殯殿都監)의 집사관(執事官)과 승지는 현명문(玄明門) 밖에서 거림하였다. 거림 후에 모두 절을 하였는데, 승지는 절하지 않았다.

인조 10년 6월 29일 신시(申時) 소렴(小斂) 후에 백관이 의주(儀註)대로 거림하였다. 7월 1일 대행 대비전(大行大妃殿)에 삭전(朔奠)을 올렸다. 백관들이 거림(擧臨)하기를 의식(儀式)대로 하였고, 대렴(大殮)하고 나서 백관들이 거림하였으며, 광명전(光明殿)에 빈전(殯殿)을 만들고 또 거림(擧臨)하고 이어서 진위례(陳慰禮)를 거행하였다.

인조 10년 7월 3일 대신들이 백관들을 거느리고서 성복(成服) 거림하고, 또 진위례(陳慰禮)도 거행하였다. 7월 4일 임금이 소성당(小星堂) 여차(廬次)로 나가 거처하였다. 7월 4일 남두창(南斗昌)·조창서(曺昌緒)를 수릉관(守陵官) 추천으로 산릉 참봉으로, 이자(李濱)·이광익(李光翼)을 혼전 참봉으로 삼았다.

인조 10년 7월 7일 대행 대왕 대비의 시호(諡號)를 논하여 능호는 혜릉으로 하고 전호는 효사 혼전(孝思魂殿)이라 하였다.

　　대행 대왕 대비의 시호를 의논하였다. 대신 및 정부와 육조의 참판 이상과 관각 당상 등을 명초하여 시호·능호(陵號)·전호(殿號)를 회의하여 시호를 인목(仁穆)이라고 정하였는데, 인을 베풀고 의를 행하는 것〔施仁服義〕을 '인(仁)'이라 하고 덕을 펴고 의를 지키는 것〔布德執義〕을 '목(穆)'이라고 한다. 능호는 혜릉(惠陵)이라고 하고 전호는 효사 혼전(孝思魂殿)이라고 하였다.

　인조 10년(1632) 7월 10일 예조에서 광해군에게 부음을 전하도록 하였다.

　　예조가 아뢰기를, "모자(母子)의 윤리는 하늘에서 나온 것입니다. 광해(光海)가 비록 아들의 도리를 스스로 끊어버렸지만, 바야흐로 지금 성상(聖上)의 교화가 새로워져 오륜(五倫)이 모두 질서가 잡혔는데, 어찌 천지간에 어버이의 상복을 입지 않는 사람이 있게 할 수 있겠습니까. 비록 부음을 나중에 들었을지라도 소급하여 복을 입는 예도 있으니, 본부로 하여금 부음을 전하면서 상복을 만들어 들여 보내고 소선(素膳)으로 진지를 올리게 하여 인륜으로써 옛날 임금을 대접하도록 하는 것이 바로 나라를 다스리는 충후한 도리입니다" 하니, 답하기를, "당초에 수직(守直)하는 내관(內官)이 교체할 일로 떠나갈 적에 이미 그로 하여금 부음을 전하도록 하였다" 하였다.

　인조 10년 7월 10일 신릉(新陵)을 건원릉(健元陵) 안 다섯 번째 산등성이에 정하였다.

　　신릉(新陵)을 건원릉(健元陵) 안 다섯 번째 산등성이에다 정하였다. 당초에 관상감 제조 장유(張維), 예조 참판 윤흔(尹昕) 등이 여러 술관(術官)들과 더불어 건원릉의 여러 산등성이들을 살펴보고서 와 아뢰기를, "본릉 좌우에 각각 다섯 개의 산등성이가 있는데, 왼쪽 두 번째 산등성이는 목릉(穆陵)이고 세 번째 산등성이는 유릉(裕陵)입니다. 첫 번째 산등성이 및 다섯 번째 산등성이가 쓸 만한데, 첫 번째 것이 다섯 번째 것보다 낫다고 합니다. 첫 번째 산등성이와 다섯 번째 산등성이의 도형(圖形) 및 지관(地官) 등이 논한 바를 별단자(別單子)에 써서 올립니다" 하니, "첫 번째 산등성이에다 정하라" 하였다.

그런데 이에 이르러 예조 판서 최명길이 상차하기를, "신이 관상감 제조의 계사 및 여러 술관들의 논한 바를 보니, 첫 번째와 다섯 번째 산등성이가 낮고 못함이 없는 것 같은데 특별히 첫 번째의 산등성이에다 정한 것은, 필시 이 산등성이가 목릉에 더욱 가까워 신령(神靈)이 편안하게 여기리라 생각해서 일 것입니다. 다만 신의 마음에는 의심스러운 것이 없지 않습니다. 신이 일찍이 지난해 능을 이장할 때에 여러 술관들과 더불어 건원릉 사이를 드나든 적이 한두 번이 아니었습니다. 첫 번째 산등성이가 참으로 쓸 만한 땅이 되지마는, 두 능의 사이에 끼어 있어 건원릉에 있어서는 내청룡(內靑龍)이 되고 목릉에 있어서는 내백호(內白虎)가 됩니다. 비록 지세(地勢)가 낮고 미세하여 별 존재가 될 수 없다고 하지마는, 이미 청룡 백호의 안에 있고 보면 아마도 산가(山家)의 꺼림을 범하지 않는다고 말할 수 없을 것입니다. 국초(國初)에 산릉 자리를 잡은 뒤에 술관들이 '건원릉 안은 곳곳마다 명당이다'고 전하고 있습니다. 그런데 2백 년 동안에 현릉(顯陵) 하나만 있되 당국(堂局) 밖의 눈에 보이지 않는 땅에 있으니, 그 시조(始祖)의 능침에 근신한 것이 어찌 그 까닭이 없겠습니까. 설사 산가의 말이 사도에 가까워 전적으로 믿을 수 없다손치더라도, 영침(靈寢)과 지척의 땅에서 돌을 끌어오고 흙을 쌓느라 달을 넘도록 시끄럽게 하는 것이, 어찌 신도(神道)에 대하여 대단히 미안스럽지 않겠습니까. 인도(人道)는 왼쪽을 숭상하고 신도는 오른쪽을 숭상하기 때문에, 유릉(裕陵)을 잡아 장사지낼 때에 선조(宣祖)께서 첫 번째의 산등성이를 놔두

고 세 번째 산등성이를 이용한 것은 위차(位次)가 순조로움을
취한 것입니다. 다섯 번째 산등성이는 실로 유릉 왼쪽에 있고
목릉(穆陵)에 있어서도 그다지 멀지 아니하여, 이미 산가의 꺼리
는 것이 없고 위차도 순조로우니, 그 취하고 버리는 즈음에 다
시 더 조심스럽게 살피지 아니할 수 없습니다" 하니, 답하기를,
"어제 산릉을 살펴보고 올린 계사 중에서 첫 번째 산등성이를
좋다고 하였기 때문에 거기에다 정하였는데, 지금 다시 생각해
보니 위차가 순조롭지 못하다. 대신들에게 의논하여 처리하라"
하였다. 대신들이 아뢰기를, "다섯 번째 산등성이의 형세가 실
로 첫 번째 산등성이와 다름이 없고 또 위차가 순조롭지 못한
혐의도 없으니, 재심(再審)할 때에 다시 살펴보아 재혈(裁穴)하여
오도록 하소서" 하니, 이에 총호사 이정구(李廷龜)로 하여금 가
서 다섯 번째 산등성이를 살펴보도록 하였는데, 모두들 형국이
몹시 아름답다고 하여 마침내 그 자리로 정하였다.

인조 10년(1632) 7월 13일 신릉(新陵)의 신로(神路)를 시설하
여 옛 정자각을 접속시키되 현릉(顯陵: 문종 현덕왕후)과 광릉
(光陵: 세조 정희왕후)의 왕후 신로 제도와 같이 합쳐 설치하기
로 하였다.

총호사 이정구가 아뢰기를, "신릉(新陵)에서 목릉(穆陵)까지의
거리가 겨우 1백 수십 보(步)이니, 목릉의 정자작을 수십 보 정
도 뒤로 물려 삼릉(三陵)의 중간 장소에 합쳐 설치하면 일이 대
단히 순조롭고 편리하겠습니다. 그러나 이미 지어진 정자각을
철거하여 옮기는 것도 매우 중대한 일이니, 신들이 감히 마음대
로 정하지 못하겠습니다" 하니, 답하기를, "옮겨 세우는 것이
편리한지 아니한지를 대신들에게 의논하라" 하였다. 대신들이
아뢰기를, "동일한 산 안에 결코 각각 설치할 수 없습니다. 신

들이 일찍이 조종조의 고사를 듣건대, 왕후릉을 먼저 정하고 대
왕릉을 뒤에 정한 경우에는 정자각을 대왕릉 앞으로 옮겨 세우
거나 혹은 지형을 따라서 두 능의 사이에 합쳐 설치하기도 했
으며, 대왕릉을 먼저 정한 경우에는 정자각을 그대로 대왕릉 앞
에다 두었다고 합니다. 그러므로 지금 다섯 번째 산등성이에서
목릉까지의 거리가 이미 서로 멀지 아니하고 그 중간에 장애가
없으니, 정자각을 마땅히 옛날대로 두어야 할 것 같고, 신릉(新
陵)의 신로(神路)를 시설하여 옛 정자각을 접속시키되 현릉(顯陵)
과 광릉(光陵)의 왕후 신로 제도와 같이하면, 옮겨 건립하는 폐
단이 없고 합쳐 설치하는 편리함이 있을 것입니다" 하니, 상이
따랐다.

인조 10년(1632) 7월 15일 빈전(殯殿)에서 망전(望奠)을 지냈
는데 백관들이 모시고 의식대로 제사지냈다.

인조 10년 7월 25일 국장 도감이 발인 때 가지고 갈 책보
등의 소재를 물었다.

　국장 도감이 아뢰기를, "『등록 謄錄』을 상고해 보니, 발인할
때에 고명(誥命)·면복(冕服)·시책(諡冊)·시보(諡寶) 및 평시에
존호(尊號)를 올린 책보(冊寶)를 모두 마땅히 채여(彩輿)에 넣어
가지고 앞서서 인도하고 가야 합니다. 그런데 대행 대비(大行大
妃)에게 평시에 세 차례나 존호를 올린 옥책(玉冊)·옥보(玉寶)와
고명·면복 등이 병란 뒤에 모두 완전하게 보존되었습니까?" 하
니, 답하기를, "모두 다 완전하게 보존되었는데 담아 둔 궤갑(樻
匣)은 절반 이상 잃어버렸다" 하였다.

인조 10년 7월 27일 예조가 발인 때 곡하는 예에 대하여 의
논하였다.

처음에 예조가 아뢰기를, "발인 날짜가 이미 정해져 의주(儀
註)를 지금 바야흐로 강론, 결정하면서 『오례의』를 상고해 보건
대, 전하께서 모시고 산릉까지 따라가게 되어 있는데, 가까운
전례에는 교외(郊外)에서 곡하며 전송하였습니다. 이는 대개 때
가 혹 염려스럽기도 하고 형세가 혹 불편하기도 하여, 고집스럽
게 규정만을 지키기 어려운 점이 있기 때문입니다. 지금 의주를
전례에 의하여 마련하는 것이 마땅하겠습니다. 대신들의 뜻도
다 이와 같습니다" 하니, 상이 따랐었다.

그런데 이 때에 이르러 아뢰기를, "신들이 『무신일기 戊申日
記』를 상고해 보니, 그때 의논한 사람들이 모두 '조종조로부터
궐문 안에서 곡하며 전송하였다'고 말하였습니다. 조종께서 이
미 행한 일이 반드시 깊은 생각이 있었을 것입니다. 태평한 날
에도 오히려 이와 같이 하였는데 더구나 후세에 있어서이겠습
니까. 정묘년 일은 한때의 변례(變禮)에서 나온 것으로서 낮에
거둥하였던 것으로 이 일과 또 다르니, 인용하여 전례를 삼을
수 없을 것 같습니다. 신들이 당초에 의논, 결정한 것이 경솔함
을 면치 못하였으니, 지극히 황공스럽습니다. 임금의 한 몸은
종사(宗社)와 신민(臣民)이 의탁한 바이니 진실로 가볍게 할 수
없거니와, 한 번 움직이고 한 번 멈추는 것도 자손들의 법이 되
니, 더욱 이미 징해졌다고 평계하여 깊이 생각하고 살펴 처리하
지 않아서는 안 됩니다. 대신들에게 다시 의논하소서" 하자, 대
신들이 아뢰기를, "지난날 해조가 와서 묻기에 정묘년에 장릉
(章陵)을 옮길 때의 가까운 규례를 가지고 대답하였었는데, 지금
아뢴 말을 보니 과연 의견이 있습니다. 조종조의 오래된 일을
비록 상세히는 할 수 없지만, 삼가 듣건대, 선묘조에서 세 번
국장을 치를 때 모두 궐문 안에서 곡하며 전송하였다고 하며,
지금 『무신일기』에도 '으레 궐문 안에서 곡하며 전송하였다'고
하였습니다. 이는 대개 임금이 밤에 거둥하는 것이 사체가 중대

하기 때문입니다. 아뢴 말에 의하여 시행하소서" 하니, 상이 따랐다.

인조 10년 8월 11일 예조에서 시호 올리는 일을 의논하자 대신과 상의하여 광숙 장정(光淑莊定)으로 하였다.

예조가 아뢰기를, "대행 대왕 대비(大行大王大妃)의 시호를 의논할 때에, 『경자등록 庚子謄錄』에 의하여 시호만을 먼저 올리고 휘호(徽號)는 부묘(祔廟)하는 날로 보류하였었습니다. 그런데 의논하는 사람들이 대부분 말하기를 '경자년에 시호만 먼저 올렸던 것은 내상(內喪)이 먼저 있었기 때문이다. 오늘날 일은 이와 본시 다르니 휘호를 일시에 의논하여 정하는 것이 타당하다'고 하는데, 이 말이 과연 소견이 있고 대신들의 의견 역시 이와 같습니다. 대신 및 정무·관각의 당상과 육조의 종2품 이상을 불러 회의하도록 하소서" 하니, 상이 따랐다. 이에 대신 이하가 빈청에 모여서 의논하여 시호를 광숙 장정(光淑莊定)으로 올렸다.

인조 10년 8월 14일 국장 도감이 혜릉의 칭호를 고칠 것을 청하니 따랐다.

국장 도감이 아뢰기를, "조종조의 옛날 전례를 삼가 상고해 보건대, 정희왕후릉은 대왕릉과 구릉이 다른데도 통틀어 광릉(光陵)이라고 부르기 때문에 김종직(金宗直)이 지은 정희왕후 애책(哀冊) 중에 광릉으로써 칭했다. 지금 대행릉(인목왕후릉)은 이미 목릉 내에 정했으니, 삼릉(三陵)을 통틀어 목릉이라고 부르고 정자각도 앞으로 합쳐서 설립하려고 한다면, 혜릉(惠陵)의 칭호를 마땅히 애책 중에 그대로 두지 않아야 하니, 혜릉 두 글자를 고치는 것이 당연합니다" 하니, 상이 따랐다.

인조 10년 9월 5일 대행 대비에게 시호(諡號)를 올렸다. 시책문은 예문관 제학 최명길이 지었다.

대행 대비에게 시호(諡號)를 올렸다. — 3일 전에 도감이 책보를 가지고 대궐로 나아가니 승지가 전달받아 들어갔고, 1일 전에는 영의정 이하가 의복을 바꿔 흑단령을 구비하여 입고 모두 조당(朝堂)에 모여 제자리로 나아가자, 내시가 시책(諡冊)·시보(諡寶)를 받들고 합문을 나와 승지에게 주니, 승지가 꿇어앉아 영의정에게 주어 종묘로 나아가 청시례(請諡禮)를 거행하였다. 그 예가 끝나자 도로 빈전으로 나아가 영의정이 꿇어앉아 책보를 받들어 임시로 악차(幄次)에 안치하고, 물러나 본사로 돌아와 재숙(齋宿)하고서 이날 상시례(上諡禮)를 의식대로 거행하였다.

인조 10년 9월 15일 대행 대비전(大行大妃殿)에 망전(望奠)을 지냈는데 백관들이 모시고 제사지내기를 의식대로 하였다.

인조 10년 10월 3일 조전(朝奠), 별전(別奠) 등을 올렸다.

조전(朝奠)을 인하여 빈전(殯殿)에서 계빈전(啓殯奠)을 지내고, 찬궁(欑宮)을 연 뒤에 또 별전(別奠)을 지냈으며, 해가 저물 적에 조전(祖奠)을 시냈는데 백관들이 모시고 제사지내기를 의식대로 하였다. 대신이 백관들을 거느리고 삼전(三殿)에 위문드렸다.

인조 10년 10월 4일 견전제(遣奠祭)를 지냈는데 백관들이 모시고 제사지내기를 의식대로 하였다.

인조 10년 10월 6일 인목 왕후를 장사지냈다. 지문과 애책문은 대제학 장유가 지었다.

『인목왕후산릉도감의궤 仁穆王后山陵都監儀軌』 1책이 있다.

1책 118장 채색도(彩色圖) 필사본(筆寫本) 47×33.4cm.

인조 10년(1632)에 동구릉 소재 의인왕후 목릉(穆陵) 좌변에 있는 선조계비 인목왕후 김씨 능(陵)을 조성한 기록이다. 책두(冊頭)에 옹가도(甕家圖)와 채색(彩色)의 사신도(四神圖)가 있으며, 목록은 다른 의궤와 별 차이가 없다. 다만 『懿仁王后山陵都監儀軌』와 비교할 때 조성소(造成所)가 일(一)·이소(二所)로 나뉘어져 있고 별공작소(別工作所)가 있는 점이 다르다. 인조 10년(1632) 6월 28일에 인목왕후가 인경궁에서 승하했으며 이조수명(吏曹受命)의 「좌목별단 座目別單」에 의하면 총호사 좌의정 이정구, 제조(提調) 이덕동(李德洞-실록에는 泂) 등 4인, 도청(都廳) 이경인(李景仁) 김육(金堉), 낭청(郎廳) 조성일소(造成一所) 이주(李炷) 등 3인, 조성이소(造成二所) 여이항(呂爾恒), 감조관(監造官) 조성일소(造成一所) 윤점(尹坫), 이소(二所) 한소(韓梳) 등이다.「계사 啓辭」에 의하면 1632년 7월 9일 도감 낭청들과 관상감제조(觀象監提調) 장유(張維) 등이 간산(看山)하여 건원릉 좌변 제일강(第一岡) 임좌병향(壬坐丙向)을 복정(卜定)하였으나 7월 10일 최명길(崔鳴吉)의 차(箚)로 재간심(再看審)하여 제오강(第五岡) 갑좌경향(甲坐庚向)에 재복정(再卜定)되었다. 능 규모와 체제(體制)는 건원릉과 구목릉례(舊穆陵例)에 따르고 있으며 특히 문석(文石)과 무석(武石)은 건원릉례에 의해 규모를 작게 하였다. 인목왕후 목릉도 처음에는 혜릉이라 했다가 뒤에 선조릉을 쓰면서 목릉으로 개칭되었다. 『인목왕후산릉도감의궤 仁穆王后山陵都監儀軌』 (규장각 해제, 奎-13517, 奎14822)

인조 10년 10월 6일 상이 망곡례(望哭禮)를 거행하니, 백관들이 연광문(延光文) 밖에서 망곡하고 삼전(三殿)에 위문을 드렸다. 이날 반우(返虞)하였는데 상이 여차(廬次)로부터 사현각(思賢閣)으로 거처를 옮겼다.

인조 10년 10월 10일 임금이 오우제를 지내려 하자 대신과 양사가 말렸다.

　상이 장차 오우제(五虞祭)를 친히 지내려고 하자, 대신(大臣) 및 양사(兩司)가 굳이 간하기를, "성후(聖候)가 편치 못하시니 결코 친히 지낼 수 없습니다" 하니, 상이 이에 따랐다.

인조 10년 10월 15일 임금이 졸곡제를 지내려 하자 정원에서 말렸다.

　상이 졸곡제를 친히 지내려고 하자, 정원이 예문(禮文)의 섭사(攝事) 의절을 힘써 따를 것을 계청하니, 상이 이르기를, "이미 병이 나아 회복되었으니 마땅히 염려하지 말라" 하였다.

인조 11년(1633) 6월 27일 연제(練祭)를 하러 효사전(孝思殿)에 나아갔다.

인조 11년 7월 5일 수릉관 남이웅(南以雄) 등에게 자급을 올려주었다.

　수릉관(守陵官) 남이웅(南以雄), 시릉관(侍陵官) 김인(金仁)에게는 각각 한 자급씩 더 올려주고, 참봉 남두창(南斗昌)·조창서(曹昌緖)에게도 각각 한 자급씩 올려 주되 자급을 더 이상 올려 줄 수 없을 경우에는 대신 친족에게 가자하라 명하고, 효사전(孝思殿)에 번드는 종실(宗室) 풍해군(豊海君) 이호(李浩)·회은군(懷恩君) 이덕인(李德仁)·회의군(懷義君) 이철남(李哲男)·금림군(錦林君) 이개윤(李愷胤)·진원부수(珍原副守) 이세완(李世完)·창원정(昌原正) 이준(李寯)에게는 반숙마(半熟馬) 1필씩을 참봉(參奉) 이자(李濱)·강첨경(姜添慶)에게는 아마(兒馬) 1필씩을, 제주관(題主官) 이경헌(李景憲)에게는 숙마(熟馬) 1필을 하사하였다.

인조 12년(1634) 6월 1일 새 능의 정자각을 헐고 옛 정자각을 보수하였다.

예조가 아뢰기를, "새 능의 정자각(丁字閣)을 지금 헐어내야 합니다. 낭청 한 명을 보내어 검찰하게 하소서. 그리고 욕석(褥席) 등의 여러 도구는 옛 정자각으로 옮겨 배설하게 하고 신로(神路)를 닦아 옛 정자각에 연결되게 하소서" 하니, 상이 따랐다.

인조 12년 6월 27일 임금이 인목 왕후(仁穆王后)의 대상(大祥)을 지내기 위해 효사전(孝思殿)에 나아갔다. 다음날 새벽에 의례대로 제사를 지냈다.

인조 12년 6월 29일 수릉관(守陵官) 남이웅(南以雄)이 산릉(山陵)에 정성을 다한 사람들을 아뢰었다.

수릉관 남이웅이 아뢰기를, "신이 산릉에 있을 때 함열(咸悅)에 사는 선비인 정상(鄭祥)이란 자가 최복(衰服)을 입고 발인(發靷)을 따라 산릉에 왔었는데, 초기일(初期日)에도 와서 곡하였으며, 재기(再期) 때에도 올라와서 상복을 벗고 갔습니다. 신이 그의 정성을 가상히 여겨 그 사유을 물으니 '저의 아버지 정팽수(鄭彭壽)가 지난 유릉(裕陵)과 목릉(穆陵)의 상사 때 모두 삼년복을 입었는데, 그 당시의 수릉관의 장계로 인해 정표(旌表)를 받기까지 하였다. 돌아가신 아버지의 지극한 뜻을 저버릴까 염려하여 뒤이어서 행하는 것이다'고 하였습니다. 또 비안(庇安)에 사는 내노(內奴) 이의연(李義延) 역시 최복을 입고 25일 산릉에 도착하였기에, 신이 그 사유를 물으니 '임신년 6월에 대비께서 승하하셨다는 소식을 듣고 여막(廬幕)을 짓고 삼년상을 마쳤다. 지금 재기(再期)가 얼마 안 남았기에 한번 곡을 올리고자 왔다'고 하였습니다. 신이 두 사람이 복상(服喪)하는 것을 보고는 그들의 지극한 행실이 인멸되어 버릴까 염려되어 감히 진달하는 것입니다" 하니, 답하기를, "정성이 몹시 가상하다. 해조에게 말하라" 하였다.

인조 12년(1634) 7월 24일 남이웅·김인·남두창 등에게 상을 내렸다.

　상이 하교하였다. "수릉관 남이웅(南以雄)은 가자하고 안장을 갖춘 내구마(內廐馬) 1필, 노비 6구, 전 50결을 내려 주라. 시릉관 김인(金仁)은 가자하고 안장을 갖춘 내구마 1필, 노비 4구, 전 30결을 내려 주라. 참봉 남두창(南斗昌)·조창서(曹昌緖)는 모두 6품직에 천전시키고 각각 아마 1필씩을 내려 주라. 진지 충의위(進止忠義衛) 이정립(李挺立)은 동반직에 승진시켜 제수하고 아마 1필을 내려 주라. 효사전(孝思殿)에 입번한 종친인 풍해군 호(豊海君浩)·회은군 덕인(懷恩君德仁)·금림군 개윤(錦林君胤)·회의군 철남(懷義君哲男)·진원 부정 세완(珍原副正世完)·창원정 준(昌原正儁)은 각각 한 자급씩 가자하고, 참봉 이자(李濱)·강첨 경(姜添慶)은 모두 직장(直長)에 제수하고, 진지 충의위 이박(李舶)·유무증(兪懋曾)·이효침(李孝忱)·유경신(柳敬身)은 모두 동반에 서용하라"

인조 12년 8월 20일 목릉(穆陵)을 참배할 것이라고 해조에 이르도록 하였다.

인조 12년 8월 29일 목릉에 제사지낼 때 건원릉(健元陵)과 현릉(顯陵)에 대신을 보내 제사지내도록 하였다.

　예조가 아뢰기를, "목릉(穆陵)에 친히 제사지낼 때 건원릉(健元陵)과 현릉(顯陵)이 모두 같은 산 안에 있으므로 목릉만 제사지내는 것은 미안할 듯한데, 그렇다고 함께 제사를 지낸다면 시간이 절대 부족합니다. 삼가 갑자년의 전례를 상고하건대 목릉은 주상께서 친히 제사를 지냈고 건원릉·현릉·유릉(裕陵)은 대신을 나누어 보내 제사를 지냈으니, 이 전례에 의거하여 건원릉·현릉은 대신을 나누어 보내 제사를 지내도록 하소서" 하니, 상이 따랐다.

인조 12년 윤8월 9일 인목 왕후의 부묘제를 거행하고 교서를 반포하였다.

상이 인목 왕후(仁穆王后)의 부묘제를 거행하려고 종묘로 나아가면서 망묘례(望廟禮)를 거행하였다. 신주를 실은 가마가 효사전(孝思殿)으로부터 도착하자 상이 자리에 나가 경건히 맞이하였다. 이튿날 부묘제를 거행하고 환궁하여 교서를 반포하였는데, 교서는 다음과 같다.

"왕은 이르노라. 태묘에 나아가 부묘의 의식을 마치고 온 나라에 알리려고 이어 교서를 반포한다. 아직 가시지 않은 슬픔을 잊지 못하는데, 어찌 하례받을 생각을 갖겠는가. 생각건대 우리 성후(聖后)의 정숙한 자태는 일찍부터 왕비의 아름다운 법도를 드러내셨다. 황천(皇天)의 도움을 받아 다시 윤기(倫紀)가 밝아짐에 소자가 감당할 수 없는 종사의 책임을 외람되이 맡게 되었다. 생전에도 제대로 봉양하지 못하였는데, 돌아가신 뒤 추숭하기도 쉽지 않았다. 세월은 물처럼 흘러 어느덧 상제(祥祭)·담제(禫祭)가 모두 지나, 종묘의 예에 따라 의당 소목(昭穆)의 반열에 올려야 하겠기에, 갑술년 윤8월 10일에 삼가 황조비(皇祖妣) 소성 정의 명렬 광숙 장정 인목왕후(昭聖貞懿明烈光淑莊定仁穆王后)를 받들어 태묘에 모셨다. 이제부터는 신(神)으로서 섬기고 예는 길례(吉禮)로 바꾸어 겨울의 증(烝) 제사와 여름의 약(禴) 제사는 물론 사시의 제사를 모두 이곳에서 지낼 것인데, 이실동당(異室同堂)의 제도로 열성(列聖)의 자리가 모두 가지런하게 되었다. 아름다운 행적은 사필(史筆)에 빛나고 혼백은 이제 종묘에서 편안함을 얻게 되셨다. 이번에 큰 일을 마쳤으나 끝내 사모하는 정은 어찌하겠는가. 아, 서리 내리는 싸늘한 계절에 처창(悽愴)하는 마음은 더욱 깊어만지고, 엄숙한 묘우(廟宇)를 바라보니 일기(一氣)가 집산(集散)하는 뜻을 다시금 느끼겠다"

인조 13년(1635) 3월 14일 목릉과 혜릉이 무너졌다.

목릉(穆陵)·혜릉(惠陵)이 무너졌다. 이날 밤 비바람이 거세게 몰아치고 우뢰소리가 지축을 뒤흔들며 두 능 사이에 불빛이 하늘로 치솟아서 능을 지키고 있던 종이 놀라서 엉겁결에 참봉의 방으로 뛰어들어갔는데, 이른 아침에 내다보니 대왕 능은 무너진 곳이 유지(酉地)는 길이와 넓이가 4척(尺)이고, 자지(子地)에서 인지(寅地)까지는 길이 19척, 넓이 5척에 깊이가 1척 남짓하였고, 왕후 능은 서쪽에서 북쪽까지 길이와 넓이가 30여 척에 깊이가 다 같이 1척이 넘었으며, 계단 밑도 30여 척이나 무너져 있었다. 능 참봉이 이 사실을 예조에 보고해 오자, 예조가 위안제를 설행하고 대신을 보내어 봉심(奉審)한 다음 날짜를 가려서 무너진 곳을 개수하되, 개수할 때까지는 우선 초둔(草芚)과 유둔(油芚)으로 무너진 곳을 덮어서 비바람을 막자고 계청하였는데, 따랐다.

인조 13년 4월 14일 건원릉의 제도에 의거하여 목릉을 개수하였다.

이때 목릉(穆陵)을 개수(改修)하는데, 건원릉(健元陵)의 제도에 의거하여 새 흙을 넣고 달구를 찧어서 봉분을 쌓도록 명하였는데, 어떤 이가 아뢰기를, "원릉(園陵)을 처음 쌓을 경우에는 달구를 찧어서 쌓지만, 사토(莎土)를 개수할 때는 그냥 흙을 밟아

서 봉분을 쌓는 것이 전례입니다. 지금은 달구를 찧어 쌓아서는
아니됩니다" 하였다. 대신과 예관이 아뢰기를, "이번의 역사는
과거와 다른 점이 있으니 상규(常規)를 따를 수 없습니다. 달구
를 쓰되 살짝살짝 찧어 쌓아서 진동되는 일이 없도록 하소서"
하니, 상이 따랐다.

　글씨를 잘 썼다. 금강산 유점사(楡岾寺)에 친필로 쓴 『보문경
普門經』의 일부가 전하고, 인목왕후필적(仁穆王后筆跡) 첩(帖)이
남아 있다.
　능은 양주(楊州)의 목릉(穆陵)이다.

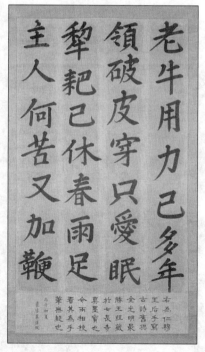

인목왕후 친필 족자

▦ 인목왕후

【생몰년】 선조 17년(1584) ~ 인조 10년(1632). 향년 49세
【본 관】 연안 김씨(延安金氏)
【휘 호】 소성정의명렬정숙광숙장정(昭聖貞懿明烈正肅光淑莊定)
【능 호】 목릉(穆陵). 경기도 구리시 동구동 동구릉(東九陵)
【문 헌】 『선조실록 宣祖實錄』『광해군일기 光海君日記』
       『인조실록 仁祖實錄』
       『열성왕비세보 列聖王妃世譜』 권3 (장서각 M.F. 2-1694)
       『돈녕보첩 敦寧譜牒』 (장서각 M.F. 2-1687)
       『계축일기 癸丑日記』

인목왕후 능 무인석   인목왕후 능 문인석

인목왕후 능

인목왕후 아버지

김제남(金悌男)

출전:『연안김씨문정공파영공계보 延安金氏文靖公派泳公系譜』

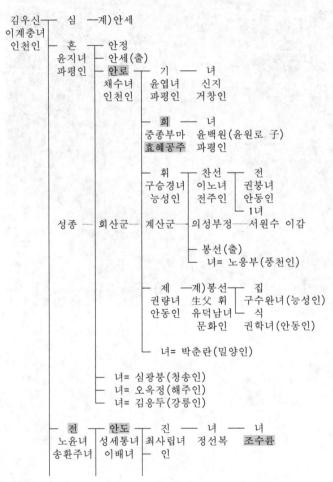

김우신 ─── 심 ──계)안세
이계충녀
인천인 ─── 혼 ─── 안정
　　　　 윤지녀 ─── 안세(출)
　　　　 파평인 ─── 안로 ─── 기 ─── 녀
　　　　　　　　　 채수녀　 윤엽녀　 신지
　　　　　　　　　 인천인　 파평인　 거창인

　　　　　　　　　　　 ─── 회 ─── 녀
　　　　　　　　　　　 중종부마　 윤백원(윤원로 子)
　　　　　　　　　　　 효혜공주　 파평인

　　　　　　　　　　　 ─── 휘 ─── 찬선 ─── 전
　　　　　　　　　　　 구승경녀　 이노녀　 권붕녀
　　　　　　　　　　　 능성인　　 전주인　 안동인
　　　　　　　　　　　　　　　　　　　　└ 1녀
성종 ─── 회산군 ─── 계산군 ─── 의성부정 ─── 서원수 이감

　　　　　　　　　　　　 ─── 봉선(출)
　　　　　　　　　　　　 └ 녀＝ 노응부(풍천인)

　　　　　　　　　　　 ─── 제 ──계)봉선 ─── 집
　　　　　　　　　　　 권량녀　 生父 휘　 구수완녀(능성인)
　　　　　　　　　　　 안동인　 유덕남녀 ─── 식
　　　　　　　　　　　　　　　 문화인　 권학녀(안동인)

　　　　　　　　　　　 └ 녀＝ 박춘란(밀양인)

　　　　　　　 ─── 녀＝ 심광봉(청송인)
　　　　　　　 ─── 녀＝ 오옥정(해주인)
　　　　　　　 ─── 녀＝ 김응두(강릉인)

　　　 ─── 전 ─── 안도 ─── 진 ─── 녀 ─── 녀
　　　 노윤녀　 성세통녀　 최사립녀　 정선복　 조수륜
　　　 송환주녀 이배녀 ─── 인

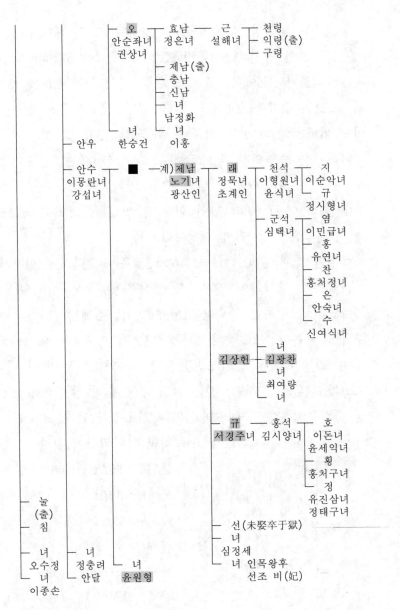

오
안순좌녀 효남 ── 근 ── 천령
권상녀 정은녀 설해녀 ── 익령(출)
                         └ 구령

        ── 제남(출)
        ── 충남
        ── 신남
        ── 녀
        ── 남정화
        └ 녀

── 안우 ── 녀
   한숭건 이홍

── 안수 ── ■ ── 계)제남 ── 래 ── 천석 ── 지
   이몽란녀   노기녀   정묵녀 이형원녀 이순악녀
   강섭녀   광산인   초계인   윤식녀 └ 규
                                      정시형녀

                              ── 군석 ── 염
                                 심택녀 이민급녀
                                      ── 홍
                                        유연녀
                                      ── 찬
                                        홍처정녀
                                      ── 은
                                        안숙녀
                                      ── 수
                                        신여식녀

                              ── 녀
                        김상헌 ── 김광찬
                              ── 녀
                                최여량
                              └ 녀

                     ── 규 ── 홍석 ── 호
                        서경주녀 김시양녀 이돈녀
                                      ── 윤세익녀
                                      ── 횡
                                        홍처구녀
                                      └ 정
                                        유진삼녀
                                        정태구녀

── 눌
   (출)
── 침

── 녀   ── 선(未娶卒于獄)
   오수정   ── 녀
── 녀   심정세
   이종손   └ 녀 인목왕후
                       선조 비(妃)

── 녀
   정충려
└ 안달

── 녀
   윤원형

※ 본서 부록 381쪽 참조

증조부는 영의정 김전(金詮, 1458~1523)이고, 증조모는 노윤(盧昀)의 딸인 풍천 노씨(豊川盧氏)와 송환주(宋環周)의 딸인 진천 송씨(鎭川宋氏)이다. 조부는 현령 김안도(金安道, ?~1535)이고, 조모는 성세통(成世通)의 딸인 창녕 성씨(昌寧成氏, ?~1556)이고 이배(李培)의 딸인 전주 이씨(全州李氏)이다.

아버지는 증영의정 김오(金禑, 1526~1570)이며, 김오의 첫째 부인은 안순좌(安舜佐)의 딸인 순흥 안씨이고, 둘째 부인은 권상(權常, 1508~1589)의 딸인 안동 권씨(安東權氏, 1535~1588)이다. 김제남은 안동 권씨 소생이다.

백부인 김진(金禛, 1511~1566)의 딸은 정선복(鄭善復)에게 출가하였는데 정선복의 딸은 조수륜(趙守倫, 1555~1612)에게 출가하였다. 조수륜은 계축옥사(癸丑獄事)에 김제남이 죽을 때 연루되어 죽는다. 조수륜의 아들 창강(滄江) 조속(趙涑, 1595~1668)은 29살의 나이로 인조반정에 참여하였다. 조수륜의 아버지 조정기(趙廷機, 1535~1575)는 선조 후궁 순빈 김씨(順嬪金氏) 소생 순화군(順和君, 1580~1607)의 처외조부가 된다. 조수륜은 순화군의 처외숙이 된다.

부인은 노기(盧垍)의 딸인 광산 노씨(光山盧氏, 1557~1637)이다. 슬하에 3남 2녀를 두었다. 아들 김래(金琜, 1576~1613)는 청주목사, 김규(金珪, 1596~1613)는 진사, 김선(金瑄, 1599~1613)이

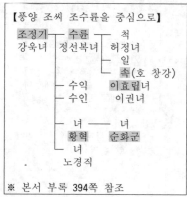

【풍양 조씨 조수륜을 중심으로】

조정기 ─── 수륜 ─┬─ 척
강욱녀   정선복녀 ├─ 허정녀
                  ├─ 일
                  └─ 속 (호 창강)
         ─ 수익   이효립녀
         ─ 수인   이권녀
         ─ 녀 ─── 녀
           황혁   순화군
         ─ 녀
           노경직

※ 본서 부록 394쪽 참조

있었는데 모두 계축옥사에 연루되어 옥에서 죽었다. 1녀는 심정세(沈挺世)에게 출가하였고 2녀는 인목왕후(仁穆王后, 1584~1632)이다.

김래는 군수 정묵(鄭默)의 딸 초계 정씨(草溪鄭氏, 1575~1640)와 혼인하여 2남 3녀를 낳았는데, 1녀는 청음(淸陰) 김상헌(金尙憲)의 양자인 김광찬(金光燦)에게 출가하였다.

김제남의 세 아들이 모두 계축옥사로 화를 입자 김래의 부인 정씨(鄭氏)는 홀로 두 고아(孤兒)를 데리고 화를 면했으나 끝내 보전할 도리가 없으므로, 어느 날 그 아들 김천석(金天錫)이 별안간에 죽었다고 선언하고 곡성을 내면서 거짓으로 관에 넣어 선산(先山)에 장사지냈다. 그리고 나서 김천석은 누추한 의복을 입고 형상을 바꾸어서 중들 속에 숨어 산골짜기로 이리저리 굴러 다닌지 11년이나 되었다가 계해년 반정한 뒤에 와서 비로소 선비의 옷을 입고 돌아가 정씨(鄭氏)를 만났다. 인조(仁祖)는 특명으로 관직을 주고 김제남의 제사를 받들게 했다. 「폐주 광해조 고사본말」『국역 연려실기술』

김규(金珪, 1596~1613)는 선조 부마 달성위 서경주(徐景霌, 1579~1643)의 딸 달성 서씨(達城徐氏, 1597~1666)와 혼인하였다. 김선(金瑄)은 장가들지 못하고 15세로 계축옥사에 죽었다.

김제남은 3세도 되기전에 종조부인 김안수(金安遂)에게 출계하여 종조모 강섭(姜涉)의 딸인 진주 강씨(晉州姜氏)의 슬하에서 자랐다. 그래서 종조모 강씨가 돌아가신 후 어머니처럼 여묘살이 3년을 하였다. 김안수의 딸은 문정왕후(文定王后, 1501~1565) 동생인 윤원형(尹元衡, ?~1565)에게 출가하였다가 윤원형의

첩 난정에게 죽임을 당했다.

명종 17년(1562)에 태어났다.

15세인 선조 9년(1576) 1남 김래를 낳았고, 23세인 선조 17년(1584) 11월 14일 2녀인 인목왕후를 낳았다.

24세인 선조 18년(1585) 사마시에 합격하고, 33세인 선조 27년(1594) 의금부도사에 제수되고, 승진하여 공조좌랑이 되었다.

35세인 선조 29년(1596) 연천현감을 지냈다. 당시에 왜가 침략한다 하여 명나라 장수가 빈번하게 오니, 접대하느라 여러 군현이 피폐했는데 공은 이에 사재를 털어서 충당하기도 하였다. 이해에 2남 김규를 낳았다.

36세인 선조 30년(1597) 별시 문과에 병과로 급제한 뒤, 갑자기 병으로 사직하려다 백성들의 만류로 사직하지 못하였다. 38세인 선조 32년 3남 김선을 낳았다. 39세인 선조 33년 연천 현감직을 사직하였다.

40세인 선조 34년(1601)에 사간원 정언, 헌납, 사헌부 지평을 거쳐 이조좌랑이 되었다.

41세인 선조 35년(1602) 둘째딸이 선조의 계비(繼妃: 仁穆王后)로 뽑힘으로써 돈녕도정이 되고, 가을에 왕비에 책봉되자 보국숭록대부 영돈녕부사에 연흥부원군(延興府院君)으로 봉해졌다.

52세인 광해군 5년(1613) 6월 1일 이이첨(李爾瞻, 1560~1623) 등에 의해 인목왕후 소생인 영창대군(永昌大君)을 추대하려 했다는 무고를 받고 사사(賜死)되었다.

이에 김제남을 대궐 뜰 안으로 잡아들여 오자, 권진이 전지를 읽어 선포하였다. 그 글의 대략에, "역적의 괴수 김제남이 앞장 서서 역모를 꾸민 정상이 적도들의 공초에 숱하게 열거되어 죄 가 다 드러났으므로 잠시라도 천지 사이에 목숨을 부지하도록 놔둘 수 없다. 역적을 토벌하는 의리는 지극히 크고 엄중하니, 형벌의 기구는 이러한 무리를 위해서 설치한 것이다. 적도들의 우두머리는 서양갑(徐羊甲)인데 김제남은 또 서양갑의 우두머리 이다. 서양갑의 머리는 이미 베어서 매달았으나, 김제남은 아직 도 사지가 멀쩡하므로 혈기를 지니고 있는 부류들이 너나없이 마음 아프고 뼛속이 저리어 그의 살을 씹어먹고 그의 가죽을 깔고 앉으려고 한다. 역모를 꾸민 무리들이 어느 시대라고 없겠 는가마는, 흉측한 역모의 상태가 이 적도들보다 더 심한 자들은 없었다. 이 역적이 감히 서양갑 등과 안팎으로 내통하여 한 동 아리가 되었으므로, 음험하고 비장한 꾀가 비록 귀신이라 하더 라도 그 단서를 헤아릴 수 없을 정도였다. 국구(國舅)가 된 몸으 로 앞장서서 역모를 시도했으니, 춘추의 의리로 단정짓는다면 누구나 그를 죽여야 할 것이다. 역모는 천하에 큰 죄악이다. 임 금을 넘보아서는 안 된다고 『춘추』에 나타나 있으며 부도한 짓 은 한(漢)나라 법에 엄히 다스리도록 되어 있다. 그런데 더더구 나 적들에 앞장서서 선동한 자야 말해 무엇하겠는가.

무신년에 비로소 역모의 마음이 생기었고 김직재(金直哉)에게 틈이 생기기를 바랐었다. 오랫동안 꾀를 쌓아 오다가 은밀히 역 모를 도모하였다. 그리하여 몰래 무뢰한 서자들과 손을 잡고 불 만을 품은 무사들을 모집하였다. 거짓말로 선왕의 밀지(密旨)가 있었다고 속이고 대비의 권세를 빙자하였다. 이의(李㼁: 영창대 군)를 옹립하려는 계획이 은미하여 헤아릴 수가 없었고 담장 안 에서 화가 무르익으니 조석 사이에 변이 일어나게 되었다. 그런 데 다행히 조상들이 묵묵히 도와주신 데에 힘입어 흉측한 역적

들이 벌을 받게 되었다. 모두가 김제남이 앞장서서 선동했다고
들 하니, 역모한 정상을 다시 의심할 게 없으며, 엄한 형벌로
국문하는 것은 법으로 보아 당연한 것이라고 하였는데 삼사의
그 의논이 정말로 옳은 것이다. '물건을 던져 쥐를 잡고 싶지만
그릇을 다칠까 염려된다'는 말이 옛날의 유명한 훈계 속에 들
어 있으므로 내 차마 형벌을 가하지 못한다마는, 조정의 의논
역시 엄하니 사사(賜死)하여 공론에 답한다" 하였다.

권진이 다 읽자, 김제남이 큰 소리로 말하기를, "한마디 할
말이 있다" 하니, 권진이 큰 소리로 꾸짖기를, "이 역적놈이 어
찌 감히 이런단 말인가" 하고, 나졸들을 재촉하여 내보냈다. 사
약을 내려 서소문(西小門) 안에서 죽게 하였다. ― 삼가 살펴보
건대, 김제남의 성품은 유약하여 사람들과 친밀하게 지내지 못
하였다. 왕실과 혼인할 때에 이조 좌랑으로 있었는데, 때마침
사류들이 세력을 잃고 있었으므로 김제남이 그 사이에서 붙들
어 두둔해 주기를 희망하는 사람이 더러 있었다. 그러자 김제남
이 말하기를 '친구들이 저마다 물러나려고 하는데 어찌 나로
인해 누를 끼칠 수 있겠는가' 하고, 모두 외직으로 내보냈기 때
문에 식자들이 그가 체통을 얻었다고 일컬었다.

그가 귀히 되자, 선조가 대군을 사랑하여 재산을 많이 주었
다. 제안대군(齊安大君)도 재물이 풍족하였는데, 대비가 김제남
에게 전체를 넘겨주어 대군을 위해 관리하도록 하였다. 그런데
김제남은 사양하지 않고 도리어 재물을 긁어 모으고 이자를 불
렸으며 집을 짓고 전원을 넓히어 자신의 몸만 살찌게 하였다.
이로 말미암아 사류의 의논도 그를 버렸다. 그가 패하자 나졸과
간사한 백성들이 앞을 다투어 그가 쌓아둔 것들을 가져갔으며,
관청에서 또 그의 집을 몰수하였다. 그가 사사당한 날에 그의
아내 노씨(盧氏)가 맨발로 대비가 거처하는 궁전의 담장 밖으로
가서 울부짖으면서 대비의 소자(小字)를 부르며 말하기를 '아무

개야, 아무개야. 어찌하여 너의 아비를 죽이는데 구해주지 않는
단 말이냐' 하였는데, 듣는 사람들이 슬퍼하였다. 그러자 상이
그의 집에 가두라고 명하였다. 집안에는 아무 것도 없고 노비
하나만을 데리고서 집을 부수어 끼니를 해먹었는데, 도성 사람
들 중에 더러 어둠을 틈타 쌀과 간장을 주는 사람이 있어서 살
아갈 수 있었다. 병진년 가을에 김제남을 소급해 형벌을 주고
노씨를 제주에다 8년 동안 안치해 두었다.

광해군 5년(1613) 6월 1일 김제남의 아들 세 명과 사위 심정
세가 모두 곤장으로 죽었다고 했다.

　김제남의 아들 세 명과 사위 한 명이 모두 곤장 아래에서 죽
었다. 김래에게는 조금 자란 아들이 있었는데, 왕이 자주 뒷조
사를 하자, 김래의 아내가 은밀히 그의 아들을 중에게 주어 상
좌로 삼게 하였다. 그리고는 거짓말로 병들어 죽었다고 하면서
예대로 장사를 치루었으므로 온 집안이 아는 사람이 없었다. 반
정 뒤에 환속하였다.

김래의 아들 김천석은 김래의 부인 정묵(鄭默)의 딸 초계 정
씨의 친정인 원주(原州)에 보내지게 되었고, 다시 치악산에 있
는 영원사에 숨어지내게 되었다.

광해군 5년 6월 1일 첩의 자식인 한영이 문초를 받았다.

　한영(韓瀛)의 원정을 받았다 — 김제남 첩의 자식인데 병이
든 사람이었다. 공초에 자복하지 않았다 — 추관이 아뢰기를,
"역적의 여동생들은 연좌의 법이 없습니다. 대신과 삼사로 하여
금 의논하여 처리하도록 하소서" 하니, 왕이 이르기를, "나의
뜻에도 적자의 동생들에게는 연좌법을 쓰지 않아야 할 것 같

다" 하였다. 이덕형이 아뢰기를, "『대명률』에는 적자와 서자를 분간하는 규정이 없으니, 선왕이 정한 제도를 준수해야 할 것 같습니다" 하고, 박승종과 최유원 등도 법조문에 한결같이 따라야 한다고 하자, 왕이 상고하여 아뢰라고 하였다. 그런데 여러 역적의 자매들이 뒤에 결국 연좌되고 말았다. 자매는 적자와 서자를 따지지 않았고, 오직 소급해 형벌을 준 사람의 자매만 연좌되지 않았다.

광해군 5년 8월 30일 막내 아들 김선에 대해 국문하거나 사약을 내릴 일로 논의하게 하였다.

이때 김제남의 막내 아들 김선(金瑄)이 옥에 갇혀 있었는데, 나이가 차지 않아 형을 받지 않았다. 왕이 국청에 의논하여 처리하라고 명했는데, 회계하기를, "뭇사람들의 의논이 모두 '법전 안에 나이가 15세 이하인 자는 고문하기에는 합당하지 않다고 했으니, 여러 증거에 근거하여 모두 죄를 정해야 한다'고 하였습니다. 김선의 나이가 16세에 차지 않았으니, 지금 국문당하는 무리에 포함되지 않은 것은 이 때문입니다. 서양갑(徐羊甲)·심우영(沈友英)·정협(鄭浹)·오윤남(吳允男) 등의 자식들을 모두 정배한 전례가 이미 있으니, 이에 의거하여 처리하는 것이 합당할 듯합니다. 감히 아룁니다" 하니, 전교하기를, "역적의 종자를 이찌 천지 사이에 살려둘 수 있겠는가. 엄히 국문하거나 혹은 사약을 내릴 일로 다시 의논하여 결정해 들이라" 하였다.

광해군 8년(1616) 폐모론이 일어나면서 다시 부관참시(剖棺斬屍) 되었다. 부인 광산 노씨를 탐라에 가두고 위리안치 하였다. 세 아들도 죽음을 당하고, 부인과 어린 손자 천석(天錫)만이 화를 면하였다.

광해군 8년 7월 30일 김제남의 추형이 허락되었다.

　백관이 두 번째 아뢰고 양사가 합사하여 세 번째 아뢰니, 답하기를, "실상도 없이 존호를 올리는 일은 굳이 거행해야 할 일이 아니니, 나는 참으로 감당할 수가 없다. 굳이 번거롭게 하지 말라. 역적을 토벌하는 일에 대해서는, 왕법이 마땅히 엄해야 한다. 여러 사람들의 의논이 이러하니 억지로 따르기로 하겠다" 하였다 — 김제남을 추형한 것은 실로 모후(母后)를 폐할 조짐이었다. 며칠 동안 아뢰자, 바로 따랐다.

광해군 8년 8월 18일 한찬남이 김제남 등의 추형을 빨리 시행할 것을 청하였다.

　한찬남이 아뢰기를, "대역부도의 역적을 때를 기다리지 아니하고 참수하는 것은 참으로 왕법은 지극히 엄하고 역적 토벌은 시급한 일이어서 잠시도 지체시켜서는 안 되기 때문입니다. 4명의 역적을 문 밖에다 시체를 내다 놓은 지가 이미 수십일이 지나도록 아직도 정형을 시행하지 아니하였는데 지금 또 날짜를 물리어, 역적 토벌이 점점 완만해지고 왕법이 엄하지 않으니, 신들은 삼가 애통하게 여깁니다. 즉시 추형을 하여 역적 토벌하는 법을 엄하게 하소서" 하니, 전교하기를, "김제남(金悌男)은 종묘에 고하고 교서를 반포할 날짜를 계하한 뒤에 추형하라" 하였다.

광해군 8년 8월 21일 한찬남이 역적에 대한 추형을 오늘 즉시 시행하자고 청하였다.

　한찬남이 아뢰기를, "역적을 토벌하는 일은 일각이 급한 것인데 네 명의 역적의 시신을 전시한 지가 이미 수십일이 지났는데도 아직 추형을 하지 않았으니 매우 한심합니다. 대관(臺官) 한 사람이 병으로 출사하지 않았으나 즉시 오늘 추형을 행하여 신령과 백성들의 울분을 흔쾌히 풀게 하소서" 하니, 전교하기를, "부제학과 양사가 모두 출사한 뒤에 시행하라" 하였다.

광해군 8년 8월 21일 한찬남이 역적에 대한 추형을 계속 청하니 23일에 시행하라고 전교하였다.

광해군 10년(1618) 1월 28일 딸 인목대비가 서궁(西宮: 지금의 덕수궁)에 유폐되고 10월 15일 부인 노씨가 제주에 유배되었다.

김제남(金悌男)의 처 노씨(盧氏)를 제주에 유배하였는데, 전교하기를, "제남의 처가 유배지로 내려갈 때 군사를 많이 배정해서 굳게 지켜 압송하도록 하라" 하였다 ― 이때 노씨가 본가에 있었는데, 장교를 배정해서 지킨 것이 이미 6년째였으나 어두운 밤마다 많은 행인들이 음식물을 담장 안에 던져 주어 죽지 않을 수 있었다. 이 때 이르러 왕이 외부인과 통할까 염려하여 먼 섬에 정배한 것이다.

인조 1년(1623) 인조반정 뒤에 관작이 복구되고 왕명으로 사당이 세워졌다. 영의정에 추대되었다.

인조 1년 3월 15일 영창 대군 등과 함께 관봉(官封)이 회복되었다.

영창 대군(永昌大君) 이의(李㼁)·임해군(臨海君) 이진(李珒)·연흥 부원군(延興府院君) 김제남(金悌男)·능창군(綾昌君) 이전(李佺)의 관봉(官封)을 회복하고, 전창위(全昌尉) 유정량(柳廷亮)의 직첩을 환급할 것을 명하였다.

인조 1년 3월 17일 예장되었고 영의정이 추증되었다.

영창 대군 이의(永昌大君李㼁)와 연흥 부원군(延興府院君) 김제남(金悌男)을 예장(禮葬)하도록 명하였다. 또 김제남에게 영의정을 추증하였다.

이때 원주(原州)에 김제남의 묘가 들어서게 되었으며, 그 주변이 사패지로 내려지게 되었다.

연안 김씨 26대손이고 김제남의 13대손으로 지금 김제남 사우(祠宇) 도유사(都有司)를 지내고 있는 김세영(金世泳)씨에 의하면 김제남의 묘가 원주(原州) 안창(安昌)에 들어서게 된 이유는 인목대비(仁穆大妃)의 명에 의해 지관 박사회가 한양에서부터 김제남의 묘지를 답사해 오다가 안창이 풍수지리적으로 명당이었기 때문에 들어서게 되었다고 한다. 또한 사패지는 지금의 원주시 지정면 안창 1리 능촌마을 일대였다고 증언하고 있다. (심철기, 「19세기 原州의 還穀문제와 농민항쟁」『연세대석사논문』)

이렇게 김제남의 신원이 복관 되자 두 손자도 환속하게 되었고, 큰 손자인 김천석이 원주에 거주하게 되면서 입향하게 되었다.

인조 3년(1625) 3월 8일 손자 김천석(金天錫) 형제에게 실직을 제수하라고 명하였다.

상이 하교하기를, "연흥 부원군(延興府院君) 김제남(金悌男)은 온 가족이 참혹한 화를 입어 한 사람도 남아있는 사람이 없으니, 그 날의 일을 생각하면 나도 모르게 코가 시큰해진다. 그 때에 김천석(金天錫) 형제가 요행히 살아 났다고 하니, 해조로 하여금 상당한 실직을 제수하게 하라" 하였다. 김천석은 연흥

부원군의 손자이다. 온 가문이 죽임을 당할 때 족인 한 사람이 몰래 김천석을 데리고 나가 머리를 깎고 중이 되게 했기 때문에 사람들이 김천석이 간 곳을 알지 못하고 모두들 죽은 것으로 여겼다. 자전이 복위하자 김천석이 그제서야 나왔다.

7월 11일 음악이 하사되고 시연(諡宴)을 받았다.

고(故) 연흥 부원군(延興府院君) 김제남(金悌男)에게 1등 음악을 하사하고 시연(諡宴)을 내려 영화롭게 하라고 명하였는데, 이는 자전(慈殿)의 마음을 위로하기 위한 것이다.

인조 9년(1631) 1월 20일 손자 김군석(金君錫)이 실직에 임명되었다.

상이 하교하기를, "영안위(永安尉) 홍주원(洪柱元)은 가자(加資)하고, 유학 김군석(金君錫)과 심진(沈榗)은 모두 실직(實職)에 임명하여, 위로가 되시도록 하라" 하였다 ― 김군석은 연흥 부원군(延興府院君) 김제남(金悌男)의 손자이며, 심진은 그의 외손이다 ― 심진을 사재감 참봉으로 삼았다.

김제남 산소의 제물(祭物)로 국가에서 단오(端午)와 추석(秋夕)때 대미(大米) 6두(斗), 소두(小豆) 1두, 태(太) 1두를 바치고 있었다. (강원도 원주목 도회 도내 각읍 거동삼삭 각아문 환상용하성책 江原道原州牧都會道內各邑去冬三朔各衙門還上用下成冊, 1859·1869·1877년 규장각 도서 NO 19447·19448·19441)

▓ 인목왕후 아버지

【생몰년】 명종 17년(1562) ~ 광해군 5년(1613). 향년 52세

【성　명】 김제남(金悌男)　　　　　【본　관】 연안(延安)

【　자　】 공언(恭彦)　　　　　　　【　호　】

【시　호】 의민(懿愍)

【　묘　】 양주(楊州) 서산(西山)에 있다가 원주(原州) 안창리(安昌里)로
　　　　　옮김

【문　헌】『선조실록 宣祖實錄』『광해군일기 光海君日記』
　　　　　『인조실록 仁祖實錄』
　　　　　『열성왕비세보 列聖王妃世譜』권3 (장서각 M.F. 2-1694)
　　　　　『돈녕보첩 敦寧譜牒』(장서각 M.F. 2-1687)
　　　　　『국조인물고 國朝人物考』『연려실기술 燃藜室記述』
　　　　　『청선고 清選考』『국조문과방목 國朝文科榜目』

김제남 신도비
강원 원주시 지정면
안창리 413 소재

인목왕후 외조부

노 기(盧垍)

출전 : 『광주노씨족보 光州盧氏族譜』

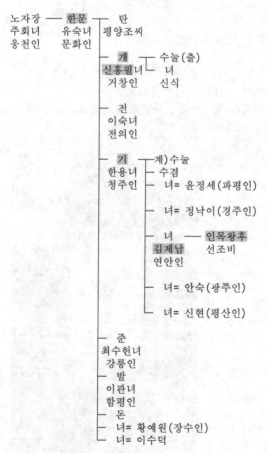

노자장 —— 한문 ┬ 탄
주회녀   유숙녀   평양조씨
웅천인   문화인
                  ├ 개 ┬ 수눌(출)
                  신홍필녀 └ 녀
                  거창인   신식

                  ├ 전
                  이숙녀
                  전의인

                  ├ 기 ┬ 계)수눌
                  한용녀 ├ 수겸
                  청주인 ├ 녀= 윤정세(파평인)

                        ├ 녀= 정낙이(경주인)

                        ├ 녀 —— 인목왕후
                        김제남   선조비
                        연안인

                        ├ 녀= 안숙(광주인)

                        └ 녀= 신현(평산인)

                  ├ 준
                  최수헌녀
                  강릉인
                  ├ 발
                  이관녀
                  함평인
                  ├ 돈
                  ├ 녀= 황예원(장수인)
                  └ 녀= 이수덕

※ 본서 부록 383쪽 참조

아버지는 노한문(盧漢文)이며, 어머니는 유숙(柳淑)의 딸 문화
유씨(文化柳氏)다.

부인은 충의위(忠義衛) 한용(韓鏞)의 딸 청주 한씨(淸州韓氏)이다.

슬하에 1남 5녀를 두었다.

아들 노수겸(盧守謙)이 일찍 죽어 형 노개(盧塏, 1524~1587)
의 아들 노수눌(盧守訥)을 양자로 삼았다.

1녀는 파평 윤씨(坡平尹氏) 윤정세(尹貞世)에게, 2녀는 경주
정씨(慶州鄭氏) 정낙이(鄭樂易)에게, 3녀는 김제남(金悌男)에게, 4
녀는 광주 안씨(廣州安氏) 안숙(安驌)에게, 5녀는 평산 신씨(平山
申氏) 신현(申晛)에게 출가했다.

형 노개(盧塏)는 신홍필(愼弘弼, 1484~1541)의 사위이다. 신홍
필은 중종비 단경왕후(端敬王后, 1487~1557)의 아버지 신수근
(愼守勤, 1450~1506)의 아들이므로 노개는 신수근의 손녀 사위
가 되고, 노개에게 단경왕후는 처고모가 된다.

노개의 사위에는『가례언해 家禮諺解』를 지은 용졸재(用拙齋)
신식(申湜, 1551~1623)이 있다. 신식은 신숙주(申叔舟, 1417~14
75)의 5대손이다.

【광산 노씨 노개를 중심으로】

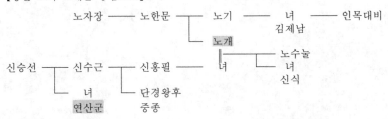

※ 본서 부록 384쪽 참조

중종 29년(1534)에 태어났다. 절개를 지켜 벼슬에 나가지 않았는데, 경학(經學)으로 이름이 나 남북인을 물론하고 폭주하였다고 한다.

선조 2년(1569) 8월 23일 36세로 졸하였다.

▨ 인목왕후 외조부

【생몰년】 중종 29년(1534) ~ 선조 2년(1569). 향년 36세
【성 명】 노기(盧垍)　　　　　　　【본 관】 광산(光山)
【 자 】 자고(子固)　　　　　　　　【 호 】
【시 호】
【 묘 】
【문 헌】『광산노씨족보 光山盧氏族譜』
　　　　　송시열(宋時烈)『송자대전 宋子大全』권187 「광산부부인노씨묘
　　　　　지명 光山府夫人盧氏墓誌銘」
　　　　　『사마방목 司馬榜目』『인조실록 仁祖實錄』

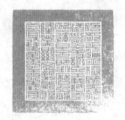

1. 영창대군(永昌大君)

1남 영창대군(永昌大君, 1606~1614)

출전: 『선원록 璿源錄』

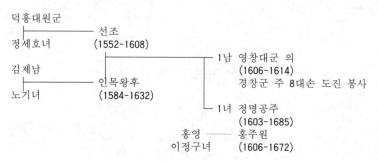

※ 본서 부록 372쪽 참조

선조의 1남으로 어머니는 연흥부원군(延興府院君) 김제남(金悌男)의 딸인 인목왕후(仁穆王后)이다.

선조 39년(1606) 3월에 태어났다.

선조 39년 3월 6일 예조에서 대군의 탄생에 진하를 건의하였다.

　우승지 송준(宋駿)이 예조의 말로 아뢰기를, "대군(大君)이 탄생하면 조종조의 전례에 진하하는 예가 있습니다. 이번에도 전례대로 거행하는 것이 어떠하겠습니까? 대신의 뜻이 이와 같기에 감히 아룁니다" 하니, 거행하지 말라고 전교하였다.

3월 6일 다시 예조에서 대군의 탄생에 진하를 건의하였다.

　좌부승지 최염(崔濂)이 예조의 말로 아뢰기를, "대군이 탄생한 뒤에 진하하는 것은 전례가 있기 때문에 전례에 따라 거행할 것을 품계하였습니다. 이른바 전례라는 것은 지난 세종대왕 때 광평대군(廣平大君)·평원대군(平原大君)·영응대군(永膺大君)이 처음 탄생하였을 적에 모두 진하를 거행한 예가 있었는데 이것이 전례로서 의심없이 명백한 것입니다. 그런데도 아직 윤허를 받들지 못하고 있으니 군정(群情)이 서운해 할 뿐만 아니라 조종조에서 이미 시행한 규례를 폐하고 시행하지 않는다는 것이 너무도 미안스럽습니다. 대신의 뜻이 이와 같기에 황공하게 감히 여쭙니다" 하니, 전교하기를, "이처럼 아뢰니 마땅히 따르겠다" 하였다. ─ 대신은 곧 역신(逆臣) 유영경(柳永慶)이다.

3월 7일 예조에서 대군 탄생 축하 의식을 언제 거행할 지와 교서 반포에 대해 물어왔다.

　우승지 송준(宋駿)이 예조의 말로 아뢰기를, "대군의 탄생에 진하하는 일은 이미 윤허를 받았습니다. 여느 때의 하례는 명이 내려지면 곧장 거행하였으나 사흘 안으로 궐정에다 의물(儀物)를 배설하고 백관의 반열(班列)을 정한다는 것은 조금 소란스러울 것 같아 삼가고 조용히 조섭하는 데에 방해가 될까 싶습니다. 사흘 뒤에 거행해야 합니까? 그리고 전례를 상고해 보니 대군의 탄생에 대한 진하 때 교서를 반포하였다는 조항이 기록되어 있지 않습니다. 이번에는 어떻게 하여야 되겠습니까? 감히 여쭙니다" 하니, 상이 교서를 반포하지 말라고 하였다.

3월 7일 우승지 송준(宋駿)에게 하례는 권정례로 하라 전교하였다. 3월 8일 진하는 제7일째 하라 전교하였다.

그는 선조의 열네 아들 중 유일한 정비(正妃) 소생으로 왕의 특별한 총애를 받았다. 선조는 이미 세자(世子)로 책봉한 광해군(光海君) 대신 영창대군을 왕세자로 책봉할 것을 영의정 유영경(柳永慶) 등과 비밀리에 의논하였다.

선조는 임진왜란이 일어나자 권정례(權停例: 절차를 다 밟지 아니하고 거행하는 의식)로 공빈 김씨(恭嬪金氏) 소생 광해군을 세자로 책봉하였다. 그러나 그 뒤 정비의 소생인 영창대군이 태어나자 선조는 세자 개봉(改封)의 생각을 가지게 되었는데, 당시 실권을 잡고 있던 유영경(柳永慶)을 위시한 소북파(小北派)는 이 뜻에 영합하려 하였으나, 선조의 갑작스런 사망으로 실현되지 못하였는데, 왕은 죽으면서 대신들에게 영창대군을 돌봐달라는 유교(遺敎)를 내려 뒷일을 부탁하였다.

내전(內殿)이 유교(遺敎) 1봉(封)을 내렸는데 외면에 쓰기를 '유영경(柳永慶)·한응인(韓應寅)·박동량(朴東亮)·서성(徐渻)·신흠(申欽)·허성(許筬)·한준겸(韓浚謙) 등 제공(諸公)에게 유교한다'고 하였다.

유교의 내용은, "부덕한 내가 왕위에 있으면서 신민(臣民)들에게 죄를 졌으므로 깊은 골짝과 연못에 떨어지는 것 같은 조심스러운 마음이었는데 이제 갑자기 중병(重病)을 얻었다. 수명의 장단(長短)은 운명이 정해져 있는 것이어서, 낮이 가면 밤이 오는 것처럼 감히 어길 수 없는 것으로 성현(聖賢)도 이를 면하지 못하였으니, 다시 말할 것이 뭐 있겠는가. 단지 대군(大君)이 어린데 미처 장성하는 것을 보지 못하게 되었으니, 이 때문에 걱정스러운 것이다. 내가 불행하게 된 뒤에는 사람의 마음을 헤아리기 어려운 것이니, 만일 사설(邪說)이 있게 되면, 원컨대 제공들이 애호하고 부지(扶持)하기 바란다. 감히 이를 부탁한다" 하였다. 살피건대 유영경·한응인·박동량·서성·신흠·허성·한준겸 등은 모두 왕자(王子)·부마(駙馬)의 인속(姻屬)들이었기 때문에 이 유교가 있었던 것인데 이 일곱 신하의 화(禍)는 실상 이로부터 시작된 것이다. 『광해군일기』 권1 광해군 즉위년 2월 2일(기미)

이 사실로 광해군을 지지하던 이이첨(李爾瞻) 등 대북파의 미움을 받게 되었다.

광해군 5년(1613)에 소양강을 무대로 시주(詩酒)를 즐기던 서양갑(徐羊甲)·박응서(朴應犀) 등 7명의 서출들이 역모를 꾸몄다 하여 이른바 '7서의 옥'이 있어 났는데, 이이첨 등은 이 역모 사건에 그들이 영창대군을 옹립하고 영창의 외조부 김제남도 관계한 것으로 진술을 유도하였다.

이 결과로 영창대군도 역모 연루죄로 5월 29일 서인(庶人)으로 강등시켜 7월 26일 강화에 위리안치(圍籬安置)하였다.

그 뒤 조야에서는 끊임없는 구원의 상소 등이 연이었고, 형제의 의(義)를 따지는 전은설(全恩說)과 여덟살 밖에 안된 유자(幼子)라는 이유로 그를 비호하였으나, 대북파의 계속된 요구로 그 이듬해 봄 2월 10에 이이첨 등의 명을 받은 강화부사 정항(鄭沆)에 의하여 증살(蒸殺)되었다.

인조 1년(1623) 3월 15일 관봉(官封)이 회복되었다.

영창대군(永昌大君) 이의(李㼁)·임해군(臨海君) 이진(李珒)·연흥 부원군(延興府院君) 김제남(金悌男)·능창군(綾昌君) 이전(李佺)의 관봉(官封)을 회복하고, 전창위(全昌尉) 유정량(柳廷亮)의 직첩을 환급할 것을 명하였다.

3월 17일 예장되었다.

영창대군(永昌大君) 이의(李㼁)와 연흥 부원군(延興府院君) 김제남(金悌男)을 예장(禮葬)하도록 명하였다. 또 김제남에게 영의정을 추증하였다.

3월 19일 제사가 내려졌다.

상이 하교하기를, "무신년 이후 원통히 죽은 자에 대하여 모두 그 관작을 회복하고 추증하며 제사를 내려 원통히 죽은 혼령을 위로하라" 하였다. 이에 예조가 임해군(臨海君) 이진(李珒)·능창군(綾昌君) 이전(李佺)·진릉군(晋陵君) 이태경(李泰慶)에게 제사를 내리고 예장(禮葬)할 것과, 영창대군(永昌大君) 이의(李㼁)·연흥 부원군(延興府院君) 김제남(金悌男)에게 또한 제사를 내릴 것을 청하자, 상이 따랐다.

인조 1년(1623) 10월 29일 인목대비가 언문으로 영창대군의 행장을 지어 내리니, 임금이 해당 조에 명하여 시호를 의정(議定)하게 하였다.

인조 1년 윤10월 2일 시호 문제가 논의하여였다

동지사 오윤겸(吳允謙)이 아뢰기를, "영창대군은 어린 나이에 일찍 죽어서 행적이 나타나 있지 않으니 기어코 시호를 올릴 필요는 없습니다. 자전께서 올리려 하시더라도 바라건대 상께서 곡진히 진달하여 바로잡으소서" 하니, 상이 답하지 않았다.

인조 1년 윤10월 6일 윤방이 영창대군의 시호에 관한 일을 개진하였다.

상이 조강에 문정전에서 『논어』를 강하였다. 영사 윤방(尹昉)이 영창대군의 시호를 의논한 잘못과 자전께서 언문 편지를 내린 일은 미안하다는 뜻을 개진하였다.

인조 1년 윤10월 7일 대간이 영창대군에 시호 내리는 것을 재고하도록 청하였으나 허락되지 않았다.

헌부와 간원이 아뢰기를, "영창대군은 어린 나이로 불행하게
도 골육지변을 당하였으니, 자전의 그지없는 심정과 성상의 추
도하는 심정은 참으로 이를 데 없을 것입니다. 그러나 시호를
내리는 일에 있어서는 예문에 근거가 없고 법례에 어긋나는 데
가 있습니다. 영창대군이 영특하고 아름다운 자질이 있기는 하
였으나 어린 나이로 요절하였기 때문에 선악을 징험할 수 없으
니 어떻게 허례의 좋은 시호를 어린 나이의 죽음에 올릴 수 있
겠습니까. 더구나 언문 편지를 승정원에서 내린 것은 상전(常典)
에 방해로움이 있습니다. 이 길이 한번 열리면 뒤폐단이 이루
말하기 어려울 것입니다. 삼가 바라건대 성상께서는 자전께 곡
진히 품달하시어 내리신 명을 거두고 해조로 하여금 거행하지
말게 하소서" 하니, 답하기를, "영창대군이 나이는 어렸으나 이
미 군에 봉해졌는데, 시호는 내리는 것이 어찌 나쁘겠는가. 번
거로이 논하지 말라" 하였다.

인조 3년(1625) 3월 19일 동양위 신익성에게 영창대군의 비
문을 쓰도록 명하였다.

동양위(東陽尉) 신익성(申翊聖)에게 나가서 영창대군(永昌大君)
의 비문(碑文)을 쓰도록 명하였는데, 자전(慈殿)의 분부에 따른
것이다. 영창대군 이의(李㼁)는 나이 8세 때에 간흉들의 모함을
받았는데, 광해가 강화부에 가두면서 궁녀 두 사람을 따라가게
하였다. 자전이 옷 한 벌을 만들어 보내었는데, 영창대군이 펴
볼 적에 옷에 얼룩진 데가 있었다. 이에 궁녀들에게 묻기를,
"새 옷에 어찌하여 얼룩이 있는가?" 하니, 궁녀들이 말하기를,
"이는 자전께서 눈물을 흘리신 흔적입니다" 하자, 영창대군이
눈물을 흘리며 오열하였다. 그 뒤에 광해가 두 궁녀를 잡아오라
고 하였다. 의금부 도사가 위리 안치한 곳의 문에 당도하여 나
오라고 재촉하자, 궁녀들이 통곡하면서 영창 대군에게 하직하

니, 영창대군이 단정하게 앉아 미동도 하지 않으면서 말하기를,
"너희들은 빨리 나가거라" 하였다.

광해가 이정표(李廷彪)를 별장(別將)으로 삼아 지키게 하면서
몰래 빨리 죽이도록 하자, 이정표가 광해의 뜻을 받들어 영창
대군이 거처하는 데로 가서 방에 불을 넣지 않았다. 이에 영창
대군이 늘 의롱(衣籠) 위에 앉았고, 때때로 섬돌 가에 나아가 하
늘을 향하여 빌기를 "한 번 어머니를 보고 싶을 뿐입니다" 하
였다. 이정표가 음식에다 잿물을 넣어 올리자 영창대군이 마시
고서 3일 만에 죽었다. 강화 사람들이 지금도 이 일을 말하려면
슬픔으로 목이 메어 말을 하지 못한다. 자전이 복위한 다음에
대군의 예로 다시 장사하고, 또 비를 세워 그 때의 사적을 기록
했다. 묘는 광주(廣州)에 있다.

인조 10년(1632) 6월 28일 어머니 인목왕후가 49세를 일기로
인경궁 흠명전에서 훙하였다.

숙종 14년(1688) 2월 26일 숙종이 관원을 보내어 묘소에 제
사 지내게 하였다.

관원(官員)을 보내어 명선(明善)·명혜(明惠)·명안(明安)·숙정
(淑靜) 네 공주(公主)의 묘(墓)와 영창대군(永昌大君)의 묘에 제사
를 지내게 하였는데, 모두 광주(廣州) 지역(地域)에 있다. 임금이
명선·명혜 두 묘가 길 곁에서 가장 가까우므로 두루 보고 싶
다고 여러 신하들에게 물으니, 모두 아뢰기를, "군주는 사묘(私
墓)에 친히 가서 보는 일이 없으며, 길도 험하고 좁아서 행차할
수 없습니다" 하니, 임금이 드디어 중지하였다.

영조 9년(1733) 9월 11일 영조가 예관에게 날을 잡아 영창대
군 묘에 치제하게 하였다.

임금이 작헌례(酌獻禮)를 행하였다. 여흥 부원군(驪興府院君) 민제(閔霽)의 후손을 녹용(錄用)할 것을 명하고, 말하기를, "예관(禮官)에게 명하여 날을 잡아 영창대군(永昌大君), 명선(明善)·명혜(明惠) 두 공주(公主)의 묘(墓)와 해창위(海昌尉)·명안공주(明安公主) 묘에 치제(致祭)하게 하라. 그리고 제문(祭文)은 모두 친히 지을 것이나 영창 대군 묘의 제문은 관각(館閣)에 명하여 지어 올리도록 하라" 하였다. 이 묘들은 모두 연로(輦路)의 지나는 길에 있었으니 갑술년 선조(先朝)에서 능행(陵行)할 때의 규례를 따른 것이었다.

정조 3년(1779) 8월 9일 정조가 영창대군 묘에 치제하게 하였다.

온조왕 묘(溫祚王廟)와 현절사(顯節祠)와 영창대군(永昌大君)·명혜공주(明惠公主)·명선공주(明善公主)·숙정공주(淑靜公主)·숙경공주(淑敬公主)·명안공주(明安公主)·충헌공(忠獻公) 김창집(金昌集)의 묘(墓)와 완풍 부원군(完豊府院君) 이서(李曙)·문충공(文忠公) 민진원(閔鎭遠)의 사당과 험천(險川)·북문(北門)·쌍령(雙嶺)의 전망(戰亡)한 곳과 왕십리(王十里)에서 신해년에 굶어 죽는 사람에게 치제(致祭)하였다.

정조 23년(1799) 8월 23일 영창대군 묘소에 치제할 것을 전교하였다.

전교하였다. "영창대군(永昌大君)의 묘소와 해창위(海昌尉)·명안공주(明安公主)의 묘소에 승지를 보내 치제(致祭)하고 명혜(明惠)·명선(明善) 두 공주의 묘소에는 내시를 보내 치제할 것이며, 공신의 후예로서 적장손(嫡長孫)에 대하여는 충훈부로 하여금 각 계파를 자세히 상고하여 아뢰게 하라"

순조 4년(1804) 9월 1일 예관을 보내 영창대군 묘소에 치제하라고 명하였다.

궐리사(闕里祠)에는 정경(正卿)을 보내 전작(奠酌)하고, 효령대군(孝寧大君)·양녕대군(讓寧大君)·영창대군(永昌大君)의 묘(墓)와 문정공(文正公) 조광조(趙光祖)의 사당, 청해백(靑海伯) 이지란(李之蘭), 전조(前朝) 학사(學士) 이고(李皐), 고(故) 상신(相臣) 유관(柳灌)·정유길(鄭惟吉)·정태화(鄭太和)·강석기(姜碩期) 및 육신(六臣)의 묘에는 예관(禮官)을 보내 치제(致祭)하고, 매곡(梅谷)·명고(明皐)·노강(鷺江)·사충(四忠)·충현(忠賢) 서원(書院)에는 승지를 보내 치제하고, 창빈(昌嬪)·명빈(禖嬪)·의빈(宜嬪)·연령군(延齡君)·해창위(海昌尉)의 묘에는 내시(內侍)를 보내 치제하라고 명하였다.

순조 10년(1810) 8월 28일 영창대군 묘소에 제사 지내라고 명하였다.

명빈(禖嬪)과 의빈(宜嬪)의 묘에 내시를 보내 제사를 지내고, 민회묘(愍懷墓)에는 예조 당상을 보내 제사지내고, 연령군(延齡君)·영창대군(永昌大君)·해창위(海昌尉)의 묘소와 궐리사(闕里祠) 및 문정공(文正公) 조광조(趙光祖), 청해백(靑海伯) 이지란(李之蘭), 고 학사(學士) 이고(李皐)의 사판(祠版)과 매곡 서원(梅谷書院)·명고 서원(明皐書院)에는 예관을 보내 제사를 지내라고 명하였다.

광무(光武) 4년(1900) 경창군(慶昌君) 8대손 도진(道振)으로 영창대군을 봉사하게 하였다.

▓ 영창대군

【생몰년】 선조 39년(1606) ～ 광해군 6년(1614). 향년 9세
【성　명】 이의(李㼁)　　　　　　【본　관】 전주(全州)
【　자　】　　　　　　　　　　　【　호　】
【시　호】 소민(昭愍)
【　묘　】 광주 음촌(廣州 陰村: 선원계보)
　　　　　경기도 안성시 일죽면 고은리 산 24-5 (安城市一竹面古銀里)
　　　　　묘소는 원래 광주군 남한산성 아래에 있었는데, 이곳이 성남시
　　　　　개발지역에 포함됨으로써 1971년 8월에 현 위치로 이장 되었다.
　　　　　기념물 제75호
　　　　　묘비(墓碑)는 흰 대리석으로 높이 186cm 폭 61cm 두께 20cm로
　　　　　전면(前面)에 '영창대군(永昌大君) 증시(贈諡) 소민공지묘(昭愍
　　　　　公之墓)'란 명문(銘文)이 있다. 묘단(墓壇)은 장방형(長方形)으로
　　　　　복판(覆瓣) 연화문(蓮華紋)이 조식(彫飾)되었고, 이수(螭首)의 조
　　　　　각(彫刻)이 섬세하고 사실적이다.
【문　헌】 『광해군일기 光海君日記』 『인조실록 仁祖實錄』
　　　　　『연려실기술 燃藜室記述』
　　　　　신흠(申欽) 『상촌집 象村稿』 권27 「영창대군신도비명 永昌大君
　　　　　神道碑銘」
　　　　　신익성(申翊聖) 『낙전당집 樂全堂集』 권10 「영창대군묘지명 永
　　　　　昌大君墓誌銘」

2. 정명공주(貞明公主)

1녀 정명공주(貞明公主, 1603~1685)
부마: 홍주원(洪柱元, 1606~1672). 풍산(豊山)

출전:『선원록 璿源錄』

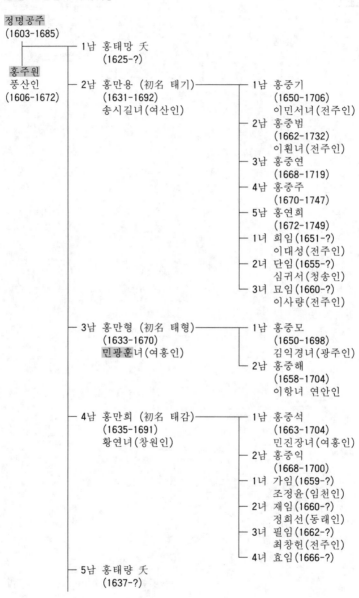

정명공주
(1603-1685)

├─ 1남 홍태망 天
│   (1625-?)

홍주원
풍산인
(1606-1672)

├─ 2남 홍만용(初名 태기)─────┬─ 1남 홍중기
│   (1631-1692)   │   (1650-1706)
│   송시길녀(여산인)   │   이민서녀(전주인)
│   ├─ 2남 홍중범
│   │   (1662-1732)
│   │   이휘녀(전주인)
│   ├─ 3남 홍중연
│   │   (1668-1719)
│   ├─ 4남 홍중주
│   │   (1670-1747)
│   ├─ 5남 홍연희
│   │   (1672-1749)
│   ├─ 1녀 희임(1651-?)
│   │   이대성(전주인)
│   ├─ 2녀 단임(1655-?)
│   │   심귀서(청송인)
│   └─ 3녀 묘임(1660-?)
│   이사량(전주인)

├─ 3남 홍만형(初名 태형)─────┬─ 1남 홍중모
│   (1633-1670)   │   (1650-1698)
│   민광훈녀(여흥인)   │   김익경녀(광주인)
│   └─ 2남 홍중해
│   (1658-1704)
│   이항녀 연안인

├─ 4남 홍만회(初名 태감)─────┬─ 1남 홍중석
│   (1635-1691)   │   (1663-1704)
│   황연녀(창원인)   │   민진장녀(여흥인)
│   ├─ 2남 홍중익
│   │   (1668-1700)
│   ├─ 1녀 가임(1659-?)
│   │   조정윤(임천인)
│   ├─ 2녀 재임(1660-?)
│   │   정희선(동래인)
│   ├─ 3녀 필임(1662-?)
│   │   최창헌(전주인)
│   └─ 4녀 효임(1666-?)

└─ 5남 홍태량 天
       (1637-?)

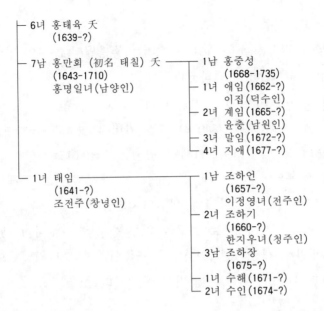

```
├ 6녀 홍태육 夭
│   (1639-?)
│
├ 7남 홍만회 (初名 태칠) 夭 ─── 1남 홍중성
│   (1643-1710)                    (1668-1735)
│   홍명일녀(남양인)            ├ 1녀 애임 (1662-?)
│                               │   이집 (덕수인)
│                               ├ 2녀 계임 (1665-?)
│                               │   윤충 (남원인)
│                               ├ 3녀 말임 (1672-?)
│                               └ 4녀 지애 (1677-?)
│
└ 1녀 태임 ─────────────────── 1남 조하언
    (1641-?)                       (1657-?)
    조전주(창녕인)                 이정영녀(전주인)
                                ├ 2녀 조하기
                                │   (1660-?)
                                │   한지우녀(청주인)
                                ├ 3남 조하장
                                │   (1675-?)
                                ├ 1녀 수해 (1671-?)
                                └ 2녀 수인 (1674-?)
```

※ 본서 부록 373쪽 참조

선조의 1녀로 어머니는 인목대비(仁穆大妃)이다.

남편은 풍산 홍씨 홍주원(洪柱元, 1606~1672)이다. 슬하에 7남 1녀를 두었다.

1남 홍태망(洪台望, 1625~?)은 일찍 죽었다. 2남 홍만용(洪萬容, 1631~1692)은 송시길(宋時吉)의 딸인 여산 송씨(礪山宋氏)와 혼인하였다.

3남 홍만형(洪萬衡, 1633~1670)은 민광훈(閔光勳)의 딸인 여흥 민씨(驪興閔氏)와 혼인하였다.

4남 홍만희(洪萬熙, 1635~1691)는 황윤(黃沇)의 딸인 창원 황씨(昌原黃氏)와 혼인하였다.

5남은 홍태량(洪台亮, 1637~?)이고 6남은 홍태육(洪台六, 1639

~?)이고, 모두 일찍 죽었다.

7남 홍만회(洪萬恢, 1643~1710)는 홍명일(洪命一)의 딸인 남양 홍씨(南陽洪氏)와 혼인하였다.

선조 36년(1603) 5월 19일에 태어났다.

6세인 선조 41년(1608) 2월 1일 아버지 선조가 승하하셨다.

광해군이 즉위하여, 11세인 광해군 5년(1613) 6월 1일 7서의 옥에 연루되어 외할아버지 김제남이 사사되었고, 동생 영창대군은 7월 26일 강화도에 위리안치되었다가 다음해 2월 10일 죽었다. 12세의 나이로 동생을 잃는 슬픔을 맛보아야 했다.

13세인 광해군 7년(1615) 6월 2일 외할아버지 김제남의 대상일(大祥日)에 최복(衰服)을 벗고 불태웠다.

분병조(分兵曹)가 아뢰기를, "오늘 새벽에 대비전(大妃殿) 근처에서 여인 몇 명이 곡하는 소리가 있었고, 파루(罷漏)가 지난 뒤에 이르러서는 뜰에 무슨 물건을 태우는 것 같은 불빛이 있었는데, 얼마 뒤에 곡소리가 그쳤습니다. 감히 아룁니다" 하니, 알았다고 전교하였다. 이날은 바로 김제남(金悌男)의 두 번째 기일(忌日)이었다. 이에 대비와 공주가 최복(衰服)을 벗고 불태웠으므로 분병조가 괴이하게 여겨 이렇게 아뢴 것이다. 이 당시에 금고(禁錮)시켜 내외가 통하지 못하였으므로 사람들이 안의 일을 몰라 백성들 사이에 이미 큰일이 생겼다는 유언비어가 많이 떠돌았는데, 듣는 자들이 모두들 애통해 하였다.

광해군 9년 11월 7일에 윤선도(尹善道, 1587~1671)의 7촌 아저씨인 윤유겸(尹惟謙)이 인목대비에 대한 대우를 어떻게 할 것인지 구체적으로 조목 조목 열거하여 상소하면서 공주의 칭호도 삭탈하여 서인(庶人)으로서 혼례를 치르게 하라고 하였다.

　신이 청하건대 대신과 삼사, 인척인 여러 신하들을 불러 신의 글을 보인 다음 존호를 낮추고 분조(分朝)의 여러 관리와 호위하는 장사들을 철수하게 하소서. 그리고 그의 궁전 이름을 삭제하여 개인집으로 강등시키고 별장(別將) 한 사람을 두어 지키게 하소서. 여러 도에서 공물을 바치는 것과 관리들이 임명받고 사례하는 것을 일체 그만두게 하소서. 공주의 칭호도 삭탈하여 서인(庶人)으로서 혼례를 치르게 하고 그를 모시던 궁녀들도 감축시키고 김제남의 처를 노비 장부에 등록하게 하소서. …

16세인 광해군 10년(1618) 1월 28일 인목대비를 서궁으로만 칭하고 대비의 호칭은 없애고 공봉(供奉)을 감손(減損)하는 절목(節目)에 대해서는 일일이 자세하게 의논하여 거행토록 하라고 하였다.

어머니 인목대비를 서궁으로 폐출시킬 때 함께 감금되었다.

광해군 10년(1618) 1월 30일 서궁을 폄손하는 절목을 마련하였는데 공주는 옹주로 낮추어졌다.

　존호(尊號)를 낮추고 전에 올린 본국의 존호를 삭제하며, 옥책(玉冊)과 옥보(玉寶)를 내오며, 대비라는 두 글자를 없애고 서궁이라 부르며, 국혼(國婚) 때의 납징(納徵)·납폐(納幣) 등 문서를 도로 내오며, 어보(御寶)를 내오고 휘지 표신(徽旨標信)을 내오며, 여연(輿輦)·의장(儀仗)을 내오며, 조알(朝謁)·문안(問安)·숙배(肅拜)를 폐지하고, 분사(分司)를 없애며, — 승정원·병조·도총부(都摠府)·겸춘추(兼春秋)·사옹원·위장소(衛將所)·내의원·금루(禁漏)·주방(酒房)·승전색(承傳色)·사약(司鑰)·별감(別監)·내관(內官)·궁중의 각 차비 나인(差備內人) — 공헌(貢獻)을 없애

며, ─ 각도(各道)의 매월 진상(進上)·각도의 삼명일(三名日) 진
상·정부 및 육조(六曹)의 물선(物膳)·정부의 표리(表裏)·각사의
삼일 공상(三日供上) ─ 서궁의 진배(進排)는 후궁(後宮)의 예에
따르며, 공주의 늠료(廩料)와 혼인은 옹주(翁主)의 예에 따르며,
아비는 역적의 괴수이고 자신은 역모에 가담했고 아들은 역적
의 무리들에 의해 추대된 이상 이미 종묘에서 끊어졌으니 죽은
뒤에는 온 나라 상하가 거애(擧哀)하지 않고 복(服)을 입지 않음
은 물론 종묘에 들어갈 수도 없으며, 궁궐 담을 올려 쌓고 파수
대를 설치한 다음 무사를 시켜 수직(守直)하게 한다. ─ 이 의논
을 할 때 와서 모인 자가 15인이었는데 많이 유실되어 기록하
지 못했다.

민몽룡이 신임 정승으로서 팔을 걷어붙이고 수염을 휘날리
면서 흔연히 떠맡았는데, 폄손하는 절목 일체에 대하여 이이첨
으로부터 익히 지시를 받은 뒤 물음에 응하여 물 흐르듯 거침
없이 외워 나갔으며, 한효순은 머리를 구부린 채 '예. 예.' 하고
대답만 할 따름이었다. 처음에 공주를 서인(庶人)으로 강등시키
는 한 조목과 관련하여 유간이 말하기를 '서궁을 일단 선왕의
후궁과 똑같이 대한다면 공주도 옹주로 낮추는 것이 온당하다'
고 하였으나, 이이첨이 따르지 않고 단지 혼인과 늠료만 옹주의
예에 따르도록 하였는데, 왕이 이 말을 듣고 크게 노하여 유간
을 울산 부사(蔚山府使)로 내보낸 뒤 이어 다시 의논케 하였다.
2월 11일에 도당에 모여 다시 절목을 늘려 정했는데, 이 내용은
유실되어 기록하지 못한다. ─ 옹주의 예에 따른다고 한 절목을
그대로 두고 고치지 않자 왕이 더욱 노하여 마침내 사목(事目)
을 계하(啓下)하지 않았다.

광해군 10년 2월 1일 유학 박시준·이구 등이 서궁을 폄손
하는 절목의 일로써 상소하면서 공주의 혼인을 서인(庶人)으로
낮춰 거행하는 일을 다시 의논케 하였다.

"… 공주가 비록 선왕의 딸이라 하더라도 그녀는 바로 역적 우두머리의 소생으로서 역적 이의(李㼅)와 동복(同腹)인데, 『예경 禮經』을 보면 '역모를 꾀했을 경우에는 동복은 모두 죽인다'고 하였습니다. 전하께서 용서하고 죽이지 않는 것은 곧 선왕 때문 이겠습니다만, 그 혼례(婚禮)를 궁궐에서 치르게 할 수는 없는 일입니다. 그런데 절목을 마련할 때 대사헌 유간(柳澗)은 풍헌의 장관인 신분으로서 강력하게 반대하지는 못하고, 오히려 말하기 를 '우러러 생각건대 선왕께서는 아무리 미천한 신분의 소생이 라도 옹주(翁主)로 삼았는데, 더구나 역모와는 상관이 없는 자야 말해 무엇하겠는가' 하고 굳이 쟁집하며 그만두지 않다가 예관 (禮官)이 서인(庶人)으로 강등시키기를 원하자 어쩔 수 없이 따 랐습니다.

대저 서궁이 선왕의 배필이 되었지만, 중국 조정을 배신할 것 을 꾀하고 선릉(先陵)을 저주했기 때문에 폄삭당했으니, 그 소생 에 대해 어떻게 가례청을 설치해서 혼인을 치르게 해 주면서 백관이 주위를 에워싸고 관청에서 혼수(婚需)를 공급해 주며, 그 남편이 금대(金帶)를 하고 조정에 들어오게 할 수가 있겠습니까. 유간이 명예를 독차지하고 복 받으려 한 정상이 남김 없이 드 러났는데, 신들의 생각에는 유간의 목을 베지 않는 한 간악한 무리들의 계책을 단속할 길이 없으리라고 여겨집니다.

그리고 의논을 거두어 들일 때 저쪽 편을 든 자들과 시종일관 정청(庭請)에 참여하지 않은 자들의 죄를 양사에서 지금까지 성 토하지 않고 있으니, 이목(耳目)의 관원으로서 그 직분을 수행하 고 있다고 어떻게 말할 수 있겠습니까. 신들은 먼저 입 다물고 있는 대간의 죄를 다스리기를 청합니다. 그러면 어느 정도 기강 을 바로잡고 역적을 토벌하는 일을 엄히 할 수 있을 것입니다.

삼가 원하건대, 전하께서는 속히 묘당으로 하여금 절목 가운 데 공주의 혼인을 낮춰 거행하는 일을 다시 의논케 하며, 서인 의 예(例)로 처리하도록 하소서. 그리고 이와 함께 박승종·이경전·유간 등이 임금을 잊고 나라를 저버린 죄를 다스리고, 속히 폄삭하게 된 사유를 가지고 중국 조정에 상주(上奏)하여 폐출하는 전형(典刑)을 마무리짓도록 하소서. 그러면 그만한 다행이 없겠습니다"

16세인 광해군 10년(1618) 2월 14일 유학 이구가 상소하여 공주를 궁궐에서 내보내기를 청하였다.

유학 이구가 상소하였다. 그 대략에, "공주의 호(號)를 이미 낮춘 이상 서궁(西宮)과 함께 살 수 없으니, 속히 바깥의 집으로 옮겨 두도록 하소서. 사은사(謝恩使)를 엄선하여 급히 보내되, 내용이 비어 있는 주본(奏本) 하나를 구비하고 정본 사자관(正本寫字官)을 대동케 한 뒤 상국의 지방에 이르렀을 때, 만약 대론(大論)에 대하여 참소하는 말이 있거든, 일국 신민의 심정을 대신하여 이 원통함을 씻도록 하소서" 하였는데, 의정부에 계하하였다.

21세인 인조 1년(1623) 3월 13일 인조반정이 일어나 공주로 복권되고, 3월 16일에 동지중추부사 홍영(洪霙)의 아들 홍주원을 간택하여 9월 26일 홍주원에게 시집을 갔다.

인조 2년 3월 23일 관향사(管餉使) 남이웅(南以雄)이 정명공주 집의 재령(載寧)에 있는 전장(田庄)에 있는 곡물을 갔다가 군량으로 썼는데 이 때에 도로 갚아주었다.

인조 2년 5월 29일 인경궁(仁慶宮)의 재목과 기와를 옮겨 정명공주의 집을 고치게 하였다.

상이 이르기를, "정명공주(貞明公主)의 길례(吉禮) 때에 대략 집을 지었으나 요즈음 변란을 겪었기 때문에 다시 집을 고치지

못해 일이 매우 미안하게 되었다. 인경궁(仁慶宮)의 재목과 기와
를 옮겨 주어 간수했다가 쓰게 하도록 하라" 하였다.

우부승지 김덕함(金德諴)을 비롯하여 사헌부·사간원에서 반
대하였으나 허락하지 않았다

23세인 인조 3년(1625) 1남 홍태망(洪台望)을 낳았다.

인조 3년 2월 12일 정명공주에게 정철(正鐵) 3천 근을 내려
집 짓는 데 쓰게 하였고, 2월 18일에는 한성부에 명하여 정명
공주의 집에 목재와 기와를 들이도록 독촉하였다.

　한성부(漢城府)에 명하여 정명공주(貞明公主)의 집에 목재와 기
와를 독촉하여 들이도록 하였다. 그 뒤에 제 때에 운반하지 못
했다는 이유로 해당 낭관을 파직하고 당상을 추고하였다.

23세인 인조 3년(1625) 2월 27일 간원이 정명공주의 저택을
짓는 공사를 금지시킬 것을 청하였으나 따르지 않았다.

　… "공주의 저택을 짓는 곳은 곧 중종조(中宗朝)의 부마(駙馬)
였던 광천위(光川尉)의 집터이다. 옛날의 칸 수를 헤아려 보면
거의 3백여 칸이나 되는데 이번에 본가(本家)에서는 1백여 칸을
지으려고 하니 그 전의 것과 비교하면 절반도 되지 않는다. 이
번에 짓는 칸 수에 대해 나는 오히려 좁고 작다고 여기는데 그
대들이 이처럼 번거롭게 논집하니, 그대들의 뜻을 참으로 알지
못하겠다. 더구나 본가에서 자체적으로 짓는 것으로서 국가에
조금도 손해될 것이 없는데, 그대들이 지금 또다시 논하고 있으
니 너무 지나치다. 나의 뜻을 이미 유시했으니 다시는 번거롭게
하지 말라" 하였다. 여러 차례 아뢰었으나 끝내 따르지 않았다.

인조 3년 3월 2일 사헌부가 정명공주의 궁노를 가두었다.

사헌부가 정명공주(貞明公主)의 궁노(宮奴)를 가두었다. 이때 공주가 집을 짓느라 크게 토목 역사를 일으켜 운반해 오는 돌과 나무가 도로에 잇달았고, 궁노들을 놓아 남의 담장 돌을 빼 갔으며, 사족의 부녀자들을 욕보이기까지 하였다. 이에 사헌부가 논계하기도 전에 곧장 그의 궁노를 가두자, 사람들이 모두 통쾌하게 여겼다. 모두들 홍주원(洪柱元)이 나이가 젊고 교만하여 법제를 지키지 않는 것을 허물했으나, 홍주원은 조금도 두려워하거나 꺼리는 뜻이 없었다.

인조 3년 8월 4일 정명공주의 집 짓는 데에 호조에 하교하여 무명 15동(同), 쌀 1백 석을 주도록 하였다. 정원에서 무명 등을 준 것을 환수할 것을 청하였으나 임금이 따르지 않았다.
24세인 인조 4년(1626) 7월 10일 자전이 정명공주의 집을 수리하도록 한 명령을 환수토록 승정원에 하교하였다.

자전이 언서(諺書)로 정원에 하교하기를, "정명공주의 집을 수리하는 일에 대해 당초 주상은 공가(公家)에서 하도록 명하려 하였다. 그러나 내 생각에 조사(詔使)가 겨우 돌아갔으니 해조의 물력이 바닥났을 것이라고 여겨져 내가 개인적으로 마련해 주겠다는 뜻을 누차 강력히 고하였다. 그런데 주상은 선조(宣祖)께서 처음에 이 따님을 얻고 매우 사랑하신 것을 어려서부터 익히 아셨던 터라 항상 지성으로 대하였으므로 과궁(寡躬)이 늘 감격하여 마음 속으로 잊지 않았었다. 이러했기 때문에 최근에도 명을 환수하시라고 매양 간절히 말씀드렸는데도 아직까지 들어주지 않고 계시니, 내가 매우 민망하다. 그대들은 후설(喉舌)의 지위에 있는 신분이니 수리하는 일은 불가하다는 것을 극력 간쟁하여 기필코 명을 환수하시도록 하라" 하였다.
정원이 아뢰기를, "방금 자전께서 언서로 신 등 및 호판(戶判)

에게 하교하셨습니다. 그 대체적인 내용은 신들로 하여금 공주
의 집을 수리하게 하신 명을 환수하시도록 청하라는 것이었습
니다. 그 전교를 삼가 봉입(封入)합니다. 대체로 수리하라는 명
은 실로 전하의 돈목(敦睦)하신 성의에서 나온 것으로 전하께서
공주를 친애하시는 정이 지극하다고 하겠습니다. 그러나 일에는
해야 될 일과 그렇지 않은 일이 있으니, 그 타당성을 잃게 되면
지나친 것이 모자란 것과 같은 결과가 됩니다. 국가의 경비로
사제(私第)를 수리하는 것은 의리로 볼 때 안 될 일이고, 골육을
대하는 임금의 도리는 어디까지나 지극한 인(仁)과 완전한 의
(義)로써 해야만 지당하기 때문에 대간이 끊이지 않고 강력히
간쟁하고 있는 것입니다. 그리고 지금 자전께서도 미안하게 여
기시어 이렇게 하교하셨으니, 신들의 구구한 의견으로는 힘써
대간의 말을 따르시어 자전의 뜻을 편케 하시면 다행이겠다고
여겨집니다. 호조 판서에게도 전교로 하유하셔야 하니, 명초(命
招)하실 것을 감히 아룁니다" 하니, 알았다고 답하였다.

24세인 인조 4년 8월 6일 양사가 홍주원의 가옥 수리의 중
지를 요청하였으나 불허하였다.

헌부와 간원이, 영안위(永安尉) 홍주원(洪柱元)의 가옥 수리를
하지 말 것을 연계하니, 답하기를, "선왕(先王)께서 늦게 공주(公
主)를 얻어 비할 데 없이 총애하였는데, 장성하기도 전에 선왕
께서 돌아가셨고, 그 뒤에 변고로 인해 가례(嘉禮)도 제때에 하
지 못하였다. 전후의 일을 생각하면 나도 모르게 울음이 터진
다. 이번의 이 수리는 이번에 창시(創始)하여서 나의 자손을 위
하고자 하는 것이 아니다. 그런데도 너희는 선조(先朝)를 생각치
않고, 또 나의 생각도 헤아리지 못하고서 날마다 굳이 떠들어
중지할 줄을 모르니, 이 역시 이상하지 않은가. 모름지기 이러
한 뜻을 이해하고 속히 정지해서 번거롭게 말라" 하였다.

30세인 인조 10년(1632) 6월 28일 어머니 인목대비가 49세를 일기로 인경궁 흠명전에서 훙하였다.

37세인 인조 17년(1639) 궁중에 무고(巫蠱)의 사건이 일어나자 인조가 정명공주를 의심하여 옥사를 일으켰다.

　… 심지어 기묘년(1639) 무고(巫蠱)의 옥사에 있어서도 공주(公主) — 정명공주(貞明公主)의 사건인데, 인조(仁祖)때 있었다 — 는 이미 간섭(干涉)한 바가 없었으나, 계집종이 또한 무당의 집에 왕래한 흔적이 있었으므로, 그 일이 위태로왔습니다. 하지만 핵문(劾問)은 오직 그 계집종에게만 그쳤고 귀주(貴主)는 아무일이 없었으니, 인조의 거룩한 덕(德)을 사방에서 칭송하여 마지 않았습니다.『숙종실록』권35 숙종 27년 9월 29일(계축)

숙종 3년(1677) 숙종이 75세 된 정명공주를 위해 중한 연회를 열어주었다.

　하교하기를, "선조대왕(宣祖大王)의 친공주(親公主)는 단지 정명공주(貞明公主) 1인이 있는데, 나이가 지금 75세이다. 넉넉하고 특이하게 은전(恩典)을 내리지 않을 수 없으니, 잔치 때 쓸 것을 해조(該曹)로 하여금 넉넉하게 제급(題給)하도록 하라" 하였다.『숙종실록』권6 숙종 3년 2월 23일

77세인 숙종 5년(1679) 8월 10일 숙종이 정명공주의 집에서 열리는 수연에 물품을 내렸다.

　임금이 정명공주(貞明公主)의 집에서 수연(壽宴)을 베푼다는 소식을 듣고 1등의 음악을 내려 주고 잔치에 쓸 물품을 넉넉히 주라고 명하였다.

80세인 숙종 8년(1682) 1월 15일 숙종이 정명공주(貞明公主)의 수연(壽宴)과 영안위(永安尉) 홍주원(洪柱元)의 연시(延諡) 때에 모두 1등악(一等樂)을 내렸다.

81세인 숙종 9년(1683) 3월 20일 인조반정을 한지 60년이 되는데, 정명공주가 서궁(西宮: 덕수궁)에 어머니 인목대비와 같이 갇혀있다가 풀려난지 60년이 되는 해라고, 영의정 김수항(金壽恒)이 특별한 잔치를 열어 줄 것을 청하여 열어주었다.

　주강(晝講)에 나아갔다. 영의정(領議政) 김수항(金壽恒)이 "정명공주는 80세의 나이로서 아직 지금도 건강하시며 금년은 평상(平常)의 해와 다르니, — 계해년은 인조(仁祖)께서 인목대비의 지위를 회복시키셨으며, 또 공주의 혼례를 행하였던 해이기 때문에 이렇게 말한 것이다 — 이런 흉년을 당하여 비록 사연(賜宴)은 못하더라도 마땅히 특별하게 대우하시는 은전(恩典)이 있어야 할 것입니다" 하였는데, 임금이 해조(該曹)에 명하여 식물(食物)의 의자(衣資)를 넉넉히 지급하게 하였다.

83세인 숙종 11년(1685) 8월 10일에 졸하였다. 풍덕(豊德) 남면(南面) 조강리(祖江里) 해좌(亥坐)에 장사지냈다.

　정명공주(貞明公主)가 졸(卒)하였다. 공주는 선조대왕(宣祖大王)의 딸로서 인목왕후(仁穆王后)가 낳았다. 어려서 인목 왕후를 따라 서궁(西宮)에 유폐(幽閉)되었다가 인조(仁祖)가 반정(反正)하자 영안위(永安尉) 홍주원(洪柱元)에게 하가(下嫁)하여 자손이 번성함을 갖추 누렸으며, 수(壽)는 대질(大耋)을 지내고서 마쳤다. 임금이 매우 슬퍼하여 예장(禮葬)하게 하고 녹봉(祿俸)은 3년을 기한하여 그대로 주도록 명하였다.

정명공주는 안산(安山)·양성(陽城)·음죽(陰竹)에 절수를 받고 전라도 금성현 하의 태금 등 섬에도 절수를 받아 경제 기반을 마련하고 있었다.

영조 6년(1730) 12월 29일 사간원에서 전라도 금성현의 하의 등 세 섬의 절수 문제로 인한 송사를 거론하였다.

"전라도 금성현(錦城縣)의 하의(荷衣)·태금(苔錦) 등 위아래 세 섬의 백성들이 정장(呈狀)하기를, '정명공주방(貞明公主房)의 면세전(免稅田) 20결이 섬 속에 있었다가 그 뒤에 공주의 외손(外孫)들에게 전해졌는데, 선조(宣祖) 때 전체의 섬을 절수(折受)했다 핑계하고는 민전(民田) 1백 60여 결에 대하여 몽땅 수세(收稅)하니, 백성들이 원통함을 견디지 못하여 계묘년 무렵에 한성부(漢城府)에 송사를 냈으나 결국 졌다' 하였습니다. 그래서 한성부의 송안(訟案)을 가져와 상고해 보니, 대개 이 송사의 요점은 면세(免稅)냐 절수(折受)냐의 분별에 있었고, 절수인지의 여부는 왕패(王牌)[2]의 유무(有無)에 달려 있는데, 한성부에서 처결(處決)할 때에 이러한 곡절은 버려두고 묻지도 않고서 도리어 백성들의 2백장이나 되는 문서를 관사(官斜)가 없다 하고 패소(敗訴)로 처결해버렸습니다.

대저 노비(奴婢)의 매매를 제외한 전답의 문서에는 경향(京鄕)을 막론하고 관사를 한 일이 절대로 없었는데, 이것으로써 해도(海島)의 우맹(愚氓)에게 요구했으니, 이것이 벌써 칭원(稱寃)의 사단이 되었습니다. 더구나 각 궁가(宮家)의 노복(奴僕)의 무리들이 궁차(宮差)라 거짓으로 일컫고는 한꺼번에 내려가서 세력을 믿고 함부로 설치니, 닭이나 개들도 편안히 있을 수가 없었다 합니다. 백성들이 천리 길에 바다를 건너 발을 싸매고 와서 호

2) 임금이 궁가(宮家) 또는 공신(功臣)에게 논·밭·산판·종 등을 내려 주거나 또는 공로가 큰 향리(鄕吏)에게 면역(免役)시킬 때에 내려 주는 서면(書面).

소를 하였으니, 원통하고 억울한 사정이 없었다면 반드시 이 지경에 이르지는 않았을 것입니다. 청컨대 한성부의 송안(訟案)과 원고(原告)·피고(被告)를 본도(本道)로 내려보내 감사로 하여금 직접 맡아 분명하게 판결토록 하여 다시는 호소하는 폐단이 없게 하소서" 하니, 임금이 그대로 따랐다.

이들 땅 중에서 하의 삼도의 땅은 현대사에까지 이어져 이지역의 대표적인 이야기 거리가 되었다.

고종 2년(1865) 6월 11일 호조에서 영암군 소안도 진영의 장수와 군사에게 정명공주방의 조약도(助藥島) 면세 전답(免稅田畓) 가운데 40결을 요미(料米) 밑천으로 조달 방법을 보고하였다.

호조(戶曹)에서 보고하기를, "전라도(全羅道) 영암군(靈巖郡) 소안도(所安島)에 진영(鎭營)을 설치한 후 장수와 군사의 요미(料米) 밑천으로는 해당 섬에서 호조의 기본 대장에 올라있는 것은 제외하고 각처의 사패전(賜牌田) 중에서 100석(石)에 해당되는 것을 절수(折受)하는 문제가 의정부(議政府)의 회답 제의를 통해서 승인되었습니다. 그 근처에 있는 정명공주방(貞明公主房)의 조약도(助藥島) 면세 전답(免稅田畓) 가운데서 40결(結), 연령군방(延齡君房)의 청산도(靑山島) 면세 전답 가운데서 10결, 해남(海南)에 있는 인평대군방(麟坪大君房)의 면세 전답 17결 97부(負) 도합 70결을 해당 진영에 주었습니다" 라고 하였다.

고종 9년(1872) 3월 8일 고종(高宗)이 정명공주의 무덤에 종신(宗臣) 보내어 제사지내게 하였다.

고종 30년(1893) 10월 4일 고종이 정명공주 내외의 사당에 호군(護軍) 홍승목(洪承穆)을 보내어 제사를 지내게 하고 사손을 6품 벼슬에 등용하라고 지시했다.

▓ 정명공주

【생몰년】 선조 36년(1603) ~ 숙종 11년(1685). 향년 83세
【본　관】 전주(全州)
【묘】 고양 태산(高陽胎山: 선원록). 풍덕 조강(豊德祖江: 선원강요)
　　　　 풍덕(豊德) 남면(南面) 조강리(祖江里) 해좌(亥坐)
【문　헌】『인조실록 仁祖實錄』『숙종실록 肅宗實錄』
　　　　 송시열(宋時烈)『송자대전 宋子大全』권187「정명공주묘지 貞
　　　　 明公主墓誌」
　　　　『선원록 璿源錄』

화정(華政) 정명공주
지본묵서, 146.0×73.5cm, 간송미술관 소장

정명공주 남편

홍주원(洪柱元)

출전: 『풍산홍씨대동보 豊山洪氏大同譜』

```
홍이상 ─┬─ 방 ── 주일 ── 만시
김고언녀 │  이오녀
안동인 │  민복룡녀
        │
        ├─ 입 ── 주후 ── 만최
        │  노대하녀 유석생녀 신기한녀
        │
        ├─ 집 ─계)주삼┬─ 만운
        │  윤응빙녀  이정녀 │  정하녀
        │                  ├─ 만수
        │                  │  심재녀
        │                  ├─ 만통
        │                  │  한정상녀
        │                  │  서래익녀
        │                  └─ 만우
        │                     유세중녀
        │
        ├─ 영 ─── 주원 ┬─ 만용 ┬─ 중기
        │  이정구녀 선조부마 │  송시길녀 │  이민서녀
        │  연안인  정명공주 │  여산인 │  전주인
        │                  │        ├─ 중범
        │                  │        │  이훤녀
        │                  │        │  이동유녀
        │                  │        ├─ 중연
        │                  │        │  김석익녀
        │                  │        │  이인함녀
        │                  │        ├─ 중복
        │                  │        │  조태동녀
        │                  │        └─ 중주
        │                  │           조시구녀
        │                  │
        │                  └─ 만형 ┬─ 중모
        │                     민광훈녀 │  김익경녀
        │                     여흥인 └─ 중해
        │                              이항녀
```

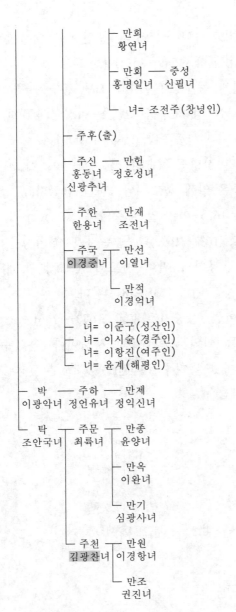

```
                    ┌── 만회
                    │   황연녀
                    │
                    ├── 만회 ── 중성
                    │   홍명일녀  신필녀
                    │
                    └── 녀= 조전주(창녕인)
                │
                ├── 주후(출)
                │
                ├── 주신 ── 만헌
                │   홍동녀   정호성녀
                │   신광추녀
                │
                ├── 주한 ── 만재
                │   한용녀   조전녀
                │
                ├── 주국 ┬── 만선
                │   이경중녀│   이열녀
                │       │
                │       └── 만적
                │           이경억녀
                │
                ├── 녀= 이준구(성산인)
                ├── 녀= 이시술(경주인)
                ├── 녀= 이항진(여주인)
                └── 녀= 윤계(해평인)
    │
 ├── 박 ── 주하 ── 만제
 │  이광악녀 정언유녀 정익신녀
 │
 └── 탁 ┬── 주문 ┬── 만종
    조안국녀│   최류녀│   윤양녀
        │       │
        │       ├── 만옥
        │       │   이완녀
        │       │
        │       └── 만기
        │           심광사녀
        │
        └── 주천 ┬── 만원
           김광찬녀│   이경항녀
               │
               └── 만조
                   권진녀
```

※ 본서 부록 **395**쪽 참조

할아버지는 민순(閔純, 1519~1591)의 문인으로 대사성과 대사헌을 지낸 홍이상(洪履祥, 1549~1615)이다.

아버지는 예조참판과 동지중추부사를 지낸 홍영(洪霙, 1584~1645)이고 어머니는 좌의정 문충공(文忠公) 이정구(李廷龜, 1564~1635)의 딸인 연안 이씨(延安李氏, 1585~1655)이다.

부인은 선조의 딸인 정명공주(貞明公主)이다. 슬하에 7남 1녀를 두었으나 세 아들은 일찍 죽고 4남 1녀만 남았다.

1남 홍태망(洪台望, 1625~?)은 일찍 죽었다.

2남 홍만용(洪萬容, 1631~1692)의 증손자가 좌의정을 지낸 홍봉한(洪鳳漢)이고, 홍봉한의 딸이 사도세자(思悼世子: 莊祖)의 부인 혜경궁 홍씨(惠慶宮洪氏, 1735~1815)이다.

홍만용(洪萬容)의 아들 홍중기(洪重箕, 1650~1706)는 영의정 이경여(李敬輿)의 아들 이민서(李敏叙)의 사위이다. 홍석주(洪奭周)는 순조때 영의정이고 홍현주(洪顯周)는 정조 부마이다.

【풍산 홍씨 홍만용을 중심으로】

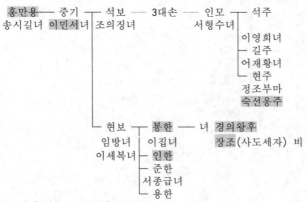

※ 본서 부록 397쪽 참조

3남 홍만형(洪萬衡, 1633~1670)의 부인은 민광훈(閔光勳)의 딸
인데 민광훈은 숙종비 인현왕후(仁顯王后)를 낳은 민유중(閔維
重)의 아버지이다.

【여흥 민씨 민유중을 중심으로】

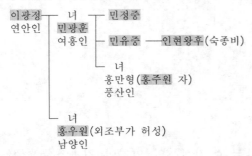

※ 본서 부록 384쪽 참조

홍만형의 현손 홍낙순(洪樂純)은 정조때 문형(文衡)으로 좌의
정을 지냈고, 홍낙순의 동생 홍낙춘(洪樂春)의 아들은 홍국영
(洪國榮)이고 딸은 정조(正祖) 후궁 원빈 홍씨(元嬪洪氏)이다.

【풍산 홍씨 홍만형을 중심으로】

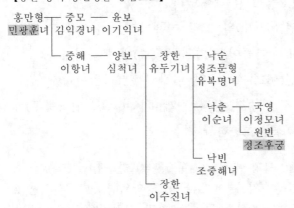

※ 본서 부록 397쪽 참조

7남 홍만회(洪萬恢)의 증손자가 이계(耳溪) 홍양호(洪良浩, 1724~1802)이다.

【풍산 홍씨 홍만회를 중심으로】

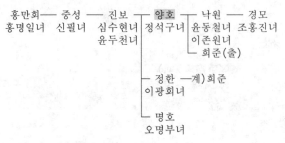

홍만회── 중성 ── 진보 ──┬─ 양호 ──┬─ 낙원 ── 경모
홍명일녀　신필녀　심수현녀│　정석구녀│　윤동철녀 조흥진녀
　　　　　　　　　윤두천녀│　　　　　│　이존원녀
　　　　　　　　　　　　　│　　　　　└─ 희준 (출)
　　　　　　　　　　　　　│
　　　　　　　　　　　　　├─ 정한 ──계)희준
　　　　　　　　　　　　　│　이광회녀
　　　　　　　　　　　　　│
　　　　　　　　　　　　　└─ 명호
　　　　　　　　　　　　　　　오명부녀

※ 본서 부록 397쪽 참조

사촌 동생 홍주천(洪柱天)은 김상헌의 양자인 김광찬(金光燦, 1597~1668)의 사위이다

외할아버지인 이정구(李廷龜)와 김류(金瑬)로부터 수학하였다.

이정구로부터 문형을 이을 선비로 인정받았는데 부마로 발탁되는 바람에 벼슬에 나가지 못하였다.

선조 39년(1606) 8월 23일 태어났다.

18세인 인조 1년(1623) 9월 26일 21세가 된 선조의 딸 정명공주(貞明公主)에게 장가들어 영안위(永安尉)에 봉하여졌다.

19세인 인조 2년(1624) 2월 8일 이괄의 난이 일어나자 우상 신흠·서평 부원군 한준겸 등과 함께 자전(慈殿: 인목왕후)과 중전(中殿: 인열왕후)을 호종하였다.

　우상 신흠(申欽), 서평 부원군(西平府院君) 한준겸(韓浚謙), 예조 판서 이정구(李廷龜), 지사 서성(徐渻), 영안위(永安尉) 홍주원(洪柱元), 해숭위(海嵩尉) 윤신지(尹新之), 참판 신감(申鑑), 참의 정온

(鄭蘊), 능원군(綾原君) 이보(李俌), 구천군(龜川君) 이수(李晬) 등에 게 자전과 중전을 호종하도록 명하였다.

20세인 인조 3년(1625) 1남 홍태망을 낳았다. 26세인 인조 9 년(1631) 2남 홍만용을 낳았다. 28세인 인조 11년(1633) 3남 홍 만형을 낳았다.

23세인 인조 6년 1월 15일 광해군 때 인성군 이공이 폐모를 주장하고 또 반정이후 광해군의 복위에 관여되었다고 처벌하 라고 정청하였다.

인조 6년 2월 20일 역적의 입에 자신의 이름이 나왔다는 이 유로 죄줄 것을 청하였다.

영안위(永安尉) 홍주원(洪柱元)이 소장을 올리기를, "신이 삼가 듣건대 역적 이효일(李孝一)의 초사(招辭)에 '인성(仁城)이 간성 (杆城)으로 귀양가 있을 적에 자전(慈殿)께서 내리신 글에 멀리 떠나가 있으므로 안쓰럽게 여긴다는 내용이 있었는데, 지난해 호변(胡變)이 있을 적에 인성이 그 글을 영안위에게 전하여 보 이고 이어 병판(兵判)에게 보이게 하였는데 전하여 보였는지의 여부는 자세히 알지 못하겠다'고 하였다 합니다. 신은 그 말을 듣고는 경악하여 가슴이 찢어지는 듯하였습니다.

역적 이공(李珙)이 무오년 정청(庭請) 때에 의논을 올려 자전 을 시해하기를 청하였으니 윤기(倫紀)에 죄를 짓고 자전에게 단 절당한 지가 오래입니다. 그렇다면 자전께서 글을 내렸다는 것 은 전혀 가당치 않은 것으로서 그가 자전을 가탁하여 거짓말을 만들어 마치 자전께서 죄를 용서한 것처럼 보임으로써 사람들 을 속이려 했던 것인데, 그의 흉모와 간계가 너무도 간교합니 다. 그리고 자전께서 철저히 국문하라고 추국청에 하교하기까지

하였으니 자전께서 공에게 글을 보내지 않았다는 것은 변핵할 것도 없이 저절로 드러난 것이고, 신이 그 글을 보지 못했으니 병판에게 전하여 보이게 했다는 말은 더욱 변명할 것도 없는 것입니다.

그러나 신의 이름이 이미 흉적의 공초에 나왔으니 어떻게 감히 말이 자전께 저촉된다는 것을 핑계삼아 한마디도 변백하지 않고 태연히 있을 수 있겠습니까. 신을 사패(司敗)에 내려 역적과 대질하여 변백할 수 있게 하소서" 하고,

병조판서 이정구(李廷龜)도 소장을 올리기를, "신의 이름이 이미 역적의 입에서 나왔으니 이를 변백하기 전에는 어떻게 일각인들 숨을 쉴 수 있겠습니까. 삼가 바라건대 신을 사패에 내려 신의 죄를 바루소서" 하니, 상이 아울러 답하기를, "흉도들이 가탁하여 속이려 한 말에 대해서는 변백할 것도 없으니, 경은 안심하고 행공(行公)하라" 하였다.

29세인 인조 12년(1624) 윤8월 21일 인목왕후의 부묘례에 종헌관(終獻官)으로 참여하여 숙마 1필을 하사받았다.

30세인 인조 13년(1635) 4남 홍만희를 낳았고, 32세인 인조 15년에 5남 홍태량을 낳았다.

34세인 인조 17년(1639) 6남 홍태육을 낳았고, 36세인 인조 19년(1641) 딸 태임(台姙)을 낳았다.

38세인 인조 21년(1643) 7남 홍만회를 낳았다.

40세인 인조 23년 4월 13일 아버지 홍영이 돌아가셨다.

42세인 인조 25년(1647) 10월 4일 세폐(歲幣)를 감해준 데 대해 사례하고, 겸하여 동지(冬至)와 정조(正朝)를 축하하기 위해 청나라로 떠나는 사은사가 되었다. 다음해 2월 27일 시헌력(時

憲曆)을 가지고 북경에서 돌아왔다.

사은사 홍주원(洪柱元)이 북경에서 돌아왔다. 청인이 자문을 보내면서 역서(曆書)도 보냈는데, 이른바 시헌력(時憲曆)이다. 그 역법(曆法)은 우리 나라의 것과 같지 않은 것으로 곧 서양(西洋)에서 새로 만든 것이었는데, 절기(節氣)에 조금 앞서거나 뒤진 것이 있었다. 그리고 우리나라는 3월을 윤달로 삼는데 이른바 시헌력에는 4월이 윤달이다.

44세인 효종 즉위년(1649) 5월 14일 고부 청시 청승습 정사 (告訃請諡請承襲正使)가 되었다.

홍주원(洪柱元)을 고부 청시 청승습 정사(告訃請諡請承襲正使) 로, 김련(金鍊)을 부사(副使)로, 홍진(洪瑱)을 서장관(書狀官)으로 삼았다. — 상이 공제(公除) 전에는 낙점(落點)을 하려 하지 않고 다만 모망(某望)을 쓰겠다고만 분부하였다.

46세인 효종 2년(1651) 2월 30일 인조대왕의 부묘 도감을 설치하였는데, 제조가 되었다.

인조대왕의 부묘 도감을 설치하였다. 영의정 김육을 도제조로 삼고, 영안위(永安尉) 홍주원(洪柱元), 호조판서 원두표(元斗杓), 좌참찬 심액(沈詻), 예조참판 이기조(李基祚), 행 대사헌 오준(吳竣)을 제조로 삼았다.

8월 9일 세자의 관례를 행하는데 사자(使者)로 참여하였고 8월 28일 세자 책례를 행하였다. 9월 6일 인조를 부묘하고 세자 관례 책례를 행하느라 수고한 사람들에게 논상하는데, 부묘 도감의 제조로 참여한 공으로 숙마 1필을 하사받았다.

48세인 효종 4년(1653) 윤 7월 27일 사은사로 북경에 갔다가 11월 30일 돌아와 탐문한 연경(燕京) 중의 일을 아뢰었다.

사은사(謝恩使) 홍주원(洪柱元), 부사 윤강(尹絳), 서장관 임규(林葵)가 북경에서 돌아왔다. 홍주원 등이 탐문한 연중(燕中)의 사정은 다음과 같다.

"청주(淸主)가 명나라의 항장(降將) 오삼계(吳三桂)를 서평왕(西平王)으로 삼고 누이를 그의 아들에게 시집보내면서 남방의 일을 전담시켰다 합니다. 옥전성(玉田城) 안에서 한인(漢人) 이연성(李連城)이라는 자를 우연히 만나서 남경(南京)의 소식을 은밀히 물었더니, 말하기를 '숭정 황제(崇禎皇帝)의 형 노왕(魯王)의 아들이 광서(廣西)에 도읍을 세운 뒤 연호를 영력(永曆)이라 하고 군사가 1백만이라 하는데 다 백포(白布)로 머리를 싸맸으므로 백두병(白頭兵)이라 한다' 하였습니다. 신들이 관(館)에 머문 지 자못 오래 되었으므로 사람을 시켜 한거원(韓巨源)에게 은밀히 물었더니, 말하기를 '황제의 형 홍기왕 상(紅旗王廂)이 남정(南征)하였다가 패하여 죽어서 남은 군사가 시체를 싣고 돌아왔으므로 상하가 우려하여 다른 일에는 겨를이 없어 이 때문에 지연된다' 하였습니다. 우리나라의 사신이 자주 왕래하기는 하나 노정(虜情)은 알 수 있는 길이 없고 그 소문도 죄다 확실하지는 못합니다"

49세인 효종 5년(1654) 2월 18일 조석윤(趙錫胤)·박장원(朴長遠)이 직언을 하다가 유배가 있는 것을 구원하는 상소를 올렸다. 조석윤이 임금을 생각하는 정성을 말하고 박장원의 노모가 걱정으로 병이 들은 것을 말하면서, 송 신종(神宗)이 소식(蘇軾)을 용서하고 당 유우석(劉禹錫)을 관대하게 처분한 사실을 들

어 조석윤과 박장원을 관대하게 용서할 것을 상소하였으나 효
종이 부마가 국정에 간여한다고 하여 효종의 노여움을 사서
파직되었다.

영안위(永安尉) 홍주원(洪柱元)이 상차하기를, "… 요사이 여러
신하들이 간혹 조석윤(趙錫胤)과 박장원(朴長遠)의 일로써 진달
한 바가 있었는데도 아직까지 뇌우(雷雨)의 덕택을 입지 못하고
있으니, 신은 전하를 위하여 애석하게 여깁니다. 대체 두 신하
에게 죄가 있는지 없는지를 신이 어떻게 알겠습니까. 신이 만리
로부터 돌아오다가 도중에서 저보(邸報)를 보고 속으로 뇌까리
기를 '어찌 성명이 위에 계시는데 도리어 이와 같이 중도에 지
나친 일이 있단 말인가. 아니면 두 신하가 혹시라도 잘못한 바
가 있어서 그러한 것인가' 하였습니다. 이어 생각하건대 조석윤
은 선대왕께서 총애하신 중신으로서 전후에 걸쳐 경악(經幄)에
입시한 지가 장차 30년에 이르게 되니, 전하께서 총애하여 발탁
한 것과 동료들의 기뻐함이 어찌 보통 사람에게 비할 바이겠습
니까. 성명의 세상에 이런 만남이 있으면서도 3년 동안에 세 번
씩이나 축출당하는 탄식이 있음을 면치 못할 줄은 생각지 못했
습니다. 신은 그윽이 개탄스럽게 여깁니다.
신이 요사이 북쪽에서 온 사람을 통하여 조석윤이 임소에 있
으면서 시(詩)를 지었다고 들었는데, 그 내용에

변방에서 도깨비와 한동아리 되고 보니
꿈속에서 때때로 대궐에 근접했네
세간의 위험한 길 모두 다 겪더라도
마음이야 끝끝내 우리 임금 안 버리리

라는 말이 있었습니다. 그가 임금을 사랑하는 무한한 뜻이 시를
읊는 사이에 발로되기까지 하였는데, 전하께서는 여기에서 홀로
측연한 마음이 없으십니까. 옛날에 송 신종(宋神宗)이 말 때문에

소식(蘇軾)을 귀양보냈다가, 수조가(水調歌)의 글귀가 있음을 듣고는 바로 돌아오도록 하는 윤음을 내렸습니다. 비록 조석윤의 범한 바가 소식과 더불어 경중이 어떠한지는 모르겠지만, 전하의 넓고 큰 도량으로써 어찌 송나라 시대의 중등가는 임금보다야 못하시겠습니까.

그리고 박장원의 경우 이미 그에게 말하게 하고는 또 그에게 죄를 내려, 백발 노모(老母)가 영원히 결별하고 죽기를 기다리고 있는 처지입니다. 근래에는 자식을 염려한 나머지 더욱 고질병이 되어 이미 치료하기 어려운 지경에 이르러, 오직 죽기 전에 서로 만나 볼 수 있기만을 기원하고 있다 합니다. 전하께서는 여기에 또 어찌 측연한 마음이 없으시겠습니까. 옛날에 당 헌종(唐憲宗)이 일로 인하여 유우석(劉禹錫)을 축출하였는데, 우석에게는 노모가 집에 있었습니다. 그때에 헌종이 배도(裴度)의 진언으로 인하여 모자(母子)가 차마 서로 이별하지 못하는 것을 불쌍히 여겨 바로 가까운 지역의 자사로 바꾸어 임명하는 은혜를 내렸습니다. 신이 아뢴 바가 진실로 감히 옛사람에게는 비견할 수 없지마는, 전하 같이 효도로 다스리는 훌륭한 마음을 가지고 또 어찌 당나라 시대의 중등가는 임금보다야 못하시겠습니까. 이것이 신이 전하에게 깊이 바라는 바입니다. 박장원의 어미 병환이 위독한 것은 조정이 다 알고 있으니, 전하께서 만일 신료들에게 물어보시면 신의 말이 거짓이 아님을 아실 수 있을 것입니다. 엎드려 원하건대 전하께서는 다시 불쌍히 여겨 주소서"
하였다.

이로 인해 홍주원은 의빈(儀賓)으로 국정에 간여한다 하여 파직되었다.

"본조(本朝)의 제도에 의빈(儀賓)과 종척(宗戚)은 국정에 간여할 수 없으니 대체로 심원한 뜻이다. 그런데 이때에 홍주원이 국법을 무시하고 명관(名官)과 서로 결탁하고 당론(黨論)을 세워 임금을 풍자하면서 거만스럽게 조석윤과 박장원 등을 석방해 줄 것을 청하였으니, 명예를 추구하여 아부한 그의 마음이 참으로 매우 놀랍다. 국가의 법을 범한 것에 이보다 더한 것이 없으니 우선 파직하라" 하였다.

정태화(鄭太和)·김익희(金益熙)가 구원하여 다시 회복되었다. 효종 5년(1654) 2월 24일 참찬관 김익희가 조석윤의 시에 대하여 아뢰었다.

상이 주강에 나아가 『시전』 감당장(甘棠章)을 강론하였다. 강론이 끝나자 참찬관 김익희(金益熙)가 아뢰기를, "어제 경연 중에서 내리신 분부를 엎드려 들건대, 조석윤이 홍주원에게 시(詩)를 부친 것으로 여기셨는데, 신은 삼가 성명께서 통촉하지 못하신 바가 있는 것같습니다. 귀양간 사람은 임금을 연모하는 생각이 있어 스스로 시를 읊어 회포를 읊조리는 것을 면치 못하는 것입니다. 조석윤이 또한 신에게도 부쳐온 시가 있습니다" 하니, 상이 이르기를, "이 시도 또한 경에게 부쳐온 것인가?" 하자, 특진관 원두표가 아뢰기를, "이일상(李一相)에게 부쳐온 것이라고 합니다" 하니, 상이 이르기를, "그렇다면 이일상은 바로 홍주원의 일가 사람이니 홍주원이 이 시를 들은 것은 괴이할 것이 없다" 하였다.
김익희가 아뢰기를, "조석윤이 만일 임금 측근의 신하에게 시를 부쳐 은택을 바랐다면 간교한 사람입니다. 아무리 한 때의 벌을 받았을지라도 신하를 알아보기는 임금만한 분이 없는데 조석윤이 어찌 차마 이러한 작태야 하였겠습니까" 하니, 상이 이르기를, "그도 그렇다" 하였다.

전후(前後) 자주 도총관이 되었고, 사옹원(司饔院)·전설사(典

設司) · 활인서(活人署) · 빙고(氷庫) · 조지서(造紙署) 등 제조(提調)가 되었는데, 부마로써 주원(廚院)을 관리한 것은 중종 부마 송인(宋寅)과 더불어 영안위뿐이다.

50세인 효종 6년(1655) 7월 5일 어머니 연안 이씨가 돌아가셨다.

56세인 현종 2년 1월 29일 황제 상(喪)의 진향사로 차임했다.

황후 진향사(皇后進香使) 영안위(永安尉) 홍주원(洪柱元)을 그대로 황제 상(喪)의 진향사로 차임하였다. 이때 황후의 상이 먼저 났기 때문에 진향할 사신을 차출하려고 하는데, 잇달아 황제의 상이 있었으므로 이 때문에 겸임시켜 차출한 것이다. 뒤에 비국에서 아뢰어 정사와 부사를 별도로 차출하고 황후 상의 진향사만 전담시켰다.

2월 20일 진위 겸 진향사(陳慰兼進香使)로, 부사 이정영 등과 함께 연경으로 출발하여 6월 7일 돌아왔다.

57세인 현종 3년(1662) 4월 19일 아들 과거 급제를 자축하는 문희연(聞喜宴)을 베풀었다하여 파직되었다.

장령 이정(李程) 등이 아뢰기를, "지난번에 문희연(聞喜宴)을 열어 창악(娼樂)을 행하는 일을 일체 금단하였는데, 영안위(永安威) 홍주원(洪柱元), 이조판서 윤강(尹絳), 봉산군(鳳山君) 이형신(李炯信), 장악원 첨정 이성연(李聖淵), 호조좌랑 강욱(姜頊)이 모두 술자리를 베풀고 연희(演戲)를 관람한 일이 있었습니다. 성대하게 베풀고 간소하게 행한 차이가 있기는 합니다만, 금령(禁令)을 위반한 것은 마찬가지이니, 홍주원 등을 모두 파직시키소서" 하니, 따랐다.

65세인 현종 11년(1670) 1월 14일 셋째 아들인 전 교리 홍만형(洪萬衡)이 죽었다.

홍만형은 공주의 집안에서 나서 자랐으나 화려하고 사치스러운 것을 좋아하지 않았고 사람됨이 청렴하고 단정하였다. 평소 생활하는 것이 담박하여 가난한 선비와 같았다. 일찍 과거에 급제하여 청요직을 두루 거쳤는데, 논의가 공정하고 뜻이 고결하여 벗들이 추앙하였다. 이때에 이르러 요절하니, 사람들이 모두 애석하게 여겼다.

현종 9년(1668) 현종이 온천에 가는데 병을 무릅쓰고 따라갔다가 풍질(風疾)을 만나 고생하다가, 현종 13년(1672) 9월 14일 67세로 졸하였다.

영안위(永安尉) 홍주원(洪柱元)이 졸하였다. 상이 예장(禮葬)을 명하고 또 관재(棺材)를 제급하였다. 홍주원은 참판 홍영(洪霙)의 아들이자 문충공(文忠公) 이정구(李廷龜)의 외손(外孫)이다. 귀척(貴戚) 중에 있는 자로서 능히 제 어버이를 잘 섬겼고, 글재주도 있었으며, 빈객을 좋아하여 일시의 명류(名流)들을 두루 사귀었다. 그의 아들 홍만용(洪萬容)·홍만형(洪萬衡) 모두가 재차 과제(科第)에 올라 좋은 벼슬을 두루 지냈고, 또 공주(公主)와 더불어 부귀를 한껏 누렸으며 향년도 칠십 가까이 되었다. 그 복록(福祿)의 성함은 국조(國朝)의 부마(駙馬) 중에 없던 일이었다. 나중에 '문의(文懿)'라는 시호를 내렸다.

현종이 예장(禮葬)을 명하고 또 관재(棺材)를 제급하였다. 11월 19일 파주(坡州) 오리동(梧里洞)에 장사지냈다.

숙종 7년(1681) 12월 17일 영안위 홍주원의 시호를 '문의(文

懿'로 내렸다.

숙종 11년(1685)에 부인 정명공주가 졸하니 묘자리가 나쁘다고 하여 풍덕(豊德) 남면(南面) 조강리(祖江里)로 옮겨 합장하였다.

천성이 온순하고 효성이 지극하며 형제간에 우애가 두터웠다. 또한, 문학을 즐기고 선비들과 명승지를 찾아 놀기를 좋아하였으며, 특히 조석윤(趙錫胤)·박장원(朴長遠)과의 우정이 깊었다.

▒ 정명공주 남편

【생몰년】 선조 39년(1606) ~ 현종 13년(1672). 향년 67세
【성 명】 홍주원(洪柱元)　　　　　【본 관】 풍산(豊山)
【 자 】 건중(建中)　　　　　　　【 호 】 무하당(無何堂)
【시 호】 문의(文懿)
【 묘 】 경기도(京畿道) 파주군(坡州郡) 천현면(泉峴面) 오현리(梧峴里, 梧里洞)에 있다가 풍덕(豊德) 남면(南面) 조강리(祖江里) 해좌(亥坐)로 옮겼다.
【문 헌】『인조실록 仁祖實錄』『효종실록 孝宗實錄』
　　　　　『현종실록 顯宗實錄』『국조인물고 國朝人物考』
　　　　　『풍산홍씨대동보 豊山洪氏大同譜』
　　　　　송시열(宋時烈) 『송자대전 宋子大全』 권163 「영안위홍공신도비명 永安尉洪公神道碑銘」
　　　　　김수항(金壽恒) 『문곡집 文谷集』 권19 「영안위홍공묘지명 永安尉洪公墓誌銘」
　　　　　『사마방목 司馬榜目』『무하당집 無何堂集』

부 록

선조대왕과 친인척 세계도
선조대왕과 친인척 연 보
용어해설과 품계표
찾아보기

선조대왕과 친인척 세계도

▓ 세계도의 출전(出典)과 그 출전의 약칭은 다음과 같다.

• 조선왕조 선원록(朝鮮王朝璿源錄, 民昌文化社 1992년 影印本)은 '선원록'으로
• 선원계보 기략(璿源系譜記略)은 '선원계보'로
• 조선왕조실록의 기사(記事)를 참조한 것은 '실록'으로 각각 표시하였다.

※ 세계도 목차 (성씨 본관 인물 순)

선조대왕 선원록 ····················· 369
이씨 전주 영창대군 ··············· 372
이씨 전주 정명공주 ··············· 373
이씨 전주 덕흥대원군 ·········· 375
이씨 전주 이수갑 ················· 378
이씨 전주 이헌국 ·················· 379

김씨 광산 김극굅 ·················· 380
김씨 연안 김제남 ·················· 381
노씨 광산 노 개 ···················· 384
노씨 광산 노 기 ···················· 383
민씨 여흥 민유중 ·················· 384
박씨 반남 박동량 ·················· 387
박씨 반남 박응순 ·················· 385
윤씨 파평 윤 임 ···················· 388
이씨 광주 이세걸 ·················· 389
이씨 성주 이의노 ·················· 391
정씨 하동 정세호 ·················· 392
조씨 풍양 조수륜 ·················· 394
홍씨 풍산 홍주원 ·················· 395
홍씨 풍산 홍만용 ·················· 397
홍씨 풍산 홍만형 ·················· 397
홍씨 풍산 홍만회 ·················· 397

선조대왕(宣祖大王) 선원록

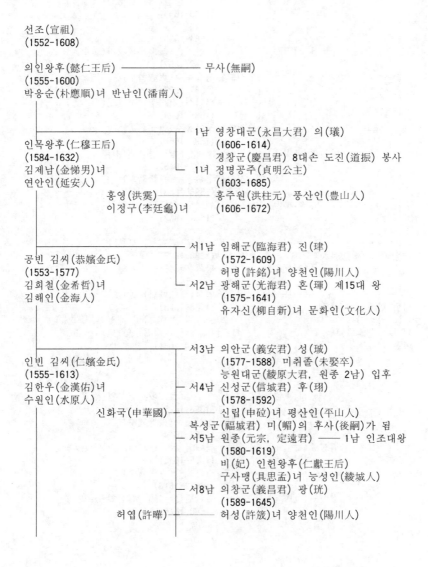

선조(宣祖)
(1552-1608)

의인왕후(懿仁王后) ──────── 무사(無嗣)
(1555-1600)
박응순(朴應順)녀 반남인(潘南人)

인목왕후(仁穆王后)
(1584-1632)
김제남(金悌男)녀
연안인(延安人)

1남 영창대군(永昌大君) 의(㼁)
(1606-1614)
경창군(慶昌君) 8대손 도진(道振) 봉사
1녀 정명공주(貞明公主)
(1603-1685)

홍영(洪霙)──────── 홍주원(洪柱元) 풍산인(豊山人)
이정구(李廷龜)녀 (1606-1672)

공빈 김씨(恭嬪金氏)
(1553-1577)
김희철(金希哲)녀
김해인(金海人)

서1남 임해군(臨海君) 진(珒)
(1572-1609)
허명(許銘)녀 양천인(陽川人)
서2남 광해군(光海君) 혼(琿) 제15대 왕
(1575-1641)
유자신(柳自新)녀 문화인(文化人)

인빈 김씨(仁嬪金氏)
(1555-1613)
김한우(金漢佑)녀
수원인(水原人)

신화국(申華國)──────

서3남 의안군(義安君) 성(珹)
(1577-1588) 미취졸(未娶卒)
능원대군(綾原大君, 원종 2남) 입후
서4남 신성군(信城君) 후(珝)
(1578-1592)
신립(申砬)녀 평산인(平山人)
복성군(福城君) 미(嵋)의 후사(後嗣)가 됨
서5남 원종(元宗, 定遠君) ── 1남 인조대왕
(1580-1619)
비(妃) 인헌왕후(仁獻王后)
구사맹(具思孟)녀 능성인(綾城人)
서8남 의창군(義昌君) 광(珖)
(1589-1645)

허엽(許曄)──────── 허성(許筬)녀 양천인(陽川人)

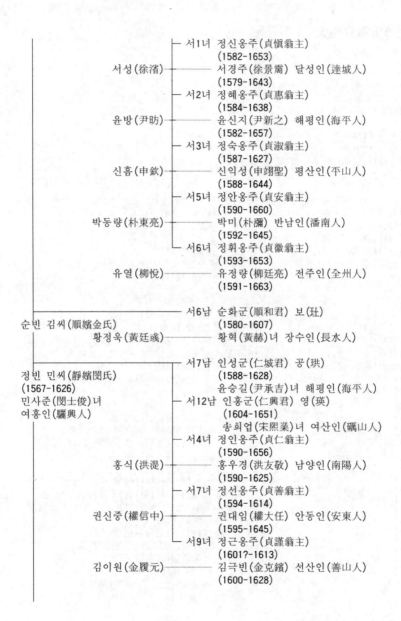

서1녀 정신옹주(貞愼翁主)
(1582-1653)

서성(徐渻)──── 서경주(徐景霌) 달성인(達城人)
(1579-1643)

서2녀 정혜옹주(貞惠翁主)
(1584-1638)

윤방(尹昉)──── 윤신지(尹新之) 해평인(海平人)
(1582-1657)

서3녀 정숙옹주(貞淑翁主)
(1587-1627)

신흠(申欽)──── 신익성(申翊聖) 평산인(平山人)
(1588-1644)

서5녀 정안옹주(貞安翁主)
(1590-1660)

박동량(朴東亮)──── 박미(朴瀰) 반남인(潘南人)
(1592-1645)

서6녀 정휘옹주(貞徽翁主)
(1593-1653)

유열(柳悅)──── 유정량(柳廷亮) 전주인(全州人)
(1591-1663)

서6남 순화군(順和君) 보(珤)

순빈 김씨(順嬪金氏)
(1580-1607)

황정욱(黃廷彧)──── 황혁(黃赫)녀 장수인(長水人)

서7남 인성군(仁城君) 공(珙)

정빈 민씨(靜嬪閔氏)
(1567-1626)
민사준(閔士俊)녀
여흥인(驪興人)

(1588-1628)
윤승길(尹承吉)녀 해평인(海平人)

서12남 인흥군(仁興君) 영(瑛)
(1604-1651)
송희업(宋熙業)녀 여산인(礪山人)

서4녀 정인옹주(貞仁翁主)
(1590-1656)

홍식(洪湜)──── 홍우경(洪友敬) 남양인(南陽人)
(1590-1625)

서7녀 정선옹주(貞善翁主)
(1594-1614)

권신중(權信中)──── 권대임(權大任) 안동인(安東人)
(1595-1645)

서9녀 정근옹주(貞謹翁主)
(1601?-1613)

김이원(金履元)──── 김극빈(金克鑌) 선산인(善山人)
(1600-1628)

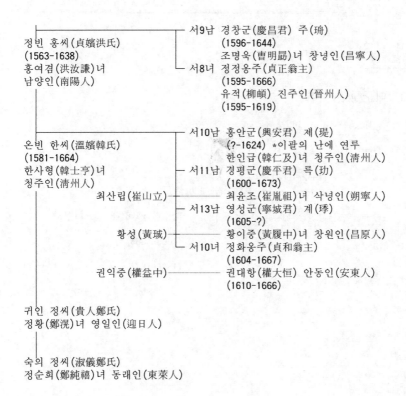

정빈 홍씨(貞嬪洪氏)
(1563-1638)
홍여겸(洪汝謙)녀
남양인(南陽人)

서9남 경창군(慶昌君) 주(珘)
(1596-1644)
조명욱(曹明勖)녀 창녕인(昌寧人)
서8녀 정정옹주(貞正翁主)
(1595-1666)
유적(柳頔) 진주인(晉州人)
(1595-1619)

온빈 한씨(溫嬪韓氏)
(1581-1664)
한사형(韓士亨)녀
청주인(淸州人)

서10남 흥안군(興安君) 제(瑅)
(?-1624) *이괄의 난에 연루
한인급(韓仁及)녀 청주인(淸州人)
서11남 경평군(慶平君) 륵(玏)
(1600-1673)

최산립(崔山立)────── 최윤조(崔胤祖)녀 삭녕인(朔寧人)
서13남 영성군(寧城君) 계(瑎)
(1605-?)

황성(黃珹)────── 황이중(黃履中)녀 창원인(昌原人)
서10녀 정화옹주(貞和翁主)
(1604-1667)

권익중(權益中)────── 권대항(權大恒) 안동인(安東人)
(1610-1666)

귀인 정씨(貴人鄭氏)
정황(鄭滉)녀 영일인(迎日人)

숙의 정씨(淑儀鄭氏)
정순희(鄭純禧)녀 동래인(東萊人)

선조(宣祖: 조선 제14대 왕)
덕흥대원군(德興大院君) 3남, 하동부대부인(河東府大夫人) 정씨(鄭氏) 소생
이연(李昖, 1552.11.11~1608.2.1)
재위: 1567.7~1608.2. 40년 7개월
등극: 16세(1567), 향년: 57세
부인: 10명, 자녀: 14남 11녀

왕자와 공주

선조 1남

영창대군(永昌大君)

출전:『璿源錄』10책 7165쪽

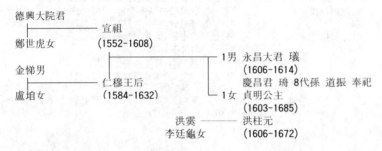

德興大院君
┬ 宣祖
鄭世虎女   (1552-1608)
                        ┌ 1男 永昌大君 㻒
                        │   (1606-1614)
金悌男   │   慶昌君 珘 8代孫 道振 奉祀
盧垍女   ┬ 仁穆王后   └ 1女 貞明公主
            (1584-1632)   (1603-1685)
                     洪霁 ·········· 洪柱元
                  李廷龜女   (1606-1672)

선조 1녀

정명공주(貞明公主)

출전:『璿源錄』10책 7165쪽

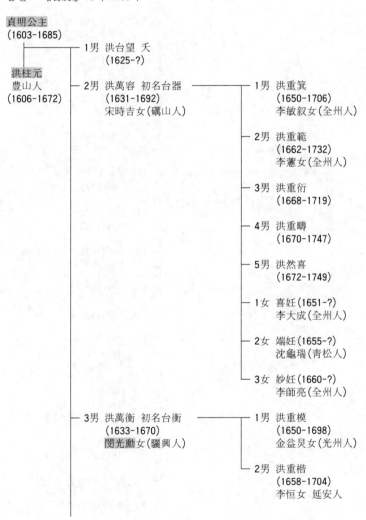

貞明公主
(1603-1685)

洪柱元
豊山人
(1606-1672)

1男 洪台望 夭
(1625-?)

2男 洪萬容 初名台器
(1631-1692)
宋時吉女(礪山人)

　1男 洪重箕
(1650-1706)
李敏叙女(全州人)

　2男 洪重範
(1662-1732)
李蕙女(全州人)

　3男 洪重衍
(1668-1719)

　4男 洪重疇
(1670-1747)

　5男 洪然喜
(1672-1749)

　1女 喜妊(1651-?)
李大成(全州人)

　2女 端妊(1655-?)
沈龜瑞(靑松人)

　3女 妙妊(1660-?)
李師亮(全州人)

3男 洪萬衡 初名台衡
(1633-1670)
閔光勳女(驪興人)

　1男 洪重模
(1650-1698)
金益炅女(光州人)

　2男 洪重楷
(1658-1704)
李恒女 延安人

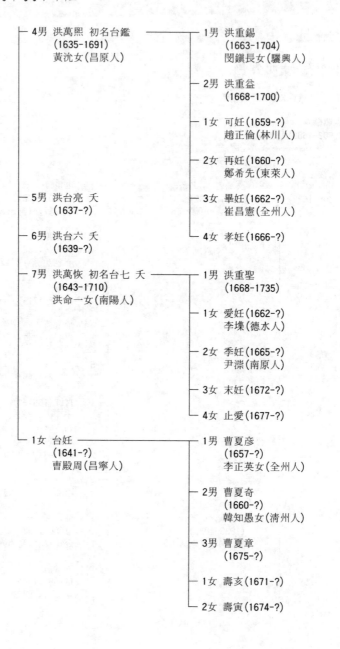

4男 洪萬熙 初名台鑑
(1635-1691)
黃沈女(昌原人)

　　1男 洪重錫
　　　　(1663-1704)
　　　　閔鎭長女(驪興人)

　　2男 洪重益
　　　　(1668-1700)

　　1女 可妊(1659-?)
　　　　趙正倫(林川人)

　　2女 再妊(1660-?)
　　　　鄭希先(東萊人)

5男 洪台亮 夭
(1637-?)

　　3女 畢妊(1662-?)
　　　　崔昌憲(全州人)

6男 洪台六 夭
(1639-?)

　　4女 孝妊(1666-?)

7男 洪萬恢 初名台七 夭
(1643-1710)
洪命一女(南陽人)

　　1男 洪重聖
　　　　(1668-1735)

　　1女 愛妊(1662-?)
　　　　李壕(德水人)

　　2女 季妊(1665-?)
　　　　尹漈(南原人)

　　3女 末妊(1672-?)

　　4女 止愛(1677-?)

1女 台妊
(1641-?)
曹殿周(昌寧人)

　　1男 曹夏彦
　　　　(1657-?)
　　　　李正英女(全州人)

　　2男 曹夏奇
　　　　(1660-?)
　　　　韓知愚女(淸州人)

　　3男 曹夏章
　　　　(1675-?)

　　1女 壽亥(1671-?)

　　2女 壽寅(1674-?)

이씨 전주

선조 아버지

덕흥대원군(德興大院君)

출전: 『璿源錄』 10책 6879쪽

中宗
(1488-1544)
├─ 德興大院君 昭
昌嬪安氏 (1530-1559)
(1499-1549)

鄭世虎
李世傑女   女
(1522-1567)

河原正 鋥 ── 母洪氏 ─ 1男 唐恩正 引齡
(1545-1597)   (1562-1615)
洪暹女(南陽人)   朴啓賢女(密陽人)
李義老女(星州人)   趙希轍女(豊壤人)

母洪氏 ─ 2男 益城正 亨齡
        (1566-1614)
        蘇邊女(晉州人)

母洪氏 ─ 3男 寧堤正 錫齡
        出繼 河陵君 鏻

1女 稀齡
   (1563-?)
   奇自獻(幸州人)

母良女玉只 ─ 庶1男 成海副正 宗齡
           (1573-?)

母良女無名 ─ 庶2男 珎山副正 有齡
           出繼 順城正 佶
           益陽君派

母良女 ─ 庶3男 珎城副正 海齡

母良女無名 ─ 庶4男 珎陽副正 聃齡
           (1598-?)
           申破女(平山人)

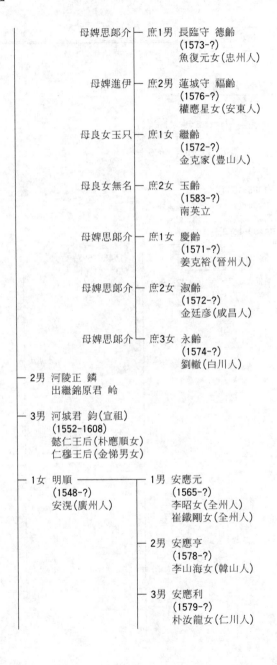

母婢思郞介 ─ 庶1男 長臨守 德齡
　　　　　　　　　　(1573-?)
　　　　　　　　　　魚復元女(忠州人)

母婢進伊 ─ 庶2男 蓮城守 福齡
　　　　　　　　　　(1576-?)
　　　　　　　　　　權應星女(安東人)

母良女玉只 ─ 庶1女 繼齡
　　　　　　　　　　(1572-?)
　　　　　　　　　　金克家(豊山人)

母良女無名 ─ 庶2女 玉齡
　　　　　　　　　　(1583-?)
　　　　　　　　　　南英立

母婢思郞介 ─ 庶1女 慶齡
　　　　　　　　　　(1571-?)
　　　　　　　　　　姜克裕(晉州人)

母婢思郞介 ─ 庶2女 淑齡
　　　　　　　　　　(1572-?)
　　　　　　　　　　金廷彦(咸昌人)

母婢思郞介 ─ 庶3女 永齡
　　　　　　　　　　(1574-?)
　　　　　　　　　　劉轍(白川人)

─ 2男 河陵正 鏻
　　　出繼錦原君 岭

─ 3男 河城君 鈞(宣祖)
　　　(1552-1608)
　　　懿仁王后(朴應順女)
　　　仁穆王后(金悌男女)

─ 1女 明順 ─────── 1男 安應元
　　　(1548-?)　　　　　　(1565-?)
　　　安滉(廣州人)　　　　李昭女(全州人)
　　　　　　　　　　　　　崔鐵剛女(全州人)

　　　　　　　　　── 2男 安應亨
　　　　　　　　　　　　(1578-?)
　　　　　　　　　　　　李山海女(韓山人)

　　　　　　　　　── 3男 安應利
　　　　　　　　　　　　(1579-?)
　　　　　　　　　　　　朴汝龍女(仁川人)

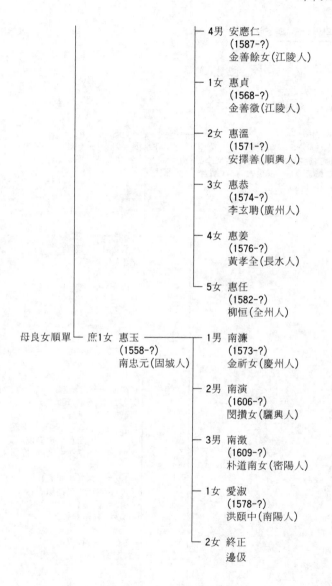

┌ 4男 安應仁
│   (1587-?)
│   金善餘女(江陵人)
│
├ 1女 惠貞
│   (1568-?)
│   金善徵(江陵人)
│
├ 2女 惠溫
│   (1571-?)
│   安擇善(順興人)
│
├ 3女 惠恭
│   (1574-?)
│   李玄聃(廣州人)
│
├ 4女 惠姜
│   (1576-?)
│   黃孝全(長水人)
│
└ 5女 惠任
     (1582-?)
     柳恒(全州人)

母良女順單 ─ 庶1女 惠玉 ─── 1男 南濂
              (1558-?)   (1573-?)
              南忠元(固城人) 金祈女(慶州人)

                         ├ 2男 南演
                         │   (1606-?)
                         │   閔攢女(驪興人)
                         │
                         ├ 3男 南澂
                         │   (1609-?)
                         │   朴道南女(密陽人)
                         │
                         ├ 1女 愛淑
                         │   (1578-?)
                         │   洪頤中(南陽人)
                         │
                         └ 2女 終正
                              邊伋

의인왕후 외조부

이수갑(李壽甲: 全州人)

출전: 『璿源錄』 7책 4523쪽

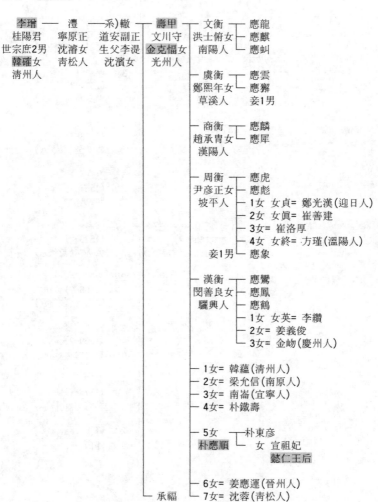

李瑠	澧	系)轍	壽甲	文衡	應龍
桂陽君	寧原正	道安副正	文川守	洪士俯女	應麒
世宗庶2男	沈溶女	生父李湜	金克愊女	南陽人	應蚪
韓確女	靑松人	沈濱女	光州人		
淸州人					

　　　　　　　　　　　　　　　虞衡 ── 應雲
　　　　　　　　　　　　　　　鄭熙年女 ── 應獮
　　　　　　　　　　　　　　　草溪人 ── 妾1男

　　　　　　　　　　　　　　　商衡 ── 應麟
　　　　　　　　　　　　　　　趙承胄女 ── 應犀
　　　　　　　　　　　　　　　漢陽人

　　　　　　　　　　　　　　　周衡 ── 應虎
　　　　　　　　　　　　　　　尹彦正女 ── 應彪
　　　　　　　　　　　　　　　坡平人 ── 1女 女貞= 鄭光漢(迎日人)
　　　　　　　　　　　　　　　　　　── 2女 女眞= 崔善建
　　　　　　　　　　　　　　　　　　── 3女= 崔洛厚
　　　　　　　　　　　　　　　　　　── 4女 女終= 方瑾(溫陽人)
　　　　　　　　　　　　　　　妾1男 ── 應象

　　　　　　　　　　　　　　　漢衡 ── 應鸑
　　　　　　　　　　　　　　　閔善良女 ── 應鳳
　　　　　　　　　　　　　　　驪興人 ── 應鶴
　　　　　　　　　　　　　　　　　　── 1女 女英= 李纘
　　　　　　　　　　　　　　　　　　── 2女= 姜義俊
　　　　　　　　　　　　　　　　　　── 3女= 金岎(慶州人)

　　　　　　　　　　　　　　── 1女= 韓薀(淸州人)
　　　　　　　　　　　　　　── 2女= 梁允信(南原人)
　　　　　　　　　　　　　　── 3女= 南嵤(宜寧人)
　　　　　　　　　　　　　　── 4女= 朴鐵壽

　　　　　　　　　　　　　　── 5女 ── 朴東彦
　　　　　　　　　　　　　　朴應順 ── 女 宣祖妃
　　　　　　　　　　　　　　　　　　　　懿仁王后

　　　　　　　　　　　　　　── 6女= 姜應運(晉州人)
　　　　　　　　　承福 ── 7女= 沈蓉(靑松人)

【전주 이씨 이헌국을 중심으로】

출전: 『璿源錄』2책 885쪽, 『全州李氏璿源續報』

- 李汝 (趙元祐女 白川人)
  - 楨 (沈湄女 青松人)
    - 昌國 (尹達溟女 茂松人)
      - 伯玉 (權硡女 安東人)
        - 彤
        - 彩 (南紀雲女(宜寧人))
      - 女= 宋賀(鎭川人)
    - 女= 河億水(晉州人)
    - 女= 洪禎(南陽人)
  - 櫓 (趙克智女 豊壤人, 奇允哲女 幸州人)
    - 女= 徐竑(利川人)
    - 女= 金钁(安東人)
    - 女= 鄭仁濟(河東人)
  - 枰 (李承烈女 全義人, 南麟女 宜寧人)
    - 觀國 (金墩女 慶州人)
      - 確
      - 硡 (李晶女) — 允中
      - 碏 (鄭舜季女 東萊人)
        - 得中
        - 毅中
      - 女= 奇苓
      - 女= 李應賓
      - 女= 柳彥沉
      - 礸 — 无后
    - 賓國 (朴謇女 羅州人)
      - 女= 金龍瑞
      - 女= 任琦(豊川人)
      - 女= 閔思權(驪興人)
    - 憲國 (鄭礎女 溫陽人, 崔興源女)
      - 女= 許篯(陽川人)
      - 女= 朴東烋(羅州人)
      - 妾1男 大培 (李海壽女 全義人, 洪潤德女 南陽人) — 聃 (尹敬立女 坡平人)
      - 妾1女 女= 洪有男(南陽人)
      - 女= 朴之皀(高靈人)
  - 女= 朴縉(羅州人)

김씨 광산

【광산 김씨 김극핍을 중심으로】

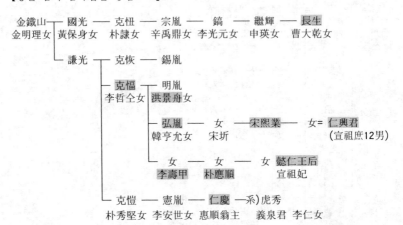

김씨 연안

인목왕후 아버지

김제남(金悌男: 延安人)

출전:『延安金氏文靖公派泳公系譜』

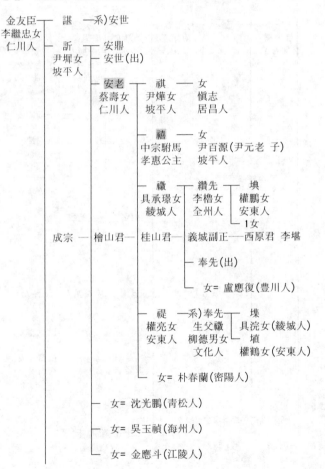

金友臣 ── 諶 ──系)安世
李繼忠女
仁川人 ── 訴 ── 安鼎
　　　　　尹墀女 ── 安世(出)
　　　　　坡平人

　　　　　　　　── 安老 ── 祺 ── 女
　　　　　　　　　　蔡壽女　尹燁女　愼志
　　　　　　　　　　仁川人　坡平人　居昌人

　　　　　　　　── 禧 ── 女
　　　　　　　　　　中宗駙馬　尹百源(尹元老 子)
　　　　　　　　　　孝惠公主　坡平人

　　　　　　　　── 禴 ── 纘先 ── 堜
　　　　　　　　　　具承璟女　李櫓女　權鵬女
　　　　　　　　　　綾城人　　全州人　安東人
　　　　　　　　　　　　　　　　　　└ 1女
成宗 ── 檜山君 ── 桂山君 ── 義城副正 ── 西原君 李堨

　　　　　　　　　　── 奉先(出)

　　　　　　　　　　── 女= 盧應復(豊川人)

　　　　　　　　── 禔 ──系)奉先 ── 堪
　　　　　　　　　　權亮女　　生父禴　具浣女(綾城人)
　　　　　　　　　　安東人　　柳德男女 └ 埴
　　　　　　　　　　　　　　　文化人　　權鶴女(安東人)

　　　　　　　　── 女= 朴春蘭(密陽人)

　　　── 女= 沈光鵬(靑松人)

　　　── 女= 吳玉禎(海州人)

　　　── 女= 金應斗(江陵人)

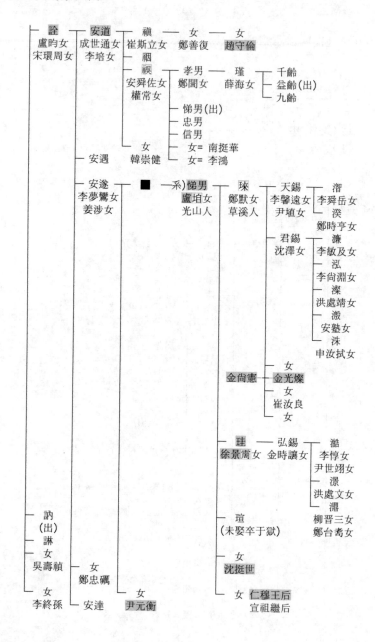

노씨 광산

인목왕후 외조부

노기(盧垍: 光山人)

출전: 『광주노씨족보 光州盧氏族譜』

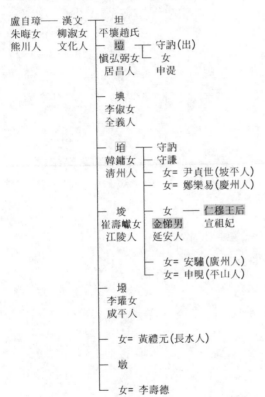

盧自璋── 漢文 ┬ 坦
朱晦女   柳淑女   平壤趙氏
熊川人   文化人 ├ 壇 ┬ 守訥(出)
            愼弘弼女 └ 女
            居昌人   申湜

         ├ 垠
           李做女
           全義人

         ├ 垍 ┬ 守訥
           韓鏞女 ├ 守謙
           清州人 ├ 女＝ 尹貞世(坡平人)
                └ 女＝ 鄭樂易(慶州人)

         ├ 埈 ┬ 女 ── 仁穆王后
           崔壽巘女 │ 金悌男   宣祖妃
           江陵人 │ 延安人
                │
                ├ 女＝ 安驌(廣州人)
                └ 女＝ 申睍(平山人)

         ├ 墝
           李瓘女
           咸平人

         ├ 女＝ 黃禮元(長水人)

         ├ 墩

         └ 女＝ 李壽德

【광산 노씨 노개를 중심으로】

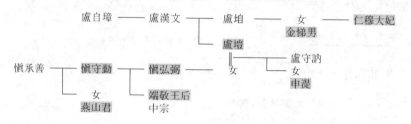

민씨 여흥

【여흥 민씨 민유중을 중심으로】

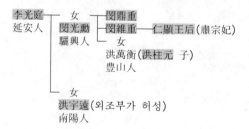

반남 박씨

의인왕후 아버지

박응순(朴應順: 潘南人)

출전: 『반남박씨세보 潘南朴氏世譜』

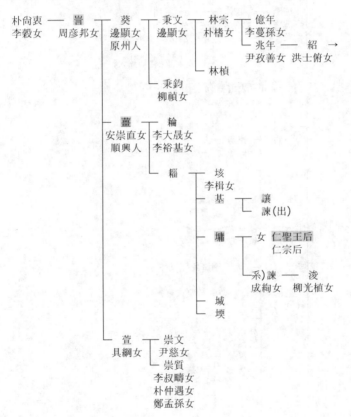

朴尙衷 —— 訔 —— 葵 —— 秉文 —— 林宗 —— 億年
李毅女　　周彦邦女　邊顯女　邊顯女　朴楮女　李蔓孫女
　　　　　　　　　原州人　　　　　　　　　└ 兆年 —— 紹 →
　　　　　　　　　　　　　　　　　　　　　尹孜善女　洪士俯女
　　　　　　　　　　　　　　　　　　└ 林楨
　　　　　　　　　　　└ 秉鈞
　　　　　　　　　　　　柳禎女

　　　　　　　├ 蕢 —— 輪
　　　　　　　　安崇直女　李大晟女
　　　　　　　　順興人　　李裕基女

　　　　　　　　　　　└ 稛 —— 垓
　　　　　　　　　　　　　　　李楫女
　　　　　　　　　　　　　　　基 ┬ 讓
　　　　　　　　　　　　　　　　└ 諫(出)

　　　　　　　　　　　　　　　壩 ┬ 女　仁聖王后
　　　　　　　　　　　　　　　　　　仁宗后
　　　　　　　　　　　　　　　　└ 系)諫 —— 浚
　　　　　　　　　　　　　　　　　成絢女　柳光植女
　　　　　　　　　　　　　　　└ 城埉

　　　　　　├ 萱 ┬ 崇文
　　　　　　　　具綱女　尹慈女
　　　　　　　　　　　└ 崇質
　　　　　　　　　　　　李叔疇女
　　　　　　　　　　　　朴仲遇女
　　　　　　　　　　　　鄭孟孫女

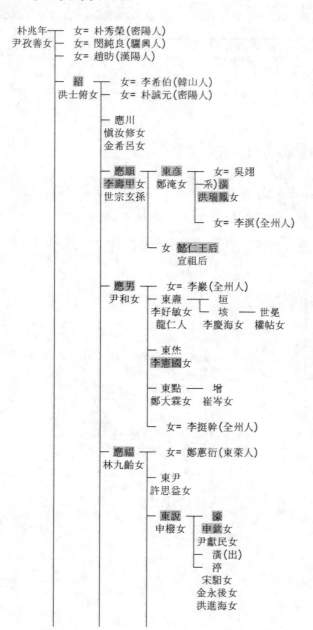

朴兆年 ┬ 女= 朴秀榮(密陽人)
尹孜善女 ├ 女= 閔純良(驪興人)
        └ 女= 趙昉(漢陽人)

        ┬ 紹 ┬ 女= 李希伯(韓山人)
        │ 洪士俯女 └ 女= 朴誠元(密陽人)
        │
        ├ 應川
        │ 愼汝修女
        │ 金希呂女
        │
        ├ 應順 ┬ 東彦 ┬ 女= 吳翊
        │ 李壽甲女 鄭淹女 ├ 系)潢
        │ 世宗玄孫 │ 洪瑞鳳女
        │   │
        │   └ 女= 李溟(全州人)
        │
        │   └ 女 懿仁王后
        │   宣祖后
        │
        ├ 應男 ┬ 女= 李巖(全州人)
        │ 尹和女 ├ 東壽 ┬ 垣
        │   │ 李好敏女 └ 垓 ── 世昆
        │   │ 龍仁人 李慶海女 權帖女
        │   │
        │   ├ 東忬
        │   │ 李憲國女
        │   │
        │   ├ 東點 ── 增
        │   │ 鄭大霖女 崔岑女
        │   │
        │   └ 女= 李挺幹(全州人)
        │
        ├ 應福 ┬ 女= 鄭蕙衍(東萊人)
        │ 林九齡女 │
        │   ├ 東尹
        │   │ 許思益女
        │   │
        │   └ 東說 ┬ 濠
        │   申橃女 │ 申欽女
        │   │ 尹獻民女
        │   ├ 潢(出)
        │   └ 淳
        │   宋駧女
        │   金永後女
        │   洪進海女

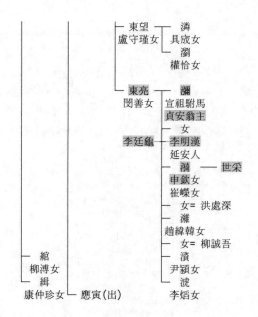

【반남 박씨 박동량을 중심으로】

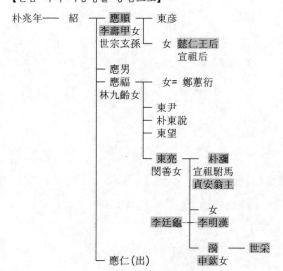

윤씨 파평

【파평 윤씨 윤임·인종비 인성왕후를 중심으로】

출전: 『坡平尹氏貞靖公派世譜』坡平尹氏貞靖公派譜所, 1980 (農經出版社)
『璿源錄』4책 2720쪽

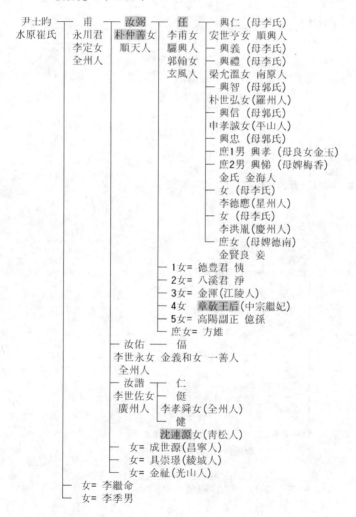

尹士昀 ── 甫 ── 汝弼 ── 任 ── 興仁 (母李氏)
水原崔氏 永川君 朴仲善女 李甫女 安世亨女 順興人
李定女 順天人 驪興人 ─ 興義 (母李氏)
全州人 郭翰女 ─ 興禮 (母李氏)
玄風人 梁允溫女 南原人
─ 興智 (母郭氏)
朴世弘女(羅州人)
─ 興信 (母郭氏)
申孝誠女(平山人)
─ 興忠 (母郭氏)
─ 庶1男 興孝 (母良女金玉)
─ 庶2男 興悌 (母婢梅香)
金氏 金海人
─ 女 (母李氏)
李德應(星州人)
─ 女 (母李氏)
李洪胤(慶州人)
└ 庶女 (母婢德南)
金賢良 妾
─ 1女= 德豊君 憤
─ 2女= 八溪君 淨
─ 3女= 金渾(江陵人)
─ 4女 章敬王后(中宗繼妃)
─ 5女= 高陽副正 億孫
└ 庶女= 方雄
─ 汝佑 ── 偪
李世永女 金義和女 一善人
全州人
─ 汝諧 ── 仁
李世佐女 ─ 侹
廣州人 李孝舜女(全州人)
└ 健
沈連源女(青松人)
─ 女= 成世源(昌寧人)
─ 女= 具崇璟(綾城人)
└ 女= 金祉(光山人)
─ 女= 李繼命
└ 女= 李季男

이씨 광주

덕흥군 처외조부

이세걸(李世傑: 廣州人)

출전:『廣州李氏廣陵府院君派譜』廣州李氏廣陵府院君派宗會, 1989 (回想社)

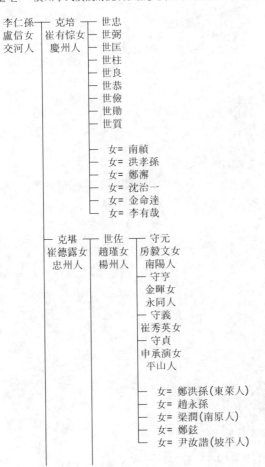

李仁孫 ── 克培 ── 世忠
盧信女   崔有憬女   世弼
交河人   慶州人   世匡
                    世柱
                    世良
                    世恭
                    世儉
                    世勛
                    世質

                    女= 南禎
                    女= 洪孝孫
                    女= 鄭澥
                    女= 沈治一
                    女= 金命達
                    女= 李有哉

        克堪 ── 世佐 ── 守元
        崔德露女   趙瑾女   房毅文女
        忠州人   楊州人   南陽人
                        守亨
                        金暉女
                        永同人
                        守義
                        崔秀英女
                        守貞
                        申承演女
                        平山人

                        女= 鄭洪孫(東萊人)
                        女= 趙永孫
                        女= 梁潤(南原人)
                        女= 鄭鉉
                        女= 尹汝諧(坡平人)

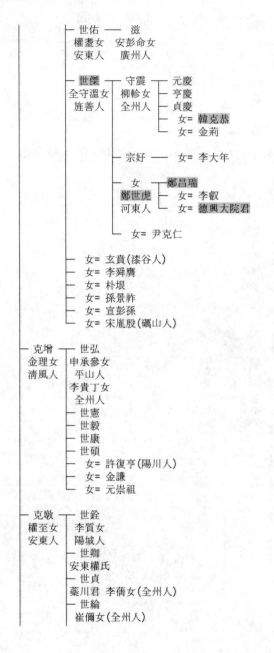

世佑 ── 滋
權耋女　安彭命女
安東人　廣州人

世傑 ── 守震 ── 元慶
全守溫女　柳軫女 ── 亨慶
旌善人　全州人 ── 貞慶
　　　　　　　── 女= 韓克恭
　　　　　　　── 女= 金荊

宗好 ── 女= 李大年

女 ── 鄭昌瑞
鄭世虎　 女= 李叡
河東人　 女= 德興大院君

女= 尹克仁

女= 玄賁(漆谷人)
女= 李舜膺
女= 朴垠
女= 孫景祚
女= 宣彭孫
女= 宋胤殷(礪山人)

克增 ── 世弘
金理女　申承參女
清風人　平山人
　　　　李貴丁女
　　　　全州人
　　── 世憲
　　── 世毅
　　── 世康
　　── 世碩
　　── 女= 許復亨(陽川人)
　　── 女= 金謙
　　── 女= 元崇祖

克墩 ── 世銓
權至女　李質女
安東人　陽城人
　　── 世卿
　　　安東權氏
　　── 世貞
　　　藥川君　李蕢女(全州人)
　　── 世綸
　　　崔儞女(全州人)

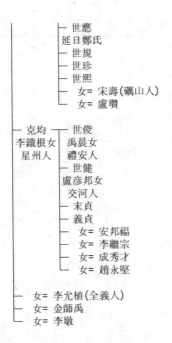

```
┌ 世應
  延日鄭氏
├ 世規
├ 世珍
├ 世熙
├ 女= 宋壽(礪山人)
└ 女= 盧瓚
```

```
┌ 克均 ┬ 世俊
  李鐵根女   禹晨女
  星州人     禮安人
         ├ 世健
            盧彦邦女
            交河人
         ├ 末貞
         ├ 義貞
         ├ 女= 安邦福
         ├ 女= 李繼宗
         ├ 女= 成秀才
         └ 女= 趙永堅
```

```
├ 女= 李允植(全義人)
├ 女= 金師禹
└ 女= 李墩
```

이씨 성주

【星州 李氏 李義老를 중심으로】

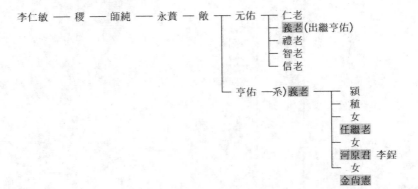

```
李仁敏 ── 稷 ── 師純 ── 永蕡 ── 敬 ┬ 元佑 ┬ 仁老
                                          ├ 義老(出繼亨佑)
                                          ├ 禮老
                                          ├ 智老
                                          └ 信老
                                    └ 亨佑 ─系) 義老 ┬ 頴
                                                       ├ 稙
                                                       ├ 女
                                                         任繼老
                                                       ├ 女
                                                         河原君 李錝
                                                       └ 女
                                                         金尙憲
```

정씨 하동

덕흥대원군 처부

정세호(鄭世虎: 河東人)

출전:『璿源錄』6책 4428쪽,『河東鄭氏文成公派譜』

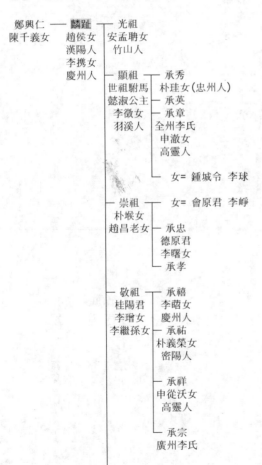

鄭興仁 —— 麟趾 —— 光祖
陳千義女　趙侯女　安孟聃女
　　　　　漢陽人　竹山人
　　　　　李携女
　　　　　慶州人　—— 顯祖 —— 承秀
　　　　　　　　　世祖駙馬　朴珪女(忠州人)
　　　　　　　　　懿淑公主 —— 承英
　　　　　　　　　李徵女　　承章
　　　　　　　　　羽溪人　　全州李氏
　　　　　　　　　　　　　　申澈女
　　　　　　　　　　　　　　高靈人

　　　　　　　　　　　　　女= 鍾城令 李球

　　　　　　　　—— 崇祖 —— 女= 會原君 李崝
　　　　　　　　　朴堧女
　　　　　　　　　趙昌老女　—— 承忠
　　　　　　　　　　　　　　德原君
　　　　　　　　　　　　　　李曙女
　　　　　　　　　　　　　—— 承孝

　　　　　　　　—— 敬祖 —— 承禧
　　　　　　　　　桂陽君　李䀁女
　　　　　　　　　李瑠女　慶州人
　　　　　　　　　李繼孫女　承祐
　　　　　　　　　　　　　朴義榮女
　　　　　　　　　　　　　密陽人

　　　　　　　　　　　　　—— 承祥
　　　　　　　　　　　　　申從沃女
　　　　　　　　　　　　　高靈人

　　　　　　　　　　　　　—— 承宗
　　　　　　　　　　　　　廣州李氏

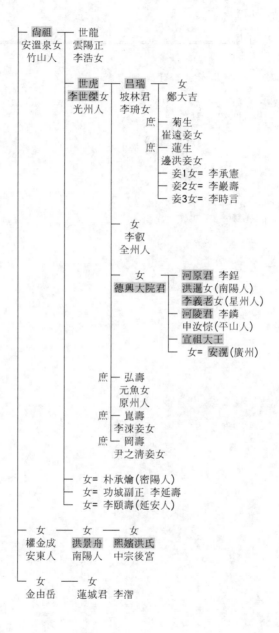

├─ 尙祖 ─┬─ 世龍
安溫泉女　雲陽正
竹山人　　李浩女

　　　　├─ 世虎 ─┬─ 昌瑞 ─┬─ 女
　　　　　李世傑女　坡林君　　鄭大吉
　　　　　光州人　　李珊女
　　　　　　　　　　　庶─ 菊生
　　　　　　　　　　　　　崔遠妾女
　　　　　　　　　　　庶─ 蓮生
　　　　　　　　　　　　　邊洪妾女
　　　　　　　　　　　├─ 妾1女= 李承憲
　　　　　　　　　　　├─ 妾2女= 李巖壽
　　　　　　　　　　　└─ 妾3女= 李時言

　　　　　　　　　├─ 女
　　　　　　　　　　李叡
　　　　　　　　　　全州人

　　　　　　　　　├─ 女 ─┬─ 河原君　李鋥
　　　　　　　　　　德興大院君　洪暹女(南陽人)
　　　　　　　　　　　　　　　李義老女(星州人)
　　　　　　　　　　　　├─ 河陵君　李鏻
　　　　　　　　　　　　　申汝悰(平山人)
　　　　　　　　　　　　├─ 宣祖大王
　　　　　　　　　　　　└─ 女= 安滉(廣州)

　　　　　　　　　庶─ 弘壽
　　　　　　　　　　　元魚女
　　　　　　　　　　　原州人
　　　　　　　　　庶─ 崑壽
　　　　　　　　　　　李涑妾女
　　　　　　　　　庶─ 岡壽
　　　　　　　　　　　尹之淸妾女

　　　　　　　　　├─ 女= 朴承燴(密陽人)
　　　　　　　　　├─ 女= 功城副正 李延壽
　　　　　　　　　└─ 女= 李頤壽(延安人)

├─ 女 ─┬─ 女 ─┬─ 女
　權金成　洪景舟　熙嬪洪氏
　安東人　南陽人　中宗後宮

└─ 女 ─┬─ 女
　金由岳　蓮城君 李溜

조씨 풍양

【풍양 조씨 조수륜을 중심으로】

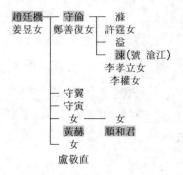

趙廷機 ── 守倫 ── 滌
姜昱女   鄭善復女   許霆女
                 ── 溢
                 ── 涑(號 滄江)
          李孝立女
          李權女
        ── 守翼
        ── 守寅
        ── 女 ── 女
          黃赫   順和君
        ── 女
          盧敬直

홍씨 풍산

정명공주 남편

홍주원(洪柱元: 豊山人)

출전:『풍산홍씨대동보 豊山洪氏大同譜』1985 (농경출판사)

```
洪履祥┬ 霙 ── 柱一 ── 萬始
金顧言女  李俣女
安東人   閔伏龍女

    ├ 雴 ── 柱後 ── 萬最
     盧大河女 柳碩生女 申起漢女

    ├ 霜 ─系)柱三┬ 萬運
     尹應聘女 李淀女 │ 鄭河女
              ├ 萬遂
               沈梓女
              ├ 萬通
               韓鼎相女
               徐來益女
              └ 萬遇
               俞世重女

    ├ 霙 ── 柱元 ┬ 萬容 ┬ 重箕
     李廷龜女 宣祖駙馬 │ 宋時吉女 │ 李敏叙女
     延安人  真明公主 │ 礪山人  │ 全州人
                      ├ 重範
                       李蕙女
                       李東維女
                      ├ 重衍
                       金錫翼女
                       李仁涵女
                      ├ 重福
                       趙泰東女
                      └ 重疇
                       趙始久女

                  └ 萬衡 ┬ 重模
                   閔光勳女 │ 金益㷱女
                   驪興人  └ 重楷
                           李恒女
```

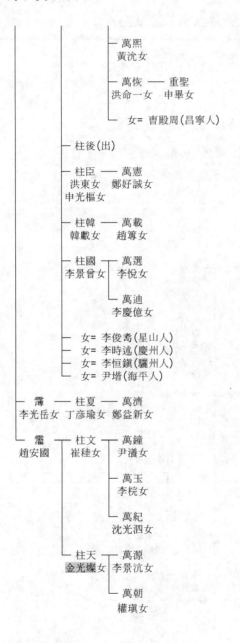

萬熙
黃沈女

萬恢 ── 重聖
洪命一女　申畢女

女= 曹殿周(昌寧人)

柱後(出)

柱臣 ── 萬憲
洪東女　鄭好誠女
申光樞女

柱韓 ── 萬載
韓戲女　趙簿女

柱國 ┬ 萬選
李景曾女│李悅女

└ 萬迪
李慶億女

女= 李俊喬(星山人)
女= 李時迹(慶州人)
女= 李恒鎭(驪州人)
女= 尹垳(海平人)

濤 ── 柱夏 ── 萬濟
李光岳女　丁彦璩女　鄭益新女

霝 ┬ 杜文 ┬ 萬鐘
趙安國│崔稑女│尹濚女

│　　　├ 萬玉
│　　　│李梡女
│
│　　　└ 萬紀
│　　　　沈光泗女

└ 柱天 ┬ 萬源
金光燦女│李景沆女

　　　　└ 萬朝
　　　　權瑱女

【풍산 홍씨 홍만용을 중심으로】

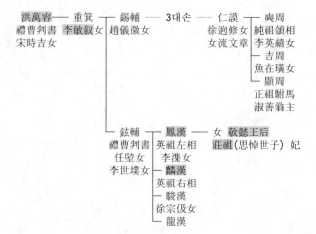

洪萬容── 重箕 ─┬─ 錫輔 ─── 3대손 ─── 仁謨 ─┬ 奭周
禮曹判書 李敏叙女 │ 趙儀徵女　　　　　　徐逈修女 │ 純祖領相
宋時吉女　　　　　│　　　　　　　　　　女流文章 │ 李英禧女
　　　　　　　　　│　　　　　　　　　　　　　　├ 吉周
　　　　　　　　　│　　　　　　　　　　　　　　│ 魚在璜女
　　　　　　　　　│　　　　　　　　　　　　　　├ 顯周
　　　　　　　　　│　　　　　　　　　　　　　　└ 正祖駙馬
　　　　　　　　　│　　　　　　　　　　　　　　　 淑善翁主
　　　　　　　　　│
　　　　　　　　　└─ 鉉輔 ─┬─ 鳳漢 ── 女 敬懿王后
　　　　　　　　　　　 禮曹判書 │ 英祖左相　 莊祖(思悼世子) 妃
　　　　　　　　　　　　 任堕女 │ 李濰女
　　　　　　　　　　　　 李世璞女├ 麟漢
　　　　　　　　　　　　　　　　│ 英祖右相
　　　　　　　　　　　　　　　　├ 駿漢
　　　　　　　　　　　　　　　　│ 徐宗伋女
　　　　　　　　　　　　　　　　└ 龍漢

【풍산 홍씨 홍만형을 중심으로】

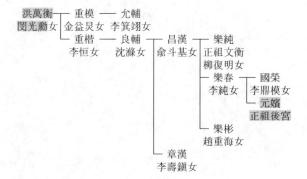

洪萬衡─┬ 重模 ── 允輔
閔光勳女│ 金益炅女 李箕翊女
　　　　└ 重楷 ── 良輔 ─┬─ 昌漢 ─┬ 樂純
　　　　　 李恒女　　 沈澝女 │ 俞斗基女│ 正祖文衡
　　　　　　　　　　　　　　 │　　　　│ 柳復明女
　　　　　　　　　　　　　　 │　　　　├ 樂春 ─┬ 國榮
　　　　　　　　　　　　　　 │　　　　│ 李純女 │ 李鼎模女
　　　　　　　　　　　　　　 │　　　　│　　　　├ 元嬪
　　　　　　　　　　　　　　 │　　　　│　　　　└ 正祖後宮
　　　　　　　　　　　　　　 │　　　　└ 樂彬
　　　　　　　　　　　　　　 │　　　　　 趙重海女
　　　　　　　　　　　　　　 └─ 章漢
　　　　　　　　　　　　　　　　 李壽鎭女

【풍산 홍씨 홍만회를 중심으로】

洪萬恢── 重聖 ── 鎭輔 ─┬ 良浩 ─┬ 樂源 ── 敬謨
洪命一女　 申畢女　 沈壽賢女│ 鄭錫耈女│ 尹東哲女 趙弘鎭女
　　　　　　　　　　 尹斗天女│　　　　├ 李存遠女
　　　　　　　　　　　　　　 │　　　　└ 義俊(出)
　　　　　　　　　　　　　　 ├ 珽漢 ──系) 義俊
　　　　　　　　　　　　　　 │ 李匡會女
　　　　　　　　　　　　　　 └ 明浩
　　　　　　　　　　　　　　　 吳命溥女

선조대왕과 친인척 연보

선조대왕과 친인척 연보

세조 성종 연산군대

세조 09년(1463) 덕흥군 처외조부 이세걸 태어남

성종 17년(1486) 덕흥군 처부 정세호 태어남

성종 23년(1492) 이세걸이 식년시에 병과로 급제함

연산 01년(1495) 박응순의 처부 이수갑 태어남

연산 02년(1496) 07월 01일 이세걸이 폐비의 신주와 사당을 세우지 말 것을 아룀

연산 09년(1503) 10월 15일 유순정과 이세걸이 표문을 가지고 명나라에 감

연산 10년(1504) 03월 20일 이세걸이 장 80대의 형을 받음

연산 10년(1504) 03월 25일 이세걸이 흥양에 부쳐됨

연산 10년(1504) 윤04월 27일 이세걸 등이 난언한 추안을 불태우게 명함

연산 10년(1504) 05월 04일 이세걸을 종으로 삼으라는 명이 내림

연산 10년(1504) 05월 06일 이세걸을 참형에 처하라는 명이 내림

연산 10년(1504) 05월 16일 이세걸을 군기시 앞에서 참형함

중종대

중종 05년(1510) 이수갑이 첫째딸을 낳음

중종 11년(1516) 이수갑이 1남 문형(文衡)을 낳음

중종 12년(1517) 이수갑이 2남 우형(虞衡) 낳음

중종 14년(1519) 정세호가 식년문과에 병과로 급제함

중종 15년(1520) 이수갑이 3남 상형(商衡)을 낳음

중종 16년(1521) 04월 05일 정세호가 홍문관 박사에 임명됨

중종 16년(1521) 이수갑이 4남 주형(周衡)을 낳음

중종 17년(1522) 이수갑이 3녀 천억(千億)을 낳음

중종 19년(1524) 03월 07일 박용의 딸이 인종의 세자빈이 됨

중종 19년(1524) 이수갑이 4녀 금억(今億)을 낳음

중종 21년(1526) 의인왕후의 아버지 박응순 태어남

중종 23년(1528) 이수갑이 의인왕후 어머니 전주 이씨를 낳음

중종 24년(1529) 01월 19일 정세호가 세자 시강원 필선에 임명됨

중종 24년(1529) 10월 26일 정세호가 함경도 어사(御史)로 파견됨

중종 25년(1530) 03월 05일 덕흥대원군 태어남

중종 26년(1531) 01월 15일 정세호가 시강원 보덕에 임명됨

중종 26년(1531) 04월 04일 정세호가 경상도 곤양에 장류(杖流)됨

중종 28년(1533) 10월 05일 정세호가 중도부처 됨

중종 28년(1533) 이수갑이 6녀를 낳음

중종 29년(1534) 08월 21일 박응순의 아버지 박소가 졸

중종 29년(1534) 김제남의 처부 노기가 태어남

중종 31년(1536) 02월 30일 사간원이 정세호의 방면의 명령을 반대했으나 불허됨

중종 31년(1536) 03월 01일 허항 등이 정세호 등을 논박하자 방면이 취소됨

중종 31년(1536) 03월 02일 정세호를 귀양보낼 것을 명함

중종 31년(1536) 이수갑이 7녀를 낳음

중종 33년(1538) 이수갑이 5남 한형(漢衡)을 낳음

중종 33년(1538) 덕흥대원군이 덕흥군에 책봉됨

중종 33년(1538) 02월 21일 정세호가 직첩을 되돌려 받음

중종 33년(1538) 10월 09일 정세호가 홍문관 응교에 임명됨

중종 33년(1538) 11월 14일 정세호가 홍문관 직제학에 임명됨

중종 33년(1538) 12월 06일 정세호가 특지(特旨)로 대사성에 임명됨

중종 34년(1539) 05월 16일 정세호가 호조참판으로 성절사가 되어 명나라에 감

중종 34년(1539) 10월 28일 정세호가 성균관 대사성에 임명됨

중종 34년(1539) 11월 07일 정세호가 성절사로 명나라에 갔다가 돌아와 임금을 뵘

중종 35년(1540) 01월 18일 정세호가 승정원 동부승지에 임명됨

중종 35년(1540) 08월 07일 정세호가 홍문관 부제학에 임명됨

중종 35년(1538) 10월 17일 사헌부가 덕흥군 집터의 우물물이 나지 않는 문제로 집
터 옮기는 것에 대해 아룀

중종 35년(1538) 10월 18일 중종이 덕흥군 집터를 옮기지 말도록 함

중종 36년(1541) 03월 25일 사헌부가 덕흥군 가택의 사치 등을 아룀

중종 37년(1542) 03월 05일 정세호가 병조참판으로 재직함

중종 37년(1542) 덕흥군이 정세호의 딸 하동 정씨와 혼인함

중종 38년(1543) 09월 13일 정세호가 한성부 우윤에 임명됨

중종 39년(1544) 04월 03일 사헌부가 덕흥군의 저택 바깥 난간 등의 역사를 속히
마감하도록 아룀

인종 명종대

인종 00년(1544) 11월 20일 인종 등극

인종 01년(1545) 01월 정사일 덕흥군이 1남 하원군 이정을 낳음

인종 01년(1545) 07월 01일 인종이 재위 9개월만에 승하

명종 01년(1546) 12월 19일 정세호가 호조판서에 임명됨

인종 01년(1545) 박응순이 양부 박수영의 상을 당함

명종 02년(1547) 08월 02일 정세호가 성균관에 속한 전적을 김형에게 돌려주라고
　　　　　　　　　　건의함

명종 02년(1547) 09월 21일 인종비가 공의(恭懿)의 존호를 받음

명종 03년(1548) 덕흥군이 1녀 명순(明順)을 낳음

명종 04년(1549) 07월 18일 정세호가 한성부 판윤에 임명됨

명종 05년(1550) 01월 17일 정세호가 형조판서에 임명됨

명종 05년(1550) 덕흥군이 2남 하릉군 이린을 낳음

명종 06년(1551) 08월 28일 정세호가 호조판서에 임명됨

명종 07년(1552) 04월 23일 사헌부에서 덕흥군 이초를 파직시킬 것을 건의함

명종 07년(1552) 05월 06일 정세호가 체직을 청함

명종 07년(1552) 09월 03일 양사에서 정세호를 파직하기를 청함

명종 07년(1552) 11월 11일 선조가 한성 인달방에서 탄생

명종 08년(1553) 박응순이 아들 박동언을 낳음

명종 09년(1554) 03월 30일 사헌부에서 덕흥군과 정세호를 추고할 것을 아룀

명종 09년(1554) 10월 06일 정세호가 상호군(上護軍)에 임명됨

명종 10년(1555) 02월 갑오일 인빈 김씨 출생

명종 10년(1555) 04월 15일 의인왕후 출생

명종 10년(1555) 박응순이 진사시에 합격함

명종 12년(1557) 10월 을유일 정황의 딸인 귀인 정씨 출생

명종 14년(1559) 03월 21일 정세호가 숭정대부에 승자됨

명종 14년(1559) 04월 02일 정세호가 송관(訟官)을 소송한 일로 사직을 청함

명종 14년(1559) 05월 09일 선조의 아버지 덕흥대원군이 30세로 돌아가심

명종 14년(1559) 09월 17일 덕흥대원군을 양주 남면 수락산 술좌에 장사지냄

명종 14년(1559) 박응순이 사복시 주부가 되었으나 위법사건에 관련되어 면직됨

명종 15년(1560) 박응순이 사헌부 감찰을 거침

명종 16년(1561) 박응순이 안음현감이 되어 선정을 베품

명종 16년(1561) 덕흥군의 1남 하원군이 홍섬의 딸 남양 홍씨와 혼인함

명종 17년(1562) 인목왕후의 아버지 김제에 태어남
명종 18년(1563) 07월 27일 정빈 홍씨 출생
명종 18년(1563) 11월 26일 정세호가 78세로 졸
명종 18년(1563) 박응순이 양모상(養母喪)을 당함
명종 20년(1565) 09월 17일 선조가 명종의 후사로 선택되어 궁에 들어와 약수발 듦
명종 20년(1565) 박응순이 돈녕부 주부에 임명되었다가 내섬시주부를 거침
명종 20년(1565) 12월 박응순이 용인현령이 되었다가 이어 돈녕부 도정을 지냄
명종 21년(1566) 08월 28일 한윤명·정지연 등이 선조의 사부(師傅)로 선정됨
명종 22년(1567) 05월 18일 선조 어머니인 하동부대부인이 46세로 졸
명종 22년(1567) 06월 28일 명종 승하
명종 22년(1567) 06월 28일 선조가 상차(喪次)에 입거(入居)함
명종 22년(1567) 06월 28일 명종을 의례대로 염습함

선조대

선조 00년(1567) 07월 03일 선조 16세에 근정전에서 즉위함
선조 00년(1567) 07월 04일 이황 등에게 명하여 대행왕의 행장을 수찬하게 함
선조 00년(1567) 07월 17일 대행왕의 묘호를 명종으로 함
선조 00년(1567) 08월 09일 선조가 어머니를 왕비 부모의 예로 장사지냄
선조 00년(1567) 09월 22일 명종의 장례를 치름
선조 00년(1567) 09월 29일 정빈 민씨 태어남
선조 00년(1567) 10월 23일『대학』진강
선조 00년(1567) 10월 명종의 졸곡례 후 백립으로 상기를 마치는 제도를 시행할 것
　　　　　　　　　　　을 명함
선조 00년(1567) 11월 04일 조강에『대학』, 석강에『예기』강연
선조 00년(1567) 11월 04일 원상을 파하기를 청하니, 상이 그대로 따름
선조 01년(1568) 01월 12일 조강에『논어』「학이편」을 강함
선조 01년(1568) 02월 24일 명종비가 수렴청정을 거둠
선조 01년(1568) 02월 25일 선조가 신료들에게 잘 보필해 주기를 바라는 전교 내림
선조 01년(1568) 03월 25일 석강에 나아가『소학』을 강론함
선조 01년(1568) 05월 07일 선조가 강릉 제사를 지냄
선조 01년(1568) 05월 17일 선조가 어머니 덕흥군부인의 소상에 중사를 보냄
선조 01년(1568) 06월 25일 선조가 명종 소상에 절에서 재를 올리는 것을 파할 것

을 명종비에게 계달하겠다 함

선조 01년(1568) 14세에 인빈이 선조의 후궁이 됨

선조 02년(1569) 01월 16일 석강에 나아가『근사록』을 강함

선조 02년(1569) 06월 명종대왕의 담제를 지낸 뒤 하례를 받고 위안드리는 예를 시
  행하지 않았는데, 이는 이이의 말을 따른 것임

선조 02년(1569) 윤06월 16일 명종비의 존호를 '의성'으로 정함

선조 02년(1569) 윤06월 16일 자전의 전교에 따라 처녀 단자를 받도록 함

선조 02년(1569) 07월 18일 자전께서 알고 싶어한다고 즉위한 이후의 경연관 및 실
  록청 관원들을 서계하라 함

선조 02년(1569) 07월 28일 홍문관에서『논어』가 끝났으니 숙독하고 조강을 하지
  말기를 청함

선조 02년(1569) 08월 14일 사시에 동가제를 올리고 신시에 동가함

선조 02년(1569) 08월 15일 돈화문에서 신련을 모시고 나와 종묘까지 감

선조 02년(1569) 08월 16일 축시에 명종 부묘제를 행하고 전교함

선조 02년(1569) 08월 16일 홍문관 교리 이이가 경석에서『맹자』를 진강

선조 02년(1569) 08월 23일 인목왕후 외조부 노기가 36세로 졸함

선조 02년(1569) 08월 29일 경복궁에 행행하여 공의왕대비에게 문안함

선조 02년(1569) 09월 01일 자전에게 존호 올리는 의식의 첫번째 예행 연습을 실시

선조 02년(1569) 09월 08일 자전에게 존호를 올릴 때 좌승지와 우승지가 옥책을 봉
  진하고 좌부승지와 우부승지가 금보를 봉진하기로 함

선조 02년(1569) 09월 11일 왕대비의 존호를 의성으로 올리고 백관이 하례를 올림

선조 02년(1569) 09월 19일 사직에서 제례를 행함

선조 02년(1569) 09월 25일 문묘에 별제를 지내고, 시사하여 노직 등을 뽑음

선조 02년(1569) 10월 19일 덕흥군 첫째 며느리 남양 홍씨가 26세로 졸함

선조 02년(1569) 11월 21일 명종을 부묘한 기념으로 윤담휴 등을 뽑음

선조 02년(1569) 11월 덕흥군이 대원군에 추존됨

선조 02년(1569) 12월 29일 박응순의 딸을(15세) 왕비로 책봉

선조 03년(1572) 04월 25일 주강에『맹자』를 강함

선조 03년(1572) 04월 25일 석강에『대학혹문』을 강함

선조 03년(1572) 05월 12일 사직에서 기우제를 행하자 비가 옴

선조 03년(1570) 07월 13일 의인왕후가 왕후 책봉의 고명을 받음

선조 03년(1570) 08월 정순붕과 임백령의 관작을 삭탈함

선조 04년(1571) 08월 27일 강릉 정자각이 실화로 소진됨

선조 04년(1571) 12월 03일 주강에서 『중용』 13장 「혹문」을 강함

선조 05년(1572) 02월 선조가 적전에서 친경함

선조 05년(1572) 03월 의인왕후가 친잠을 행함

선조 05년(1572) 03월 20일 친경한 일로 과거를 보여 유근 등 16인을 뽑음

선조 05년(1572) 05월 01일 조강에서 『서전』의 「순전」을 강함

선조 05년(1572) 08월 14일 공빈 김씨가 임해군을 낳음

선조 05년(1572) 10월 02일 선조 경복궁으로 이어. 중전도 창덕궁에서 옮겨 옴

선조 05년(1572) 10월 24일 의성왕대비께서 25일 이어하실 예정이라고 함

선조 05년(1572) 12월 26일 종계 악명 주청사에 이양원 윤근수 등이 임명됨

선조 06년(1573) 02월 28일 주청사 이후백·윤근수 등이 중국 연경으로 떠남

선조 06년(1573) 03월 27일 심의겸을 이조 참의에 임명함

선조 06년(1573) 08월 04일 중종 후궁 숙의 홍씨 소생 해안군이 63세로 졸

선조 06년(1573) 09월 10일 인성왕후의 중병이 완쾌되자 선조가 진풍정연을 가짐

선조 06년(1573) 09월 21일 이이(李珥)가 『상서 尙書』를 강함

선조 06년(1573) 10월 01일 공의전 탄일에 문안하니 자낭을 관원마다 하나씩 내림

선조 06년(1573) 11월 11일 선조 탄일이라 하례를 받음

선조 06년(1573) 인빈이 19세에 종4품 숙원의 칭호가 내려짐

선조 07년(1574) 01월 15일 공빈 김씨가 낳은 왕자(임해군)를 진국이라고 이름을 지
　　　　　　　　　　　어 『선원록』에 올림

선조 07년(1574) 04월 08일 강릉 참배를 아뢰니 따름

선조 07년(1574) 04월 20일 강릉에 제사지냄

선조 07년(1574) 05월 23일 선조가 매부 안황이 초시에 합격하자 시를 지어 보냄

선조 07년(1574) 05월 27일 기우제를 지낸 후 가랑비가 내림

선조 07년(1574) 06월 24일 석강에 『대학연의』의 「교동자홀야」 장을 신강

선조 07년(1574) 08월 03일 김효원을 이조 정랑에 임명함

선조 07년(1574) 10월 27일 명종비가 덕빈을 대동하여 창덕궁으로 이어

선조 07년(1574) 11월 22일 경복궁에서 창덕궁에 가서 의성전께 문안함

선조 07년(1574) 11월 25일 공의전에 시선함

선조 07년(1574) 12월 01일 석강 후 유희춘이 야대때 『대학연의』를 진강토록 청함

선조 07년(1574) 12월 01일 야대에 『대학연의』의 정일집중에 관한 말을 진강

선조 07년(1574) 12월 12일 의성전이 편치 못함

선조 07년(1574) 12월 17일 자전이 미령하시나 선조가 대간이 없어 행행하지 못함

선조 07년(1574) 12월 18일 창덕궁에 나아가 사소(四所)에 숙소를 정함

선조 08년(1575) 01월 01일 옥당의 문안을 받음

선조 08년(1575) 01월 02일 인순왕후 훙

선조 08년(1575) 01월 02일 미시에 습전, 신시에 석곡하고 통명전에 빈소를 정함

선조 08년(1575) 01월 03일 백관이 조곡하고, 선조에게 죽을 드시라 권함

선조 08년(1575) 01월 04일 인순왕후를 소렴하고, 의려를 창경궁 환경전에 정함

선조 08년(1575) 01월 05일 대신들이 죽을 들기를 청하자 따름

선조 08년(1575) 01월 06일 선조가 묘시에 대렴하는 중에 핏덩이를 토함

선조 08년(1575) 01월 07일 백관이 성복함

선조 08년(1575) 01월 08일 박순이 산릉 도감을 거느리고 인산할 곳을 가보았으니,
　　　　　　　　　　　　　　곧 강릉의 한 지맥임

선조 08년(1575) 01월 10일 이날 혼전을 문정전에 정하고, 시호를 의논함

선조 08년(1575) 01월 11일 휘호는 선열의성, 시호는 인순, 혼전은 경모로 정함

선조 08년(1575) 01월 16일 대행대비의 산릉을 강릉 건금산에 쓰기로 정함

선조 08년(1575) 01월 19일 주청사의 배표를 28일로 정하고, 산릉의 하현궁을 4월
　　　　　　　　　　　　　　28일로 정함

선조 08년(1575) 01월 21일 홍문관 차자에 따라 4월로 장사 날짜를 잡음

선조 08년(1575) 01월 26일 선조가 오는 27일 빈전 성제에 쓸 향을 특별히 올림

선조 08년(1575) 02월 03일 왕비가 빈전에 향을 올림

선조 08년(1575) 02월 10일 백관이 빈전에 향을 올림

선조 08년(1575) 02월 27일 총호사 등이 산릉에 금정틀을 설치하는 일로 강릉에 감

선조 08년(1575) 02월 29일 공의전의 옥후도 미령함

선조 08년(1575) 03월 07일 인순왕후의 지문은 이후백이, 애책은 허봉이, 시책은 구
　　　　　　　　　　　　　　봉령이 차례로 지어 올림

선조 08년(1575) 04월 26일 공빈이 두 번째 아들 광해군을 낳음

선조 08년(1575) 04월 28일 인순왕후의 상을 발인함

선조 08년(1575) 05월 20일 인순왕후를 강릉에 부장함

선조 08년(1575) 05월 20일 인순왕후 졸곡제를 행함

선조 08년(1575) 07월 01일 좌의정 박순이 병을 이유로 사직함

선조 08년(1575) 07월 대신들이 임금에게 경복궁에 이어하여 공의전을 모실 것을
　　　　　　　　　　　　청하자 경복궁으로 이어함

선조 08년(1575) 10월 24일 김효원과 심의겸을 부령 부사, 개성 유수에 임명함

선조 08년(1575) 12월 홍성민을 파견하면서 변무한 사정을 『대명회전』의 새 책에
　　　　　　　　　　　넣어 줄 것을 아울러 주청하게 함

선조 09년(1576) 01월 02일 인순왕후의 연제를 행함
선조 09년(1576) 10월 08일 축시에 인순왕후 혼전인 경모전에 동향 대제를 친행함
선조 09년(1576) 11월 30일 대상을 위한 재계 때문에 판방에서 유숙하려 하였는데,
　　　　　　　　　　 정원에서 따뜻한 방에 유숙할 것을 청하니 따름
선조 09년(1576) 김제남이 1남 김래를 낳음
선조 10년(1577) 01월 02일 선조가 인순왕후의 혼전에서 대상을 지냄
선조 10년(1577) 03월 10일 인순왕후의 담제를 섭행함
선조 10년(1577) 03월 12일 인순왕후를 태묘에 부제함
선조 10년(1577) 03월 30일 인빈 김씨가 서3남인 의안군을 낳음
선조 10년(1577) 인빈 김씨가 23세에 정3품 소용이 됨
선조 10년(1577) 03월 24일 정세호를 영의정으로 추증함
선조 10년(1577) 04월 20일 선조가 가묘에 친제함
선조 10년(1577) 04월 20일 정창서를 가자하려 하자 삼공이 논의함
선조 10년(1577) 04월 25일 선조가 강릉과 태릉에 친제함
선조 10년(1577) 05월 27일 공빈 김씨가 산후병으로 졸
선조 10년(1577) 09월 09일 성균관에 거둥하여 알성과를 보여 김여물 등을 뽑음
선조 10년(1577) 09월 28일 인순왕후를 종묘에 부제한 경사로 별시를 봄
선조 10년(1577) 11월 윤임, 계림군 이유의 복관이 이루어지고 위훈 삭제됨
선조 10년(1577) 11월 28일 임금이 대신을 불러 공의전이 위중하니 준비하라고 함
선조 10년(1577) 11월 28일 공의전이 졸곡 후 오사모·흑각대를 쓰고, 의녀를 추문
　　　　　　　　　　 하지 말 것을 전교함
선조 10년(1577) 11월 29일 공의전이 낫지 않자 대신들에게 기도하도록 전교함
선조 10년(1577) 11월 29일 신시 초에 인종비 공의왕대비가 춘추 64세로 승하
선조 10년(1577) 12월 06일 인성왕후의 시호를 인성 휘호를 효순 전호를 효모라 함
선조 10년(1577) 12월 08일 위훈을 삭제하고 신원시킨다는 교서를 반포함
선조 10년(1577) 12월 12일 헌부가 4개월에 장사지내는 일이 미안하다고 아룀
선조 10년(1577) 12월 14일 정원이 제문에 쓸 명칭을 논함
선조 11년(1578) 01월 22일 인성왕후의 선고 박용에게 영의정을 추증함
선조 11년(1578) 02월 09일 인성왕후의 발인 때에 선조가 광화문 밖에서 지송하고
　　　　　　　　　　 영가가 숭례문 밖으로 나간 뒤에야 환궁함
선조 11년(1578) 02월 15일 인성왕후를 하현궁함
선조 11년(1578) 02월 15일 하현궁할 시각에 근정전 뜰에서 망곡례를 거행함
선조 11년(1578) 02월 15일 창경궁 문정전에서 반우제를 지냄

선조 11년(1578) 02월 27일 졸곡제를 행하고 백관이 오모와 흑각대로 바꿈
선조 11년(1578) 03월 09일 홍문관이 『시경』을 정지하고 『춘추』를 강하도록 청함
선조 11년(1578) 03월 13일 효릉에 친제를 지냄
선조 11년(1578) 03월 13일 친제를 지내고 수릉관에게 한 자급을 가자함
선조 11년(1578) 03월 20일 인성 왕후 상장때의 총호사 이하에게 선물을 줌
선조 11년(1578) 12월 10일 인빈 김씨가 서4남인 신성군을 낳음
선조 11년(1578) 인빈 김씨가 24세에 종1품 귀인으로 오름
선조 11년(1578) 박응순이 어머니의 상을 당하여 양주에서 여막을 짓고 시묘를 함
선조 12년(1579) 03월 25일 주강의 경연 석상에서 바야흐로 『춘추』를 강함
선조 12년(1579) 04월 임인일 귀인 정씨 아이를 출산하다가 23세로 졸
선조 13년(1580) 01월 인성 왕후의 신주를 태묘에 모심
선조 13년(1580) 05월 25일 『대학연의』를 진강함
선조 13년(1580) 05월 26일 정순희의 딸 숙의 정씨, 홍여겸의 딸 정빈 홍씨, 민사준
　　　　　　　　　　　　 의 딸 정빈 민씨가 숙의로 들어옴
선조 13년(1580) 06월 22일 인빈 김씨가 26세에 셋째 아들 정원군을 낳음
선조 13년(1580) 10월 10일 순빈 김씨가 순화군을 낳음
선조 13년(1580) 11월 10일 의인왕후 아버지 박응순 55세로 졸
선조 14년(1581) 05월 김계휘를 변무 주청사로 삼음
선조 14년(1581) 온빈 한씨 출생
선조 15년(1582) 07월 11일 인빈 김씨 28세에 첫째 딸 정신옹주를 낳음
선수 15년(1582) 09월 01일 이이가 네 가지 시폐의 개정을 논한 상소문을 올림
선조 16년(1583) 02월 니탕개(尼湯介)의 난이 일어남
선조 16년(1583) 04월 이이가 10만 양병설을 주장함
선조 16년(1583) 08월 19일 밤에 임금이 창덕궁으로 이어함
선조 17년(1584) 05월 03일 종계 주청사 황정욱 등이 출발함
선조 17년(1584) 11월 01일 황정욱 등이 돌아오자 죄인을 사면하고 상을 내림
선조 17년(1584) 11월 14일 인목왕후 출생
선조 17년(1584) 인빈이 30세에 둘째 딸 정혜옹주를 낳음
선조 18년(1585) 02월 20일 석강에서 『강목』 강함
선조 18년(1585) 04월 16일 선정전에 나아가 『주자강목』을 진강
선조 18년(1585) 04월 16일 주자의 『통감강목』 중 '여름 4월 그믐'에서부터 '의릉
　　　　　　　　　　　　 에 장사지내다' 한 데까지 진강함
선조 18년(1585) 04월 17일 임해군이 허명의 딸과 혼인함

선조 18년(1585) 05월 28일 서익이 정여립을 비판하고 이산보 등의 성품을 상소함

선조 18년(1585) 김제남이 사마시에 합격

선조 19년(1586) 10월 01일 의인왕후의 인후증으로 위중하여 시약청 설치

선조 19년(1586) 10월 07일 시약청이 의인왕후 맥이 회복되었다고 아룀

선조 19년(1586) 10월 08일 시약청을 파하고 약방제조와 의관들에게 가자함

선조 20년(1587) 03월 갑진에 인빈 김씨가 33세에 셋째 딸 정숙옹주를 낳음

선조 21년(1588) 02월 24일 의안군이 12세에 역질로 죽음

선조 21년(1588) 03월 28일 사은사 유홍이 『대명회전』에 잘못된 종계를 개정한 책
　　　　　　　　　　　 을 예부가 보내주었다고 아룀

선조 21년(1588) 05월 02일 칙서를 맞이하고 권정례로 하례를 받음

선조 21년(1588) 10월 29일 정빈 민씨가 첫 아들 인성군을 낳음

선조 22년(1589) 01월 인빈 김씨가 35세에 넷째 아들 의창군을 낳음

선조 22년(1589) 09월 06일 중신을 보내 순회세자묘에 치제함

선조 22년(1588) 10월 성절사 윤근수가 황제의 칙서와 『회전』을 가지고 돌아옴

선조 22년(1589) 10월 02일 황해감사 한준이 정여립이 역모를 꾀한다고 고변

선조 22년(1589) 10월 19일 상이 선정전에 임어하여 정옥남 등을 친국함

선조 23년(1590) 02월 11일 선조는 정륜 입극 성덕 홍렬, 의인왕후는 장성왕후의
　　　　　　　　　　　 존호를 받음

선조 23년(1590) 03월 03일 덕흥대원군의 무덤 위에 어떤 사람이 불을 질렀는데,
　　　　　　　　　　　 그 용의자를 체포하도록 명함

선조 23년(1590) 04월 24일 종계의 악명이 벗겨지고 『대명회전』이 반사되어, 이산
　　　　　　　　　　　 해 등이 백관을 거느리고 존호를 올리자 사면령을 내림

선조 23년(1590) 08월 광국공신과 평난공신을 봉함

선조 23년(1590) 정빈 민씨가 정인옹주 낳음

선조 23년(1590) 인빈 김씨가 36세에 넷째 딸 정안옹주를 낳음

선조 24년(1591) 윤03월 정철이 양사의 논계를 입어 파직

선조 24년(1591) 윤03월 정철의 죄를 열거하여 조당에 방시하라 명함

선조 24년(1591) 06월 23일 양사가 정철 등의 찬배를 청함

선조 24년(1591) 06월 양사에서 윤근수·홍성민 등도 아울러 죄줄 것을 합계함

선조 24년(1591) 06월 정철이 강계로 이배됨

선조 24년(1591) 07월 02일 양사가 정철에게 붙은 황정욱·황혁 등을 탄핵함

선조 25년(1592) 03월 03일 순회세자빈이 41세로 졸함

선조 25년(1592) 04월 13일 임진왜란 발발

선조 25년(1592) 04월 28일 신립 장군이 탄금대에서 패함

선조 25년(1592) 04월 29일 서2남인 광해군을 세자로 세움

선조 25년(1592) 04월 30일 선조가 왕비와 왕자들을 데리고 파천길 떠남

선조 25년(1592) 05월 01일 선조가 저녁에 개성에 도착함

선조 25년(1592) 05월 03일 경성이 함락되었다는 보고가 옴

선조 25년(1592) 05월 03일 포시에 개성부를 떠나 밤에 금교역에 도착함

선조 25년(1592) 05월 07일 선조가 평양으로 들어감

선조 25년(1592) 06월 10일 의인왕후 함흥으로 가려다 가지 못함

선조 25년(1592) 06월 11일 선조가 평양을 떠나 영변으로 향함

선조 25년(1592) 06월 11일 의인왕후 함흥으로 먼저 가서 선조를 기다리기로 함

선조 25년(1592) 06월 13일 선조가 안주에서부터 영변부로 들어감

선조 25년(1592) 06월 13일 대전은 정주로 갈 것이라고 함

선조 25년(1592) 06월 14일 선조가 요동으로 건너갈 계획을 결정하고 선전관을 보
내어 중전을 맞아 돌아오도록 함

선조 25년(1592) 06월 15일 이날 저녁에 내전의 행차가 박천에 도착함

선조 25년(1592) 06월 15일 그날 평양의 강 여울의 방어가 무너졌다는 보고가 오자
가산으로 떠남

선조 25년(1592) 06월 15일 이날 밤에 박천에서 가산으로 행행하여 새벽 닭이 울
무렵에 군에 들어옴

선조 25년(1592) 06월 16일 선조가 정주에 도착함

선조 25년(1592) 06월 18일 선조가 정주를 떠나 곽산을 지나 선천에 도착

선조 25년(1592) 06월 18일 중국 군대가 도착하자 임반관에서 맞이함

선조 25년(1592) 06월 19일 선조가 아침에 선천을 떠나 거련관에 도착

선조 25년(1592) 06월 20일 선조가 이른 아침에 용천군에 도착

선조 25년(1592) 06월 22일 선조가 의주에 도착하여 목사의 관사에 좌정함

선조 25년(1592) 06월 명나라 원군 1진이 내려와 평양에서 대치함

선조 25년(1592) 06월 각도에서 의병이 일어나 왜군을 물리치고 있었음

선조 25년(1592) 07월 24일 임해군 순화군 등이 포로로 잡힘

선조 25년(1592) 07월 고경명이 금산의 적을 토벌하다가 패하여 전사

선조 25년(1592) 07월 이순신 장군의 한산도 대첩

선조 25년(1592) 08월 조헌과 영규가 금산전투에서 전사함. 공빈 김씨의 아버지 김
회철도 금산싸움에서 전사함

선조 25년(1592) 10월 김시민의 진주대첩으로 전라도 곡창이 보호됨

선조 25년(1592) 11월 05일 전란 중에 인빈의 둘째 아들 신성군 이후가 졸함
선조 25년(1592) 12월 명나라 대군이 내려 오면서 일본군이 퇴각하게 됨
선조 25년(1592) 덕흥군의 2남 하릉군이 43세로 졸함
선조 26년(1593) 02월 권율 장군이 행주대첩을 이룸
선조 26년(1593) 02월 선조는 영유현으로 이주하였고 세자와 중궁은 그대로 머뭄
선조 26년(1593) 04월 관군이 서울을 수복함
선조 26년(1593) 04월 경략이 심유경을 보내 왜영에 들어가서 강화를 의논하게 함
선조 26년(1593) 04월 경성에 주둔하던 왜장들이 군사를 이끌고 해상으로 돌아감
선조 26년(1593) 06월 24일 김천일 장군 등이 진주성을 사수하러 들어가 6월 29일
　　　　　　　　　　　제2차 진주성 전투가 벌어짐
선조 26년(1593) 06월 14일 병조가 내전과 대가가 거둥할 도로를 품함
선조 26년(1593) 06월 19일 환궁하기 전에 부로들을 행궁의 문 밖에 모으고 선유함
선조 26년(1593) 06월 19일 대가가 평양부 서면 주동의 막차에 주정함
선조 26년(1593) 06월 20일 대가가 오시에 강서현 행궁에 도착함
선조 26년(1593) 07월 순화군 임해군이 포로에서 풀려남
선조 26년(1593) 08월 11일 강서를 떠나며 강서의 노인들을 불러 위로함
선조 26년(1593) 08월 12일 황주 땅 윤빙의 집에서 유숙함
선조 26년(1593) 08월 15일 저녁에 봉산 땅 민가에서 묵음
선조 26년(1593) 08월 15일 왕세자는 묘사와 내전을 모시고 저녁에 중화에 도착함
선조 26년(1593) 08월 16일 봉산의 민가를 출발하여 율곶 선상에서 주정하고 저녁
　　　　　　　　　　　에는 재령군에서 묵음
선조 26년(1593) 08월 18일 선조는 저녁에 해주에 도착함
선조 26년(1593) 08월 20일 중전과 동궁이 묘사의 신주를 모시고 강서에서 도착하
　　　　　　　　　　　니, 선조가 묘문 밖에서 지영함
선조 26년(1593) 09월 11일 경성 및 산천에 제사를 행하라 명함
선조 26년(1593) 09월 22일 선조 해주를 출발함 의인왕후는 해주에 그대로 머뭄
선조 26년(1593) 09월 23일 연안부에 이르러 성을 지켜낸 백성들의 공을 칭찬하고
　　　　　　　　　　　논상을 명함
선조 26년(1593) 09월 27일 저녁에 개성부에 머무름
선조 26년(1593) 09월 28일 저녁에 동파역에 머무름
선조 26년(1593) 09월 29일 저녁에 벽제관에 머무름
선조 26년(1593) 10월 01일 선조 서울 정릉동 행궁에 도착함
선조 26년(1593) 10월 09일 강화 등에 피란한 선왕의 후궁들에게 양식을 주라고 함

선조 26년(1593) 12월 18일 정철이 강화우사에서 졸
선조 26년(1593) 인빈 김씨가 39세에 다섯째 딸 정휘옹주를 낳음
선조 27년(1594) 01월 21일 의인왕후가 해주에서 굶는 사람들을 구휼할 것을 명함
선조 27년(1594) 06월 01일 사간원이 병조 판서 심충겸을 탄핵하여 파직시킴
선조 27년(1594) 10월 25일 세자빈이 해주에서 서울로 들어옴
선조 27년(1594) 11월 12일 진시에 상이 별전에 나아가 비로소 『주역』을 강함
선조 27년(1594) 11월 13일 정철이 관작을 추탈당함
선조 27년(1594) 김제남 의금부도사에 제수되고, 승진하여 공조좌랑이 됨
선조 28년(1595) 01월 17일 정빈 홍씨가 정정옹주 해주 행궁에서 낳음
선조 28년(1595) 04월 16일 의인왕후(41세)의 어머니 졸
선조 28년(1595) 04월 18일 정원이 부고에 대한 선조의 걱정을 염려함
선조 28년(1595) 05월 25일 졸한 박응순 부인에게 산료를 3년 동안 줄 것을 명함
선조 28년(1595) 10월 21일 사간원이 해주에 계신 중전의 환도를 계청하자 허락됨
선조 28년(1595) 11월 03일 의인왕후가 해주의 동면 남성촌에서 묵음
선조 28년(1595) 11월 04일 의인왕후가 저녁에 연안부에서 유숙함
선조 28년(1595) 11월 07일 의인왕후가 벽란도를 건너 개성부에서 묵음
선조 28년(1595) 11월 07일 인조가 해주에서 탄생
선조 28년(1595) 11월 09일 의인왕후가 임진을 건너 벽제에 유숙함
선조 28년(1595) 11월 10일 의인왕후가 미시에 환궁함
선조 28년(1595) 11월 10일 약방·정원 등이 내전에 문안함
선조 28년(1595) 12월 광해군을 왕세자로 책봉을 청하는 주문사를 북경에 보냄
선조 29년(1596) 04월 16일 의인왕후 상복을 벗자, 약방 등이 문안함
선조 29년(1596) 07월 이몽학이 홍산에서 난을 일으킴
선조 29년(1596) 09월 23일 정빈 홍씨가 경창군 낳음
선조 29년(1596) 김제남이 연천현감을 지냄
선조 29년(1596) 김제남이 2남 김규를 낳음
선조 30년(1597) 01월 정유재란이 일어나 약 20만의 일본군이 다시 조선을 침략함
선조 30년(1597) 06월 18일 중전의 강화도 피난과 각종 현안 문제를 의논함
선조 30년(1597) 06월 20일 옹주 등을 강화로 피란시키고 선박은 항상 대기하게 함
선조 30년(1597) 08월 12일 나인과 어린 왕자들을 해주로 피신시키도록 지시함
선조 30년(1597) 08월 18일 이산해 등이 소대를 청하여 남원성 함락 이후의 사태를
          논의함
선조 30년(1597) 09월 10일 선조가 마귀를 접견하고 내전의 피란을 도와 준 일에

사의를 표함

선조 30년(1597) 09월 13일 경기 감사 홍이상이 중전 등의 피란 상황을 보고함

선조 30년(1597) 09월 22일 정원군 등을 추고하자는 사헌부의 청을 들어주지 않음

선조 30년(1597) 09월 25일 내전과 후궁이 수안과 성천에 나누어 있다고 함

선조 30년(1597) 10월 03일 덕흥군의 1남 하원군이 53세로 졸함

선조 30년(1597) 11월 06일 왕세자빈이 수안에서 도성으로 돌아옴

선조 30년(1597) 11월 08일 이이첨이 수안에 있는 중전의 이주 등을 요청함

선조 30년(1597) 김제남이 별시 문과에 병과로 급제

선조 30년(1597) 정빈 민씨가 정유재란 때 해서로 피란갔다가 돌아옴

선조 31년(1598) 09월 26일 중전이 수안에 머물도록 함

선조 31년(1598) 09월 일본군, 풍신수길의 유언에 따라 대철수를 시작함

선조 31년(1598) 11월 18일 이순신 장군이 전사

선조 31년(1598) 12월 05일 예조가 원손 탄생을 종묘에 고유할 것을 건의함

선조 32년(1599) 04월 16일 세자가 의인왕후를 문안하는 것을 의논하게함

선조 32년(1599) 04월 25일 왕세자가 중전의 병환에 문안드리러 감

선조 32년(1599) 04월 28일 최흥원이 동궁 행차를 정지하라는 중전의 하교를 아룀

선조 32년(1599) 윤04월 25일 중전이 수안에서 환도함

선조 32년(1599) 05월 30일 사헌부가 성천·해주 등지에 있는 왕녀와 부마를 속히
　　　　　　　　　　　올라오도록 하는 것 등에 관해 아룀

선조 32년(1599) 07월 24일 중전이 수안에 있을 때 공을 세운 최흥원 등에게 상을
　　　　　　　　　　　내림

선조 32년(1599) 정숙옹주가 신익성에게 출가했으나 궁중으로 돌아오라고 명함

선조 32년(1599) 김제남이 3남 김선을 낳음

신조 33년(1600) 06월 27일 의인왕후께서 경운궁에서 46세로 승하

선조 33년(1600) 06월 27일 의인왕후 빈전 도감 등에서 일할 사람을 정함

선조 33년(1600) 06월 27일 의인왕후 빈전을 계림군 집의 대청에 마련하라고 함

선조 33년(1600) 06월 28일 진시에 대행 왕비를 염습함

선조 33년(1600) 06월 29일 대행 왕비의 소렴을 거행하고 전을 올림

선조 33년(1600) 07월 01일 정시(丁時)에 대행왕비를 대렴함

선조 33년(1600) 07월 02일 종친과 문무 백관이 성복함

선조 33년(1600) 07월 07일 대행 왕비의 지석으로 선릉 개장시에 쓰려고 한 지석을
　　　　　　　　　　　사용토록 함

선조 33년(1600) 07월 09일 선조가 대행 왕비의 내행에 대해 비망기 내림

선조 33년(1600) 07월 11일 대행 왕비의 시호는 의인, 혼전은 효경, 능은 유로 올림
선조 33년(1600) 07월 16일 선조 비망기로 순화군을 법에 의해 처단할 것을 명령함
선조 33년(1600) 07월 20일 순화군 이보를 외방으로 귀양보내고 법대로 복안함
선조 33년(1600) 07월 21일 순화군 이보를 수원에 정배함
선조 33년(1600) 07월 28일 이항복을 명하여 빈전에 진향하게 함
선조 33년(1600) 07월 28일 대행 왕비의 내향인 나주의 수리가 진위를 위해 상경함
선조 33년(1600) 08월 10일 종친부가 빈전에 향을 바침
선조 33년(1600) 08월 16일 충훈부가 빈전에 향을 올림
선조 33년(1600) 09월 02일 사관이 포천의 장지를 옮기는 것을 비판함
선조 33년(1600) 10월 08일 순화군이 폐단을 엄중히 감독하도록 지시함
선조 33년(1600) 10월 10일 순화군이 수원에 정배 중이었다가 서울로 옮겨 연금됨
선조 33년(1600) 10월 13일 대행 왕비의 증시책보례를 남별궁에서 습의함
선조 33년(1600) 10월 17일 이항복에게 대행 왕비의 시책보를 빈전에 올리게 함
선조 33년(1600) 11월 16일 인산 석물을 내년 봄에 하기로 함
선조 33년(1600) 11월 24일 인산을 산릉으로, 수원관을 수릉관으로, 시원관을 시릉
관으로 바꿈
선조 33년(1600) 12월 19일 대행 왕비의 내지를 능 속에 봉납하라고 전교함
선조 33년(1600) 12월 21일 인시에 의인 왕후의 영가가 발인함
선조 33년(1600) 12월 22일 예조 낭청이 영악전 등이 불탔음을 아룀
선조 33년(1600) 12월 22일 빈전 도감이 하관을 계획대로 하겠다고 함
선조 33년(1600) 12월 22일 예조에서 장례를 계획대로 마친 것을 아룀
선조 33년(1600) 12월 22일 의인왕후를 건원릉 동쪽 셋째 산줄기인 유릉에 안장함
선조 33년(1600) 12월 22일 우주가 혼전인 효경전으로 돌아옴
선조 33년(1600) 12월 22일 초우제를 행함
선조 33년(1600) 12월 26일 국장 도감에서 의인왕후의 지문을 다시 새길 것을 건의
선조 33년(1600) 12월 27일 예조에서 의인왕후의 지문을 다시 새길 것을 건의
선조 33년(1600) 김제남이 연천 현감직을 사직함
선조 33년(1600) 이해에 온빈 한씨가 경평군을 낳음
선조 34년(1601) 01월 05일 졸곡제 후 왕세자가 효경전에서 환궁하여 문안함
선조 34년(1601) 01월 27일 시강원에서 효경전 삭제의 대행을 건의하니 윤허함
선조 34년(1601) 02월 27일 비변사에서 왕세자의 유릉 친제시 배행할 관원 규례를
건의
선조 34년(1601) 03월 02일 왕세자가 문안한 뒤에 유릉에 배제할 일로 출행함

선조 34년(1601) 03월 03일 예조에서 능소 배제하는 의주를 아룀
선조 34년(1601) 05월 04일 아침에 왕세자가 문안한 후 유릉에 감
선조 34년(1601) 05월 05일 왕세자가 유릉에서 단오의 제사를 지낸 뒤 환궁함
선조 34년(1601) 05월 13일 15일에 있을 왕세자 효경전 망제는 대행하게함
선조 34년(1601) 05월 14일 빈전 도감 관계자들에게 포상하는 내용을 전교함
선조 34년(1601) 06월 26일 왕세자가 문안하고 효경전으로 나아감
선조 34년(1601) 06월 27일 의인왕후 소상
선조 34년(1601) 09월 11일 선조 침을 맞기로 함
선조 34년(1601) 10월 07일 예조가 새로 곤궁을 맞아 들일 것을 청하여 윤허함
선조 34년(1601) 11월 10일 11일부터 금혼령
선조 34년(1601) 12월 11일 제 1운의 처녀를 간택함
선조 34년(1601) 경 정빈 민씨가 정근옹주를 낳음
선조 34년(1601) 김제남이 사간원 정언 등을 거쳐 이조좌랑이 됨
선조 35년(1602) 01월 12일 유영경이 이조판서로 등용
선조 35년(1602) 02월 03일 이덕형 등에게 김제남의 집에 대혼의 예를 정하라 함
선조 35년(1602) 03월 21일 유영경 우의정 임명함
선조 35년(1602) 06월 26일 아침에 왕세자가 문안한 뒤에 효경전으로 나아감
선조 35년(1602) 06월 27일 의인 왕후의 대상임
선조 35년(1602) 06월 27일 윤형 등에게 가자하고, 마필 등을 수여함
선조 35년(1602) 07월 13일 인목왕후가 왕비 책봉례를 행함
선조 35년(1602) 07월 14일 선조가 왕비를 맞아들인 것을 기념하여 권정례로 백관
　　　　　　　　　　　　　의 하전을 받고 사면령을 내림
선조 36년(1603) 02월 18일 중궁전의 산실을 배설함
선조 36년(1603) 02월 27일 향산에 가는 사관에게 산실 등 전례를 등서해 오게 함
선조 36년(1603) 03월 09일 인성군이 16세에 형조 판서 윤승길의 딸과 혼인함
선조 36년(1603) 04월 27일 명나라 황제가 인목왕후 김씨를 책봉한 고문
선조 36년(1603) 04월 27일 명나라 황제가 조선 국왕에게 보낸 칙서
선조 36년(1603) 04월 27일 황제가 보낸 예물 목록
선조 36년(1603) 04월 17일 의창군이 허성의 딸을 맞아 아내로 삼음
선조 36년(1603) 05월 19일 인목왕후가 정명공주를 낳음
선조 36년(1603) 05월 22일 약방이 의인왕후를 문안하고 복통에 대한 처방을 함
선조 36년(1603) 05월 25일 약방 제조 등에게 물품을 차등있게 내림
선조 36년(1603) 06월 20일 이광정 등에게 관직을 제수함

선조 36년(1603) 07월 21일 왕세자빈의 탄일이므로 승정원 등이 문안함

선조 36년(1603) 정인옹주가 이조참판 홍식의 아들 홍우경과 혼인함

선조 36년(1603) 정안옹주가 14세로 금양위 박미와 혼인함

선조 37년(1604) 02월 07일 정빈 민씨 소생 인흥군이 정릉동 행궁 별전에서 태어남

선조 37년(1604) 06월 25일 호성 공신, 선무 공신, 청난 공신을 봉함

선조 37년(1604) 09월 12일 유정량이 인빈 김씨 소생 정휘옹주와 혼인함

선조 37년(1604) 윤09월 08일 정빈 민씨 소생 정선옹주가 권대임과 혼인함

선조 37년(1604) 10월 03일 순화군을 사복시정 이수준의 집에다 안치함

선조 37년(1604) 10월 19일 군신이 상과 의인 왕후, 중궁전에 존호를 올리니 대사
　　　　　　　　　　령을 반포함

선조 37년(1604) 10월 29일 공신들에게 공신 녹권을 반급함

선조 37년(1604) 11월 12일 인빈이 50세에 관작이 올라 정1품 인빈이 됨

선조 37년(1604) 11월 17일 인목왕후가 죽은 아이를 낳음

선조 37년(1604) 온빈 한씨가 정화옹주 낳음

선조 38년(1605) 04월 임금의 존호를 올린 경사로 증광 별시를 베풀어 생원 이식립
　　　　　　　　　 등 33인을 뽑음

선조 38년(1605) 온빈 한씨가 영성군을 낳음

선조 39년(1606) 1월 15일 즉위 40년 축하 의식을 권정례로 행하고 왕세자가 축하
　　　　　　　　　 의 글을 올림

선조 39년(1606) 03월 인목왕후가 영창대군 낳음

선조 39년(1606) 03월 06일 예조에서 대군의 탄생에 진하를 건의함

선조 39년(1606) 08월 23일 홍주원이 태어남

선조 40년(1607) 03월 11일 유릉에 불이 났었으므로 위안제를 지냄

선조 40년(1607) 03월 18일 순화군 이보 28세로 졸

선조 41년(1608) 02월 01일 선조 훙 향년 57세

선조 41년(1608) 02월 01일 박동량을 수릉관으로 삼음

선조 41년(1608) 02월 01일 휘호를 현문의무성경달효로 올리고, 묘호를 선종으로,
　　　　　　　　　 능호를 목릉으로, 혼전을 영모전으로 함

광해군대

광해 00년(1608) 02월 02일 광해군 즉위함

광해 00년(1608) 02월 05일 신시에 대렴을 하고 전(奠)을 올림

광해 00년(1608) 02월 06일 광해군이 성복례를 거행

광해 00년(1608) 02월 06일 고부 청시 승습사로 이호민 등을 삼음

광해 00년(1608) 02월 08일 대신이 대행대왕의 묘호를 조라고 일컫는 것이 옳다고
아룀

광해 00년(1608) 02월 10일 이사경이 대행대왕의 호를 조라 하는 것은 다시 의논해
야 한다고 아룀

광해 00년(1608) 02월 13일 홍문관에서 대행 대왕의 묘호에 대하여 아룀

광해 00년(1608) 02월 14일 임해군이 진도에 안치됨

광해 00년(1608) 02월 20일 임해군을 강화도로 옮기라고 비망기를 내림

광해 00년(1608) 02월 21일 빈청 대신들이 선조의 묘호를 종으로 부르는 것이 당연
하다고 함

광해 00년(1608) 02월 23일 예조에서 대행대왕의 묘호를 종이라 하는 것이 의당하
다고 아룀

광해 00년(1608) 02월 24일 정인홍, 이이첨 석방

광해 00년(1608) 02월 25일 대행 대왕의 묘호와 휘호 등을 정함

광해 00년(1608) 03월 29일 지문을 이산해에게 지어 올리게 함

광해 00년(1608) 04월 25일 산릉 도감의 장계에 당일 오시에 외재궁을 하관했다고 함

광해 00년(1608) 05월 19일 대행 대왕의 휘호 소문을 현문으로 고치고, 숙릉을 목
릉으로 고침

광해 00년(1608) 06월 04일 대행 대왕의 시호를 고쳐 현문 의무 성예 달효 대왕이
라 하고 명정을 고쳐 썼으며, 능호를 목릉으로 고침

광해 00년(1608) 06월 11일 대행 대왕의 재궁이 발인함

광해 00년(1608) 06월 12일 사시에 재궁이 능에 오르고, 오시에 하관함

광해 00년(1608) 06월 14일 재우제를 대행시킴

광해 00년(1608) 06월 16일 삼우제를 대행시킴

광해 00년(1608) 06월 18일 임금이 사우제를 직접 지냄

광해 00년(1608) 06월 20일 오우제를 대행시킴

광해 00년(1608) 06월 21일 임금이 육우제를 몸소 거행

광해 00년(1608) 06월 23일 칠우제를 대행시킴

광해 00년(1608) 06월 25일 졸곡제를 친히 지냄

광해 01년(1609) 01월 21일 목릉 위의 갈라진 병풍석을 봉심하고 수리하도록 예조
에 이름

광해 01년(1609) 02월 01일 임금이 연제를 지낸 뒤 신시에 환궁함

광해 01년(1609) 02월 19일 예조가 목릉의 수개 시 3일 동안 시조를 정지할 것을
　　　　　　　　　　　아룀

광해 01년(1609) 04월 21일 선대왕의 휘호 중 성경의 '경'자가 사시의 소경과 중첩
　　　　　　　　　　　되어 성예로 바꿈

광해 01년(1609) 04월 29일 임해군이 향년 38세로 죽임을 당함

광해 02년(1610) 02월 01일 왕이 영모전에서 대상제를 의식대로 거행함

광해 02년(1610) 03월 29일 공빈 김씨를 추존 자숙단인 공성왕후로 삼고 능을 성능
　　　　　　　　　　　이라 함

광해 02년(1610) 04월 05일 의인왕후가 '정헌'의 존호를 추가로 받음

광해 02년(1610) 04월 10일 왕이 고동가제를 거행하고 선종 대왕의 신여를 모시고
　　　　　　　　　　　종묘로 갔으며, 의인 왕후의 신여도 효경전에서 종묘의 문밖
　　　　　　　　　　　막전으로 함께 안치함

광해 02년(1610) 04월 11일 선조와 의인왕후를 종묘에 부묘함

광해 02년(1610) 04월 19일 인목왕후가 '소성 정의' 라는 존호를 받음

광해 04년(1612) 02월 05일 덕흥대원군의 가묘를 중건하라 명함

광해 05년(1613) 04월 25일 계축옥사 발발

광해 05년(1613) 05월 16일 박동량의 공초로 유릉 저주의 옥사가 벌어짐

광해 05년(1613) 05월 29일 영창대군을 폐서인 하게 함

광해 05년(1613) 06월 01일 김제남이 사사됨

광해 05년(1613) 06월 01일 김제남 첩의 자식인 한영이 문초를 받음

광해 05년(1613) 07월 26일 영창대군이 강화도로 유배됨

광해 05년(1613) 08월 30일 김제남 막내 아들 김선에 대해 국문하거나 사약을 내릴
　　　　　　　　　　　일로 논의함

광해 06년(1614) 02월 10일 정항이 영창대군 살해함

광해 07년(1615) 06월 02일 김제남의 대상일에 최복을 벗고 불태움

광해 08년(1616) 01월 11일 덕흥군의 장남 하원군 부인 성주 이씨가 졸함

광해 08년(1616) 07월 12일 선종의 묘호를 고쳐서 선조로 올리도록 하라고 함

광해 08년(1616) 07월 30일 김제남의 추형이 허락됨

광해 08년(1616) 08월 04일 빈청이 선조와 두 비의 추숭 존호 단자를 입계함

광해 08년(1616) 08월 18일 한찬남이 김제남 등의 추형을 빨리 시행할 것을 청함

광해 08년(1616) 08월 21일 한찬남이 역적에 대한 추형을 오늘 시행하자고 청함

광해 08년(1616) 08월 23일 김제남 추형을 시행함

광해 09년(1617) 03월 09일 이이첨·박승종·유희분이 '장원서의 모임'을 가짐

광해 09년(1617) 08월 07일 선조 옥책문을 올리는데 공이 있는 이이첨 등에게 상을
내림

광해 09년(1617) 11월 07일 윤유겸이 인목대비에 대한 대우를 어떻게 할 것인지 열
거하여 상소하면서 공주의 칭호도 삭탈하여 서인으로서 혼례
를 치르게 하라고 함

광해 10년(1618) 01월 04일 한준겸의 숙부인 우의정 한효순이 폐모론 발론

광해 10년(1618) 01월 28일 인목대비 서궁에 유폐됨, 정명공주도 감금됨

광해 10년(1618) 01월 30일 서궁을 폄손하는 절목을 마련하였는데 공주는 옹주로
낮추어짐

광해 10년(1618) 02월 14일 이구가 상소하여 공주를 궁궐에서 내보내기를 청함

광해 10년(1618) 10월 15일 인목왕후 어머니가 제주에 유배됨

광해 13년(1621) 10월 12일 광해군이 인정전에 나아가 존호를 올리는 예를 거행함

광해 14년(1622) 03월 12일 덕흥군 외손자인 안응형이 공홍 감사에 임명됨

광해 15년(1623) 12월 이이첨 백대형을 시켜 대비를 시해하려다 실패함

광해 15년(1623) 03월 13일 인조반정

인조대

인조 01년(1623) 03월 14일 인목왕후 어머니를 제주에서 맞아올 것을 명함

인조 01년(1623) 03월 15일 김제남이 영창 대군 등과 함께 관봉이 회복됨

인조 01년(1623) 03월 16일 정명공주 남편으로 홍영의 아들 홍주원이 간택됨

인조 01년(1623) 03월 17일 김제남이 예장되었고 영의정으로 추증됨

인조 01년(1623) 03월 19일 영창대군에게 제사가 내려짐

인조 01년(1623) 03월 21일 상이 대비를 모시고 경운궁에서 창덕궁으로 이어

인조 01년(1623) 09월 26일 정명공주가 홍주원에게 시집을 감

인조 01년(1623) 10월 29일 인목대비가 언문으로 영창 대군의 행장을 지어 내림

인조 02년(1624) 01월 24일 이괄의 난이 일어남

인조 02년(1624) 02월 08일 인목대비가 신흠 홍주원 등의 호종을 받으며 피란함

인조 02년(1624) 02월 10일 인목대비가 신민에게 의병을 일으키라고 하유함

인조 02년(1624) 02월 15일 이괄 난 평정됨

인조 02년(1624) 03월 23일 남이웅이 정명공주 집의 전장에 있는 곡물을 갔다가 군
량으로 썼는데 이 때에 도로 갚아줌

인조 02년(1624) 05월 29일 인경궁의 재목 등으로 정명공주의 집을 고치게 함

인조 02년(1624) 08월 08일 자전에게 명렬이라는 휘호를 정해서 올림
인조 02년(1624) 09월 04일 왕이 건원릉 · 현릉 · 유릉을 전알함
인조 02년(1624) 09월 07일 인목대비가 대왕대비가 됨
인조 02년(1624) 10월 07일 인목대비가 명렬이라는 존호를 받음
인조 02년(1624) 10월 09일 임금이 대왕 대비를 위해 진풍정을 거행
인조 02년(1624) 11월 08일 인성군이 박홍구의 역모사건에 추대됨
인조 03년(1625) 02월 12일 정명공주에게 정철 3천 근을 내려 집 짓는 데 쓰게 함
인조 03년(1625) 02월 18일 한성부에 명하여 정명공주의 집에 목재와 기와를 들이
　　　　　　　　　　　도록 독촉함
인조 03년(1625) 02월 25일 인성군을 강원도 간성에 안치함
인조 03년(1625) 02월 27일 간원이 정명공주의 저택을 짓는 공사를 금지시킬 것을
　　　　　　　　　　　청하였으나 따르지 않음
인조 03년(1625) 03월 02일 사헌부가 정명공주의 궁노를 가둠
인조 03년(1625) 03월 08일 김제남의 손자 김천석 형제에게 실직을 제수하라고 명함
인조 03년(1625) 03월 19일 신익성에게 영창 대군의 비문을 쓰도록 명함
인조 03년(1625) 07월 11일 김제남에게 음악이 하사되고 시연(諡宴)을 받음
인조 03년(1625) 08월 04일 정명공주의 집 짓는 데에 호조에 무명 등을 주게 함
인조 03년(1625) 정명공주가 1남 홍태망을 낳음
인조 04년(1626) 07월 10일 자전이 정명공주의 집을 수리하도록 한 명령을 환수토
　　　　　　　　　　　록 승정원에 하교함
인조 04년(1626) 08월 06일 양사가 홍주원의 가옥 수리의 중지를 요청하였으나 불
　　　　　　　　　　　허함
인조 04년(1626) 11월 01일 인성군이 어머니 정빈 민씨가 위독하므로 석방됨
인조 04년(1626) 12월 21일 덕흥대원군의 휘자는 모든 공사에 쓰지 말라고 전교함
인조 05년(1627) 01월 13일 정묘호란이 일어남
인조 05년(1627) 01월 21일 인목대비가 내전과 함께 강화도로 피란함
인조 05년(1627) 02월 09일 자전이 대신 등에 하교하여 지키는 계책을 말함
인조 05년(1627) 03월 03일 후금과 정묘조약을 체결하는 의식을 행함
인조 05년(1627) 04월 12일 인조가 강화도에서 환도함
인조 05년(1627) 05월 05일 인목대비가 환도함
인조 05년(1627) 06월 11일 덕흥대원군의 사묘를 봉환하고 관원을 보내어 제사함
인조 05년(1627) 09월 27일 덕흥대원군의 묘를 수축하라고 하교함
인조 06년(1628) 01월 15일 홍주원이 인성군 처벌하라고 정청함

인조 06년(1628) 02월 20일 홍주원이 역적의 입에 자신의 이름이 나왔다는 이유로
　　　　　　　　　　　　죄줄 것을 청함
인조 6년(1628) 02월 21일 인목대비가 언서로 인성군의 처벌을 원하는 하교를 내림
인조 6년(1628) 05월 14일 인성군을 자결하게 함
인조 07년(1629) 07월 27일 인목대비가 인경궁 안의 초정에서 목욕함
인조 07년(1629) 07월 28일 인목대비가 인경궁에서 인조의 문안을 받음
인조 07년(1629) 08월 03일 인목대비가 인조와 함께 인경궁에서 경덕궁으로 환어
인조 08년(1630) 02월 04일 심명세가 선왕의 능묘를 옮길 것을 상소함
인조 08년(1630) 02월 30일 목릉을 옮기는 일에 대해 의논하게 함
인조 08년(1630) 03월 11일 인조가 인목대비의 풍정을 위해 인경궁으로 행차
인조 08년(1630) 03월 16일 윤방이 선조 능의 천릉할 장소에 대해 아룀
인조 08년(1630) 03월 22일 인조가 인경궁에서 진풍정의 예를 거행
인조 08년(1630) 07월 17일 정경세가 선조 대왕 능을 옮길 때 쓸 지문을 지어 올림
인조 08년(1630) 10월 20일 정경세가 인목대비가 선조 능에 참배하러 가면 안될 것
　　　　　　　　　　　　과 지문에 시호가 잘못 기재된 것을 고칠 것을 아룀
인조 08년(1630) 11월 04일 목릉의 재궁을 모셔 내어 영악전에 봉안함
인조 08년(1630) 11월 05일 계릉의 재계 때문에 조시를 정지함
인조 08년(1630) 11월 06일 재궁을 봉안하지 않아 내일 조시를 정지하도록 함
인조 08년(1630) 11월 07일 임금이 강홍중에게 목릉 영악전에 문안하도록 명함
인조 08년(1630) 11월 10일 예조가 목릉에 친제하는 의주를 올렸으나 고치게 함
인조 08년(1630) 11월 10일 예조가 목릉에 친제하는 의주를 올렸으나 고치게 하였
　　　　　　　　　　　　다.
인조 08년(1630) 11월 11일 인조 목릉과 건원·현·유 등 네 능에 배알함
인조 09년(1631) 01월 20일 김제남 손자 김군석이 실직에 임명됨
인조 09년(1631) 홍주원이 2남 홍만용을 낳음
인조 10년(1632) 06월 09일 인목대비가 인경궁으로 이어
인조 10년(1632) 06월 28일 인목대비가 49세를 일기로 인경궁 흠명전에서 훙
인조 10년(1632) 06월 28일 남이웅을 수릉관으로, 김인을 시릉관으로 삼음
인조 10년(1632) 06월 28일 대행 대비의 빈전을 인경궁에서 경덕궁으로 옮김
인조 10년(1632) 06월 29일 대행 대비의 습전을 행함
인조 10년(1632) 06월 29일 대행 대비 신시 소렴함
인조 10년(1632) 07월 01일 대행 대비전에 삭전을 올림
인조 10년(1632) 07월 03일 대신들이 백관들을 거느리고서 성복함

인조 10년(1632) 07월 04일 임금이 소성당 여차로 나가 거처함

인조 10년(1632) 07월 07일 대행 대비의 능호는 혜릉, 전호는 효사 혼전으로 함

인조 10년(1632) 07월 10일 예조에서 인목대비 훙 소식을 광해군에게 전하도록 함

인조 10년(1632) 07월 10일 인목대비 능을 건원릉 안 다섯 번째 산등성이에 정함

인조 10년(1632) 07월 15일 빈전에서 망전을 지냄

인조 10년(1632) 07월 27일 예조가 발인 때 곡하는 예에 대하여 의논함

인조 10년(1632) 08월 11일 인목대비의 시호를 광숙 장정으로 함

인조 10년(1632) 08월 14일 의인왕후 유릉, 인목대비 혜릉, 선조 목릉을 모두 목릉
으로 부르기로 함

인조 10년(1632) 09월 05일 대행 대비에게 시호를 올림

인조 10년(1632) 09월 15일 대행 대비전에 망전을 지냄

인조 10년(1632) 10월 03일 대행 대비전에 조전, 별전 등을 올림

인조 10년(1632) 10월 04일 대행 대비전에 견전제를 지냄

인조 10년(1632) 10월 06일 인목 왕후를 장사지냄

인조 11년(1633) 06월 27일 인조가 인목왕후 연제를 하러 효사전에 나아감

인조 11년(1633) 07월 05일 수릉관 남이웅 등에게 자급을 올려줌

인조 11년(1633) 08월 30일 광해군대 올렸던 의인왕후의 존호를 개정하자고 함

인조 11년(1633) 홍주원이 3남 홍만형을 낳음

인조 12년(1634) 06월 01일 인목왕후 능의 정자각을 헐고 옛 정자각을 보수함

인조 12년(1634) 06월 28일 인목왕후의 대상을 치름

인조 12년(1634) 06월 29일 수릉관 남이웅이 산릉에 정성을 다한 사람들을 아룀

인조 12년(1634) 07월 24일 남이웅·김인·남두창 등에게 상을 내림

인조 12년(1634) 윤08월 09일 인목왕후의 부묘제를 거행

인조 13년(1635) 03월 14일 목릉과 혜릉이 무너짐

인조 13년(1635) 04월 14일 건원릉의 제도에 의거하여 목릉을 개수함

인조 13년(1635) 홍주원이 4남 홍만희를 낳음

인조 15년(1637) 홍주원이 5남 홍태량을 낳음

인조 17년(1639) 궁중에 무고의 사건이 일어나자 인조가 정명공주를 의심함

인조 17년(1639) 홍주원이 6남 홍태육을 낳음

인조 19년(1641) 07월 01일 광해군 67세로 제주도에서 졸함

인조 19년(1641) 홍주원이 딸 태임을 낳음

인조 21년(1643) 홍주원이 7남 홍만회를 낳음

인조 23년(1645) 04월 13일 홍주원의 아버지 홍영이 돌아가심

인조 25년(1647) 10월 04일 홍주원이 사은사가 됨
인조 26년(1648) 02월 27일 홍주원이 시헌력을 가지고 북경에서 돌아옴

효종대 이후

효종 00년(1649) 05월 14일 홍주원이 고부청시청승습정사가 됨
효종 02년(1651) 02월 30일 홍주원이 인조대왕의 부묘 도감 제조가 됨
효종 02년(1651) 08월 09일 홍주원이 세자의 관례를 행하는데 사자로 참여함
효종 02년(1651) 08월 28일 세자 책례를 행함
효종 04년(1653) 윤07월 27일 홍주원이 사은사로 북경에 감
효종 04년(1653) 11월 30일 홍주원이 돌아와 탐문한 연경(燕京) 중의 일을 아룀
효종 05년(1654) 02월 18일 홍주원이 조석윤 등을 구원하는 상소 올림
효종 05년(1654) 02월 24일 김익희가 조석윤의 시에 대하여 아룀
효종 06년(1655) 07월 05일 홍주원의 어머니 연안 이씨가 돌아가심
현종 02년(1661) 01월 29일 홍주원을 황제 상(喪)의 진향사로 차임함
현종 02년(1661) 02월 20일 홍주원이 진위 겸 진향사로 연경으로 출발함
현종 02년(1661) 06월 07일 홍주원이 돌아옴
현종 03년(1662) 04월 19일 홍주원이 문희연을 베풀었다하여 파직됨
현종 09년(1668) 홍주원이 현종이 온천에 가는데 병을 무릅쓰고 따라갔다가 풍질을
　　　　　　　　　　만나 고생함
현종 11년(1670) 01월 14일 홍주원의 셋째 아들인 전 교리 홍만형이 죽음
현종 13년(1672) 09월 14일 홍주원이 67세로 졸함
현종 13년(1672) 11월 19일 홍주원을 파주 오리동에 장사지냄
숙종 02년(1676) 선조가 종묘 세실(世室)로 정해짐
숙종 03년(1677) 숙종이 75세된 정명공주를 위해 중한 연회를 열어줌
숙종 05년(1679) 08월 10일 숙종이 정명공주의 집에서 열리는 수연에 물품을 내림
숙종 07년(1681) 12월 17일 홍주원의 시호를 '문의'로 내림
숙종 08년(1682) 01월 15일 정명공주의 수연과 홍주원의 연시 때에 1등악을 내림
숙종 09년(1683) 03월 20일 정명공주가 서궁에 갇혀있다가 풀려난지 60년이 됨
숙종 11년(1685) 08월 10일 83세로 정명공주가 졸
숙종 11년(1685) 홍주원과 정명공주 묘를 풍덕 남면 조강리로 옮겨 합장함
숙종 14년(1688) 02월 26일 숙종이 관원을 보내어 영창대군 묘소에 제사 지냄

숙종 21년(1695) 02월 28일 덕흥대원군의 사묘에 전배례를 행하고 봉사손에게 가자
　　　　　　　　　를 명함
숙종 22년(1696) 07월 24일 박응순에게 정의라는 시호를 내림
경종 02년(1722) 10월 01일 이명언이 덕흥사를 이세정의 집에서 옮길 것 등을 청함
영조 01년(1725) 03월 02일 이명회에게 덕흥대원군의 제사를 승습하게 함
영조 09년(1733) 09월 11일 영조가 예관에게 날을 잡아 영창대군 묘에 치제하게 함
영조 18년(1742) 08월 02일 덕흥대원군의 묘에 치제하라고 명함
정조 03년(1779) 08월 09일 정조가 영창대군 묘에 치제하게 함
정조 15년(1791) 09월 26일 승지를 보내 덕흥대원군의 묘에 치제함
정조 23년(1799) 08월 23일 영창대군 묘소에 치제할 것을 전교함
순조 03년(1803) 08월 19일 덕흥대원군 묘에 치제하게 함
순조 04년(1804) 09월 01일 예관을 보내 영창대군 묘소에 치제하라고 명함
순조 07년(1807) 10월 22일 덕흥대원군의 사우에 나아가 작헌례를 행함
순조 10년(1810) 08월 28일 영창대군 묘소에 제사 지내라고 명함
순조 30년(1830) 03월 01일 덕흥대원군의 다섯 번째 회갑에 제사지내도록 하교함
철종 00년(1849) 07월 30일 조인영이 선조대왕과 의인왕후를 합봉한 사례를 듦
고종 09년(1872) 03월 08일 고종이 정명공주 묘에 종신을 보내어 제사지내게 함
고종 29년(1892) 선조가 '경명신력홍공융업'이라는 존호를 추상받음
고종 30년(1893) 10월 04일 고종이 정명공주 내외의 사당에 홍승목을 보냄
광무 04년(1900) 경창군 8대손 도진으로 영창대군을 봉사하게 함

용어해설과 품계표

용어 해설

❖ 공신(功臣): 자기의 공훈(功勳)으로 공신의 봉작(封爵: 君)을 받은 사람. 봉작
  은 세습하는데 그 봉작을 승계(承繼: 承襲)받아서 공신의 예(例)에 들은 사
  람과 구별하여 특히 친공신(親功臣)이라 한다

❖ 공주(公主): 왕의 적녀(嫡女)

❖ 관직(官職)의 정식 명칭(正式名稱): 계(階)·사(司)·직(職) 순
  예시) 대광보국숭록대부(大匡輔國崇祿大夫: 階) 의정부(議政府: 司) 영의정
     (領議政: 職)

❖ 교명(敎命): 왕비(王妃)를 책봉(冊封)하는 교명(王命)을 말하는 것이며 본시
  왕의 정부인(正夫人)인 왕비는 품계가 없으므로 빈이 왕비로 승격(昇格)하면
  품계가 없게 된다

❖ 국장(國葬): 왕·왕비·대비·왕대비 및 왕세자 등의 장례

❖ 군부인(郡夫人): 왕자군(王子君)의 부인

❖ 군주(郡主): 왕세자의 적녀(정2품)

❖ 궁인직(宮人職): 종4품 숙원(淑媛) 이상은 실제로 왕의 부실(副室, 妾)로서 궁
  중(宮中)에서 직무(職務)는 없으나 정5품 상궁 이하는 궁녀(宮女)로서 각각
  그 명칭이 표시하는 바와 같은 직무가 있다

❖ 내명부(內命婦): 궁중(宮中)에서 봉직(奉職)하는 여관(女官)으로서 품계(品階)
  가 있는 사람

❖ 대감(大監): 공사교제시(公社交際時) 정2품 이상을 부르는 호칭

❖ 대군(大君): 왕의 적자(嫡子)

❖ 대원군(大院君): 방계(傍系)에서 왕위를 계승(繼承)한 때에 그 왕의 생부(生
  父)

❖ 봉보부인(奉保夫人): 왕의 유모(종1품)

❖ 봉작: 왕자(王子)·왕손(王孫) 또는 공신 등을 군으로 봉하고 또는 외명부에
  게 그 남편의 관직에 상응한 부인직(夫人職)을 하사(下賜)하는 것을 말하는
  것이다

❖ 부부인(府夫人): 왕비(王妃)의 어머니(정1품), 대군(大君)의 부인(정1품)

❖ 부인의 봉작(封爵)은 그 남편의 관직(官職)에 좇는다.
  첩(妾)의 소생녀(所生女) 및 남편의 생전(生前)에 개가(改嫁)한 사람은 봉작

(封爵)하지 아니하며 남편의 사후(死後)에 재가(再嫁)한 사람은 이미 하사(下賜)한 봉작(封爵)을 박탈(剝奪)한다. 왕비(王妃)의 어머니, 왕세자(王世子)의 딸 및 종친(宗親)으로서 2품 이상인 사람의 부인은 모두 읍호(邑號)를 쓴다.
보(補): 종친은 대군·왕자군의 부인 이외에는 읍호를 쓰지 아니한다

◈ 빈(嬪): 정1품이나 교명(敎命)을 받은 사람은 품계(品階)가 없다

◈ 새보(璽寶): 왕실의 인장(印章). 옥인(玉印)을 새(璽)라 하고 금인(金印)을 보(寶)라 한다. 새보에는 대보(大寶)·시령지보(施令之寶)·이덕보(以德寶)·유서지보(諭書之寶)·과거지보(科擧之寶)·선사지보(宣賜之寶) 및 규장지보(奎章之寶) 등이 있다.

◈ 선왕(先王): 현재 재위한 왕〔今上〕의 선대(先代)의 왕

◈ 선원제파(璿源諸派): 왕실(王室)의 제지손(諸支孫)으로서 선원보(璿源譜)에 등록(登錄)된 사람

◈ 세자빈(世子嬪): 왕세자(王世子)의 정부인(正夫人)

◈ 시호(諡號): 고관(高官) 또는 공훈(功勳)이 있는 사람에게 사후(死後)에 주는 존칭(尊稱)

◈ 양첩(良妾): 첩(妾)에는 두 종류가 있으니 서민(庶民)의 여자가 첩(妾)이 되면 양첩(良妾)이라 하고, 노비(奴婢) 또는 기(妓)·백정(白丁) 등의 여인이 첩(妾)이 되면 천첩(賤妾)이라 한다

◈ 영감(令監): 공사교제시(公社交際時) 당상관(堂上官)을 부르는 호칭

◈ 영종정경(領宗正卿): 대군(大君)·왕자군(王子君)이 의례(依例)히 겸임한다

◈ 옹주(翁主): 왕의 서녀(庶女)

◈ 왕자군(王子君): 왕의 서자(庶子)

◈ 외명부(外命婦): 종친의(宗親) 딸, 그들의 처(妻) 및 문무관(文武官)의 처(妻)로서 봉작(封爵)을 받은 사람

◈ 원손(元孫): 왕의 장손(長孫)으로 아직 왕세손(王世孫)으로 책봉되지 않은 사람

◈ 원자(元子): 왕의 장자(長子)로서 아직 왕세자(王世子)로 책봉되지 않은 사람

◈ 예장(禮葬): 왕비의 부모·빈(嬪)·귀인(貴人)·대군과 왕자군 및 그 부인(夫人), 공주(公主)·옹주(翁主), 1품관 및 공신 등의 장례에는 국가에서 위의(威儀)를 차려 주기 위하여 인원(人員)과 물품(物品)을 공여(供與)하고 예장이라 칭함

◈ 읍호(邑號): 읍(邑)은 오늘의 시(市) 또는 군(郡)과 같은 부(府)·목(牧)·군(郡) 또는 현(縣) 등의 소재지(所在地)를 말하는 것이며 종친(宗親)의 처(妻)

는 그 봉작칭호(封爵稱號)에 그의 본관(本貫)의 읍호(邑號)를 붙인다

예시) 韓山李氏 府夫人, 密城朴氏 郡夫人 등

❖ 의빈(儀賓): 왕 및 왕세자(王世子)의 여서(女婿)를 말함

❖ 적장자(嫡長子): 적출(嫡出)의 장남(長男)

❖ 종부시(宗簿寺): 선원보첩(璿源譜牒)을 편집(編輯) 기록하고 종실의 비위(非違)를 조사(調査) 규탄(糾彈)하는 임무를 담당

❖ 종반(宗班): 종친(宗親)으로서 관계(官階)가 있는 사람

❖ 종성(宗姓): 왕과 동성(同姓) 즉 조선의 국성(國姓)인 전주이씨

❖ 종재(宗宰): 종친(宗親) 중의 수석(首席)인 대군(大君) 및 왕자군(王子君)

❖ 종정경(宗正卿): 종친(宗親)으로서 봉군(封君)된 모든 사람 및 종성(宗姓)인 관원으로서 2품 이상인 사람으로써 정원이 없이 상주(上奏)하여 임명한다

❖ 종친(宗親): 왕(王)의 부계친(父系親)으로서 촌수(寸數)가 가까운 사람. 대군(大君)의 자손(子孫)은 그의 4대손(代孫)까지를, 왕자군(王子君)의 자손은 그의 3대손(代孫)까지를 봉군(封君)하여 종친(宗親)으로 예우(禮遇)한다

❖ 종친(宗親)·종친(宗親)의 처(妻)·의빈(儀賓)의 각 종1품 이하는 후기에서는 그 품계의 칭호가 일반 문관·문관의 처의 호칭과 동일하게 되었다. (품계표 2 참조)

❖ 종친(宗親)의 부인: 『경국대전』에 의하면 대군과 왕자군의 처는 부부인(府夫人) 또는 군부인(郡夫人)이라 일컫고 그 이하의 종친의 부인에게는 그 남편의 품계에 따라서 현부인(縣夫人) 내지 순인(順人) 등의 칭호를 봉작하였으나 대전통편에서는 종친의 처의 특별한 봉작칭호를 폐지하고 문무관의 처와 동일한 칭호로서 그 남편의 품계에 좇아 봉작하였다

❖ 종친부(宗親府): 역대 국왕의 계보(系譜)와 초상화(肖像畵)를 보관하고 국왕과 왕비의 의복(衣服)을 관리하며 선원제파(璿源諸派)를 감독한다

❖ 중자(衆子): 차남(次男) 이하의 제적출자(諸嫡出子)

❖ 출육(出六, 陞六): 참하(參下)에서 참상(參上)으로 되는 것

❖ 품(品, 流品): 관료(官僚)의 등급(等級)

❖ 행수법(行守法): 관직에는 각각 소정(所定)의 품계가 있으나 예외의 경우도 많아서 「계고직비(階高職卑)」이면 「행(行)」이라하고, 「계비직고(階卑職高)」이면 「수(守)」라 하였다   예시) 종1품계를 가진 이가 정2품인 이조판서가 되면 崇政大夫行吏曹判書라 하고 종2품계를 가진 이가 정2품직인 대제학이 되면 嘉善大夫守弘文館大提學이라 하였다

❖ 현주(縣主): 왕세자의 서녀(정3품)

품 계 표

< 한글 품계표 1 >

구분 품계	내명부 왕궁	세자궁	종친	외명부 종친처	외명부	의빈
무계	빈		대군 왕자군		공주 옹주	
정1품	빈		군	현록대부 흥록대부 후기에는 상보 국숭록대부	부부인 (대군처) 군부인 (왕자군처)	위 수록대부 성록대부 후기에는 상보 국 숭록대부
종1품	귀인		군	소덕대부 (수덕)-후개 가덕대부	군부인	위 광덕대부 (정덕)-후개 승덕대부 (명덕)-후개
정2품	소의		군	승헌대부 승헌대부	현부인	군주	위 봉헌대부 통헌대부
종2품	숙의	양제	군	중의대부 정의대부 (소의)-후개	현부인	위 자의대부 순의대부
정3품	소용		도정	명선대부	신부인	현주	부위 봉순대부
정3품			정	창선대부		첨위 정순대부
종3품	숙용	양원	부정	보신대부 자신대부	신인	첨위 명신대부 돈신대부
정4품	소원		수	선휘대부 광휘대부	혜인	
종4품	숙원	승휘	부수	봉성대부 광성대부		
정5품	(이하계 궁인직) 상궁 상의		영	통직랑 병직랑	온인	
종5품	상복 상식	소훈	부령	근절랑 신절랑		
정6품	상침 상공		감	집순랑 종순랑	순인	

< 한자 품계표 1 >

區分 品階	內命婦		宗親		外命婦 宗親妻	外命婦	儀賓	
	王宮	世子宮						
無階	嬪		大君 王子君			公主 翁主		
正1品	嬪		君	顯祿大夫 興祿大夫 後期에는 上輔 國崇祿大夫	府夫人 (大君妻) 郡夫人 (王子君妻)		尉	綏祿大夫 成祿大夫 後期에는 上輔 國 崇祿大夫
從1品	貴人		君	昭德大夫 (綏德)-後改 嘉德大夫	郡夫人		尉	光德大夫 (靖德)-後改 崇德大夫 (明德)-後改
正2品	昭儀		君	崇憲大夫 承憲大夫	縣夫人	郡主	尉	奉憲大夫 通憲大夫
從2品	淑儀	良娣	君	中義大夫 正義大夫 (昭義)-後改	縣夫人		尉	資義大夫 順義大夫
正3品	昭容		都正	明善大夫	愼夫人	縣主	副尉	奉順大夫
正3品			正	彰善大夫			僉尉	正順大夫
從3品	淑容	良媛	副正	保信大夫 資信大夫	愼人		僉尉	明信大夫 敦信大夫
正4品	昭媛		守	宣徽大夫 廣徽大夫	惠人			
從4品	淑媛	承徽	副守	奉成大夫 光成大夫				
正5品	(以下係 宮人職) 尙宮 尙儀		令	通直郎 秉直郎	溫人			
從5品	尙服 尙食	昭訓	副令	謹節郎 愼節郎				
正6品	尙寢 尙功		監	執順郎 從順郎	順人			

< 한글 품계표 1 - 앞과 연결 >

| 구분
품계 | 내명부 | | 종친 | 외명부
종친처 | 외명부 | 의빈 |
	왕궁	世子宮				
종6품	상정 상기	(이하계 궁인직) 수규 수칙				
정7품	전빈 전의 전선					
종7품	전설 전제 전언	장찬 장정				
정8품	전찬 전식 전약					
종8품	전등 전채 전정	장서 장봉				
정9품	주궁 주상 주각					
종9품	주변징 주징 주우 주변궁	장장 장식 장의				

< 한자 품계표 1 - 앞과 연결 >

區分\품階	內命婦		宗親	外命婦宗親妻	外命婦	儀賓
	王宮	世子宮				
從6品	尙正尙記	(以下係宮人職)守閨守則				
正7品	典賓典衣典膳					
從7品	典設典製典言	掌饌掌正				
正8品	典贊典飾典藥					
從8品	典燈典彩典正	掌書掌縫				
正9品	奏宮奏商奏角					
從9品	奏變徵奏徵奏羽奏變宮	掌藏掌食掌醫				

< 한글 품계표 2 >

품계		구분	동반	서반	외명부 (문무관처)	잡직 동반	잡직 서반	토관직 동반	토관직 서반
참 상 상	당 상	정1품	대광보국숭록대부(의정) 상보국숭록대부 (국구,종친,의빈 - 후기) 보국숭록대부		부부인 (왕비모) 정경부인				
		종1품	숭록대부 숭정대부		봉보부인 (대전유모) 정경부인				
		정2품	정헌대부 자헌대부		정부인				
		종2품	가정대부 (가의)-후개 가선대부						
		정3품	통정대부	절충장군	숙부인				
	당 하	정3품	통훈대부	어모장군	숙인				
		종3품	중직대부 중훈대부	건공장군 보공장군					
		정4품	봉정대부 봉열대부	진위장군 소위장군	영인				
		종4품	조산대부 조봉대부	정략장군 선략장군					
		정5품	통덕랑 통선랑	과의교위 충의교위	공인			통의랑	건충대위
		종5품	봉직랑 봉훈랑	현신교위 창신교위				봉의랑	여충대위
		정6품	승의랑 승훈랑	돈용교위 진용교위	의인	공직랑 여직랑	봉임교위 수임교위	선직랑	건신대위
		종6품	선교랑 선무랑	여절교위 병절교위		근임랑 효임랑	현공교위 적공교위	봉직랑	여신대위
참 하		정7품	무공랑	적순부위	안인	봉무랑	등용부위	희공랑	돈의도위
		종7품	계공랑	분순부위		승무랑	선용부위	주공랑	중의도위
		정8품	통사랑	승의부위	단인	면공랑	맹건부위	공무랑	분용도위
		종8품	승사랑	수의부위		부공랑	장건부위	직무랑	효용도위
		정9품	종사랑	효력부위	유인	복근랑	치력부위	계사랑	여력도위
		종9품	장사랑	전력부위		전근랑	근력부위	시사랑	탄력도위

< 한자 품계표 2 >

品階	區分		東班	西班	外命婦(文武官妻)	雜職 東班	雜職 西班	土官職 東班	土官職 西班
參 上	堂上	正1品	大匡輔國崇祿大夫(議政) 上輔國崇祿大夫 (國舅,宗親,儀賓 - 後期) 輔國崇祿大夫		府夫人 (王妃母) 貞敬夫人				
		從1品	崇祿大夫 崇政大夫		奉保夫人 (大殿乳母) 貞敬夫人				
		正2品	正憲大夫 資憲大夫		貞夫人				
		從2品	嘉靖大夫 (嘉義)-後改 嘉善大夫						
		正3品	通政大夫	折衝將軍	淑夫人				
上	堂下	正3品	通訓大夫	禦侮將軍	淑人				
		從3品	中直大夫 中訓大夫	建功將軍 保功將軍					
		正4品	奉正大夫 奉列大夫	振威將軍 昭威將軍	令人				
		從4品	朝散大夫 朝奉大夫	定略將軍 宣略將軍					
	下	正5品	通德郎 通善郎	果毅校尉 忠毅校尉	恭人			通議郎	健忠隊尉
		從5品	奉直郎 奉訓郎	顯信校尉 彰信校尉				奉議郎	勵忠隊尉
		正6品	承議郎 承訓郎	敦勇校尉 進勇校尉	宜人	供職郎 勵職郎	奉任校尉 修任校尉	宣職郎	健信隊尉
		從6品	宣教郎 宣務郎	勵節校尉 秉節校尉		謹任郎 效任郎	顯功校尉 迪功校尉	奉職郎	勵信隊尉
參 下		正7品	務功郎	迪順副尉	安人	奉務郎	騰勇副尉	熙功郎	教義徒尉
		從7品	啓功郎	奮順副尉		承務郎	宣勇副尉	注功郎	守義徒尉
		正8品	通仕郎	承義副尉	端人	勉功郎	猛健副尉	供務郎	奮勇徒尉
		從8品	承仕郎	修義副尉		赴功郎	壯健副尉	直務郎	效勇徒尉
		正9品	從仕郎	效力副尉	孺人	服勤郎	致力副尉	啓仕郎	勵力徒尉
		從9品	將仕郎	展力副尉		展勤郎	勤力副尉	試仕郎	彈力徒尉

출전: 『대전회통 大典會通』, 『선원강요 璿源綱要』

묘비(墓碑)와 분영(墳塋) 제도

1. 묘비(墓碑)

	광기 (廣記)							당장령 唐葬令
	수(首)		신(身)			부(趺)		
封王	이수 고高	3尺 2寸	비신고 碑身高	9尺	3尺 6寸	귀부 고高 龜趺	3尺 8寸	五品以上 螭首龜趺 降五品爲 碣石方趺 圓首 其高四尺
1품	螭首 高	3尺		8尺 5寸	3尺 4寸		3尺 6寸	
2품	개용인봉 盖用麟鳳 고高	2尺 8寸		8尺	3尺 2寸		3尺 4寸	
3품	개용천록벽사 盖用天祿辟邪 고高	2尺 6寸	활굴 闊闊	7尺 5寸	3尺		3尺 2寸	
4품		2尺 4寸		7尺	2尺 8寸		3尺	
5품	원수 圓首 고高	2尺 2寸	신身 고高	6尺 5寸	2尺 6寸	방부 고高 方趺	2尺 8寸	
6품		2尺		6尺	2尺 4寸		2尺 6寸	
7품		1尺 8寸		5尺 5寸	2尺 2寸		2尺 4寸	

2. 분영(墳塋)과 석물(石物)

	광 기 (廣 記)								
	분영(墳塋)				석물(石物)				
	영지주위 塋地周圍	매면 每面	분고 墳高	사위분장고 四圍墳墻高	석인 石人	석호 石虎	석양 石羊	석마 石馬	망주석 望柱石
封王	100步	25步	2丈	1丈	4	2	2	2	2
1품	90步	22步半	1丈 8尺	9尺	2	2	2	2	2
2품	80步	20步	1丈 6尺	8尺	2	2	2	2	2
3품	70步	17步半	1丈 4尺	7尺		2	2	2	2
4품	60步	15步	1丈 2尺	6尺		2		2	2
5품	50步	12步半	1丈	5尺			2	2	2
6품	40步	10步	8尺						
7품	30步	7步半	8尺						
庶人	9步	穿心計 18步							

* 封王 石物 石人 ; 文二武二 (가례원류)
* 1품 石物 石人 ; 文官用文武官用一文一武 (가례원류)
* 2품 石物 石人 ; 文官用文石二武官用一文一武 (가례원류)
* 5품의 四圍墳墻高가 『가례원류』에는 4尺으로 나옴
* 『가례원류』에 4품의 石物 가운데 石羊대신 石虎 있음
  『가례증해』에 5품이하 無石虎라고만 되어 있다.

< 근 거 >
이의조(李宜朝), 1824년경, 『가례증해(家禮增解)』 권6
유 계(兪 棨), 1713년경, 『가례원류(家禮源流)』 권10
이민식(李敏植), 1996, 「朝鮮時代 陵墓碑에 關한 硏究」-京畿道 地方을 中心으로-
      (한성대학교 석사학위논문)

3. 분묘 면적

1품 90보 평방(平方)에, 사면(四面)이 각각 45보(步)
2품 80보 평방
3품 70보 평방
4품 60보 평방
5품 50보 평방
6품 40보 평방
7품 30보 평방
8품 30보 평방
9품 30보 평방
서인 5보 평방
* 전조(前朝) 문왕 37년에 정한 제도를 쓴 것이다.

보수(步數) 단위: 주척(周尺)

4. 석상·석인의 크기

단위: 영조척(營造尺)

구분 등급	석상(石床)		석인(石人)
	길이〔長〕	너비〔廣〕	길이〔長〕
대군(大君)	7척	4척	6척
1품	6척 5촌	3척 7촌 5푼	5척 5촌
2품	〃	〃	〃
3품	6척	3척 5촌	5척
4품	〃	〃	〃
5품	〃	〃	〃
6품	〃	〃	〃
7품 이하 / 생원진사(生員進士) / 유음자제(有蔭子弟)	5척 5촌	3척	4척 5촌

* 주석

주척(周尺): 자의 한가지. 곡척(曲尺)의 여섯치 6푼〔약 20cm〕을 한 자로 잡음
주로 토지·도로의 측정과 사격장의 보법(步法) 등에 사용함
1보(步): 주척(周尺) 6척(尺) / 1리(里): 3백 60보 / 1식(息): 30리

영조척(營造尺): 목수(木手)들이 쓰는자. 목척(木尺)
주척의 1자 4치 9푼〔分〕 9리(厘)에 해당함.

곡척(曲尺): 곱자. 'ㄱ'자 꼴로 나무나 쇠로 만든 자.

< 근거 >
1. 분묘 면적: 태종 4년 3월 庚午(29) (조선왕조실록 1책 293쪽)
2. 석상·석인의 크기: 성종 5년 9월 辛未(19) (조선왕조실록 9책 147쪽)
3. 주석: 태종 15년 12월 丁丑(14) (2책 94쪽) /『고법전용어집』(法制處, 1797년간)

찾아보기

찾아보기

(ㄱ)

『가례언해 家禮諺解』 315
가묘(家廟) 77
가산(嘉山) 104
가선대부(嘉善大夫) 57, 212
가의대부(嘉義大夫) 57, 211
가자(加資) 211, 218, 234, 312
가총관(假摠管) 217
각색장(各色掌) 236, 237
간성(杆城) 95, 281
간원(諫院) 228
갈장(渴葬) 44
감조관(監造官) 234, 238, 291
갑좌경향(甲坐庚向) 291
강담(姜紞) 218
강대진(姜大進) 279
강도외규장각(江都外奎章閣) 282
강릉(康陵) 44, 46, 54, 60, 67, 69, 70,
  72, 79
강사포(絳紗袍) 264
강상(綱常) 266
강서(江西) 213
강서현(江西縣) 109, 110, 213
강석기(姜碩期) 328
강섭(姜涉) 303
강신(姜紳) 80, 99
강연(姜綖) 234, 238
강욱(姜頊) 360
강원감사(江原監司) 274
강원도 213
강응운(姜應運) 257
강첨경(姜添慶) 292, 294
강헌왕(康獻王) 57
강홍중(姜弘重) 160
강화도 272, 275, 279, 280, 282
개봉(改封) 322
개성 102
개성부(開城府) 102, 111, 214
개소(開素) 253
개수(改修) 296
개장(改葬) 221

거련관(車輦館) 105
거림(擧臨) 283
건금산(乾金山) 69
건원릉(健元陵) 126, 127, 225, 230,
  233, 238, 242, 284, 285, 291, 294,
  295, 296, 230
건저의 사건 100
견전제(遣奠祭) 290
경기 감사 215
경덕궁(慶德宮) 275, 282, 283
경리(經理) 214, 223
경림 부원군(慶林府院君) 99
경명신력홍공융업(景命神曆弘功隆業)
  164
경복궁(景福宮) 42, 43, 50, 57, 62, 64,
  68, 72, 75
경성(京城) 110
경성전(慶成殿) 43
경악(經幄) 357
경용(景容) 235
경운궁(慶運宮) 219, 274, 275
경자등록(庚子謄錄) 289
경창군(慶昌君) 38, 56, 88, 114, 328
경평군(慶平君) 38, 126
경학(經學) 316
경현공주(敬顯公主) 173
계곡(谿谷) 장유(張維) 250
계릉(啓陵) 160
계림군(桂林君) 82, 123, 219
계미삼찬(癸未三竄) 92
계비(繼妃) 304
계빈전(啓殯奠) 290
계양군(桂陽君) 251, 256
계축옥사(癸丑獄事) 240, 302, 303
계통광헌응도융조(啓統光憲凝道隆祚)
  154, 240
계하(啓下) 218, 229
고경명(高敬命) 90, 105, 106
고동가제(告動駕祭) 150
고명(誥命) 268, 269, 270, 287
고부청시청승습정사(告訃請諡請承襲正使)
  355
고아(孤兒) 303
고애자(孤哀子) 85
고애질(孤哀姪) 85
고유(告由) 242
고종(高宗) 345
고취(鼓吹) 76, 272

곡림(哭臨) 219, 230
곤룡포 50
곤범(坤範) 265
곤위(坤位) 217
곤정(壼政) 267
공봉(供奉) 273, 335
공빈 김씨 35, 54, 56, 58, 70, 80, 106, 322
공성왕후(恭聖王后) 154, 241
공의 왕대비(恭懿王大妃) 50, 58, 62, 64, 66, 67, 70, 72, 82, 83
공정왕(恭定王) 57
공제복(公除服) 148
공주산성 276
공헌왕(恭憲王) 39
곽산 104
곽영(廓嶸) 218
곽재우(郭再祐) 106
관각(館閣) 277, 327
관례(冠禮) 239
관복 268, 270
관봉(官封) 310, 323
관상감제조(觀象監提調) 291
관소(館所) 266
광국 공신(光國功臣) 97, 98
광릉(光陵) 286, 287, 289
광림군(廣林君) 99
광명전(光明殿) 283
광산 김씨 256
광서(廣西) 356
광숙 장정(光淑莊定) 289
광주(廣州) 326
광천위(光川尉) 339
광해군(光海君) 36, 56, 70, 102, 114, 156, 242, 271, 275, 284, 321, 353
광화문(光化門) 62, 85
교동(喬桐) 56
교명문(敎命文) 240, 264
교시(敎示) 265
교영(郊迎) 217
교하 저현(交河猪峴) 225
구료(救療) 213
구봉령(具鳳齡) 70
구사맹(具思孟) 36, 88, 118, 127
구천군(龜川君) 276, 353
구헌(具憲) 234
국경인(鞠景仁) 107
국구(國舅) 253, 254, 305

국세필(鞠世弼) 107
『국조오례의 國朝五禮儀』 45
국장(國葬) 224
국장 도감 제조(國葬都監提調) 219, 233
국장 도감(國葬都監) 127, 219, 221, 287, 289
국혼(國婚) 335
국회도서관(國會圖書館) 282
국휼(國恤) 224
군문(軍門) 223
군신(群臣) 278
군정(群情) 321
군중(軍中) 214
궁귀탕(芎歸湯) 270
궁비(宮婢) 212
궁속(宮屬) 212
궁인(宮人) 220, 221, 274
권경남(權慶男) 218
권대유(權大有) 136
권대임(權大任) 37, 131
권대항(權大恒) 38, 136
권덕휘(權德徽) 136
권몽남(權夢男) 234
권상(權常) 302
권신중(權信中) 37
권율(權慄) 107
권정례(權停例) 50, 76, 94, 265, 321
권철(權轍) 39, 66, 74, 79, 84
궐리사(闕里祠) 328
궐정(闕庭) 220
궤갑(樻匣) 287
귀인 정씨(貴人鄭氏) 38, 88
귀인 조씨(貴人趙氏) 95
귀척(貴戚) 225
규중(閨中) 267
근정전(勤政殿) 43, 54, 62, 85
금강산 297
금고(禁錮) 334
금교역(金郊驛) 102
『금낭경 金囊經』 224
금림군(錦林君) 이개윤(李愷胤) 292
금보(金寶) 50, 240
금보세화(金寶細花) 268
금봉(金鳳) 268
금사건동(金事件同) 268, 269
금산(錦山) 106, 218
금산전투 106
금성현 344

금양위(錦陽尉) 100, 250
금억(今億) 257
금원군(錦原君) 170
금잠(金簪) 268
금정틀〔金井機〕 70
금천교(禁川橋) 282
금천군(錦川君) 249
기계 부원군(杞溪府院君) 98
기년복(期年服) 74, 228
기년복(朞年服) 84
기대승(奇大升) 98
기묘명현 251
기성군(箕城君) 236
기암(畸菴) 정홍명(鄭弘溟) 250
기우제(祈雨祭) 54
기자헌(奇自獻) 170
기지(基地) 230
길례(吉禮) 295
길유궁(吉帷宮) 230
김겸광(金謙光) 256
김계휘(金繼輝) 89, 90
김광찬(金光燦) 302, 352
김군석(金君錫) 312
김권(金權) 240
김귀영(金貴榮) 40, 58, 99, 107
김귀인(金貴人) 58
김규(金珪) 302, 303
김극건(金克鍵) 128
김극빈(金克鑌) 37, 128
김극핍(金克愊) 256
김기문(金起文) 218
김대기(金大器) 218
김대진(金大振) 237
김덕원(金德元) 235
김덕함(金德諴) 339
김래 303, 304
김련(金鍊) 355
김류(金瑬) 352
김명원(金命元) 228, 264
김명원(金明源) 99, 102, 235
김명윤(金明胤) 190
김문보(金文輔) 234
김봉(金鳳) 235
김상용(金尙容) 235, 250, 254
김상헌(金尙憲) 170, 250, 303, 352
김새신(金璽信) 218
김석필(金錫弼) 203
김선(金瑄) 302, 303, 308

김세영(金世泳) 311
김수(金睟) 219, 233
김수원(金秀源) 236, 237
김수항(金壽恒) 343
김시민(金時敏) 107
김안도(金安道) 302
김안로(金安老) 251
김안수(金安遂) 303
김여물(金汝岉) 80
김예정(金禮禎) 218
김우서(金禹瑞) 104
김우옹(金宇顒) 65, 75
김육(金堉) 291, 355
김윤신(金胤申) 218
김윤헌(金允獻) 212
김응남(金應南) 214, 253
김응선(金應善) 237
김이원(金履元) 37
김익희(金益熙) 359
김인(金璘) 218
김인(金仁) 283, 292, 294
김인준(金仁俊) 218, 236
김전(金詮) 302
김제남(金悌男) 35, 129, 250, 264, 268,
      272, 275, 302, 303, 305, 306, 307,
      309, 310, 311, 315, 320, 323, 334
김제남처 335
김종직(金宗直) 289
김주(金澍) 98
김직재(金直哉) 305
김진(金禛) 302
김창집(金昌集) 327
김천석(金天錫) 303, 307, 311
김천일(金千鎰) 105, 108
김한우(金漢佑) 36, 48
김해부(金海府) 121, 218
김현성(金玄成) 235
김형(金珩) 192
김홍윤(金弘胤) 190
김효건(金孝騫) 237
김효원 73
김희철(金希哲) 35, 106

(ㄴ)

나인방(內人房) 228
나주(羅州) 222

나충남(羅忠男) 218
남경(南京) 356
남계군(南溪君) 99
남두창(南斗昌) 283, 292, 294
남면(南面) 343, 362
남별궁(南別宮) 226, 279
남성촌(娚城村) 113
남원성 115
남윤(南崙) 257
남이웅(南以雄) 283, 292, 293, 294, 338
남절(南截) 99
남충원(南忠元) 172
납징(納徵) 335
납채(納采) 129
납폐(納幣) 129, 336
낭청(郎廳) 238, 240, 279, 291, 293
내관(內官) 218
내교(內敎) 278
내구마(內廐馬) 236, 294
내권(內眷) 214
내노(內奴) 293
내백호(內白虎) 285
내상(內喪) 289
내섬시 주부(內贍寺注簿) 252
내승(內乘) 218
내시(內侍) 220, 328
내외향(內外鄕) 222
내전(內殿) 42, 118, 213, 218, 270, 279, 280, 322
내지(內旨) 228, 241
내청룡(內靑龍) 285
내향(內鄕) 222
노강(鷺江) 328
노개(盧塏) 315
노수겸(盧守謙) 315
노수눌(盧守訥) 315
노수신(盧守愼) 65, 66, 74, 75, 79, 84
노왕(魯王) 356
노원(盧原) 179
노윤(盧昀) 302
노직(盧稙) 51, 183, 211
노직(盧稷) 219, 233
노한문(盧漢文) 315
녹암화저사철채수적계보자단삼
(綠暗花紵絲綴綵繡翟雞補子團衫) 268
녹암화저사철채수적계보자협단삼
(綠暗花紵絲綴綵繡翟雞補子夾團衫) 269
녹용(錄用) 327

논상(論賞) 212, 238
논어 324
능소(陵所) 228, 233
능원군(綾原君) 89, 276, 353
능참봉(陵參奉) 243
능창군(綾昌君) 89, 310, 323, 324
능풍군(綾豊君) 89
능호(陵號) 228, 238, 284
니탕개(尼湯介)의 난 91

(ㄷ)

다례(茶禮) 78
단경왕후(端敬王后) 315
단오(端午) 233
달성위 303
담제(禫祭) 48, 75, 76, 295
담초탕(淡醋湯) 270
당 헌종(唐憲宗) 358
당나라 358
당릉군(唐陵君) 98
당상(堂上) 214, 253
당성 도정(唐城都正) 236
당은정 인령(唐恩正引齡) 79
당표리(唐表裡) 86
대가(大駕) 110
대간 선반청(臺諫宣飯廳) 62
대관(臺官) 310
대궐 305
대렴(大殮) 124, 220, 283
대렴(大斂) 67, 143, 237
대명률 308
『대명회전 大明會典』 57, 90, 94, 97
대북파(大北派) 250, 323
대비(大妃) 221, 239, 240, 272, 279
대사령(大赦令) 98, 278
대사면(大赦免) 54
대상(大祥) 75, 236, 293
대상제(大祥祭) 150
대왕대비(大王大妃) 277, 275, 279, 280
대자원(大慈院) 110
대전(大殿) 58, 64, 85, 212, 280
대통(大統) 265, 278
대행 대비(大行大妃) 68, 84, 85, 287
대행 대비전(大行大妃殿) 290
대행 대왕대비(大行大王大妃) 289
대행 왕대비 85

대행 왕비 219, 220, 222
대홍(大紅) 268
대홍소사협대삼(大紅素絲夾大衫) 269
대홍소저사협대삼(大紅素紵絲夾大衫) 268
덕빈(德嬪) 62
덕수궁 112, 273, 310
덕원군(德原君) 98
덕종(德宗) 256
덕천(德川) 104, 212
덕흥군 35, 40, 43, 172, 173, 174, 177
덕흥군부인 47
덕흥대원군(德興大院君) 35, 39, 170, 180
덕흥사(德興祠) 181
도감 당상(都監堂上) 230
도감사목(都監事目) 237, 240
도사(都事) 243
도설(圖說) 240
도설리(都薛里) 236
도설리통정(都薛理通政) 237
도안부정 256
도원군 112
도유(徒流) 266
도유사(都有司) 311
도제조(都提調) 214, 253, 279
도진(道振) 328
도청(都廳) 279, 291
도총부(都摠府) 335
도형(圖形) 285
독전관(讀箋官) 51
돈녕부 도정(敦寧府都正) 252
돈화문(敦化門) 48, 62, 63
동가제(動駕祭) 48
동구릉(東九陵) 238
동궁(東宮) 116, 213, 215, 216, 280
동면 남성촌(娚城村) 214
동양위(東陽慰) 325
동파역(東坡驛) 111
등록(謄錄) 287
등서(謄書) 269

(ㅁ)

마귀(麻貴) 116, 214
마전(麻田) 215
마후(馬后) 222

막차(幕次) 50
만력(萬歷) 231
만복(萬福) 265
만사화(萬士和) 73
만억(萬億) 257
만장 서사(挽章書寫) 235
말복(末福) 188
망곡(望哭) 71
망곡례(望哭禮) 85, 291
망묘례(望廟禮) 295
망전(望奠) 287, 290
망제(望祭) 233
매곡 서원(梅谷書院) 328
면라암세화(綿羅暗細花) 268
면류관 50
면복(冕服) 266, 272, 275, 287
명고 서원(明皐書院) 328
명기(明器) 229
명나라 267, 270, 304
명덕(明德) 240, 241, 242
명렬(明烈) 277, 279
명례방(明禮坊) 93
명복(命服) 270
명선공주(明善公主) 327
명안공주(明安公主) 327
명정 제주(銘旌題主) 235
명정 차비(銘旌差備) 235
명정(銘旌) 229
명종(明宗) 43, 46, 48, 50, 79, 84
명종비 심씨 48, 58, 62, 64
명혜공주(明惠公主) 327
모의전(慕義殿) 48
모화관(慕華館) 54, 92, 94
모후(母后) 277, 309
목록(目錄) 238
목릉(穆陵) 143, 148, 160, 161, 238, 243, 285, 286, 289, 291, 293, 295, 294, 296, 297
『목릉수개의궤 穆陵修改儀軌』 149
목맥장(木麥匠) 236
목멱산 110
목욕(沐浴) 237
목홍평라소금협포복(木紅平羅銷金夾包袱) 268, 269
몰약(沒藥) 270
묘문(廟門) 213
묘사(廟社) 213
묘우(廟宇) 296

묘정(廟庭) 49
묘지(墓誌) 231
묘호(廟號) 43, 240
무고(巫蠱) 342
무릉 부원군(茂陵府院君) 98
무신일기(戊申日記) 288
무옥(誣獄) 250
문묘(文廟) 51
문무석(文武石) 227
문석(文石) 291
문성군(文城君) 218
문의(文藝) 361
문정공(文正公) 328
문정 왕후(文定王后) 45, 55, 303
문정 왕후릉 79
문정전(文政殿) 68, 85, 324
문충공(文忠公) 327, 350, 361
문형(文衡) 257, 351
문희연(聞喜宴) 360
미시(未時) 214
민광훈(閔光勳) 333, 351
민몽룡 336
민사준(閔士俊) 37, 88
민선량(閔善良) 257
민순(閔純) 72, 350
민여신(閔汝信) 234
민유중(閔維重) 351
민인백(閔仁伯) 99
민제(閔霽) 327
민진원(閔鎭遠) 327
민회묘(愍懷墓) 328
민희건(閔希騫) 235
밀계(密啓) 225
밀지(密旨) 305

(ㅂ)

박강(朴薑) 249
박경립(朴敬立) 237
박계현(朴啓賢) 40, 74
박권(朴權) 200
박근원(朴謹元) 68, 92
박동량(朴東亮) 210, 240, 249
박동언(朴東彦) 218, 234, 238
박동열(朴東說) 249, 251
박동휴(朴東烋) 249
박미(朴瀰) 37, 100, 130, 210, 250

박사엄(朴士嚴) 218
박상의(朴尙義) 235
박상충(朴尙衷) 249
박상현(朴尙賢) 236
박세교(朴世橋) 100
박세채(朴世采) 250
박소(朴紹) 250
박소립(朴素立) 68
박수영(朴秀榮) 251, 252
박순(朴淳) 40, 66, 67, 74, 79, 84
박숭질(朴崇質) 249
박승종(朴承宗) 218, 272, 273
박영(朴穎) 236
박영준(朴英俊) 40
박용(朴墉) 50, 85
박원(朴源) 85
박유(朴濰) 250
박은(朴誾) 249
박응남(朴應男) 249, 251
박응복(朴應福) 251
박응서(朴應犀) 323
박응순(朴應順) 35, 53, 89, 210, 253, 257
박응인(朴應寅) 218
박의(朴漪) 250
박의신(朴義臣) 237
박자우(朴子羽) 230, 240
박장원(朴長遠) 356, 357, 362
박진원(朴震元) 271
박창지(朴昌祉) 235
박철수(朴鐵壽) 257
박춘성(朴春成) 235
박충간(朴忠侃) 99
박충신(朴忠信) 235
박충원(朴忠元) 40, 68
박호(朴濠) 249
박홍구(朴弘耉) 95, 281
박황(朴潢) 251
박훤(朴萱) 249
반감(飯監) 236
반계서원(潘溪書院) 251
반성부원군(潘城府院君) 53, 210, 214, 252, 253
반숙마(半熟馬) 292
반열(班列) 321
반우(返虞) 148 ,237, 291
반우제(返虞祭) 85
반정(反正) 274

반차도(班次圖) 240
반홍주판상(磐紅紬板箱) 268, 269
발인(發靷) 85, 293
방위(方位) 223
방준호(方俊豪) 218, 235
방직(房直) 236
배릉(拜陵) 233
배설(排設) 269
배설관(排設官) 235
배소(配所) 266
배신(陪臣) 268
배위(拜位) 233
배은(拜恩) 273
배제(陪祭) 222
백대(白帶) 45, 74
백대형(白大珩) 273
백두병(白頭兵) 356
백립(白笠) 45
백모(白帽) 74
백사집(白沙集) 225
백악(白岳) 110
백의(白衣) 45
백포(白布) 72, 356
백화(白靴) 72
번방(藩邦) 267
법가(法駕) 275
법상(法相) 266
벽란도(碧瀾渡) 113, 214
벽제(碧蹄) 113, 214
벽제관(碧蹄館) 111
변례(變禮) 288
변무 주청사(辨誣奏請使) 89
변무(辨誣) 73, 241
변무(辨誣) 73
변이중(邊以中) 234
별감(別監) 237
별공작(別工作) 234
별다례(別茶禮) 75
별단자(別單子) 285
별시(別試) 80
별운검(別雲劍) 63
별장(別將) 215, 326
별전(別奠) 290
별통사(別通事) 271
병인양요(丙寅洋擾) 282
병자호란 251
병풍석(屏風石) 148, 238
보국숭록대부(輔國崇祿大夫) 85, 304

보문경(普門經) 297
보전 서사관(寶篆書寫官) 235
보토(補土) 226
복상(服喪) 293
복완(服玩) 229
복왕(濮王) 77
복정(卜定) 291
복통(腹痛) 269
복호(復號) 274
봉납(奉納) 228
봉림 도정(鳳林都正) 218
봉산군(鳳山君) 360
봉서(封書) 278
봉성군(鳳城君) 173
봉심(奉審) 84, 229, 296
봉위(奉慰) 219
봉천 승운 황제(奉天承運皇帝) 267
부관참시(剖棺斬屍) 308
부마(駙馬) 219, 322
부묘(祔廟) 289
부묘제(祔廟祭) 48, 49, 150
부사(副使) 355
부산(釜山) 218
부알례(祔謁禮) 150
부장(部將) 218
부장(祔葬) 86
부제(祔祭) 76, 80
부제조(副提調) 214, 253
부처(付處) 266
부표(付標) 233
비망기 221, 223, 236, 253, 270
비안(庇安) 293
빈어(嬪御) 221
빈전 도감 제조(殯殿都監提調) 219, 233
빈전 도감(殯殿都監) 125, 127, 219, 283
빈전 차지 내관(殯殿次知內官) 235
빈전(殯殿) 69, 283, 287, 290
빈전기명(殯殿器皿) 237
빈청(賓廳) 219
빈청의호(賓廳議號) 279
빙고(氷庫) 360

(ㅅ)

사간(司諫) 250
사간원 214, 250, 304

사간원 사간(司諫院司諫) 251
사고(事故) 227
사관(史官) 40, 220, 269
사도세자(思悼世子) 350
사령(使令) 237
산릉 도감(山陵都監) 67, 219
산릉(山陵) 68, 70, 71, 125, 224, 227, 238, 293
산부(産婦) 270
산실(産室) 269
산원(算員) 235
삼각산(三角山) 110
삼공(三公) 230
삼년복(三年服) 84, 293
삼릉(三陵) 286, 289
삼우제(三虞祭) 148
삼전(三殿) 290, 291
삼존호(三尊號) 279
상(喪) 220
상규(常規) 297
상락 부원군(上洛府院君) 99, 107
상복(喪服) 74
상상군(商山君) 99
상수연(上壽宴) 97
상수참(湘水站) 116, 215
상시례(上諡禮) 290
상식(上食) 75
상아녀홀(象牙女笏) 268, 269
상일(祥日) 235
상전(常典) 325
상전(上殿) 83
상제(祥祭) 295
상존호(上尊號) 239
상지관(相地官) 235
상진(尙震) 48
상차(喪次) 43
상통사(上通事) 271
상현궁(上弦弓) 234
색강동(索杠同) 269
서경주 36, 90, 303
서궁(西宮) 273, 310, 343
서리(書吏) 237
서명(署名) 273
서성(徐渻) 36, 250, 275, 322
서소문(西小門) 306
서양갑(徐羊甲) 305, 308, 323
서양포(西洋布) 268, 269
서인(西人) 274

서인(庶人) 323, 335
서장관(書狀官) 57, 355
서청(西廳) 70
서평 부원군(西平府院君) 275, 352
서평왕(西平王) 356
서흥군(西興君) 236
석고 대죄(席藁待罪) 215
석물(石物) 226, 227
석주(鳥珠) 268
선고(先考) 85
선라암세화(線羅暗細花) 268, 269
선래 통사(先來通事) 271
선릉(宣陵) 124, 220, 221
선묘(宣廟) 278
선열의성(宣烈懿聖) 68
『선원록 璿源錄』 38, 58
선인 성렬 황후(宣仁聖烈皇后) 277
선인 황후(宣仁皇后) 278
선전관(宣傳官) 218, 212, 226
선전관(宣箋官) 51
선제(宣帝) 278
선조계비 291
선조릉 291
선종(宣宗) 143, 147
선천(宣川) 104
설리(薛里) 236, 237
섭사(攝事) 292
섭정국(葉靖國) 223, 224
섭행(攝行) 75
성균관 80, 192
성덕(聖德) 242
성복(成服) 67, 124, 219, 220, 237, 283
성복례(成服禮) 143
성빈(成殯) 237
성세통(成世通) 302
성영(成泳) 234
성예(聖睿) 150
성이후(成履厚) 128, 236
성절사(聖節使) 96
성제(盛祭) 69
성제원(成悌元) 251, 252
성종조(成宗朝) 278
송기수(宋麒壽) 39
송상현(宋象賢) 92
송시길(宋時吉) 333
송시열(宋時烈) 250, 272
송언련(宋彦連) 218, 237
송언신(宋言愼) 212

송응개(宋應漑) 92
송인(宋寅) 183, 360
송정민(宋廷民) 236
송조(宋朝) 277
송종(送終) 223
송준(宋駿) 141, 320, 321
송하(宋賀) 50
송환주(宋環周) 302
송희업(宋熙業) 37, 131
쇄 약홍 라소금 협 복(鎖鑰紅羅銷金夾袱)
　 269
수공(水工) 237
수노(首奴) 236
수릉관(守陵官) 86, 125, 219, 227, 283,
수리(首吏) 222
수문장(守門將) 218
수복(守僕) 236, 237
수식(修飾) 221
수안(邃安) 115, 118, 119, 120, 121,
　 215, 216, 217, 232
수원관(守園官) 125, 227
수장서목(收藏書目) 282
수조가(水調歌) 358
수충 공성 광국 공신(輸忠貢誠光國功臣)
　 98
숙경 공주(淑敬公主) 327
숙릉(肅陵) 147, 148
숙마(熟馬) 86, 211, 217, 234, 292
숙의 정씨(淑儀鄭氏) 37, 38, 88
숙의 홍씨(淑儀洪氏) 58
숙정 공주(淑靜公主) 327
숙정(淑靜) 326
숙종비 351
숙천부(肅川府) 107, 213
순령군(順寧君) 236
순빈 김씨(順嬪金氏) 89, 141
순화군(順和君) 89, 118, 141, 302
순화군의 부인 89
순회세자(順懷世子) 43, 95
순회세자빈(順懷世子嬪) 62, 100
순회세자의 묘 96
술관(術官) 225, 230, 284
술사(術士) 223
숭례문 85, 280
숭선군(崇善君) 95
숭정 대부(崇政大夫) 85
숭정 황제(崇禎皇帝) 356
습의(習儀) 226

습전(襲奠) 64, 283
승서(陞叙) 234
승지(承旨) 220, 282, 283, 290
시강원(侍講院) 217, 230, 232, 233
시령 부원군(始寧府院君) 99
시릉관(侍陵官) 125, 219, 227, 283, 292
시보(諡寶) 287, 290
시역(弑逆) 73
시연(諡宴) 312
시원관(侍園官) 125, 227
시책(諡冊) 70, 287, 290
시책보(諡冊寶) 125, 226
시헌력(時憲曆) 355
신감(申鑑) 275, 352
신경익(申景翼) 235
신도비명(神道碑銘) 250
신련(神輦) 48
신로(神路) 286, 287, 293
신릉(新陵) 284, 286, 287
신립(申砬) 36, 88, 102
신민(臣民) 288, 322
신빈 김씨 256
신성군(信城君) 36, 88, 107
신성군의 부인 88
신수근(愼守勤) 315
신숙주(申叔舟) 315
신식(申湜) 315
신여(神輿) 150
신여종(申汝悰) 170
신원(新院) 214
신위(神位) 242
신응주(申應澍) 271
신익성(申翊聖) 37, 93, 122, 325
신잡(申礏) 102
신종(神宗) 277, 356
10만 양병설 91

(ㅇ)

안순좌(安舜佐) 302
안온천(安溫泉) 188
안음현감(安陰縣監) 252
안응형(安應亨) 172, 180
안정길(安貞吉) 237
안진경(顔眞卿) 254
안창(安昌) 311
안치(安置) 266

안택(安宅) 227
안현(安玹) 48
안황(安滉) 60, 77, 79, 172
알성과(謁聖科) 80
압존(壓尊) 231
애책 차비(哀冊差備) 235
애책(哀冊) 70, 289
애책문 290
앵가록(鸎哥綠) 268
야록(野錄) 241
약방(藥房) 113, 214, 253, 269
양녕 대군(讓寧大君) 328
양녕정(陽寧正) 56
양로연(養老宴) 201
양성(陽城) 344
양심당(養心堂) 42, 178
양예수(梁禮壽) 218
양예수(楊禮壽) 211
양윤신(梁允信) 257
양주 독장(楊州獨墻) 225
양주 목사(楊州牧使) 243
양주(楊州) 68, 297
양천도정(陽川道正) 112
양포역(良浦驛) 202
양화당(養和堂) 93
어몽인(魚夢寅) 234
어선(御膳) 217
어의(御醫) 211
어향(御鄕) 222
언서(諺書) 280
여막(廬幕) 65, 293
여성군 183
여양군(驪壤君) 99
여이항(呂爾恒) 291
여재궁관(昇梓宮官) 235
여차(廬次) 291
여항(閭巷) 267
여흥 민씨(驪興閔氏) 257
여흥 부원군(驪興府院君) 327
역법(曆法) 355
역서(曆書) 355
역신(逆臣) 321
연(輦) 279
연경(燕京) 57, 356
연광문(延廣門) 283
연광문(延光文) 291
『연려실기술』 303
연령군(延齡君) 328

연릉 부원군(延陵府院君) 143
연복(練服) 74
연산군 201, 248
옥당(玉堂) 64, 228
옥보(玉寶) 240, 244, 279, 287, 335
옥전성(玉田城) 356
옥책(玉冊) 50, 240, 244, 266, 279, 287, 335
옥책문(玉冊文) 240
옥첨(玉籤) 268
옥후(玉候) 216, 218
온빈 한씨(溫嬪韓氏) 38, 126, 136
온조왕 묘(溫祚王廟) 327
온천 361
옹가도(瓮家圖) 291
와신 상담 267
완산 부원군(完山府院君) 99
완풍 부원군(完豊府院君) 327
왕대비(王大妃) 46, 50, 275
왕대비전(王大妃殿) 42, 48
왕비 책봉례(冊封禮) 264
왕비(王妃) 253
왕세자 213, 216, 217, 229, 232, 233, 235
왕세자(王世子) 239, 240
왕세자빈(王世子嬪) 119, 130
왕세자책봉일(王世子冊封日) 240
왕십리(王十里) 327
왕자(王子) 322
외거 노비(外居奴婢) 57, 236
유교 7신 250
유교(遺敎) 66, 322
유근(柳根) 55, 234
유둔(油芚) 296
유릉 수릉관(裕陵守陵官) 236
유릉(裕陵) 126, 230, 232, 233, 238, 242
유무증(兪懋曾) 294
유민(柳珉) 218
유성룡(柳成龍) 98
유숙(柳潚) 315
유순정(柳順汀) 201
유영경(柳永慶) 219, 250, 271, 321, 322
유우석(劉禹錫) 356, 358
유자신 281
유적(柳頔) 38
유적(儒籍) 273
유전(柳㙉) 99, 211

유점사(楡岾寺) 297
유정량(柳廷亮) 37, 131, 310, 323
유조순(柳祖詢) 251
유한웅(劉漢雄) 235
유해(柳海) 104
유홍(兪泓) 94, 98, 99
유효립(柳孝立) 281
유희분(柳希奮) 272
유희춘(柳希春) 50, 58
육우제(六虞祭) 148
육조(六曹) 214
윤강(尹絳) 356, 360
윤개(尹漑) 39, 48
윤건(尹健) 41
윤구(尹坵) 92
윤극인(尹克仁) 200
윤근수(尹根壽) 57, 96, 97, 98, 100, 223
윤기(倫紀) 295
윤담휴(尹覃休) 52
윤두수(尹斗壽) 92, 98, 125, 227, 253
윤방(尹昉) 92, 98, 125, 277, 324
윤백원(尹百源) 77
윤빙(尹聘) 109
윤선도(尹善道) 334
윤섬(尹暹) 94, 98
윤승길(尹承吉) 37, 95
윤승훈 132
윤신지(尹新之) 36, 92, 116, 275, 352
윤안국(尹安國) 234
윤안인(尹安仁) 191
윤언정(尹彦正) 257
윤원형(尹元衡) 45, 303
윤유(尹游) 236
윤유겸(尹惟謙) 334
윤이(尹彝) 57
윤인(尹訒) 274
윤인경(尹仁鏡) 48
윤임(尹任) 82
윤자신(尹自新) 219, 226, 234
윤정세(尹貞世) 315
윤지(尹墀) 92
윤지(尹旺) 234
윤탁연(尹卓然) 57, 98
윤형(尹泂) 98, 128, 219, 236
윤호(尹晧) 240
윤훤(尹暄) 234
윤휘(尹暉) 229

윤흔(尹昕) 284
율곡 254
융경(隆慶) 231
음교(陰敎) 266
음복연(飮福宴) 86
음죽(陰竹) 344
음화(陰化) 265
의롱(衣籠) 326
의빈(宜嬪) 328
의빈(儀賓) 358
의성 왕대비(懿聖王大妃) 57, 62, 68
의성(懿聖) 48, 50
의성군(義城君) 98
의성전(懿聖殿) 58, 62
이의신(李懿信) 235
의안군(義安君) 36, 77, 78, 88, 94
의인왕후(懿仁王后) 35, 53, 89, 113, 123, 125, 150, 163, 228, 230, 236, 238, 239, 241, 242, 243, 251, 252, 257, 271
의인왕후 빈전 혼전 도감 의궤(懿仁王后 殯殿魂殿圖監儀軌) 237
의인왕후산릉도감의궤(懿仁王后山陵都監 儀軌) 238
의인왕후존호대비전상존호중궁전책(懿仁 王后尊號大妃殿上尊號中宮殿冊) 240
의주(義州) 88, 105
의창군(義昌君) 36, 95, 129, 249
이건(李健) 218
이경검(李景儉) 236
이경여(李敬輿) 170, 350
이경인(李景仁) 291
이경헌(李景憲) 292
이계(李珛) 38
이계(耳溪) 352
이고(李皐) 328
이곡(李穀) 249
이공(李珙) 37, 37, 129, 281, 353
이괄(李适) 275, 276, 352
이광익(李光翼) 283
이광정(李光庭) 268, 270
이구(李俅) 88, 338
이귀령 174
이균(李鈞) 40
이극감(李克堪) 200
이노(李輅) 218
이덕동(李德洞) 291

이덕온(李德溫) 234
이덕장(李德章) 128, 219, 236
이덕형 227, 272, 308
이령(李岭) 170
이륵(李玏) 38
이린(李鏻) 170, 176
이명(李蓂) 39
이명언(李明彦) 181
이명한(李明漢) 250
이명회(李明會) 181
이몽학(李夢學) 114
이문통(李文通) 224
이문형(李文衡) 256
이민서(李敏叙) 350
이민성(李民省) 271
이박(李舶) 294
이방준(李邦俊) 235
이배(李培) 302
이보(李俌) 276, 353
이붕상(李鵬祥) 94
이사경(李士慶) 144
이산해(李山海) 97, 98, 99, 147, 172
황동사건쇄약홍선원조강동(黃銅事件鎖鑰
    紅線圓杠同) 269
이상의(李尙毅) 269
이상형(李商衡) 256
이서(李曙) 327
이성연(李聖淵) 360
이성원(李誠元) 237
이성헌(李成憲) 218
이세걸(李世傑) 188, 200, 202, 203
이세장(李世長) 111
이세정(李世禎) 181
이세좌(李世佐) 200, 201
이소(二所) 291
이수(李晬) 276, 353
이수(李綏) 99
이수갑(李壽甲) 113, 213, 251
이수진(李守震) 200
이수형(李隨亨) 102
이수형(李守亨) 203
이순신(李舜臣) 107, 119
이시민(李時民) 237
이식 50
이식립(李植立) 136
이신원(李愼元) 234
이실동당(異室同堂) 295
이안겸(李安謙) 235

이안눌(李安訥) 234
이양원(李陽元) 98, 102
이언겸(李彦謙) 271
이언수(李彦秀) 271
이언적(李彦迪) 48, 49
이연성(李連城) 356
이영(李瑩) 234
이영(李瑛) 37, 107
이영구(李榮久) 273
이예(李叡) 188
이옥명(李玉命) 236
이우형(李虞衡) 256
이원(二院) 62
이원익 148
이위경(李偉卿) 155, 273, 274
이유(李愈) 44
이유(李瑠) 82
이유달(李惟達) 243
이은필(李殷弼) 257
이응(李應) 236
이응란(李應鸞) 235
이의(李瑀) 140, 305, 310, 323, 325
이의노(李義老) 170, 293
이의천 180
이이(李珥) 48, 71, 75, 91, 254
이이(李怡) 95
이이첨(李爾瞻) 155, 215, 271, 272, 274,
    275, 304, 323
이인민(李仁民) 236
이인상(李仁祥) 212
이인임(李仁任) 57
이일상(李一相) 359
이자(李濱) 283, 292, 294
이전(李佺) 310, 323, 324
이절(李梲) 180
이정(李程) 360
이정(李鋥) 170, 176, 178
이정구(李廷龜) 219, 226, 233, 250,
    275, 277, 286, 291, 294, 350, 352,
    354, 361
이정립(李挺立) 294
이정립(李廷立) 99
이정영 360
이정표(李廷彪) 326
이제(李瑅) 38, 281
이제민(李齊閔) 217
이종호(李宗好) 200
이주(李珘) 38, 188

이주(李炷) 291
이주형(李周衡) 257
이준(李準) 99
이준경(李浚慶) 37, 40, 41, 170
이준민(李俊民) 50, 68
이증(李增) 99
이지란(李之蘭) 328
이지완(李志完) 229
이진(李軫) 234
이진(李珒) 310, 323
이진웅(李震雄) 234
이징(李澄) 95
이철(李轍) 256
이철남(李哲男) 292
이초(李岹) 40, 57, 170, 174
이초(李初) 57
이축(李軸) 99
이충원(李忠元) 219, 226, 234, 238
이탁(李鐸) 40
이학령(李鶴齡) 236
이한형(李漢衡) 257
이할(李劼) 234
이항복(李恒福) 99, 125, 222, 226, 227,
    228, 235, 239, 250
이해(李諧) 235
이헌국(李憲國) 99, 100, 219, 226, 228,
    233, 238, 239, 249
이현(李俔) 236
이형신(李炯信) 360
이형원(李馨遠) 234
이호(李浩) 292
이호민(李好閔) 143, 219, 234, 265
이호의(李好義) 143
이황(李滉) 43
이효원(李効元) 234
이효일(李孝一) 236
이효침(李孝忱) 294
이후백(李後白) 57, 70, 98
익선관(翼善冠) 86
익성군(益城君) 89, 98
익위사(翊衛司) 232
인경궁(仁慶宮) 275, 282, 291, 338, 339,
    326, 342
인달방(仁達坊) 39
인목대비(仁穆大妃) 159, 273, 243, 310,
    311, 324, 333, 334, 342
인목왕후(仁穆王后) 35, 129, 136, 140,
    267, 278, 291, 303, 304, 320, 326,
    354
인목왕후산릉도감의궤(仁穆王后山陵都監
    儀軌) 290, 291
인목왕후존숭의궤(仁穆王后尊崇儀軌)
    278
인목왕후필적(仁穆王后筆跡) 297
인빈 김씨(仁嬪金氏) 36, 48, 58, 77,
    88, 90, 95, 100, 112, 131
인성 부원군(寅城府院君) 98
인성군(仁城君) 37, 89, 94, 95, 99, 129,
    280, 281, 353
인성왕후(仁聖王后) 58, 82, 86, 249
인순왕대비(仁順王大妃) 64
인순왕후 50, 62, 70, 73, 75, 76, 80
인순왕후릉 79
인정전(仁政殿) 97, 156, 201
인조(仁祖) 89, 114, 280, 282, 303
인조반정 36, 89, 274, 302, 310, 338
인종(仁宗) 50, 84
인종비 58, 82, 83
인헌왕후(仁獻王后) 36, 89
인현왕후(仁顯王后) 351
인후증(咽喉症) 211
인흥군(仁興君) 37, 131
일등악(一等樂) 79
일방의궤(一房儀軌) 240
일선위(一善尉) 128
임계노(任繼老) 170
임국로(任國老) 211
임규(林葵) 356
임득준(任得俊) 235
임진왜란 88, 91, 102, 123, 212, 213,
    218, 238, 271, 321
임해군(臨海君) 36, 55, 56, 58, 93, 107,
    271, 310, 323, 324

(ㅈ)

자산(慈山) 212
자은탑(慈恩塔) 110
작헌례(酌獻禮) 181
작헌례(酌獻禮) 327
장계부원군(長溪府院君) 98, 107
장단(長短) 322
장릉(章陵) 288
장생전 도제조(長生殿都提調) 235
장성 의인왕후(章聖懿仁王后) 127

장성 의인왕후(章聖懿仁王后) 235
장성왕후(章聖王后) 212
장숙(莊淑) 154, 241
장신(張紳) 243
장오(贓汚) 266
장운익(張雲翼) 100
장원서(掌苑署) 272
장유(張維) 250, 284, 291
장전(帳殿) 272
장학년(張鶴年) 218
장희윤(張希尹) 234
재간심(再看審) 291
재궁(梓宮) 148, 228, 229
재령 이씨(載寧李氏) 257
재숙(齋宿) 290
재실(齋室) 231
재우제(再虞祭) 148
재혈(裁穴) 286
저보(邸報) 357
저사암소세화(紵絲暗素細花) 268, 269
저사암소화세화(紵絲暗素花細花) 268
적관(翟冠) 268, 269
적불(翟芾) 266, 267
적장손(嫡長孫) 327
적전(籍田) 54
적통론(嫡統論) 271
전라 방어사(全羅防禦使) 218
전라도 344
전릉군(全陵君) 99
전배(展拜) 233
전법판서(典法判書) 249
전설사(典設司) 360
전성군(全城君) 99
전세(田稅) 215
전수온(全守溫) 200
전알(展謁) 233, 242
전은설(全恩說) 323
전작(奠酌) 328
전장(典章) 242
전창위(全昌尉) 310, 323
정강수(鄭岡壽) 188
정경세(鄭經世) 158, 158
정경청(鄭景淸) 237
정곤수(鄭崑壽) 188
정구(鄭逑) 225
정근옹주(貞謹翁主) 37, 128
정낙이(鄭樂易) 315
정난수(鄭蘭壽) 188

정륜 입극 성덕 홍렬(正倫立極盛德洪烈) 97
정릉동(貞陵洞) 191, 213
정릉동 행궁 36, 70, 111, 131
정명공주(貞明公主) 35, 129, 264, 338, 343, 350, 352
정몽주(鄭夢周) 225
정묘조약 280
정묘호란 279, 281
정묵(鄭默) 307
정빈 민씨(靜嬪閔氏) 37, 88, 94, 88, 99, 128, 130, 131, 281
정빈 홍씨(貞嬪洪氏) 37, 38, 56, 88, 88, 112, 113, 114
정상(鄭祥) 293, 305
정상조(鄭尙祖) 188
정선복(鄭善復) 302
정선옹주(貞善翁主) 37, 131
정세호(鄭世虎) 35, 77, 79, 170, 175, 177, 188, 189, 190, 197, 200
정숙옹주(貞淑翁主) 37, 93, 122
정순희(鄭純禧) 37, 38, 88
정신옹주(貞愼翁主) 36, 90, 100, 130
정안옹주(貞安翁主) 37, 100, 250
정언각(鄭彦慤) 273
정여립 모반 97
정여립(鄭汝立) 97
정온(鄭蘊) 276, 353
정원군(定遠君) 36, 88, 114, 116
정유길(鄭惟吉) 328
정유재란(丁酉再亂) 114, 123, 214
정이주(鄭以周) 62
정인옹주(貞仁翁主) 37, 99, 100, 130
정인지(鄭麟趾) 170, 188
정인홍(鄭仁弘) 271
정정옹주(貞正翁主) 38, 112
정조(鄭造) 234, 273, 327, 351
정조시(停朝市) 58
정지연(鄭芝衍) 41
정창서(鄭昌瑞) 78, 79, 188
정철(鄭澈) 98, 99, 100, 250
정태화(鄭太和) 328, 359
정팽수(鄭彭壽) 293
정표(旌表) 293
정한기(鄭漢璣) 218, 235
정항(鄭沆) 323
정헌(貞憲) 239
정현왕후(貞顯王后) 231

정협(鄭浹) 308
정혜옹주(貞惠翁主) 36, 92
정홍명(鄭弘溟) 250
정홍수(鄭弘壽) 188
정화옹주(貞和翁主) 38, 136
정황(鄭滉) 38, 88
정휘옹주(貞徽翁主) 37, 112, 131
정희왕후(貞熹王后) 278, 289
정희년(鄭熙年) 256
제독(提督) 214
제문(祭文) 85, 327
제물(祭物) 312
제안대군(齊安大君) 306
제일강(第一岡) 291
제전(祭奠) 237
제조(提調) 214, 253, 291, 360
제주관(題主官) 292
제주도 70
조강리(祖江里) 343, 362
조계상 174
조곡(朝哭) 66
조광조(趙光祖) 251, 328
조구(趙球) 99
조당(朝堂) 290
조대곤(曺大坤) 218
조명욱(曺明勗) 38, 114
조석윤(趙錫胤) 356, 357, 362
조성소(造成所) 291
조성이소(造成二所) 291
조성일소(造成一所) 291
조성재료(造成材料) 237
조속(趙涑) 302
조수륜(趙守倫) 302
조승주(趙承胄) 257
조알(朝謁) 273
조언수(趙彦秀) 39
조위한(趙緯韓) 250
조익(趙翊) 234
조익(趙翼) 279
조인영(趙寅永) 163
조전(朝奠) 230, 290
조정기(趙廷機) 302
조지서(造紙署) 360
조창서(曺昌緖) 283, 292, 294
존호(尊號) 50, 277, 278, 287, 335
졸곡례(卒哭禮) 45
졸곡제(卒哭祭) 72, 85, 126, 232
종계 주청사(宗系奏請使) 92

종계(宗系) 73, 89
종계변무 97
종계악명주청사(宗系惡名奏請使) 57
종묘(宗廟) 53, 92, 265, 272, 295, 296, 309
종사(宗社) 288
종실(宗室) 237, 292
종척(宗戚) 358
종친(宗親) 219, 220
종친부 222
종헌관(終獻官) 354
좌리공신 256
좌명공신(佐命功臣) 249
좌익공신(佐翼功臣) 249, 256
주다례(晝茶禮) 78
주문(奏聞) 268
주방(酒房) 237
주방내관(酒房內官) 237
주시관(奏時官) 237, 270
주언방(周彦邦) 249
주원(廚院) 360
주정(晝停) 214, 215
주정처(晝停處) 120, 217
주청사(奏請使) 57, 69
주취(珠翠) 268, 269
죽책문(竹冊文) 240
중궁(中宮) 213, 264
중궁전(中宮殿) 238, 240, 269
중사(中使) 47
중전(中殿) 212, 214, 215, 216, 217, 239, 253, 352
중종 35, 40, 58, 315, 360
중종비 315
중화(中和) 213
증시책보례(贈諡冊寶禮) 226
지관(地官) 285
지리(地理) 223
지맥(地脈) 223
지문(誌文) 70, 85, 231
지석(誌石) 220, 221
지송(祗送) 85
지여량(池汝亮) 272
지영(祗迎) 213
진국(鎭國) 58
진도(珍島) 95, 281
진릉정(晉陵正) 89
진원 부수 이세완(珍原副守李世完) 292, 294

진위(陳慰) 222
진위례(陳慰禮) 283
진주대첩 107
진주성 전투 108
진풍정(進豊呈) 279, 282
진풍정연(進豊呈宴) 58
진하(陳賀) 278
진향(進香) 85, 222

(ㅊ)

찬궁(攢宮) 290
찬례(贊禮) 47
창강(滄江) 302
창경궁(昌慶宮) 62, 64, 66, 85, 93
창덕궁(昌德宮) 57, 62, 63, 64, 91, 275
창빈 안씨(昌嬪安氏) 170
창빈(昌嬪) 328
창악(娼樂) 360
창원정(昌原正) 292, 294
채길선(蔡吉先) 234
채길원(蔡吉元) 238
채무택(蔡無擇) 190
채세영(蔡世英) 40
채여(彩輿) 287
채폐(綵幣) 268
책례도감(冊禮都監) 239
책보(冊寶) 89, 229, 239, 272, 287, 290
책봉(冊封) 239, 304
책봉례(冊封禮) 264
처창(悽愴) 296
천구(遷柩) 230
천석(天錫) 308
천억(千億) 257
천일(天日) 279
천홍색(淺紅色) 235
철종(哲宗) 277
첩(帖) 297
청선라채수권금적계하피(靑線羅綵繡圈金
    翟雞霞帔) 269
청시례(請諡禮) 290
청암화저사협군(靑暗花紵絲夾裙) 269
『청오경 靑烏經』 224
청저사채수권금적계하피(靑紵絲綵繡圈金
    翟雞霞帔) 268
청저사채수권금적계협배자(靑紵絲綵繡圈
    金翟雞夾褙子) 268

청저사채수권금적계협배자(靑紵絲綵繡圈
    金翟雞夾褙子) 269
청주목사 302
청천군(淸川君) 99
청평 부원군(淸平府院君) 98
청해백(靑海伯) 328
초기일(初期日) 293
초둔(草芚) 296
초우제(初虞祭) 126, 230
초정(椒井) 282
초혼 차비(招魂差備) 235
총호사(摠護使) 70, 84, 86, 219, 226,
    291
최대청(崔大淸) 237
최덕로(崔德露) 200
최덕순(崔德峋) 234
최립(崔岦) 90
최명길(崔鳴吉) 285, 290, 291
최복(衰服) 86, 293, 334
최봉천 155
최생단(催生丹) 271
최염(崔濂) 320
최유원 308
최윤조(崔胤祖) 38, 126
최율(崔嵂) 236
최황(崔滉) 98, 99
최흥원(崔興源) 120, 121, 216, 217
추상존호(追上尊號) 238
추석(秋夕) 312
추충 분의 병기 협책 평난 공신(推忠奮
    義炳幾恊策平難功臣) 99
추충 분의 평난 공신(推忠奮義平難功臣)
    99
추충 분의 협책 평난 공신 99
충의위(忠義衛) 236, 315
충주(忠州) 221
충헌공(忠獻公) 327
충훈부(忠勳府) 222
치악산 307
친영(親迎) 129, 266
친제(親祭) 86, 243
칠계군(漆溪君) 98
7서의 옥 323
칠우제(七虞祭) 148
침전(寢殿) 274
침향색소예복갑(沈香色素禮服匣) 268,
    269

(ㅌ)

탄금대 102
탐라 308
태릉(泰陵) 60, 79
태묘 76, 86, 295
태산(泰山) 267
태평관(大平館) 79, 129, 264
태평동(太平洞) 100
태학(太學) 51
태황태후(太皇太后) 277
태황후(太皇后) 277
통명전(通明殿) 64
퇴계(退溪) 43

(ㅍ)

파루(罷漏) 228, 334
파림군(坡林君) 188
파원수(坡原守) 236
파주(坡州) 361
파혈(破血) 270
판위(板位) 50
판전교시사(判典校寺事) 249
판중추부사(判中樞府事) 216, 227, 253
평난 공신(平難功臣) 97
평안도 212
평양 105, 212
평양부 109
평운정(平雲正) 88
평원대군(平原大君) 320
폐모론 272, 308, 353
포시(哺時) 102
포양(襃揚) 267
포천(抱川) 125, 222, 224, 230
포치(布置) 223
표피(豹皮) 234, 243
품달(稟達) 230
풍덕(豊德) 343, 362
풍수설 223
풍수지리 311
풍원 부원군(豊原府院君) 98
풍정(豊呈) 282
『풍정도감의궤 豊呈都監儀軌』 282
풍질(風疾) 361
풍해군 292, 294
프랑스 282

(ㅎ)

하동 정씨(河東鄭氏) 170
하동부대부인(河東府大夫人) 35, 42
하례(賀禮) 49
하릉군(河陵君) 77, 170, 176, 180
하성군(河城君) 39, 176, 178
하원군(河原君) 77, 89, 170, 176, 178, 180
하전(賀箋) 265
하향 대제(夏享大祭) 150
하현궁(下玄宮) 69, 70, 85, 226
한강(漢江) 110
한거원(韓巨源) 356
한경록(韓景祿) 55
한경복(韓景福) 55
한교(韓嶠) 234
한극함(韓克諴) 107
한명련(韓明璉) 116, 215, 276
한사형(韓士亨) 38
한산 부원군(漢山府院君) 98
한산도 대첩 107
한소(韓梳) 291
한식제(寒食祭) 239
한양 조씨(漢陽趙氏) 257
한여직(韓汝溭) 243
한영(韓瀛) 307
한온(韓蘊) 257
한용(韓鏞) 315
한윤명(韓胤明) 41
한응인(韓應寅) 92, 98, 99, 249, 264, 322
한인급(韓仁及) 38
한준(韓準) 99
한준겸(韓浚謙) 219, 226, 234, 250, 273, 275, 322, 352
한찬남(韓纘男) 274, 309
한확(韓確) 256
한효순(韓孝純) 273, 336
함열(咸悅) 293
함흥 212
합천(陜川) 251
항장(降將) 356
해서(海西) 119
해성군(海城君) 98
해숭위(海嵩尉) 92, 275, 352
해안군(海安君) 58
해안정(海安正) 89

해원 부원군(海原府院君) 98
해조(該曹) 218, 294
해주 행궁 112
해주(海州) 110, 111, 213, 214
해창위(海昌尉) 157, 327, 328
해평 부원군(海平府院君) 98
행궁(行宮) 213, 216
행장 43, 324
행재소 213
행주대첩 107
향산(香山) 269
향촉 182
허균(許筠) 230, 235, 241, 267
허명(許銘) 36, 55, 56, 93
허봉(許篈) 70, 92
허성(許筬) 36, 95, 129, 250, 322
허항(許沆) 190
현관(玄冠) 74, 86
현대(玄帶) 86
현릉(顯陵) 127, 230, 233, 242, 285,
    286, 287, 294, 295
현명문(玄明門) 283
현모(玄帽) 74
현문(顯文) 148
현숙(顯淑) 154, 241
현절사(顯節祠) 327
현종 361
현휘(顯徽) 241
혜경궁 홍씨(惠慶宮洪氏) 350
혜릉(惠陵) 243, 283, 289, 291, 296
혜옥(惠玉) 172
『호성선무청난공신도감의궤　扈聖宣武淸
    難功臣都監儀軌』 134
호위 대장(扈衛大將) 218
호현방(好賢坊) 89
혼백(魂帛) 229
혼전(魂殿) 68, 75, 148, 222, 232, 283
혼전배비(魂殿排備) 237
혼전소배(魂殿所排) 237
혼전차비관(魂殿差備官) 237
홍경주(洪景舟) 189, 191
홍국영(洪國榮) 351
홍낙순(洪樂純) 351
홍낙춘(洪樂春) 351
홍만용(洪萬容) 333, 350, 353, 361
홍만형(洪萬衡) 333, 353, 361
홍만회(洪萬恢) 334, 352, 354
홍만희(洪萬熙) 333, 354

홍명일(洪命一) 334
홍목면복(紅木綿袱) 268, 269
홍문관 144, 244
홍봉한(洪鳳漢) 350
홍사부(洪士俯) 250, 251, 256
홍산(鴻山) 114
홍살문〔紅箭門〕 60
홍석주(洪奭周) 350
홍섬(洪暹) 39, 74, 79, 84, 170, 183
홍성민(洪聖民) 73, 98, 99, 100
홍순언(洪純彦) 92, 98
홍승목(洪承穆) 345
홍식(洪湜) 37, 100, 130
홍암화저사협오(紅暗花紵絲夾襖) 268,
    269
홍양호(洪良浩) 352
홍여겸(洪汝謙) 37, 38, 88
홍영(洪霙) 338, 350, 361
홍우경(洪友敬) 37, 100, 130
홍우룡(洪遇龍) 189, 191
홍이상(洪履祥) 116, 215, 350
홍주원(洪柱元) 35, 264, 275, 312, 333,
    338, 341, 343, 355, 356, 357, 358,
    360, 361
홍주천(洪柱天) 352
홍중기(洪重箕) 350
홍진(洪進) 214, 234, 239, 253
홍진(洪瑱) 355
홍태량(洪台亮) 333, 354
홍태망(洪台望) 333, 339, 350, 353
홍태육(洪台六) 333, 354
홍현주(洪顯周) 350
화령 도정(花寧都正) 236
화복(禍福) 224
화산군(花山君) 98
환경전(歡慶殿) 66
환궁(還宮) 214, 233
환도 214, 217, 280
환란 215
환속 307
환어(還御) 282
환후 216
활인서(活人署) 360
황고(皇考) 46
황극중(黃克中) 234
황동사건쇄약홍선원조강동(黃銅事件鎖鑰
    紅線圓杠同) 268
황윤(黃沇) 333

황이중(黃履中)　38, 138
황임(黃琳)　98
황자중(黃自中)　234
황정욱(黃廷彧)　92, 98, 107
황조비(皇祖妣)　295
황진(黃璡)　219, 233
황천(皇天)　295
황태후(皇太后)　277
황하(黃河)　267
황혁(黃赫)　37, 89, 107
황화(黃河)　267
황화방(皇華坊)　123, 143, 219
황후 진향사(皇后進香使)　360
회은군(懷恩君)　292, 294
회의군(懷義君)　292, 294
효경(孝敬)　125, 222
효경전(孝敬殿)　126, 128, 150, 230,
　　232, 235, 236, 239, 240
효령대군(孝寧大君)　328
효릉(孝陵)　84, 85, 86
효모(孝慕)　84
효사 혼전(孝思魂殿)　283
효사전(孝思殿)　292, 293, 294, 295
효시(梟示)　212
효질(孝姪)　85
후금　280
후원(後苑)　274
휘열(徽烈)　238
휘음(徽音)　267
휘장(徽章)　265
휘지 표신(徽旨標信)　335
휘하(麾下)　212
휘호(徽號)　84, 277, 289
흉봉(兇鋒)　276
흉서(凶書)　280
흉적　280
흑각대(黑角帶)　45, 83, 85
흑단령　290
흠명전(欽明殿)　275, 283, 326, 342
흥국사(興國寺)　183
흥안군(興安君)　38
희령(稀齡)　170
희빈 홍씨(熙嬪洪氏)　170, 189

※ 역사문화에서 나온 책

● 사상사 시리즈

한국의 사상사 시리즈는 문화의 발전과정이 그 당시를 대표하는 사상과
철학의 조류 속에서 정치, 경제, 사회의 발전과 의례, 미술, 음악 등의 문화
가 형성됨을 알리기 위한 기획 시리즈이다.

조선시대 사상과 문화
朝鮮時代 思想과 文化

1998년 3월 4일 초판 발행
1999년 9월 21일 2쇄 발행
2000년 3월 6일 개정 발행
2001년 8월 17일 2쇄 발행

값 7,000 원

조선시대 사상사의 재조명
朝鮮時代 思想史의 再照明

1998년 7월 11일 초판 발행

값 12,000 원

※ 제1회 대산문화재단·교보문고 양서발간 지원 사업의 지원
대상 도서.

한국사상사
韓國思想史

1999년 9월 13일 초판 발행
2002년 9월 10일 2쇄 발행

값 9,000 원

● 정치사 시리즈

조선의 정치사를 정리하는데 필수적인 요소가 되는 국왕 친인척을 조사하면서 정치사를 정리하기 시작하고, 이렇게 정리한 것을 강의하면서 일반 사람들은 정치사를 배우면서 역사에 흥미를 느끼고 역사가 중요하다고 평가를 하고 있다는 것을 알게 되었다. 왕위계승이나 왕실친인척과 연결하여, 그동안 왕조사관이라 하여 부정적으로 보아만 왔던 국왕 왕실 관계와 연결하여 설명해보려 하였다.

조선전기 정치사
朝鮮前期 政治史

2001년 9월 9일 초판 발행

값 8,000 원

< 근간 >

『선조대 정치사』
『광해군대 정치사』
『현종대 정치사』
『숙종대 정치사』

● 조선의 왕실 시리즈

조선의 왕실 시리즈는 한국학이나 역사를 연구하는데 있어 인물 연구가 중요하면서도 기초적인 것이라는 것을 알면서도 연구의 작업량이 워낙 방대하여 누구나 손쉽게 접근하지 못한 면이 많았다. 이에 역사의 중심이자 핵심인 왕실의 인척 관계를 정리하고, 역사 속에서 커다란 역할을 했던 각 인물에 대한 정리를 하기 위한 기획 시리즈이다.

태조대왕과 친인척
太祖大王과 親姻戚

1999년 2월 23일 초판 발행

값 8,000 원

정종대왕과 친인척
定宗大王과 親姻戚

1999년 9월 21일 초판 발행

값 10,000 원

중종대왕과 친인척 1
中宗大王과 親姻戚 1

2001년 6월 23일 초판 발행

값 8,000 원

중종대왕과 친인척 2
中宗大王과 親姻戚 2

2001년 7월 11일 초판 발행

값 10,000 원

중종대왕과 친인척 3
中宗大王과 親姻戚 3

2001년 7월 27일 초판 발행

값 12,000 원

명종대왕과 친인척
明宗大王과 親姻戚

2002년 2월 28일 초판 발행

값 10,000 원

인조대왕과 친인척
仁祖大王과 親姻戚

2000년 11월 30일 초판 발행

값   10,000 원

효종대왕과 친인척
孝宗大王과 親姻戚

2001년 3월 26일 초판 발행

값   10,000 원

< 근간 >

『인종대왕과 친인척』
『광해군과 친인척』
『현종대왕과 친인척』